Cansada de tanto viajar para lançar seus livros, a escritora canadense Margaret Atwood criou a "Long Pen" — uma caneta controlada remotamente, que permite que ela assine livros de fãs a centenas de quilômetros de distância. A primeira demonstração pública aconteceu na London Book Fair de 2005. O primeiro autógrafo foi dado a Nigel Newton, presidente da empresa que edita seus livros na Inglaterra.

Marcelo Duarte

INVENÇÕES

2ª impressão

© 2007 Marcelo Duarte

Diretor editorial
Marcelo Duarte

Coordenadora editorial
Tatiana Fulas

Assistente editorial
Juliana Amato

Assistente de arte
Fernanda Pedroni

Estagiária
Juliana Paula de Souza

Projeto gráfico
Mariana Bernd

Diagramação
Ana Miadaira
Kiki Millan

Ilustração do título
Arthur Carvalho

Ilustração da capa
Stefan

Ilustradores
Chris Borges
Marcelo Badari
Stefan

Revisão
Cristiane Goulart
Telma Baeza G. Dias
Vera Lucia Quintanilha

Colaboração
Kárin Fusaro
Rosana Villar de Souza

Impressão
Loyola

Parte do conteúdo deste livro foi publicada em 1997 em *O livro das invenções*.

CIP – BRASIL. CATALOGAÇÃO NA FONTE
SINDICATO NACIONAL DOS EDITORES DE LIVROS, RJ.

Duarte, Marcelo.
 O guia dos curiosos : invenções
 Marcelo Duarte - 2ª ed. – São Paulo: Panda Books, 2007.
464 pp.

ISBN: 978-85-88948-26-6

1. Curiosidades e maravilhas. 2. Invenções – Enciclopédias
I. Título.

06-4306	CDD 001.93
	CDU 001.9

2010
Todos os direitos reservados à
Panda Books
Um selo da Editora Original Ltda.
Rua Henrique Schaumann, 286, cj. 41
05413-010 – São Paulo – SP
Tel. / Fax: (11) 2628-1323
edoriginal@pandabooks.com.br
www.pandabooks.com.br

Em homenagem a dois grandes "inventores" que marcaram a infância e a adolescência de tanta gente:

Professor Pardal: é o maior sinônimo para a figura do inventor. O Professor Pardal foi criado em 1952 por Carl Banks para os estúdios Disney. Ele descende de uma família de inventores. Seu avô revolucionou a vida de uma cidadezinha chamada Monotonópolis com seus inventos malucos, até que aprontou uma confusão tão grande que foi obrigado a se mudar para Patópolis. Ainda menino, Pardal costumava tirar o primeiro lugar nos concursos de ciência da escola. Certa vez, presenteou a professora com um robô que apagava o quadro-negro. Em 1953, apareceu Lampadinha, o fiel assistente de Pardal. O bonequinho pensa e age como um verdadeiro ser humano e é considerado por Pardal sua maior invenção. Ele tem também um sobrinho, Pascoal, que já começa a seguir seus passos.

Stacey MacGyver: protagonista da série "Profissão Perigo", exibida pela TV Globo entre 1986 e 1992. Teve 139 episódios e dois longas-metragens. Ele era capaz de estancar um vazamento de ácido sulfúrico com apenas uma barra de chocolate, como no primeiro episódio da série. Todas as invenções e gambiarras usadas por MacGyver foram criadas pelo cientista John Koivula e funcionavam de verdade. O ator que fez o papel de MacGyver é Richard Dean Anderson.

SUMÁRIO

1. ..... Beleza e higiene 11
2. ..... Brinquedos e diversões 25
3. ..... Casa e construção 51
4. ..... Ciência e saúde 85
5. ..... Comidas e bebidas 117
6. ..... Meios de transporte 165
7. ..... Roupas e acessórios 191
8. ..... Tecnologia e comunicação 217
9. ..... Miscelânea 277
10. ..... Marcas famosas 301

Índice remissivo 446

Referências bibliográficas 459

Obras do autor 463

A preguiça é a mãe do progresso. Se o homem não tivesse preguiça de caminhar, não teria inventado a roda.

MÁRIO QUINTANA
(1906-1994), poeta

1

A beleza de uma mulher alegra o olhar e excede a todos os desejos do homem.

Livro do Eclesiástico 36:24

Beleza e higiene

CUIDADOS COM A PELE

BARBEADOR ELÉTRICO
O tenente-coronel Jacob Schick, do exército americano, não estava muito satisfeito com o resultado das lâminas de barbear que recebera. Quando não havia água ou creme, ele não conseguia fazer a barba. Durante o inverno, quando a água quente acabava, era outro sacrifício. Ao deixar o exército, em 1918, ele pensou em um "barbeador a seco", operado por um motor elétrico, inicialmente patenteado no ano de 1923. Seu barbeador elétrico foi lançado comercialmente em 1931, depois de ele hipotecar sua casa e se afundar em dívidas. No primeiro ano, Schick vendeu trezentos barbeadores elétricos. Em 1937, os números já haviam saltado para 2 milhões.

 Invenções que não desencantaram

PROTETOR DE BIGODE
Ele vem preso à colher ou ao copo para manter o bigode seco quando se toma sopa ou se bebe alguma coisa. Invenção da americana Mary Evans, em 1899.

DEPILATÓRIOS
A depilação com fins estéticos foi praticada por muitas civilizações. As mulheres gregas, por exemplo, eram vaidosas a ponto de arrancar os pelos pubianos com as mãos e queimá-los com fogo ou brasas quentes. As mulheres árabes preparavam um xarope espesso, feito de partes iguais de açúcar e de suco de limão com água, e o espalhavam sobre a pele, deixando-o secar, para depois

puxá-lo, extraindo os pelos. A técnica é, no essencial, semelhante à da cera. A depilação com cera é invenção de Peronet, em 1742, na cidade de Paris.

> 💡 **Inventor tem cada uma** 💡
>
> **CELLU TEST**
> Fabricado na Itália, o Cellu Test funciona com uma placa de cristal líquido que forma desenhos e indica o estágio da celulite.

TATUAGEM

As técnicas de tatuagem foram criadas há cerca de 5.300 anos. As figuras feitas na pele serviam para identificar um grupo ou proteger a pessoa contra maus espíritos. Varetas pontudas – feitas de bambu, metal, pedra, dentes ou ossos – furavam a pele e faziam o desenho. Se a tatuagem fosse colorida, essas varetas deveriam ser mergulhadas em pigmentos extraídos de plantas ou animais antes de entrar no corpo. Em 1880, o americano Samuel O'Reilly inventou um instrumento com agulhas de metal que injetava tinta nanquim na pele. A patente do invento foi pedida 11 anos depois por Tom Riley, primo de Samuel. Uma versão portátil do aparelho chegou ao mercado na década de 1920. A palavra tatuagem vem de *tatu*, que em taitiano significa marcar alguma coisa.

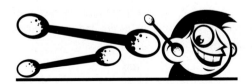

BÁSICO E FUNDAMENTAL

COTONETE

O médico Leo Gerstenzang estava observando a sua mulher em ação e percebeu a dificuldade que era limpar as orelhas do filho. Ele lembrou, então, do *cotton swab* (esfregão de algodão, em inglês), uma haste com algodão na ponta, muito usada para limpeza de feridas. Gerstenzang adaptou essa ideia para a limpeza das orelhas em 1913. O invento foi batizado de "Baby Gays" (Bebês alegres). Mais tarde, ele mudou o nome da marca para Q-Tips, um acrônimo baseado na expressão Quality Tips (pontas de qualidade), por causa da qualidade do algodão que ficava na ponta da haste.

A Johnson & Johnson entrou no negócio em 1921, com o nome de Cotton Swabs. Só que, no Brasil, esse nome era praticamente impronunciável pela maioria da população. A solução foi criar uma nova marca, unindo o Coton (algodão), com apenas um te, mais o sufixo "ete". Em 1963, as hastes foram mudadas de madeira para plástico. A marca acabou virando um substantivo e hoje é utilizada sempre que se refere a uma "haste flexível com algodão na ponta".

CREME DENTAL

Há cerca de quatro mil anos, no Egito, surgiu o creme dental. Tratava-se de uma substância altamente abrasiva e adstringente, à base de pedra-pomes pulverizada e vinagre. O preparado era esfregado nos dentes com um pequeno ramo de árvore. Os romanos, no século I, acrescentaram um insólito antisséptico na sua fórmula – urina humana, para deixar os dentes mais brancos. Hoje, as pastas contêm basicamente uma substância aromática, uma substância abrasiva e sabão.

Em 1850, o dentista americano Washington Wentworth Sheffield desenvolveu um pó para limpar os dentes que se tornou muito popular entre seus pacientes. Lucius, filho de Sheffield e também dentista, ajudou-o a modificar a fórmula, criando assim o Creme Dentifrício Dr. Sheffield, a primeira pasta de dentes. O produto, porém, só teve sucesso quando foi colocado em tubos de folhas de flandres. Lucius Sheffield foi considerado o "dentista mais famoso do mundo" e recebeu trinta patentes por invenções que vão desde uma técnica de colocar jaquetas em dentes até um túnel ferroviário elevado para cidades.

DESODORANTE

Desde os sumérios, em 5000 a.C., os homens procuram formas de resolver o problema de odor do corpo. Os antigos egípcios recomendavam um banho aromatizado, seguido da aplicação de óleos perfumados nas axilas. Também descobriram que a eliminação dos pelos das axilas diminuíam o odor. Séculos mais tarde, os cientistas conseguiram compreender o motivo: os pelos aumentam a superfície em que as bactérias vivem, se reproduzem, morrem e se decompõem. Tanto os gregos quanto os romanos elaboraram seus desodorantes perfumados a partir de fórmulas egípcias.

XÔ, CÊ-CÊ!
O primeiro desodorante antitranspiração, como conhecemos hoje, foi criado nos Estados Unidos em 1888. Seu nome era Mum.

 Inventor tem cada uma

PROTETOR DE AXILAS
Para evitar manchas de suor nas roupas. Cada protetor dura oito horas e deve ser grudado na roupa. Foi criado pela brasileira Neri Pirolli. O mesmo invento também é atribuído à dona de casa japonesa Nabuko Ogawa. Graças a ele, Nabuko ganhou o cargo de dirigente da Liga Japonesa de Donas de Casa Inventoras.

ESCOVA DE DENTES
A escova mais antiga de que se tem notícia foi encontrada em uma tumba egípcia de 3000 anos a.C. Era um pequeno ramo com ponta desfiada até chegar às fibras, que eram esfregadas contra os dentes. A primeira escova de cerdas, parecida com a que conhecemos, surgiu na China, no fim do século XV. Feita de pelos de porco, as cerdas eram amarradas em varinhas de bambu ou em pedaços de ossos. Muito tempo depois, percebeu-se que as escovas de pelos de animais juntavam umidade, prejudicial à higiene da boca, por causar mofo. Além disso, as extremidades pontiagudas das cerdas feriam as gengivas. O problema seria resolvido com o surgimento da escova de dentes com cerdas de náilon, em 1938, nos Estados Unidos.

QUE LUXO!
A escova de dentes elétrica tinha *design* suíço, mas foi desenvolvida nos Estados Unidos, em 1961, pela empresa Squibb. O nome da escova era Broxodent.

FIO DENTAL

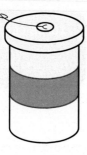

As primeiras referências a um "fio de seda encerado" para limpar dentes e gengiva são de 1850. Mas o fio dental só ganharia força depois de ter sido lançado pela Johnson & Johnson, em 1896. Durante a Segunda Guerra Mundial, como a seda era destinada à fabricação de paraquedas, o fio dental foi feito com náilon. Na década de 1970, apareceu o fio dental com sabor.

> **Inventores brasileiros**
>
> **SUPORTE DE FIO DENTAL**
> Criação do tenente Ruy Neto, o suporte é feito de resina acrílica e permite que o fio dental alcance os dentes no fundo da boca.

PAPEL HIGIÊNICO

A invenção é relativamente nova. O primeiro papel higiênico empacotado foi desenvolvido pelo comerciante americano Joseph Gayetty em 1857. Mas o produto, disponível em pacotes com folhas separadas, vendia pouco e logo sumiria das prateleiras das mercearias. Naquela época, ninguém conseguia imaginar gastar dinheiro com aquilo, quando os banheiros estavam bem estocados com catálogos de lojas de departamento, jornais do dia anterior e vários outros papéis – o que, convenhamos, também se constituía em material para leitura.

Na Inglaterra foi feita uma tentativa de vender papel higiênico em 1879 pelo fabricante britânico Walter Alcock. Considerando-se que Gayetty produzia folhas avulsas de papel, Alcock concebeu a ideia de um rolo de "folhas rasgáveis". A invenção foi uma coisa, mas comercializar um produto era outra. Alcock gastou quase uma década se esforçando para levar seu invento a ser produzido em massa. No mesmo ano, os irmãos Edward e Clarence Scott estavam iniciando um negócio de produtos descartáveis e criaram um papel fácil de desintegrar. E o único item que parecia incorporar esses atributos da melhor forma era o papel higiênico. Deram sorte. Por volta de 1880, donas de casa, hotéis e restaurantes estavam instalando serviços internos completos de encanamentos, chuveiros e banheiros. As grandes cidades inauguravam sistemas de esgoto públicos. Os banheiros passavam por mudanças e o ambiente era propício para o papel higiênico. Cada rolo trazia o *slogan*: "Macio como linho antigo".

💡 Inventor tem cada uma 💡

SUDOKU DE BANHEIRO
A empresa Paramount Zone criou um papel higiênico que traz diversos desafios de Sudoku (um quebra-cabeça de números para ser resolvido com lógica) impressos em suas folhas.

PERFUME
Em 2900 a.C., os mortos egípcios eram enterrados com jarros de óleo perfumado. A natureza desses antigos óleos é ainda um mistério, mas sabe-se que, mil anos depois, os egípcios se aventuraram por toda parte em busca de essências. Ali, os perfumes e unguentos para untar o corpo eram preparados em laboratórios dentro dos templos. No templo de Hórus, iniciado por Ptolomeu III, em 237 a.C., várias inscrições nas paredes do laboratório mostravam como os perfumes dos óleos rituais eram preparados. Alguns odores ali criados levavam até seis meses para maturar, e só eram usados pela nobreza. Para perfumar o corpo, os egípcios colocavam uma massa de gordura perfumada no topo da cabeça ou sobre uma peruca. Durante a noite, a gordura dissolvia-se, cobrindo a peruca, as roupas e o corpo com uma camada oleosa bastante perfumada.

No tempo do Império Romano, o perfume era utilizado por todas as classes, principalmente para encobrir os cheiros do corpo, mas também – ingerido puro ou com vinho – para ocultar o mau hálito. Os romanos ricos perfumavam várias partes do corpo com fragrâncias diferentes, borrifavam seus convidados com perfume durante os banquetes, enquanto estes se reclinavam sobre divãs perfumados. Até os animais de estimação das famílias ricas usavam seu perfumezinho. Mirra, almíscar, jacinto, bálsamo temperado, amêndoas e canela eram algumas das substâncias aromáticas daqueles tempos.

A destilação da água de rosas e outros perfumes foi uma descoberta islâmica do século IX. Os árabes e os persas contribuíram para o desenvolvimento da perfumaria. O descobrimento do álcool como veículo para o perfume ocorreu no século XIV. Na Idade Média, o perfume tornou-se até uma necessidade. Em vez de banho, o pessoal preferia se encher de perfume. No século XVII, o rei francês Luís XV chegou a ordenar que se usasse um perfume diferente a cada dia.

É bom ressaltar que nem todos os povos da Antiguidade gostavam de se encharcar de perfume. Em 361 a.c., Agesilau, rei de Esparta, de onde o perfume fora banido, visitou o Egito e foi recebido com um elaborado banquete. Ficou tão nauseado pelo uso excessivo de perfume entre seus companheiros de mesa – prática que ele considerava decadente e efeminada – que se retirou precipitadamente. Os anfitriões egípcios de Agesilau julgaram seu comportamento "pouco civilizado".

SABÃO

O sabão foi inventado pelos fenícios, 600 anos a.c., que usavam terra argilosa contendo calcário ou cinzas de madeira, obtendo um produto pastoso. Ele chegou a Roma no século IV, utilizado no princípio apenas para lavar os cabelos. O sabão sólido apareceu no século XIII, quando os árabes descobriram o processo de saponificação – mistura de óleos naturais, gordura animal e soda cáustica que, depois de fervida, endurece. Os espanhóis, tendo aprendido a lição com os árabes, acrescentaram-lhe óleo de oliva, para dar ao sabão um cheiro mais suave.

Nos séculos XV e XVI, enfim, várias cidades europeias tornaram-se centros produtores de sabão – entre elas Marselha, na França, e Savona, na Itália. O sabão ainda era um produto usado apenas por pessoas ricas. Até que, em 1792, o químico francês Nicolas Leblanc (1742-1806) conseguiu obter soda cáustica do sal de cozinha e, pouco depois, criou-se o processo de saponificação das gorduras, o que deu um grande avanço na fabricação de sabão.

Invenções que estiveram na moda

SABONETE VALE QUANTO PESA

Fabricado por uma empresa carioca, o sabonete foi sucesso na década de 1950 porque pregava ser maior e mais barato que os outros. Comprada pela Phebo em 1973, depois pela Procter & Gamble, a marca deixou de ser vendida em 1995.

Inventores brasileiros

SECADOR PARA OS PÉS
É útil para quem sofre de micoses ou, por ser muito gordo, não consegue enxugar direito os pés. A invenção foi da dona de casa Gisela Maria Van Langendonck Florio, quando tratava de seu pai doente. Ele é acionado com os próprios pés.

Inventor tem cada uma

TABLETES ANTIODOR
A pílula Etiquette foi inventada no Japão e vendeu 600 mil frascos nos seis primeiros meses. Sua mistura, de chá verde, cogumelo e açúcar, promete acabar com o odor do corpo.

MELENAS, MADEIXAS, CABELEIRAS

GRAMPO PARA CABELOS
Um pino comprido, reto e decorativo era utilizado pelas mulheres gregas e romanas para prender os cabelos. Tanto na forma quanto na função, ele reproduzia exatamente as finas espinhas de animais e espinhos de plantas utilizados pelos homens e mulheres primitivos. Civilizações antigas soterradas da Ásia produziram muitos grampos de cabelo de osso, ferro, bronze, prata e ouro. Alguns eram achatados, outros decorados, mas todos eles revelam claramente que a forma do grampo se manteve a mesma por dez mil anos. O prendedor reto acabou se modificando também para a forma de U. O prendedor com duas pontas – pequeno, feito de aço e pintado de preto – começou a ser produzido em massa no século XIX, tornando os prendedores retos de uma ponta realmente obsoletos.

PENTE
Foram encontrados pentes nas tumbas das civilizações do mar Egeu. Eles eram feitos de osso ou madeira. As egípcias exibiam pentes de ouro cravejados de pedras preciosas – e foram copiadas, séculos depois, pelas romanas. De Roma, veio o pente de bolso, bolado para ser usado nos intervalos das

lutas entre leões e cristãos no Coliseu. A palavra tem origem no latim *pecten*, que é o nome de uma concha (*pectens jacobeus*), cheia de ranhuras, lembrando os dentes de um pente.

👁 Inventores brasileiros 👁
PENTE SECADOR
O cabo do pente é oco e permite o encaixe de um secador de cabelo. Assim, segundo o inventor Paulo Toshio Yokoyama, é possível secar e pentear o cabelo ao mesmo tempo.

SECADOR DE CABELOS
O secador de cabelos elétrico foi inventado pela empresa americana Racine Universal Motor Company, em 1920. A ideia de secar os cabelos com jato de ar surgiu depois da invenção do aspirador de pó. Faltava apenas um motor de baixa potência. Quando o misturador foi inventado, esse problema terminou. As melhorias feitas nas décadas de 1930 e 1940 envolveram ajuste de temperatura e velocidade variáveis.

TINTURA PARA CABELOS
A primeira tentativa bem-sucedida de desenvolver uma tinta para cabelos segura foi feita em 1909 pelo químico francês Eugène Schueller. Baseando sua fórmula num novo componente químico, a *paraphenylenediamine*, ele fundou a Fábrica de Tinturas Inofensivas para Cabelos. Um ano depois, Schueller escolheu um nome mais glamouroso para sua empresa: L'Oréal. Sua tintura mais famosa, Imédia, apareceu em 1927.

XAMPU
O primeiro tipo de detergente que se tornaria o atual xampu foi produzido na Alemanha em 1890. Apenas depois da Primeira Guerra Mundial ele começou a ser oferecido comercialmente como produto para a limpeza de cabelos. O nome, porém, nasceu na Inglaterra, influenciado pelo domínio do país sobre a Índia. A moda e a arte indianas estavam em voga. *Xampu* veio do hindu *champo*, que significa "massagear" ou "amassar".

COSMÉTICOS

A palavra cosmético vem do grego *kosmetikós*, que significa "o que serve para ornamentar". Os cosméticos surgiram no Oriente na Antiguidade e se espalharam pelo resto do mundo. Usavam-se óleos, essências de rosa e de jasmim e tinturas para os cabelos. A alta sociedade de Roma tomava banho com leite de jumenta para embelezar a pele. Na Idade Média, o açafrão servia para colorir os lábios; o negro da fuligem, para escurecer os cílios; a sálvia, para branquear os dentes; a clara de ovo e o vinagre, para aveludar a pele. Mas os cosméticos enfrentaram vários obstáculos ao longo da história. Uma lei grega do século II proibia as mulheres de esconder sua verdadeira aparência sob maquiagem antes do casamento. A legislação draconiana, adotada pelo Parlamento britânico em 1770, permitia a anulação do casamento se a noiva estivesse de maquiagem, dentadura ou cabelo falso. Nos anos seguintes, no entanto, a maquiagem pesada tomou conta da Inglaterra e da França. Até que a febre passou após a Revolução Francesa. Só se admitia que pessoas mais velhas e artistas de teatro a usassem. Em 1880, a maquiagem reconquistou as mulheres – e nascia a moderna indústria de cosméticos.

BATOM
Na Grécia Antiga, as mulheres driblavam o gosto ruim e utilizavam ocre, um tipo de barro avermelhado para colorir os lábios. Valia também uma mistura com cinabre, um mineral avermelhado que, uma vez ingerido, era extremamente tóxico. Na Idade Média, foi a vez de usar a cor natural do açafrão. Já no século XIX, a substância eleita foi o também tóxico sulfeto de mercúrio, mas havia versões de cremes coloridos com pétalas de gerânio e papoula. O batom que conhecemos hoje, em bastão, foi industrializado e produzido pela primeira vez em 1915, nos Estados Unidos, mas saía facilmente. A fórmula com mais tempo de duração só apareceu em 1945. O vermelho imperou até os anos 1960, quando as jovens optaram por cores mais claras, tentando convencer seus pais a deixá-las usar maquiagem.

BASE

A base translúcida foi criada em 1935 pelo maquiador Max Factor, que mais tarde teria sua própria marca de cosméticos. Max embelezava as estrelas de Hollywood e, preocupado com a chegada dos filmes e programas de TV em cores, inventou o *pancake*, uma loção cremosa da cor da pele para disfarçar as imperfeições da face. A base apresentava melhores resultados nas atrizes castigadas pela iluminação dos estúdios.

BLUSH

Se o rosto pálido indicava pureza, as faces cor-de-rosa eram sinônimo de boa saúde e de recato. "Homens e mulheres passavam *blush* para se mostrarem tímidos", afirma Márcia Moraes. Na Grécia Antiga, o *blush* era feito com amoras e algas marinhas, mas sua cor era também extraída do cinabre. As damas europeias do século XVIII aplicavam um *rouge* – "vermelho" em francês – também colorido com ingredientes naturais, como frutas avermelhadas e beterraba.

ESMALTE

O costume de pintar as unhas nasceu na China, no século III a.C., e o esmalte da época era feito com uma mistura de clara de ovo, goma arábica, gelatina e cera de abelhas. As cores usadas indicavam a classe social das pessoas. Os reis, por exemplo, ostentavam o prateado e o dourado – substituídos mais tarde pelo preto e o vermelho. As mulheres mais pobres só podiam usar tons pálidos e, se fossem pegas com as unhas nas cores dos nobres, eram punidas com a morte. Os egípcios possuíam uma tradição similar e pintavam as unhas com henna; Cleópatra, por sua vez, preferia um tom de vermelho ferrugem. Já as romanas usavam uma mistura de gordura e sangue de ovelha para cobrir as unhas.

PÓ DE ARROZ

No passado, a pele alva era destaque entre as mulheres. A tez branca simbolizava recato e a bronzeada indicava que a moça podia ter estado na rua fazendo algo que não devia. A mania de se maquiar começou no Oriente, em 1500 a.C., quando japonesas e chinesas besuntavam a face com uma tinta de pó de arroz. As gregas obtinham o efeito com pó de chumbo branco ou giz, que era altamente tóxico. Já na Idade Média, misturavam-se clara de ovo e vinagre. Entre os séculos XV e XVI, os pós perigosos voltaram à moda: usava-se um produto clareador feito de carbonatos, hidróxidos, óxido de chumbo e arsênico. Com o passar do tempo, as substâncias químicas se alojavam no organismo e podiam provocar paralisia muscular. No século XIX, a perigosa mistura foi substituída pelo pó de zinco, e as moças chegavam a pintar veias azuis na pele, para que parecesse ainda mais translúcida e mostrasse o "sangue nobre". A busca pela brancura só teve trégua em 1930, quando a estilista Coco Chanel lançou a moda do bronzeado.

HOMENS "PERUAS"

Durante os sécuos XVII e XVIII, tanto os homens quanto as mulheres usavam maquiagem. A moda só passou no século XIX, quando os machões resolveram romper com o *look* aristocrático e adotaram a barba e o bigode para compor um visual mais austero.

RÍMEL

Na Idade Média, as mulheres coloriam os cílios com fuligem e, na Inglaterra, em 1890, a maquiagem dos olhos era feita com as cabeças de fósforos queimados. A versão moderna do rímel foi desenvolvida pela empresa de cosméticos Helena Rubinstein em 1917.

SOMBRA

Assim como outros cosméticos, as sombras eram feitas com pigmentos naturais. A poderosa rainha egípcia Cleópatra cobria as pálpebras com esmeralda moída. No século XIX entraram em cena produtos químicos e substâncias tóxicas, como o chumbo, constavam em sua fórmula.

2

Empinar papagaio é um bom brinquedo:
obriga o menino a olhar para o céu.

GILBERTO AMADO
(1887-1969), jornalista e escritor

Brinquedos e diversões

ANIMAÇÃO

DESENHO ANIMADO

O precursor da animação foi o professor belga Joseph Plateau (1801-1883). Em 1832, ele inventou um equipamento chamado fenacistoscópio – um disco com figuras dispostas em torno do centro que parecem se movimentar quando o mecanismo é girado. A ideia, que é a mesma até hoje, era apresentar uma rápida sucessão de desenhos de diferentes estágios de uma ação, criando a ilusão de que um único desenho se movimentava. O primeiro desenho animado foi *Humorous phases of funny faces* (Fases cômicas de faces engraçadas), feito em 1907 pelo inglês J. Stuart Blackton. Com a chegada do som, Walt Disney produziu, em 1933, *Os três porquinhos*, cujo tema musical "Quem tem medo do lobo mau?" se tornaria célebre.

Joseph Plateau

HISTÓRIA EM QUADRINHOS

A primeira tira de quadrinhos colorida apareceu em janeiro de 1894 no jornal americano *New York World*, de propriedade de Joseph Pulitzer. O *The Morning Journal*, de William Randolph Hearst, também de Nova York, deu início a outra tira, "Yellow Kid", o primeiro personagem de quadrinhos contínuo nos Estados Unidos, criado por Richard Outcault. Foi ele quem introduziu a fala em balões dentro dos quadrinhos. Embora as tiras coloridas semanais tenham aparecido primeiro, as tiras diárias em preto e branco vieram logo depois. A primeira foi publicada no *Chicago American*, em 1904, escrita e ilustrada por Claire Biggs e intitulada "A piker clerk".

JOGOS E BRINQUEDOS TRADICIONAIS

BOLINHA DE GUDE
Foram encontradas pedras semipreciosas em forma de bolinha no túmulo de uma criança egípcia, de aproximadamente 3000 anos a.c. Na ilha grega de Creta, as crianças jogavam com pedrinhas de ágata ou jaspe em 1435 a.c. Provavelmente seu uso foi difundido pelas legiões conquistadoras do Império Romano. O jogo era tão popular entre as crianças de Roma que o imperador César Augusto chegava a parar na rua para assistir a alguns desafios. Gude eram pedrinhas redondas e lisas, retiradas do leito dos rios.

BONECA
A boneca já existia desde o Egito dos faraós. Eram bonecas de braços móveis, peruca de cabelos naturais, às vezes acompanhadas de pequenas casas com minúsculas mobílias. Os gregos e os romanos também tinham suas bonecas: eram de madeira, marfim ou terracota, com articulações de couro ou tecido. Na Idade Média e na Renascença, as bonecas tinham roupas luxuosas, que refletiam a moda da época. Chegavam a ser enormes e deram origem aos atuais manequins das lojas.
A partir de 1860, um francês chamado Jummeau começou a confeccionar bonecas com cabeça de porcelana. No século XX, as bonecas passaram a ser industrializadas, sendo feitas de plástico, com olhos móveis, perucas e corpo articulado.

> **SÓ FALTAVA FALAR**
> O americano Thomas Edison foi o inventor da primeira boneca que falava, em 1880. Ela dizia "papai e mamãe" – gravação de uma voz humana.

BUMERANGUE
O mais antigo bumerangue já encontrado era feito de presa de mamute e tinha aproximadamente 23 mil anos! Embora o bumerangue seja um dos símbolos da Austrália, esse primeiro exemplar foi encontrado na Polônia. O mais antigo bumerangue australiano, feito de madeira, remonta a dez mil anos, e existem pinturas em rochas de mais de 15 mil anos retratando-os.

O bumerangue originou-se como refinamento de um simples pedaço de madeira arremessado como arma. Alguém notou que certos pedaços de madeira voavam mais longe do que outros quando atirados e começou a procurar (ou fazer) bastões naquele formato. A razão para a diferença é aerodinâmica. Um velho e simples pedaço de madeira, quando atirado horizontalmente, desce verticalmente à medida que se afasta até cair no chão, tornando-se inútil como arma após uma certa distância. Mas um bastão com o formato certo pode ir subindo à medida que se move pelo ar, como a asa de um avião, e ficar mais tempo em voo. Esse tipo pode alcançar o dobro da distância do modelo padrão.

CIRCO

Os circos existiam na Roma antiga e sua grande arena era chamada de "Circus Maximus". Naquela época, as principais atrações eram as corridas de carruagem, mescladas com apresentações acrobáticas, homens a cavalo e corda bamba. No início do século XVIII, trupes atravessavam as cidades inglesas em caravanas, apresentavam-se em feiras livres e coletavam dinheiro do público. O primeiro circo dos Estados Unidos foi apresentado pelo inglês John Bill Ricketts, na Filadélfia, e, depois, em Nova York, em 1797. As apresentações se espalharam pelo país no século seguinte. A banda era composta por um realejo, um clarinete e um tambor, e as apresentações só podiam acontecer durante o dia por falta de iluminação. O circo como conhecemos hoje surgiu por volta de 1860. Velas centrais permitiam as performances noturnas e o número de artistas e animais aumentou.

DOMINÓ

Existem várias versões para explicar a origem desse jogo. Acredita-se que tenha surgido na China. Sua criação é atribuída a um soldado chamado Hung Ming, que viveu de 243 a 181 a.C. O nome provavelmente deriva da expressão latina *domino gratias*, que significa "graças a Deus", dita pelos padres europeus enquanto jogavam. O dominó foi trazido pelos portugueses na época da colonização e virou passatempo dos escravos.

ESTILINGUE
Os arqueologistas desconfiam que os estilingues já existiam desde 4500 a.c. Foram encontradas pedras e bolas de argila daquela época que provavelmente teriam sido arremessadas por eles. O estilingue, no entanto, nunca apareceu. As primeiras evidências claras de sua existência são de 1200 a.c. A Bíblia faz referência a "setecentos homens que atiravam pedras".

IOIÔ
O ioiô surgiu na China há três mil anos. Era um jogo delicado, com dois discos de marfim, entre os quais se enrolava um cordel de seda. Muito tempo depois, o jogo se espalhou pela Europa, onde ganhou ornamentos geométricos, que compõem imagens ao girar. O nome "ioiô" vem do tagalo, a mais importante das línguas da região da Indonésia. Ali, no século XVI, os caçadores filipinos criaram um tipo de ioiô assassino, que funcionava tal qual um bumerangue. Arremessado no ar, a corda grossa enroscava o pesado disco de madeira nas patas do animal em fuga, derrubando-o e facilitando sua captura.

JOGO DA VELHA
A referência mais antiga que se tem do jogo é de escavações no Templo de Kurna, do século XIV a.C., no Egito. Sabe-se que ele faz parte dos jogos conhecidos como "família do moinho" ou "trilha", em que o objetivo do jogador é colocar as peças de modo que formem uma linha reta.

JOGO DE DAMAS
O jogo de damas foi inventado no Egito por volta de 2000 a.C. Conhecido inicialmente como alquerque, era usado para fazer prognósticos de guerra, com peças inimigas e jogadas hostis. Amostras do jogo foram encontradas nas tumbas egípcias e pinturas em paredes revelavam que o alquerque era um embate entre dois participantes. Cada um movia uma dúzia de peças numa matriz quadriculada. Levemente modificado pelos gregos e, mais tarde, pelos romanos, a dama tornou-se popular entre a aristocracia. Na Idade Média, enquanto os reis jogavam xadrez, as mulheres preferiam o jogo mais simples. Essa preferência feminina deu origem ao nome usado até hoje.

MASSA DE MODELAR

No início dos anos 1940, o Comitê de Produção para a Guerra, nos Estados Unidos, queria substituir a borracha sintética por um material mais barato. Ele seria usado em pneus de jipes, aviões, máscaras contra gases e outros equipamentos militares. O engenheiro James Wright, da General Electric, desenvolveu o produto para o comitê, que não chegou a ser usado. Apelidado de "nutty putty" (massa maluca), o invento foi transformado em brinquedo por Paul Hodgson, que trabalhava em uma loja em New Haven. Ele esteve presente numa feira em que a General Electric demonstrava a massa e teve a ideia de vendê-la em ovos coloridos para crianças. Em 1949, a massinha vendeu mais do que qualquer outro brinquedo da loja de Hodgson e tornou-se mania.

PEÃO

Na Babilônia, por volta de 3000 a.C., as crianças brincavam com peões de barro. Eles eram pintados com desenhos de animais. Foram os japoneses que criaram os furinhos em volta do peão que fazem com que ele apite quando está em movimento.

PIPA

Ninguém sabe ao certo quando surgiu, porém os registros fazem supor que foi inventada pelos chineses em torno do ano 1000 a.c. Feitas de madeira, as pipas tinham fins exclusivamente militares e eram usadas como sinalizadores que pairavam sobre as tropas inimigas. Só mais tarde, confeccionadas com tecido de seda e varetas de bambu, acabaram por ganhar características lúdicas. Da China, a pipa foi introduzida no Japão, de onde, trazida pelos navegadores europeus, se espalhou por todo o Ocidente. Chegou ao Brasil por meio dos colonizadores portugueses, e há notícias de que foi usada por sentinelas avançadas do Quilombo dos Palmares também como sinalizadora de perigos.

QUEBRA-CABEÇA

Surgiu em 1767 como um novo método de ensino na Inglaterra. As aulas de Geografia estavam monótonas até que o professor John Spilsbury resolveu colar o mapa da Europa numa fina madeira e dividiu os países com um estilete. Logo depois, desafiou as crianças a refazerem o mapa.

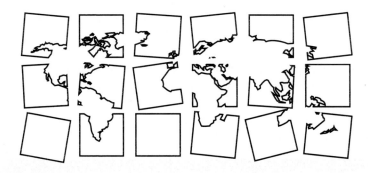

RESTA UM

Existem várias versões para o seu surgimento. A mais aceita é a de que ele teria sido criado por um nobre francês chamado Pellison. Na época da Revolução Francesa, ele foi preso na Bastilha por ordem do rei Luís XIV. Ficou trancafiado em uma cela sozinho, tendo como única companhia um tabuleiro de "Raposas e Gansos", jogo que deveria ser disputado por duas pessoas. Por falta de parceiro, ele adaptou o tabuleiro e acabou criando uma diversão para um único jogador.

URSO DE PELÚCIA

Em 1902, durante uma viagem para resolver um impasse sobre a fronteira dos estados de Louisiana e Mississippi, o presidente americano Theodore Roosevelt (1858-1919) foi convidado a participar de uma caçada. Os anfitriões capturaram um urso e ofereceram-no ao presidente, para que ele o matasse e levasse um troféu para casa. Roosevelt se recusou a atirar no animal. Logo, a exemplar história do urso se espalhou por todo o país. Isso incentivou o imigrante russo Morris Michtom, vendedor de brinquedos de Nova York, a fabricar ursos de pelúcia. Eles receberam o nome "Teddy Bear". Teddy era o nome da filha de Roosevelt.

Outra versão diz que, também impulsionada pela história de Roosevelt, a fabricante de brinquedos alemã Margaret Steiff lançou ursinhos de pelúcia, pouco antes de Michtom. Desde 1880, Margaret – paralítica por causa de uma poliomelite – fazia animaizinhos de feltro.

XADREZ

O jogo de xadrez vem do Oriente antigo. A primeira referência a ele está em textos persas do século VI. A origem, porém, é ainda um tanto incerta. Duas peças de xadrez, feitas de marfim, datadas do século II, foram encontradas em 1973 em escavações no Usbequistão. A lenda mais famosa é a do rei hindu Iadava, que estava muito triste por causa da morte de seu filho, Adjamir. Nada conseguia alegrá-lo. Até que apareceu na corte um jovem chamado Lahur Sessa, que trazia um novo jogo que desenvolvia a paciência e a prudência. Sobre um tabuleiro quadrado, dividido em 64 casas iguais, Sessa começou a distribuir as peças brancas e pretas: soldados em pé (peões), elefantes de guerra (depois rebatizados de torres), cavalaria (cavalo), vizires (bispos), o rei e a rainha. O rei adorou o jogo e Sessa ganhou o título de conselheiro. O jogo recebeu inicialmente o nome de *chaturana*, que significa "exército formado por quatro membros".

> **COMO SURGIU A EXPRESSÃO "XEQUE-MATE"?**
> A expressão vem do árabe *al shâh mat*, que significa "o rei está morto".

ESPORTE E AVENTURA

BALÉ
Nobres que frequentavam as pomposas festas do Palácio de Versalhes apreciavam uma dança graciosa, ao som de árias populares. Na França do século XVII, durante o reinado de Luís XIV, o Rei Sol, o *ballet* ganhou forma e se modernizou. Segundo estudiosos, a palavra é francesa e deriva do italiano *balleto*, que significa pequeno baile. No século XIX surgiram músicas específicas para a dança, com destaque para as composições de Adolfo Adams e Méhul Cherubim.

BOLA
As primeiras referências do brinquedo mais antigo da história surgiram em pinturas de 2000 anos a.C. feitas em paredes de tumbas do Egito.

O QUE É UM ESCUDETO?

É um pequeno emblema que as equipes campeãs de futebol têm direito a colocar em seu uniforme até que surja um novo campeão na disputa seguinte. A ideia nasceu na Itália, logo após a disputa do primeiro campeonato, em 1898. O escudeto leva as cores da bandeira italiana (verde, branca e vermelha). A novidade só chegou ao Brasil em 1984, pelo então diretor da Confederação Brasileira de Futebol, Dílson Guedes. O Fluminense, campeão brasileiro daquele ano, foi o primeiro clube daqui a usar o escudeto na manga de sua camisa. O escudeto brasileiro era rigorosamente igual ao italiano, só que em verde e amarelo.

Inventores brasileiros

SPRAY PARA JOGO DE FUTEBOL

Para a barreira não andar ou o jogador bater a falta no lugar certo, os árbitros de futebol dispõem de um *spray* que faz uma marca no gramado. A invenção foi patenteada pelo publicitário Heine Allemagne Vilarinho Dias, de Ituiutaba (MG).

CAMA ELÁSTICA

Quando criança, o ginasta americano George Nissen divertia-se pulando na cama do quarto de hóspedes. Durante a década de 1920, ele ficava maravilhado vendo os acrobatas de circo fazendo saltos especiais na rede de segurança antes de chegarem ao solo. Nissen foi ao depósito de lixo da cidade e recolheu todo o material que julgou ser útil para o seu experimento: molas, tubos emborrachados e pedaços de ferro, além de uma velha máquina de costura. A primeira cama elástica veio depois de muitos testes e análise de todas as redes e tablados de saltos existentes na época. Feita de lona, ela ficava presa a uma moldura de metal construída com as grades da própria cama de Nissen. Quando se formou na faculdade, em 1938, ele pôde se dedicar integralmente em aperfeiçoar a invenção. Patenteada, a cama elástica recebeu o nome de *trampoline*, mas teve dificuldades em atrair a atenção do mercado. Para popularizar o *trampoline*, Nissen equipou seu carro e passou a fazer exibições públicas. Conseguiu dinheiro suficiente para fazer propagandas e, quando alistou-se no exército por ocasião da Segunda Guerra Mundial, convenceu as Forças Armadas a usar a cama elástica como parte do programa de condicionamento físico.

ESCOTEIRO

Robert Baden-Powell (1857-1941), coronel do exército britânico durante a Guerra dos Bôeres, na África do Sul, criou o Escotismo em 1907, na Inglaterra. Ele escreveu um livro chamado *Procurando por escoteiros*, sugerindo que jovens deixassem a vida em gangues ao lhes oferecer a opção de formar patrulhas de escoteiros masculinos. Ele propôs o sistema de patrulha, as tropas, o escoteiro chefe, o juramento dos escoteiros, a lei dos escoteiros e um uniforme, e instruiu os meninos nas aptidões necessárias para a vida em acampamento e ao ar livre. Os acampamentos tiveram início em 1908, no mesmo ano em que a revista *O escoteiro* começou a ser publicada. Mesmo tendo inspiração militar, o Escotismo é hoje uma organização internacional estritamente civil.

No Brasil, o marco inicial foi a fundação da Associação Brasileira de Escotismo, em 1912, na cidade de São Paulo. A partir de 1924, a entidade foi substituída pela União dos Escoteiros do Brasil, sediada em Brasília. "Fazer o melhor possível" é o lema para a criança que entra no Escotismo. Nessa fase, dos sete aos 11 anos, eles são conhecidos como lobinhos. Entre os 11 e os 15 anos, aparece a figura do escoteiro e o lema passa a ser "sempre alerta".

> **MOVIMENTO BANDEIRANTE**
> Com a ajuda da irmã Agnes Baden-Powell, o coronel Robert criou a versão feminina do escotismo em 1909, atendendo às reivindicações das irmãs dos escoteiros. Foi Olave Baden-Powell, mulher do fundador, que expandiu o movimento pelo mundo. Em 13 de agosto de 1919, meninas do Rio de Janeiro fizeram a primeira promessa Bandeirante no Brasil. O movimento prega, entre outras coisas, a vida em equipe, o trabalho comunitário e o contato com a natureza. O Movimento Bandeirante no Brasil teve integrantes ilustres, como as atrizes Marieta Severo, Regina Casé e Patrícia Travassos.

GINÁSIO

Em 1852, o arqueólogo alemão Ernst Curtius encontrou ruínas do templo Olímpia, um grande ginásio grego construído às margens do rio Alfeu. Foi aí que ocorreu a primeira Olimpíada, em 776 a.C. Nos tempos áureos, a construção dispunha de uma pista de 211 metros de comprimento e 32 metros de largura. Diz a lenda que o jovem Júpiter treinava na planície de Olímpia, tornando-se assim um hábil esportista. No século V a.C., havia em Atenas cinco ginásios.

Inventores brasileiros

PLACA LUMINOSA PARA FUTEBOL
A placa luminosa que informa os minutos de acréscimo de uma partida de futebol foi inventada pelo empresário cearense Eduardo Lamboglia, em 1996. A novidade ganhou notoriedade quando foi usada na Copa do Mundo da França, em 1998. No Brasil, a placa foi batizada de "Lamb", as quatro primeiras letras de seu sobrenome, mas o termo nunca foi utilizado. O cearense não obteve a patente internacional e, por isso, não ganhou nada com o surgimento de uma similar no Mundial de 1998.

JOGO DE BOTÃO
Ninguém pode informar com segurança quem inventou o jogo de botão (ou de futebol de mesa). O que se sabe é que o carioca Geraldo Décourt organizou, imprimiu e publicou a primeira regra do jogo, em 1930. Décourt batizou o jogo de *football celotex*, aludindo ao material usado na confecção das mesas. "Eu comecei jogando com botões de cueca, antes de passar para os da calça do uniforme escolar", lembra Décourt. A mudança provocou uma reação imediata da direção do Colégio Aldridge, do Rio de Janeiro, onde o menino estudava. "A escola proibiu o jogo de botão, porque, para poder jogar, arrancávamos os botões do uniforme. Era comum os alunos assistirem às aulas segurando as calças com as mãos."

MONTANHA-RUSSA
As primeiras montanhas-russas, surgidas entre os séculos XV e XVI, eram feitas de gelo, desde a pista até os carrinhos. Era um esporte de inverno. Os aventureiros sentavam-se em blocos com assentos escavados e recobertos de palha. Aí desciam a montanha. O primeiro trem com rodas foi construído em 1784, em São Petersburgo, ainda na Rússia governada pelos czares. Na Europa, os primeiros a importar a ideia foram os franceses, em 1804. O carrinho nem sempre conseguia parar no final da rampa e muita gente se machucava. O brinquedo foi aperfeiçoado e se espalhou por todo o mundo. O americano Ronald Toomer colocou um carrinho de cabeça para baixo pela primeira vez em 1975.

CARROSSEL
A origem da mais famosa atração dos parques de diversão é uma incógnita. Acredita-se que o carrossel tenha aparecido pela primeira vez em uma feira na Turquia, por volta de 1620.

PISCINA
A Antiguidade chamava de piscina o que chamamos hoje de viveiros de peixes. Os judeus lavavam os animais destinados ao sacrifício em piscinas probatórias. Por alusão a essa característica profilática, o século XIII cristão fala da "santa piscina onde se lavam os pecados". A primeira piscina fechada e aquecida parece ter sido a de Viena, chamada "Banhos de Diana", de 37 metros de comprimento, construída em 1843. A segunda, ainda na capital austríaca, foi construída 12 anos depois.

◉ Inventores brasileiros ◉

ESPAGUETE PARA PISCINA
Além de iatista e empresário, Adriano Sabino poderia muito bem ser o Professor Pardal. Em 1994, ele inventou o espaguete, aquela boia comprida e colorida presente em qualquer piscina hoje em dia. Ao notar que, para fazer a boia, poderia reaproveitar o poliuretano expandido, um material usado para preencher espaço em barcos, elaborou o protótipo na garagem de casa mesmo. "Achei que aquilo poderia virar um produto quando eu fazia mestrado em administração", diz Sabino.

SKATE
No final da década de 1930, os surfistas da Califórnia queriam fazer das pranchas um divertimento também nas ruas para os dias de pouca onda.

Inicialmente, o novo esporte foi chamado de side walk surf. Em 1965, surgiram os primeiros campeonatos, mas o skate só foi explodir uma década depois. No ano de 1973, o americano Frank Naswortly inventou as rodinhas de uretano, que revolucionaram o esporte.

PARA GENTE GRANDE

BALÃO
Em agosto de 1709, o padre paulista Bartolomeu Lourenço de Gusmão (1685-1724) foi até Lisboa apresentar para o rei português dom João V sua nova criação: a passarola. Era um pequeno balão de papel de um metro de diâmetro, em formato de pirâmide, com armação de arame e aquecido por uma chama. Mas o crédito da invenção é dado aos irmãos Montgolfier – Joseph-Michel (1740-1810) e Jacques-Étienne (1745-1799) –, que desenvolveram o primeiro balão tripulado. Em 1783, os parisienses assistiram ao voo inaugural desse invento, pilotado por Jean-François Pilâtre de Rozier e François Laurent. O balão percorreu, em 25 minutos, 8,8 quilômetros, a dois mil metros de altura.

BARALHO
Não se sabe ao certo nem quando nem onde os jogos de cartas apareceram pela primeira vez. Provavelmente, as cartas surgiram na China, no século X. No início eram simples tiras de papel, marcadas com conchas de pedras, flechas e ossos, usadas em rituais de adivinhação. Por volta de 1300, as cartas chegaram à Europa, levadas pelos árabes. Eram conhecidas como tarôs, em baralhos de 22 cartas. No final do século XVI, apareceu o baralho moderno, de 52 cartas, deixando o tarô apenas para as previsões. Os naipes mais comuns eram taças, moedas, espadas e bastões. Da França, o baralho ganhou o mundo, e os naipes evoluíram até os atuais copas, ouros, espadas e paus.

TARÔ

A palavra tarô, do francês *tarot*, teria vindo do velho Egito, onde o baralho teria surgido, significando "roda" ou "caminho". A história do jogo é tão obscura como o nome. Em 1392, Carlos VI, rei da França, encomendou por um bom preço ao pintor Jacquemin Gringonneur três pacotes de cartas. A primeira descrição de um baralho de tarô, porém, só apareceu séculos mais tarde. Seu autor foi o historiador francês Antoine Court de Gébelin (1725-1784). No primeiro dos nove volumes de sua obra *Le mond primitif*, Gébelin afirma que as cartas do tarô foram extraídas do *Livro de Toth* (um deus egípcio). No século XVIII, em plena Revolução Francesa, o jogo de tarô tornou-se moda nos salões parisienses.

BINGO

O bingo é, na verdade, uma evolução de um jogo existente na Itália em 1530. "Lo Giuoco Del Lotto" consistia em uma espécie de loteria realizada todos os sábados. Quando chegou à França, em 1770, passou a ser chamada de "Le Lotto" e se tornou popular entre os homens mais abastados da sociedade. Os alemães também possuíam, por volta de 1800, uma versão do jogo, mas se tratava de um brinquedo infantil utilizado para ensinar matemática, gramática e história. O bingo chegou aos Estados Unidos em 1929 e lá recebeu o nome que tem hoje. O vendedor Edwin S. Lowe resolveu rebatizá-lo porque, certo dia, enquanto acompanhava um jogo, ouviu alguém acidentalmente gritar bingo em vez de beano, que era o termo correto.
Posteriormente, Lowe contratou Carl Leffler, um professor de matemática da Universidade de Columbia, para aumentar o número de combinações nos cartões. Mas o grande pontapé para a popularização do jogo foi dado por um padre católico da Pensilvânia. O religioso achou que seria uma boa ideia utilizar o bingo para levantar fundos para sua igreja. Acabou acertando em cheio.

CAÇA-NÍQUEL

Este é um dos jogos mais populares em cassinos. Foi inventado no século XVII por um cientista francês, Blaise Pascal, que realizava pesquisas sobre movimentos uniformes. Em 1842, Frenchmen François e Louis Blanc aperfeiçoaram a máquina e a levaram para Hamburgo, na Alemanha, já que os jogos de azar estavam proibidos na França. Mais tarde, o próprio François e seu filho, Camille, foram os responsáveis por mostrar o caça-níquel a Charles III, príncipe de Mônaco. O nobre gostou tanto do mecanismo que acabou construindo o famoso *resort* de Monte Carlo só para ir jogá-lo.

> **CASSINO**
> O exuberante cassino de Monte Carlo é a primeira casa de jogos de que se tem notícia. A festa de inauguração aconteceu em 1856 sob o comando do príncipe Carlo II. A construção mantém até hoje seu estilo renascentista e continua sendo a principal fonte de renda do principado de Mônaco.

DRIVE-IN

Numa noite quente de Nova Jersey, no fim dos anos de 1920, o americano Richard Hollingshead Jr. levou seu projetor de filmes para fora de casa, instalou-o no capô do carro e colocou uma tela na frente. Os testes do cinema ao ar livre levaram anos, até que, no dia 6 de maio de 1933, Hollingshead recebeu a patente da invenção. O primeiro "Cinema para Automóveis" ficava em Camden, era do tamanho de um campo de futebol, com capacidade para quatrocentos carros. A novidade era uma opção barata de divertimento, custava 25 centavos de dólar por pessoa, e se popularizou rapidamente. Na noite de inauguração, cerca de seiscentas pessoas assistiram ao filme *Wife Beware*. No início, o som saía por alto-falantes colocados ao longo da tela – e, por isso, poderia ser ouvido por toda a vizinhança. A solução veio tempos depois, com alto-falantes individuais para os carros.

HIPÓDROMO

A palavra hipódromo vem do grego *hippos* (cavalo) + *dromos* (corrida). Os mais antigos apareceram justamente na Grécia. No século de Péricles (499-429 a.C), terrenos planos eram destinados à prática do esporte. Em Constantinopla, Constantino I, o Grande, construiu um hipódromo de 370 metros de comprimento, 70 metros de largura e 30 mil lugares. Com a chegada das Cruzadas, em 1204, o local foi destruído. Em 1174, inaugurou-se em Londres o Smithfield Track, considerado por muitos historiadores o primeiro hipódromo contemporâneo.

JET SKI

A versão mais conhecida diz que o *jet ski*, misto de moto e barco, nasceu em 1972, como simples brinde da Kawasaki. A empresa japonesa – que fabrica de motocicletas a superpetroleiros – pretendia presentear seus melhores clientes com algo especial.

Mas a história do *jet ski* começou alguns anos antes. Em 1965, um bancário americano chamado Clayton Jacobson II, fanático por motos, construiu o primeiro protótipo. Ele estava cansado de levar tombos de moto e pensou "num chão que machucasse menos". O primeiro protótipo lembrava um patinete (o guidão era fixo e o piloto ficava em pé) e não entusiasmou ninguém. Um ano depois, Jacobson aprimorou a invenção, trocando o casco de alumínio por fibra de vidro. Aí fechou contrato com a Bombardier e, em 1967, desenvolveu o primeiro jet para ser dirigido sentado. Patenteou sua criação e a Bombardier construiu a novidade durante três anos. Em 1970, a Bombardier interrompeu a fabricação.

Em 15 de agosto do ano seguinte, o contrato terminou e Jacobson assinou no mesmo dia com a Kawasaki, que lançou o primeiro *jet stand-up* em larga escala. Em 1986, Jacobson assinou um contrato por dez anos com a Yamaha.

JOGO DO BICHO

O jogo do bicho foi criado em 1888 pelo barão João Batista Viana Drummond para custear a manutenção do antigo Zoológico do Rio de Janeiro, em Vila Isabel. Os ingressos traziam a figura de um dos 25 bichinhos. No final da tarde, havia um sorteio entre os visitantes. Quem tivesse o seu ingresso premiado recebia vinte vezes o valor da entrada. Em pouco tempo, a novidade atravessou os muros do Zoo e tomou conta da cidade. O jogo do bicho foi proibido em 1945.

ORIGAMI

Os primeiros origamis apareceram há mais de mil anos como passatempo da corte imperial japonesa. Com o tempo, o origami transformou-se em uma arte típica do Japão, com técnicas cada vez mais refinadas que eram passadas de pai para filho. A arte de dobrar papel tornou-se popular durante a dinastia Fujiwara, entre os séculos IX e XIII. A palavra é a junção de *ori*, que em japonês significa dobrar, com *kami*, papel.

PALAVRA CRUZADA

As palavras cruzadas derivam das "palavras quadradas" da Idade Média. Os primeiros esboços apareceram na Inglaterra do século XIX. Mas foi o suplemento dominical *Fun*, do jornal *New York World*, que publicou o primeiro quadro de palavras cruzadas, em 21 de dezembro de 1913. A ideia foi do jornalista americano Arthur Wynne, com base num jogo que o avô lhe ensinara. Chamava-se Magic Squares e consistia em arranjar grupos de palavras predeterminadas de uma maneira que pudessem ser lidas na horizontal e na vertical. O repórter acabou utilizando uma tabela e introduziu charadas, cujas respostas deveriam ser ordenadas no tabuleiro. Quando foi publicada pela primeira vez, a palavra cruzada tinha formato diagonal e com dicas bem fáceis. O jogo chegou ao Brasil em 1925, publicado pelo jornal *A Noite*.

PIADA

"Você sabe como entreter um faraó entediado? Você o coloca num barco junto a muitas mulheres vestidas somente com uma rede, e manda o faraó pescar!" Ha, ha, ha. Pesquisadores do departamento de Estudos Egípcios do Museu Britânico garantem que essa é a anedota mais antiga do mundo. Foi contada ao faraó Sneferu pelo mágico Djadjamankh, por volta de 2600 a.C.

ESTES FICARAM FAMOSOS

BAMBOLÊ

Os americanos Arthur Melin e Richard Knerr, donos de uma fábrica de brinquedos, trouxeram a ideia da Austrália, em 1958, onde estudantes de ginástica se divertiam girando aros de bambu na cintura. A diferença é que eles fizeram seus bambolês de plástico e o batizaram de *hula hoop*. Hoop significa aro em inglês. O *hula* foi inspirado na dança havaiana hula-hula. Venderam 25 milhões em apenas quatro meses e transformaram o brinquedinho na grande coqueluche do início dos anos 1960 em todo o mundo.
Existem referências de crianças no antigo Egito (1000 a.C.), e depois na Grécia e em Roma, que se divertiam com aros feitos de trepadeiras secas.

CABEÇA DE BATATA

Lançado em 1952, o Senhor Cabeça de Batata era inicialmente um kit com nariz, olhos e sobrancelhas que deveriam ser espetados em legumes que a criança tivesse em casa. Apenas em 1964, o Senhor Cabeça de Batata ganhou um corpo de plástico e também uma namorada, a Senhora Cabeça de Batata. Depois de andar um pouco esquecido, o brinquedo voltou às paradas de sucesso ao estrelar os dois filmes da série *Toy Story*, em 1995 e 1999.

Senhor Cabeça de Batata

CUBO MÁGICO

O cubo inventado pelo professor húngaro Ernö Rubik, em 1980, revolucionou o mercado de quebra-cabeça. Cada uma das faces do cubo tinha quadradinhos da mesma cor. Era preciso embaralhar e conseguir voltar ao resultado inicial.

INVENÇÃO DE GÊNIO
Outro tipo de quebra-cabeça foi o Genius. O aparelho em que quatro luzes se acendiam de forma variada foi lançado em 1978.

FRISBEE

Em Connecticut, William Russel Frisbee dirigia uma empresa de tortas. Todas elas tinham 20 centímetros de diâmetro, bordas elevadas e a frase "Tortas do Frisbie" impressa no fundo. Muito populares na Universidade de Yale, as tortas eram consumidas rapidamente e sobravam as formas vazias pelos cantos. O jogo de arremessar formas de torta tornou-se mania entre os alunos do *campus*. Como eram feitas de metal e podiam machucar alguém, elas eram lançadas com o grito de alerta: *frisbee*. Um entregador da empresa percebeu que as formas não retornavam porque eram guardadas para o divertimento. Ele se encarregou de espalhar a utilidade delas para os outros clientes.

KIKOS MARINHOS

Eles eram supostos remanescentes da Era Paleozoica (de 600 milhões a 280 milhões de anos atrás). Os minúsculos seres nasciam de cristais químicos inofensivos e podiam ser criados em casa, num aquário. Tinham três olhos, quatro antenas e dobravam de tamanho a cada dia. A chegada dos Kikos Marinhos foi anunciada com estardalhaço e as crianças enlouqueceram. O kit dos Kikos era composto de três envelopes que continham, além dos tais cristais químicos, misteriosas substâncias capazes de recriar as condições naturais do hábitat primitivo. Bastava despejar tudo na água e esperar pelos monstrinhos.

Os Kikos-Marinhos eram, na verdade, um tipo de microcrustáceo, a artêmia salina, que serve de alimento para larvas de peixe. Tinham tantos olhos e antenas quanto a propaganda anunciava, mas as informações contidas nos envelopes eram mentirosas.

A ideia de transformar ovos de artêmia em brinquedo de criança havia nascido seis anos antes, nos Estados Unidos. Ali os monstrinhos surgiram como *Sea Monkeys* (macacos marinhos). Na Argentina eram Micos Marinhos. Chegaram ao Brasil em outubro de 1979 com o nome de Kikos Marinhos. Vieram na mala de um argentino que se associou ao publicitário Dario Ramasini e a dois empresários para produzi-los por aqui. Os sócios resolveram copiar tudo do produto argentino, até a propaganda. Faturaram 500 mil dólares em quatro meses. Acontece que o sucesso dos Kikos Marinhos logo chegou aos ouvidos do dono do negócio, na Argentina. O homem desembarcou no país furioso, tomou as providências e acabou com a pirataria.

MATCHBOX

Os carrinhos de ferro em miniatura que marcaram várias gerações foram criados por dois amigos de escola: Leslie Smith e Rodney Smith (apesar de terem o mesmo sobrenome, não eram parentes). Em 19 de junho de 1947, eles fundaram a Lesney Products, juntando pedaços de seus nomes. A ideia de colocar os carrinhos em "caixinhas de fósforo", ou *matchbox* em inglês, não era tão original assim. Fabricantes de brinquedos da Alemanha já faziam isso desde o início do século. A marca Matchbox foi patenteada em 1953. O primeiro grande sucesso da empresa foi a miniatura da carruagem da coroação da rainha Elizabeth.

Matchbox

MUG

Em agosto de 1966, o cantor e compositor Chico Buarque foi até a polícia para dar queixa do roubo de seu carro. Horácio Berlinck, então produtor do programa *O fino da bossa*, da TV Record, encarregou-se de avisar a imprensa.

Na saída da delegacia, Chico fez um apelo: não fazia questão de ter de volta o carro e nem seu violão, bastava que lhe devolvessem o "Mug". Tratava-se de uma jogada de marketing de Berlinck. Em troca de presentes e, muitas vezes, apenas por amizade (o dono do negócio garante que era esse o caso de Chico, seu grande amigo), os artistas passaram a propalar os poderes miraculosos de um certo boneco de pano preto, que vestia roupa xadrez e dava sorte.

Elis Regina se movia pelo cenário da TV Record de mãos dadas com o Mug.

O boneco foi parar na capa do primeiro disco do Zimbo Trio, ao lado dos integrantes do grupo; subiu ao palco nos braços de Chico para receber o prêmio por "A Banda", no Festival de MPB da Record em 1966; e em 31 de dezembro do mesmo ano lá estava ele no pódio da corrida de São Silvestre. Virou uma mania. Berlinck calcula ter vendido dois milhões de bonecos. Seis meses depois do lançamento, o Mug deixou de ser fabricado. Fizeram imitações por todo o país, o mercado saturou e a febre acabou passando. Há quem diga que o bonequinho acabou ganhando a fama de pé-frio.

MUPPETS

O criador dos fantoches é o americano James Maury Henson, que nasceu em 24 de setembro de 1936, no Mississipi. O nome *muppets* é uma combinação das palavras inglesas *marionett puppet*. Para dar mais vida e expressão aos bonecos, Henson deixou de lado o estilo de fantoches feitos de madeira e pintados. O personagem Kermit, chamado de Caco no Brasil, foi inspirado em um amigo de infância de Henson. No início, Kermit não era um sapinho verde. A primeira aparição dos Muppets aconteceu no programa matutino Wtop-TV, canal local de Washington D.C., quando Henson ainda cursava o colegial. Já na faculdade, ele virou profissional quando ganhou um programa de cinco minutos, na rede NBC, chamado Sam and friends. Vítima de pneumonia, James Henson morreu em 16 de maio de 1990, em Nova York. Outros personagens do Muppet Show são miss Piggy, o urso Bear, o narigudo azul chamado Gonzo e o monstrengo Animal.

PATINS

O patim sobre rodas, inspirado nos modelos para gelo, nasceu da frustração dos fanáticos ao ver a neve derreter e interromper a diversão do inverno. Por mais de um século, os inventores tentaram criar um patim capaz de deslizar com segurança sobre o solo seco. Na metade dos anos 1700, o belga Josef Merlin, que confeccionava instrumentos musicais, forjou um par de patins a partir de sapatos, que seriam usados em uma festa de máscaras em Londres. Cada pé tinha apenas duas rodas, como a bicicleta, e não tinha mecanismo para frear ou fazer curvas. O inventor, que entrou na festa patinando e tocando seu violino, se esborrachou num espelho caríssimo porque não conseguiu parar. Outra aparição dos patins, desta vez com várias rodas alinhadas, aconteceu num teatro de Berlim em 1818, numa apresentação de balé. Um francês patenteou a invenção no ano seguinte, mas os patins só andavam para a frente e em linha reta, assim, o equipamento foi considerado perigoso demais para ser usado.

Outro modelo, que podia ser amarrado nos sapatos e dava mais estabilidade ao patinador, foi patenteado alguns anos depois por um inglês. Ganchos na frente e atrás permitiam que os patins fossem parados. Várias outras versões foram criadas entre 1820 e 1830, até que, em 1863, o americano J. L. Plimpton desenvolveu patins que tinham duas séries paralelas de rodas – duas rodas na frente sob a base do pé e duas atrás, embaixo do calcanhar. Um suporte de borracha colocado entre a placa que seria amarrada ao pé e as rodas dava ao patim o balanço para fazer curvas. Plimpton organizou o Clube de Patinadores de Nova York e construiu uma pista de patinação em Newport para incentivar a prática. Durante o verão de 1867, os patins de Plimpton tornaram-se populares.

Publicidade, 1908

TAMAGOTCHI

O nome é uma mistura de *tamago* (ovo, em japonês) e *watch* (relógio, em inglês), e se refere a um "animalzinho de estimação virtual". A invenção demorou dois anos para ficar pronta. Aki Maita, uma funcionária da Bandai, uma das maiores fabricantes de brinquedos do Japão, percebeu que seu projeto de relógio oval não daria muito certo. Ela resolveu bolar, então, um joguinho diferente. Ao se ligar o Tamagotchi, um pequeno ovo extraterrestre se abre na tela de cristal líquido e dá lugar a uma bolinha preta com olhos. Se for bem cuidado pelo dono (sempre que quer alguma coisa, ele emite um bip), o bichinho cresce, vai ganhando novas formas e até envelhece e morre. Outros vão nascendo no lugar. Em troca de tanta atenção, o aparelhinho dá as horas. A Bandai lançou o Tamagotchi no mercado japonês em novembro de 1996. Em apenas seis meses, 14 milhões de unidades tinham sido vendidas. A novidade chegou ao Brasil no início do ano seguinte.

TAZO
Era uma versão renovada do velho jogo de bafo. Você empilha os tazos – figurinhas em forma de disquinhos, com 4 centímetros de diâmetro e 4 milímetros de espessura – e, com a ajuda de um botão, tenta virar a face do maior número possível deles. O jogo surgiu de forma rudimentar no Havaí, onde as crianças usavam tampas de latas de leite como discos. A novidade chegou ao Brasil em abril de 1997, com os personagens da turma do Pernalonga, pela Elma Chips, para incrementar as vendas de seus salgadinhos.

TOPO GIGIO
O ingênuo ratinho fez o maior sucesso na TV brasileira, ao lado do comediante Agildo Ribeiro, em 1969. Ele participava do quadro final de 15 minutos do programa Mister show, na Globo, nas noites de sexta-feira. Foi criado pela italiana Maria Perego, ex-estudante de letras em Milão e casada com um proprietário de teatro de fantoches. Como o casal não teve filhos, Maria se dedicou a aperfeiçoar os bonecos. Topo Gigio (*Topo* é rato em italiano) nasceu em 1958.

O segredo de sua animação foi mantido por muito tempo. O truque, hoje, chega a ser banal. Era colocado um fundo preto, arames quase invisíveis nos pés, nas mãos e nos olhos do bichinho. O aparato, manipulado por quatro pessoas também vestidas de preto, dava os movimentos. Sua voz era feita pelo italiano Pepino Mazzulo, que sempre viajou com o personagem, tratando de aprender a língua do país em que se apresentava.

Depois que o tabloide *Pasquim* colocou em dúvida a masculinidade do ratinho, lançou-se no ano seguinte uma namorada para ele, chamada Rose, e a atriz Regina Duarte passou a participar do quadro também. O programa ficou no ar até 1971. Voltou, já sem a mesma força, em 1986.

VIDEOGAME

O estudante americano Steve Russel criou, em 1962, o primeiro videogame doméstico. Ele começou a ser vendido nos Estados Unidos dez anos depois. Seu nome era Odyssey. A Atari lançou seu aparelho em 1973. Veja abaixo a linha do tempo do videogame:

1958
William Higinbotham cria o primeiro jogo para computadores em um laboratório militar no estado de Nova York, Estados Unidos. Em "Tênis para dois", duas barras servem de raquete e um ponto piscando no meio da tela representa a bola.

Máquina do
"Tênis para dois"

1961
Steve Russell, estudante do Massachusetts Institute of Technology (Estados Unidos), cria o Spacewar (Guerra Estelar), um jogo interativo de computador. A invenção não é nada prática: a máquina toma um andar inteiro.

Teste do jogo
Spacewar

1972
A Magnavox lança nos Estados Unidos o Odyssey, primeiro videogame doméstico do mundo. Ele vem com jogos embutidos, semelhantes ao "Tênis para dois". Ainda neste ano, Nolan Bushnell funda a Atari e "clona" para uma máquina de fliperama o jogo do Odyssey, que recebe o nome de Pong.
Para dar mais variações aos jogos, seis telas de papel translúcido com cenários diferentes, para serem coladas na tela da TV, acompanham o Odyssey.

1974
A Atari lança a versão doméstica do Pong. No Brasil, ele ficaria conhecido como Telejogo (produzido a partir de 1977 pela Philco e a Ford). Tem três jogos: tênis, futebol e paredão.

1977

O Atari 2600 Video Computer System (VCS) chega aos Estados Unidos. A empresa adapta todos os seus jogos de fliperama para o novo videogame.
Os joguinhos têm 16 cores, e cada cor possui 16 tons diferentes.
No mesmo ano, a RCA lança o Studio II. Erro fatal: todos os gráficos são em preto e branco.

1979

A Mattel lança o Intellivision ou "Intelligent Television" (Televisão Inteligente), com 16 cores. O aparelho fica mais conhecido como um videogame "adulto", por causa de seus jogos de esportes e estratégia.

Em 1984, a Mattel teria de pagar uma indenização por propaganda enganosa. Ao lançar o Intellivision, havia anunciado que, com um teclado acoplado, o console se transformaria em um computador.

1981

O designer Shigeru Miyamoto, da Nintendo, desenvolve o jogo Donkey Kong para máquinas de fliperama. O jogador controla um pedreiro ou carpinteiro, que mais tarde seria conhecido como o encanador Mario, do Mario Bros, que luta contra um gorila. No mesmo ano, Toru Iwatani cria o jogo Pac-Man.

1982

O ColecoVision é lançado nos Estados Unidos, produzido pela Connecticut Leather Company (Coleco), uma empresa que originalmente vendia artigos de couro, nos anos de 1930.
O console já vem com o jogo Donkey Kong.

1983

A Atari paga 25 milhões de dólares pelos direitos do filme *E.T. – o extraterrestre* (1982) para produzir um joguinho, mas não o emplaca. A lenda diz que a empresa enterrou quinhentos mil cartuchos no deserto do Novo México.

1985
A Nintendo lança o console Famicom e Super Mario Brothers torna-se o jogo mais vendido.

1986
A Sega lança o Master System, que chega ao Brasil em 1988. Os cartuchos de maior sucesso são Afterburner e Wonderboy.

1988
A Sega lança o Mega Drive, com triunfantes 16 bits, no Japão. Ele é vendido no mercado norte-americano um ano depois, com o nome de Genesis. No Brasil, chega em 1990.

1990
Para concorrer com o Mega Drive, a Nintendo lança o Super NES, também de 16 bits. Aparece o NeoGeo Entertainment System, pela bagatela de 650 dólares.

1994
A Sony lança o PlayStation no Japão. Os cartuchos são substituídos por CDs, que revolucionam o mercado com gráficos em 3D de alta qualidade. Os fãs brasileiros são obrigados a apelar para a importação ou o contrabando.

1996
A Nintendo lança o Nintendo 64. O jogo de maior sucesso é o Super Mario 64. A Editora Europa, que edita a *Revista dos Curiosos*, lança a revista *Dicas & Truques para Playstation*.

1999
O Dreamcast, primeiro console de 128 bits, é lançado pela Sony. Tem gráficos em 3D e conexão com a Web, mas sai de linha em 2001.

2000

A Sony lança o Playstation2, que processa os jogos, toca CDs e reproduz DVDs.

2001

A Nintendo apresenta o GameCube, semelhante ao PS2. A Microsoft chega com o Xbox, o primeiro console da história com um disco rígido (HD) embutido. No mesmo ano a Nintendo lança o Game Boy Advance, o primeiro em formato vertical e tela de 2,9 polegadas.

2004

A Nintendo lança o Nintendo DS, com duas telas de cristal líquido e um microfone que reconhece as funções de voz, sendo possível falar com os personagens. Outra novidade é o Game Boy Advance SP, sucessor do GBA, com novo design em forma de concha, no qual a tela é dobrada sobre os botões, cabendo facilmente no bolso.

2005

A Microsoft lança o X-Box 360, capaz de reproduzir filmes, músicas e fotos. Chega ao Brasil somente em dezembro em 2006, sendo o primeiro console a ser comercializado diretamente por sua fabricante no país. A concorrente Sony lança o Playstation Portable (PSP), versão portátil da série, com acesso à internet. A Nintendo traz o Game Boy Micro, com capa personalizável e tela mais brilhante.

2006

A Sony lança o Playstation 3, com capacidade de trasmitir vídeos de alta definição. A Nintendo traz o Nintendo Wii, inovando no controle remoto que possui sensores que captam os movimentos do jogador.

3

Era uma casa muito engraçada / não tinha teto não tinha nada / ninguém podia entrar nela não / porque na casa não tinha chão...

VINICIUS DE MORAES
(1913-1980), poeta, trecho do poema "A CASA"

Casa e construção

É DIA DE FAXINA

AEROSSOL
O norueguês Erik Rotheim bolou um método de dispersar líquidos e pó por meio de um *spray* em 1926. Bastava colocar dentro do recipiente um gás ou um líquido que criasse pressão interna. Mas a ideia só foi desenvolvida comercialmente em 1941, quando os pesquisadores americanos Lyle Goodhue e William Sullivan adaptaram-na para fazer um inseticida em um *spray* em lata.

ASPIRADOR DE PÓ
O engenheiro de pontes Hubert Cecil Booth (1871-1955) acompanhou, em 1901, uma tentativa de limpar um vagão de trem usando ar comprimido, numa estação de Londres. O método do ar comprimido criava enormes nuvens de poeira. Como não havia maneira de removê-la, a sujeira baixava de novo. Sentado em um restaurante com outras pessoas que acompanhavam a cena, Booth declarou que a solução seria sugar a poeira para dentro de um recipiente, em vez de soprá-la em todas as direções. Booth construiu um protótipo dessa máquina e, em 25 de fevereiro de 1902, lançou um prospecto de sua recém-criada empresa, a Companhia de Aspiradores de Pó.
Naquela época, poucas casas dispunham de eletricidade e o aparelho era caro e grande. Tão grande que precisava ser montado num veículo de quatro rodas e puxado por um cavalo. Booth decidiu não tentar vender os aspiradores, mas oferecer um serviço de limpeza em domicílio. Uma poderosa bomba a vácuo, acionada por um motor elétrico ou a gasolina, ficava na calçada em frente da casa do cliente. O pó era então sugado dos carpetes e dos estofados através de mangueiras de 250 metros de comprimento, que passavam pelas janelas do andar térreo e daí seguiam para qualquer parte da casa que precisasse de limpeza. O barulho era tão grande que espantava os cavalos na rua, o que provocou um certo atrito entre Booth e a polícia.

O primeiro grande serviço da firma de Booth aconteceu na coroação do rei Eduardo VII, em 1902. Completados todos os preparativos na abadia de Westminster, descobriu-se que os tapetes azul-escuros sob os dois tronos gêmeos estavam em estado deplorável − e, nessas alturas, já era tarde demais para retirá-los para serem limpos por métodos convencionais. Booth soube do problema e procurou a comissão encarregada da coroação, oferecendo sua ajuda. O rei ficou encantado com essa história e pediu uma demonstração no palácio de Buckingham. Booth abriu uma exceção à sua política de "não vender" quando recebeu uma encomenda de dois aspiradores de pó completos, um para o palácio e outro para o castelo de Windsor. Depois disso, os aspiradores de pó logo ganharam a preferência das damas da sociedade, não só por sua utilidade prática, mas também porque serviam de atração para o chá da tarde. Ofereciam-se noitadas e saraus em que os hóspedes eram entretidos por uma equipe de funcionários de Booth, que aspiravam o pó dos tapetes e estofamentos. Como novidade extra, ele passou a oferecer tubos transparentes para que o público visse a sujeira sendo sugada para dentro da máquina.

O primeiro aspirador elétrico portátil, para uso doméstico, foi um modelo montado sobre rodas, comercializado pela firma Chapman & Skinner, de São Francisco, Estados Unidos, em 1905. O protótipo do aspirador de pó moderno, vertical, com o saco para a poeira preso à barra de mão, foi construído em 1907 por J. Murray Spangler, zelador de uma loja de departamentos em Ohio, Estados Unidos. A máquina de Spangler, um mecanismo tosco feito de madeira e lata, era equipada com um cabo de vassoura e uma velha fronha, emprestada por sua esposa, servindo de saco de poeira. Mesmo assim, atraiu a atenção de W. H. Hoover, um fabricante local de selas, que buscava diversificar suas atividades, já que seu negócio fora muito prejudicado pela chegada do automóvel. Depois de comprar os direitos de Spangler, Hoover produziu o primeiro modelo comercial em 1908, ao preço de 70 dólares.

MOTOR ELÉTRICO

Em 1820, o cientista dinamarquês Hans Cristian Oersted (1777-1851) passou uma corrente elétrica, gerada por uma pilha, por um fio condutor e depois aproximou desse fio uma bússola. A agulha, que é um ímã, mexeu-se e alinhou-se perpendicularmente ao fio. Em volta do fio, portanto, havia um campo magnético, que agiu sobre o outro campo, o da agulha. Com isso, estabeleceu-se pela primeira vez a relação entre eletricidade e magnetismo.

Depois de tomar conhecimento dessa experiência, o físico francês André-Marie Ampère (1775-1836) chegou à conclusão de que as linhas de força criadas pelo fio eletrizado – o campo magnético – são circulares, ou seja, formam uma espécie de cilindro invisível em volta do condutor. Até então, pensava-se que o campo magnético caminhava apenas em linha reta, de um ímã para outro.

Quem estava pesquisando também a ligação entre eletricidade e magnetismo era o físico e químico inglês Michael Faraday (1791-1867). Ele demonstrou em 1822 o campo magnético circular. Faraday encheu com mercúrio – um metal condutor – duas taças especialmente desenhadas, de modo a ter um fio elétrico saindo do seu fundo. Em uma delas fixou verticalmente uma barra magnetizada. Na outra, deixou frouxo outro magneto. Na primeira taça, quando um fio elétrico pendurado acima da taça tocava o mercúrio, fechando o circuito, esta se punha a girar em volta do ímã. Na outra taça, onde o fio estava frouxo, quando ligado à corrente o magneto girava em torno do fio central. Esse foi o primeiro motor elétrico, o autêntico ancestral das máquinas que hoje movimentam automóveis, aspiradores, geladeiras, máquinas de lavar, liquidificadores, secadores de cabelo.

DETERGENTE

Em 1890, o químico alemão A. Krafft observou que pequenas cadeias de moléculas ligadas ao álcool funcionavam como sabão. Krafft produziu o primeiro detergente do mundo. Mas a novidade na época não passou de uma curiosidade química. Durante a Primeira Guerra Mundial, o bloqueio dos aliados cortou o suprimento de gorduras naturais, utilizadas para produzir lubrificantes. As gorduras de sabão foram substituídas, e o produto tornou-se um artigo raro no país. Outros dois químicos alemães, H. Gunther e M. Hetzer, retomaram as pesquisas de Krafft e lançaram em 1916 um detergente com fins comerciais, o Nekal, que, acreditavam, seria usado apenas nos tempos de guerra. Mas as vantagens do detergente sintético sobre o sabão foram logo aparecendo. O sabão reage com minerais e ácidos presentes na água, formando moléculas insolúveis que se recusam a ser enxaguadas novamente. O primeiro detergente para lavar roupa foi o Tide, lançado nos Estados Unidos, em 1946.

💡 Inventor tem cada uma 💡

HIDROVASSOURA
Trata-se de uma mangueira acoplada à vassoura com cabo de PVC. Ela lava e esfrega ao mesmo tempo, evitando o desperdício de água. A hidrovassoura foi inventada pelo protético Rui Oliva de Oliveira.

RAQUETE MATA-PERNILONGO
Funciona a pilha. É só encostar no pernilongo que ele morre eletrocutado.

INSETICIDA

No século I, os chineses já utilizavam uma espécie de inseticida (pó de crisântemo oriental) para matar pulgas. Na Idade Média e durante a Renascença, os entomologistas recomendavam o uso de arsênico contra a invasão de insetos. Em 1681, os primeiros compostos com arsênico foram recomendados para o tratamento de plantações.

O primeiro inseticida sintético do mundo, o DDT, foi isolado pelo alemão Othmar Zeidler em 1874. O bioquímico suíço Paul Hermann Müller (1899-1965) descobriu, em 1939, o potencial do produto para matar o mosquito transmissor da malária. A descoberta lhe valeu o Prêmio Nobel de Medicina em 1948. Mas, com o passar dos anos, o DDT se mostrou prejudicial aos animais que se alimentavam de insetos e, a partir de 1970, os países começaram a proibir seu uso.

PARA CONSTRUIR E REFORMAR

ALARME CONTRA ROUBO
Edwin Holmes, um vendedor de armações para saias, comprou em 1857 a patente de um alarme contra roubo de Alexander Pope. Associou-se ao fabricante de equipamentos elétricos Charles Williams e começou a tocar o novo empreendimento. O segredo estava na antiga profissão. Os alarmes eram feitos com os pesados fios de cobre que ele usava para fazer as armações. Holmes ganhou muito dinheiro e montou a Holmes Protective Company, que até hoje é muito requisitada nos Estados Unidos.

Edwin Holmes

CHAVE
Desde os tempos mais remotos, o homem procurava se defender dos inimigos com muros, fossas, portas e trancas. A fechadura surgiu na China, por volta de 2000 a.C. Era uma espécie de ferrolho que podia ser aberto ou fechado do lado de fora da porta com um tipo de gancho, a chave. Esse modelo de fechadura foi aperfeiçoado pelos egípcios, que fizeram chaves com bicos que se encaixavam em cavidades existentes no orifício. Os romanos criaram variações dessas fechaduras e as espalharam pela Europa. Já os antigos gregos tinham uma chave tão grande que o dono precisava carregá-la no ombro, como um fuzil. Na Idade Média, a fechadura e a chave também foram adotadas em cofres, cômodas e malas.
A verdadeira evolução da chave aconteceu em 1778, quando o inglês Joseph Bramah (1748-1814) criou uma fechadura mais segura, com delgadas lâminas que tinham de ser colocadas em posições determinadas para que a chave pudesse abri-la. Em 1860, um retratista americano pouco conhecido desistiu da carreira e tornou-se serralheiro, como o pai. Linus Yale Jr. aperfeiçoou a fechadura de segurança e seu nome virou um dos sinônimos de chave e fechadura. Além de sua fechadura, Joseph Bramah inventou o macaco hidráulico (1795), um modelo de vaso sanitário (1778) e uma máquina de impressão de dinheiro (1806).

CORRENTE
Na Antiguidade, faziam-se pequenas correntes de ouro e de prata para decoração. Os romanos usavam correntes de bronze nos condenados a trabalhos

forçados em galés, e correntes de elos eram usadas em máquinas de erguer água no mundo helenístico por volta de 200 a.C.

ELEVADOR

Sobe! O princípio de uma plataforma suspensa dentro de uma cabine vertical para o transporte de pessoas ou materiais pesados foi descrito pela primeira vez pelo arquiteto romano Vitruvius, no século I a.C. A elevação era obtida utilizando-se um contrapeso, que subia e descia sob o controle de uma roldana movida por uma manivela do lado de fora da plataforma. É provável que esses elevadores tenham sido usados nas casas romanas com vários andares, provavelmente operados por escravos. O primeiro elevador conhecido foi o que o rei Luís XV mandou instalar, em 1743, no palácio de Versalhes. Ligava seus aposentos ao de sua amante, madame de Châteauroux, no andar de baixo.

O nome do inglês que, em 1800, pensou em utilizar um motor a vapor para mover os elevadores não é conhecido. Esse motor era instalado no teto e controlava o enrolar e desenrolar do cabo ao redor de um cilindro.

Em 1851, o americano Elisha Graves Otis (1811-1861) inventou um sistema de segurança que impedia que o cabo balançasse, prendendo-o em um trilho e bloqueando-o com uma série de garras. Isso permitia o uso do equipamento também por pessoas. Para mostrar a eficiência de sua invenção, em 1854, ele mandou cortar o cabo de um elevador que ele mesmo pilotava. O primeiro elevador de passageiros foi inaugurado por ele em 23 de março de 1857, em uma loja de cinco andares, em Nova York. Em 1867, o francês Léon François Edoux inventou o elevador de coluna hidráulica. O mesmo Edoux construiu, em 1889, um elevador de 160 metros de altura para a Torre Eiffel. Esses elevadores eram vinte vezes mais rápidos que seus predecessores, que trabalhavam com tração. Em 1880, a firma alemã Siemens & Halske utilizou energia elétrica na tração de um elevador. Ele subiu 22 metros em 11 segundos. O uso de eletricidade permitiu a introdução de interruptores para controlar o elevador em 1894.

ESCADA

A escada parece ter surgido 2000 anos a.C. Os egípcios e os hebreus foram os primeiros a construí-las. O curioso é que elas eram feitas mais para decoração de tumbas e monumentos do que para uso prático. No século X a.C., apareceram as primeiras casas com escadas em Atenas e, depois, em Roma.

ESCADA ROLANTE

A escada rolante surgiu em 1892, dos esforços de dois americanos, Jesse W. Reno e George H. Wheeler. Reno patenteou sua ideia em 15 de março de 1892 e a inaugurou no antigo píer de ferro em Coney Island, Nova York, no outono de 1896. A escada de Reno era uma esteira inclinada sem fim, feita de placas de madeira, cada uma com 10 centímetros de largura e 60 centímetros de comprimento. Essas madeiras tinham ranhuras revestidas de borracha, direcionadas para a frente – para que os sapatos do usuário aderissem bem –, passavam debaixo de um pente nas duas extremidades da esteira, como acontece em uma escada rolante moderna. Um motor elétrico acionava a escada e também o corrimão de borracha, coberto de pelúcia, a uma velocidade de 2,5 quilômetros por hora.

A primeira escada rolante com degraus planos foi patenteada por George H. Wheeler, em 2 de agosto de 1892. Esta não tinha um mecanismo tipo pente e os usuários entravam e saíam por uma entrada lateral. Embora a escada de Wheeler nunca tenha sido construída, sua patente foi comprada em 1898 por Charles D. Seeberger, que incorporou a ideia dos degraus planos num desenho aperfeiçoado, de sua autoria. O protótipo de Seeberg foi construído pela Companhia de Elevadores Otis, com quem ele fez um acordo, e entrou em operação na sua fábrica em 1899.

A primeira escada rolante Seeberger para uso público foi instalada na grande Exposição de Paris de 1900. Foi levada de volta para os Estados Unidos no ano seguinte e instalada na loja de departamentos Gimbel's, na Filadélfia, onde continuou em operação até 1939. A primeira escada rolante com degraus e um mecanismo tipo pente para o desembarque das pessoas foi o modelo "L" da Otis, construído em 1921, que incorporava as características mais importantes tanto do modelo Reno como o de Seeberger.

Escada rolante de Seeberger

FÓRMICA

Antes da Primeira Guerra Mundial, um material feio, grosseiro e sem maiores pretensões substituía a mica em isolantes elétricos (principalmente nos ferros de passar roupa). Como era aplicado "no lugar da mica", seu nome em inglês ficou sendo *"for mica"*, o que deu origem à marca registrada Formica. Na década de 1920, os americanos descobriram que a fórmica podia ser usada no mobiliário. Até 1948, a fábrica do produto se chamava Formica Isolation Company. O "Isolation" foi suprimido e os laminados sintéticos começaram a concorrer com a madeira natural. A fórmica é obtida pela combinação e prensagem de papéis especiais com certas resinas derivadas do petróleo.

Edison bamboo filament lamp, 1880

LÂMPADA

O americano Thomas Alva Edison (1847-1931) foi o maior inventor de todos os tempos. Registrou 1.093 patentes, recorde até hoje não superado. A lista de criações de Edison inclui a locomotiva elétrica, o projetor de cinema, o microfone a carvão, o fonógrafo (gravador) e o telégrafo automático. Desenvolveu casas pré-fabricadas e aperfeiçoou o telefone.

A mais famosa de suas criações foi a lâmpada. Em 21 de outubro de 1879, Edison desenvolveu a primeira lâmpada, que ficou acesa por 45 horas seguidas. Até que ela se apagasse, o inventor não saiu do laboratório (depois dormiu, de roupa e tudo, por 24 horas seguidas). O desafio parecia simples: Edison precisava encontrar um material que ficasse incandescente quando a corrente elétrica passasse por ele e fazer com esse material um fio fino. Esse filamento deveria ficar isolado dentro de um bulbo de vidro do qual o ar tivesse sido retirado, pois o oxigênio facilita a combustão. Numa época em que o normal era o cientista trabalhar sozinho, Edison chegou a contar com o apoio de sessenta pesquisadores. Só para a lâmpada, eles fizeram 1.300 tentativas de filamentos – até fios de barba de colegas – antes de chegar ao algodão carbonizado usado no primeiro modelo de sucesso. O filamento (hoje se usa o de tungstênio) é aquecido a ponto de emitir luz.

Ele foi o fundador da Edison Electric Light Company, embrião da atual General Electric, conglomerado gigante da indústria eletrônica.

Quem foi Thomas Alva Edison?

"O garoto é confuso da cabeça, não consegue aprender." Em 1855, o reverendo Engle era o professor da única sala de aula da cidadezinha de Milan, no estado americano de Ohio, e queixava-se daquele aluno de oito anos que se recusava a fazer as lições. Três meses depois, Thomas Alva Edison deixou a classe e nunca mais voltaria a frequentar uma escola. Ex-professora, sua mãe Nancy, casada com um pequeno comerciante chamado Samuel Edison, dedicou-lhe especial atenção. Thomas era o caçula de seus sete filhos, três deles falecidos na infância. Ainda jovem, vendeu guloseimas e jornais dentro de trens. Sobrava tempo para leituras e para experiências em um laboratório que instalou no bagageiro (uma vez pôs fogo no vagão). Aos 18 anos, arrumou um emprego de telegrafista para ajudar no sustento da família. Combatia o tédio da profissão passando trotes, e vivia sendo demitido.

Edison registrou seu primeiro invento – uma máquina de votar, pela qual ninguém se interessou – quando tinha 21 anos. Dois anos mais tarde, inventou um indicador automático de cotações da Bolsa de Valores. Vendeu-o por 40 mil dólares e tomou a decisão de trabalhar em um laboratório próprio, num subúrbio de Nova York.

No Natal de 1871, casou-se com uma jovem de 16 anos, Mary Stilwell, que era perfuradora de fitas telegráficas. Ele a pediu em casamento batendo uma moeda em código morse. Mary morreu 12 anos depois, de febre tifoide. Edison se casaria mais uma vez, com Nina Miller. Nos dois casamentos, teve seis filhos, três em cada um.

Mesmo autodidata, foi eleito membro da Academia Nacional de Ciências dos Estados Unidos e recebeu do Congresso norte-americano o título de "nobre servidor dos Estados Unidos e benfeitor da humanidade". Morreu no dia 18 de outubro de 1931. Três dias depois, na noite do 52º aniversário de sua lâmpada, todas as luzes do país foram apagadas por um minuto.

Thomas Alva Edison

Inventores brasileiros

INTERRUPTOR DE LUZ COM CONTROLE REMOTO
Hoje em dia existe controle remoto para tudo, certo? Pois Rosalvo Barreto F. Júnior criou um para acender e apagar as luzes a distância. Funciona pela transmissão de sinais de raios infravermelhos.

LUZ NEON
Em 1910, o químico francês Georges Claude (1870-1960) provou que as descargas elétricas produziam luz através de gases nobres. A luz recebeu este nome porque uma das mais importantes experiências foi a produção de luz vermelha pelo neon. Os tubos de neon substituíram as lâmpadas incandescentes em letreiros porque podiam ser dobrados de várias formas.

 Inventores brasileiros

PEDREIRO MECÂNICO
O engenheiro Marko Djuragin levou sete anos para desenvolver a engenhoca. O pedreiro mecânico é uma estrutura formada por colunas verticais de ferro perfilado montada a partir da planta baixa da obra. Elas são colocadas no prumo e interligadas na parte de cima. Trilhos na quantidade das paredes da casa passam a correr nas fileiras de tijolos. Uma caixinha corre horizontalmente depositando argamassa nas camadas. Os pedreiros só precisam colocar os tijolos e levantar a estrutura no final de cada fileira. Uma equipe de seis pedreiros experientes demora cerca de vinte dias para levantar uma casa. Um grupo de mulheres e crianças poderia fazer o serviço no mesmo tempo com o pedreiro mecânico.

PARAFUSO
No século XVI, os fabricantes de armas e armaduras verificaram que os pregos prendiam melhor se neles fossem feitas algumas rachaduras. Mas esses primeiros parafusos eram também martelados, como os pregos comuns. Não era fácil tirá-los depois! A solução encontrada foi fazer um corte na cabeça do parafuso. Para retirá-lo, bastava enfiar um instrumento de madeira no corte e torcer ao contrário. Pronto: estava inventada a primeira chave de fenda, em 1676.

Esses primeiros parafusos, feitos à mão e muito caros, só eram usados para trabalhos especiais. No fim do século XVIII, um inglês desconhecido produziu parafusos melhores, mas ainda sem ponta, numa máquina de tornear madeira. Isso os tornou mais baratos, podendo ser usados frequentemente em portas, móveis etc. Mas a eficiência da rosca do parafuso era bastante diminuída pelas marteladas. E para introduzir o parafuso era também necessário abrir, antes, um buraco com outro instrumento. Em 1840, os parafusos de madeira foram aperfeiçoados: ganharam pontas e a forma que até hoje apresentam.

◆ **Inventores brasileiros** ◆

FURO CLEAN
Peça para ser acoplada em furadeiras desenvolvida por Armando Velardo. Quando ela entra em ação, a sujeira das paredes ou de madeiras cai direto no recipiente e não se espalha pela casa.

PORTA GIRATÓRIA
Em 7 de agosto de 1888, o americano Theophilus Van Kannel (1841-1919) instalou a primeira porta giratória do mundo em um prédio de escritórios da Filadélfia. Ele percebeu que os prédios muito grandes possuíam portas pesadas e difíceis de serem abertas. Além de resolver o problema, a invenção conservava o calor interno das construções durante o inverno.

PREGO
Os primeiros pregos apareceram na Mesopotâmia em 3500 anos a.C. Feitos de cobre, eles eram pouco resistentes, embora tivessem muito valor. Por isso, o mobiliário daquela época acabou sendo construído na base dos encaixes.

RÉGUA
As primeiras referências às réguas de madeira graduadas são do século XVII, em desenhos de uma obra francesa de 1676, *Os príncipes da arquitetura*, de Félivien. Era uma régua em polegadas, numerada até 12.

TIJOLO
O homem descobriu que o barro molhado servia para reforçar suas cabanas de pau a pique, tornando-as mais resistentes à chuva e ao vento. O homem primitivo misturou, depois, o barro a outros materiais, como a palha picada, para torná-lo mais forte. Mais tarde, passou a cortá-lo em pedaços iguais. Assim nasceu o tijolo. No princípio, eles eram utilizados crus. Os egípcios usavam-nos ainda úmidos, e o sol se encarregava de secá-los. Acreditavam os súditos do faraó que só empregando tijolos úmidos conseguiriam que eles se soldassem uns aos outros.

Depois, os gregos passaram a usar tijolos endurecidos. Deixavam-nos secar por um período de até cinco anos. Na hora de usá-los, eram unidos com barro mole.

Os primeiros tijolos cozidos foram produzidos na Babilônia, nos séculos VII e VI a.C. O interessante é que mesmo os tijolos mais antigos tinham o formato e o tamanho quase iguais aos de hoje.

VELA
Seu registro mais remoto data do século V a.C., entre os etruscos que dominavam o vale do Pó e a Etrúria, na região que hoje é a Itália. Desde aquela época, faziam parte das cerimônias religiosas, particularmente durante as Saturnálias, as festas em homenagem a Saturno – a divindade que personificava o tempo na mitologia.

As primeiras velas eram fabricadas em casa mesmo. O processo era demorado, pois exigia que as fibras vegetais do pavio, feito de junco, papiro ou estopa, fossem continuamente mergulhadas em sebo ou cera derretida. As de sebo, que exalavam mau cheiro, eram de uso mais popular. As de cera, preferidas pelos nobres e pela Igreja, não espalhavam cheiro tão ruim e eram mais caras.

Malcheirosas e fumarentas, só em 1825 as velas atingiram a fórmula básica atual, na França, com as descobertas do químico Eugéne Chevreul e do físico-químico Louis Joseph Gay-Lussac. Ambos conseguiram separar a estearina (ácido esteárico) de sua parte líquida (o ácido oleico), pesquisando as propriedades de sebos de boi e carneiro.

No Brasil, a primeira fábrica de velas surgiu por volta de 1845, em São Paulo. Instalado na antiga rua do Piques, hoje rua da Consolação, João Batista das Chagas começou a fabricar as velas de sebo.

VIDRO

Os cronistas gregos e romanos da Antiguidade contam que o inventor do vidro foi um mercador fenício que atravessava o deserto da Síria por volta de 200 a.C. Ele fez fogo na areia, sobre alguns blocos de pedra. Na manhã seguinte verificou, surpreso, que entre as cinzas brilhava uma substância desconhecida, dura, quebradiça e transparente: era o vidro. O que ele julgara serem pedras eram, na verdade, blocos de potassa ou soda.

Fenícios e egipcíos manufaturavam objetos de barro vitrificado. No século I a. C. surgiu o vidro soprado, cujos grandes centros produtores eram as cidades de Alexandria e Sidon. Essa técnica é usada até hoje: o vidro em estado líquido adere à ponta de um tubo metálico de 1,5 metro, formando uma bola. O operador sopra através do canudo, dando à bola o formato desejado. Na produção industrial, o vidro é inflado e moldado por processos mecânicos.

A primeira garrafa de vidro aparece na França no século XV. Já existiam garrafas de couro e madeira na Inglaterra e na Alemanha.

Processo de fabricação do vidro, em 1800

VIDRO À PROVA DE BALA

O vidro à prova de bala é um aperfeiçoamento do vidro laminado, criado em 1909 pelo químico francês Édouard Bénédictus. O vidro laminado consiste de duas lâminas de vidro com uma lâmina de material plástico entre elas. É usado em para-brisas de automóveis para dar segurança aos passageiros em acidentes: ele se estilhaça, mas seus pedaços tendem a ficar presos no plástico. A primeira versão do vidro à prova de bala usava uma folha de celuloide entre as lâminas de vidro. Contudo, o celuloide amarelava em pouco tempo, o que tirava a transparência do vidro. Em 1936, o celuloide foi substituído por polivinil butiral, o que eliminou o problema.

Hoje, fazem-se vidros à prova de bala com 30 a 40 milímetros de espessura, formados por várias camadas alternadas de vidro e de polivinil butiral. Esse vidro detém ou faz ricochetear projéteis comuns disparados a curta distância – até 3 metros. O mesmo não acontece com projéteis de certas armas de alto impacto, que podem perfurá-lo.

BANHEIRO E CIA.

CHUVEIRO

Os antigos gregos e romanos já utilizavam grandes banheiras, de mármore ou prata. Especialistas acreditam que os chuveiros apareceram por volta de 1350 a.c. Em Akhenaten, a antiga capital do Egito, arqueologistas descobriram um lugar raso, que seria uma espécie de tina para banhos de chuveiro. Um vaso grego do século VI a.C. mostrava mulheres se banhando no que pareciam ser chuveiros.

❖ A ducha foi inventada por Merry Delabost, médico-chefe da prisão Bonne-Nouvelle, na França, em 1872, para os detentos melhorarem sua higiene.

 Inventores brasileiros

RÁDIO-CHUVEIRO
Edson Luís Rusca gostava de tomar banho ouvindo música. Uniu as duas coisas e criou o rádio-chuveiro elétrico. Quando a água é ligada, o rádio começa a tocar.

SAUNA

A sauna conhecida como finlandesa surgiu por volta do século III a.C. Nas montanhas da região da Finlândia, um grupo de lenhadores procurava abrigo para o frio. Observando a lava que era expelida pelos vulcões, eles construíram uma cabana de pedra fechada em forma de forno. Atiçaram fogo à lenha. Após um período de oito horas, eles deixaram a fumaça escapar e entraram na cabana. Depois de aquecidos, o mergulho na água dos lagos os refrescava e causava um choque térmico.

Inventor tem cada uma

TRONO *HIGH-TECH*
A marca de eletroeletrônicos Panasonic lançou em 2002 o protótipo do primeiro vaso sanitário capaz de enviar e-mails. Um telefone celular conectado à internet acoplado ao produto é o responsável pelo avanço. Entre as vantagens do recurso tecnológico, chama a atenção a análise de urina. O sistema verifica se há alguma irregularidade na urina da pessoa e, em caso afirmativo, manda os resultados via e-mail para o médico. A intenção da empresa japonesa é fazer que os médicos possam avaliar a condição física de seus pacientes sem precisar examiná-los no consultório.

VASO SANITÁRIO
A ideia das privadas com descarga foi do poeta inglês John Harrington, afilhado da rainha inglesa Elizabeth I, em 1589. Ele publicou um tratado em que descrevia uma válvula, com escoamento dos detritos, que instalara em sua casa, na cidade de Kelston, perto de Bath. A água era puxada de um tanque (pintado com peixinhos) para a bacia, despejando a sujeira numa fossa localizada logo abaixo, quando uma manivela no assento era empurrada para liberar a válvula. A rainha visitou a casa de John em 1592. Dona de uma sensibilidade olfativa muito forte e exigente nas questões de higiene (tomava banho uma vez por mês "ainda que não precisasse"), a rainha adorou a criação e mandou construir uma igual no palácio de Richmond. Harrington escreveu um livro sobre o banheiro da rainha. Seu humor vulgar tornou a novidade objeto de zombarias e piadas. A privada com descarga caiu em desuso.
Os criados, é verdade, não gostavam de esvaziar as comadres e os urinóis. Os detritos eram recolhidos de manhã cedo e levados em carroças para fossas afastadas, onde eram cobertos com terra. Ou simplesmente jogados pela janela, para desespero de quem passava pela frente. Como a água era considerada um artigo precioso, as companhias de abastecimento puniam qualquer usuário que usasse mais do que a quantidade a ele destinada. Quando um morador de Bath instalou um vaso com descarga em sua casa, no ano de 1770, a companhia cortou seu abastecimento até que o retirasse.

No fim do século XVIII, dois tipos de privada tinham sido patenteados pelos ingleses Alexander Cummings (1775) e Joseph Bramah (1778). Cummings, matemático e relojoeiro, fez um modelo muito parecido com o de Harrington. Com uma única – e importante – diferença. A privada de Harrington estava diretamente ligada a uma fossa, separada somente por um alçapão, que ficava frouxo. O encanamento que ligava a fossa ao vaso não continha água para bloquear o odor. Cummings resolveu esse problema. O primeiro fabricante de vasos sanitários em quantidade foi o marceneiro Bramah. Ele vendeu seis mil unidades entre 1778 e 1797. Com o crescimento demográfico, no século XIX, a questão das fossas agravou-se. Leis de saúde pública determinavam que todas as casas construídas a partir de então deveriam possuir um vaso sanitário.

 Invenções que não desencantaram

BANHEIRO INTELIGENTE
É um vaso sanitário que se esteriliza sozinho e deixa você limpinho. Eles têm um braço mecânico que espirra água morna e, em seguida, um jato de ar durante um minuto. Alguns tocavam música durante toda a operação.

 Inventor tem cada uma

PRIVADA AQUÁRIO
A empresa norte-americana AquaOne lançou a privada Fish'n Flush. Trata-se de um sanitário que tem um aquário no reservatório de água. A privada é feita de acrílico transparente e tem um sistema que recicla a água do reservatório, sem mandar os peixinhos descarga abaixo.

VENTILAÇÃO E CALEFAÇÃO

AR-CONDICIONADO
O inventor americano Willis Carrier (1876-1950) produziu o primeiro ar-condicionado com fins comerciais em 1914. Carrier, um menino de fazenda que havia ganho uma bolsa de estudos em Engenharia, ficou fascinado pelos sistemas de aquecimento e ventilação. Em 1902, um ano após sua formatura, ele preparou sua primeira máquina de resfriamento de ar para uma oficina de tipografia e litografia do Brooklyn. Os tipógrafos sempre reclamaram das variações da temperatura e umidade ambientes, porque o papel alongava ou retraía, a tinta ficava fluida ou secava e as cores podiam variar de uma impressão para a próxima. Carrier modificou o aquecedor a vapor convencional para que aceitasse água fria e ventilasse ar resfriado. Ele mesmo calculou e balanceou a temperatura e o fluxo do ar para que o sistema não somente resfriasse o ar, mas também removesse sua umidade – além de acelerar o resfriamento. Conseguir esse efeito combinado deu a ele o título de "pai do ar-condicionado moderno".

Willis Carrier

◆ Inventores brasileiros ◆

STERILAIR
O engenheiro brasileiro Alinthor Fiorenzano Júnior desenvolveu, em 1983, um aparelhinho por necessidade pessoal. Precisava combater a cada vez mais insuportável umidade de seu sítio, na cidade de Petrópolis (RJ). Na época, ele trabalhava para a Nuclebrás. As encomendas de seus colegas aumentavam dia a dia, obrigando-o a manter uma produção artesanal de 12 unidades por mês. Depois de dois anos vendendo o aparelho por conta própria, Fiorenzano resolveu procurar uma empresa de porte para expandir o negócio. Entrou em contato com várias empresas até chegar à Yashica. A vice-presidente da empresa na época, Mitiko Ogura, se interessou pessoalmente pelo aparelho. Fecharam contrato em 1988, depois de uma série de testes, e a Yashica começou a produzir o aparelhinho em grande escala. Hoje em dia, o Sterilair está instalado até mesmo dentro das pirâmides do Egito.

VENTILADOR ELÉTRICO

O ventilador elétrico foi desenvolvido por Schuyler Skaats Wheeler, engenheiro-chefe da Crocker & Curtis Electric Motor, de Nova York, em 1882. A produção começou no ano seguinte. Os primeiros modelos eram de mesa, com duas lâminas.

Já o primeiro ventilador elétrico com oscilação automática foi produzido nos Estados Unidos pela Eck Dynamo & Electric, em 1908. Esse tipo superou os modelos giratórios, que tinham a desvantagem de soprar em direções indesejadas.

COPA E COZINHA

ABRIDOR DE LATA

A primeira fábrica inglesa de enlatados, fundada por Bryan Donkin e John Hall, em 1812, colocava em seus produtos a seguinte etiqueta: "Cortar ao redor do topo, junto à borda, com um martelo e uma talhadeira". Sim, os pioneiros da indústria de conservas não pensaram num modo mais prático de abrir as latas. Em 1833, o francês Angibert propôs alterações que permitissem abri-las derretendo a solda em torno da tampa. Outro inventor francês, Bouvert, sugeriu que se colocasse um arame de aço soldado entre a tampa e o corpo da lata, para ser removido por calor.

Os primeiros abridores de latas eram mecanismos complicados, usados pelos empregados das lojas que abriam a lata antes de entregá-la ao cliente. Quando as latas começaram a ser feitas de estanho, por volta de 1850, a perfuração ficou mais simples e possibilitou o aparecimento de um abridor. O primeiro foi o modelo "cabeça-de-boi", de 1855, criado pelo inglês Robert Yates. Tratava-se de uma lâmina de aço em um corpo de ferro fundido.

> **VAI PRA LATA!**
> Quem inventou a sardinha em lata foi o francês Joseph Collin, em 1820. Algum tempo depois de os peixinhos terem sido fritos, eles eram mergulhados no óleo colocado em uma lata de ferro.

CAFETEIRA

Depois do cerco de Veneza pelos turcos, em 1683, a Europa adotou o hábito de tomar café do Império Otomano. Despejava-se água fervente em uma xícara em cujo fundo havia café moído, perdendo-se uma boa parte do aroma. Em 1802, o farmacêutico francês François-Antoine Descroisilles inventou a cafeteira, feita de dois recipientes sobrepostos e separados por um filtro. Descroisilles chamava a sua invenção de *café olette*. O químico e agrônomo francês Antoine Cadet de Vaux criou a cafeteira de porcelana em 1806. A máquina de café expresso seria inventada em 1946 pelo italiano Achille Gaggia, revolucionando a maneira de fazer café.

COLHER

A "vovó" da colher, surgida há vinte mil anos, era apenas um pedaço de madeira ou chifre de boi escavado em forma de concha e de uso coletivo. Na Antiguidade, os gregos e os romanos mais ricos usavam colheres de bronze ou prata, enquanto os pobres tinham colheres de madeira. Os egípcios possuíam belas colheres de madeira, pedra, marfim e ouro. Algumas eram usadas para queimar incenso nas cerimônias. Os cabos tinham belas formas humanas ou de animais. Durante a Idade Média, os materiais utilizados eram ossos, madeira e ferro. O modelo das colheres atuais começou por volta de 1760.

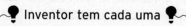

💡 Inventor tem cada uma 💡

COLHER COM VENTILADOR
Para ninguém queimar a língua na hora de tomar sopa.

ELETRODOMÉSTICOS

O liquidificador foi inventado pelo americano Herbert Johnson, em 1916. No mesmo ano, sua compatriota Madeline Turner criou o espremedor de frutas. Outro utensílio doméstico inventado nessa época foi a batedeira portátil. Em 1923, a empresa americana Air-O Mix lançou a batedeira Whip-All, usando um motor elétrico doméstico, desenvolvido por Fred Osius, Chester A. Beach e L. H. Hamilton 13 anos antes. A torradeira elétrica existe desde o final do século XIX. Mas aquele modelo em que as torradas pulam só foi inventado em 1930 pela empresa McGraw Electric.

Invenções que não desencantaram

BATEDEIRA-LAVADORA
Para economizar energia, a máquina tem duas funções independentes, que funcionam ao mesmo tempo. Uma bate a comida enquanto a outra lava a roupa. Essa combinação foi inventada pela americana Mary Bridges em 1883.

ESPREMEDOR DE BATATA
Atendendo a pedidos de sua mulher, Fernande, que estava desesperada com a qualidade de seu purê, Jean Mantelet (1901-1991) inventou em 1932 o espremedor de batata. A partir daí, criou um verdadeiro império de eletrodomésticos, o Maulinex.

 Inventor tem cada uma

DESCASCADOR DE BATATAS A LASER
O raio laser evita o desperdício de 10% a 25% causado pelo descascador de batatas tradicional.

FACA
A faca foi dos primeiros instrumentos criados pelo homem pré-histórico, há 1,5 milhão de anos. No início, era feita de sílex (tipo de pedra) e era uma arma de grande importância. Depois, na Idade do Bronze (por volta de 3000 a.C.), apareceram as facas de ferro ou bronze. Por séculos, o homem tinha apenas uma faca, que era carregada na cintura e servia tanto para cortar um pedaço de rosbife quanto decepar o pescoço de um inimigo. Quem sugeriu que cada homem deveria ter um talher para ser usado exclusivamente à mesa foi o cardeal Richelieu (1585-1642), um defensor das boas maneiras, por volta de 1630.
O costume de cruzar a faca e o garfo sobre o prato depois de terminada a refeição foi criado na Itália no século XVII.

GARFO

O garfo já era conhecido em 600 a.c. Os primeiros garfos possuíam apenas dois dentes de pontas afiadas e, até a Idade Média, só eram usados para servir comida. No século IX, o garfo foi considerado profano pelos padres venezianos, que recomendavam o "uso dos dedos dados ao homem por Deus". Ele só foi reaparecer na Itália no século XIV. Na Renascença italiana, as maneiras à mesa ficaram mais refinadas e exigiam o uso de garfos. Mesmo assim, o novo hábito custou a pegar. O povo achava que usar garfo era... coisa de maricas. O preconceito desapareceria de uma vez por todas depois da Revolução Francesa.

❖ Os pauzinhos (*kuai-tzu*) foram inventados pelos chineses em 1900 a.c. No Japão, eles são conhecidos como *hashi*.

 Invenções que não desencantaram

GARFO ELÉTRICO
Amante de uma boa macarronada, o americano Israel Robert Smuts bolou um garfo elétrico que facilitava o seu trabalho na hora de enrolar o espaguete.

GARRAFA TÉRMICA

A garrafa térmica a vácuo não foi projetada para manter a temperatura do café quente ou a da limonada gelada. A ideia era isolar gases em laboratório. Mas o aparato científico do século XIX entraria nas residências no século seguinte.

"A térmica de Dewar", como começou a ser chamada em 1890, nunca foi patenteada por seu inventor, o físico e químico britânico James Dewar (1842-1923). Ele considerava sua invenção um presente para a comunidade científica.

As propriedades isolantes do vácuo foram descobertas em 1643 quando o físico italiano Evangelista Torricelli criou o barômetro de mercúrio, antecessor de todos os termômetros. Os problemas antigos com a temperatura envolviam a manutenção do vácuo após sua criação e o emprego de um material não condutivo (como borracha, basicamente desconhecido da maioria dos europeus na primeira metade do século XVII) para vedar todos os pontos de contato entre os recipientes interno e externo.

James Dewar elaborou em 1892 um recipiente com as paredes de vidro interna e externa isoladas e um espaço a vácuo selado. Para diminuir a transferência de calor por radiação, ele prateou o vidro interno. Os cientistas utilizaram a térmica de Dewar para guardar vacinas e soros a temperaturas estáveis. As térmicas a vácuo de laboratório foram produzidas para Dewar por um fabricante de vidros alemão, Reinhold Burger, sócio de uma empresa em Berlim especializada em aparatos científicos de vidro. Foi Burger quem imaginou a garrafa a vácuo com aplicações domésticas. Projetou, no ano de 1903, uma versão menor para os lares, com o exterior recoberto de metal para proteger as paredes de vidro delicadas (o que não havia no modelo de Dewar).

James Dewar

Reinhold Burger

GUARDANAPO

Os primeiros guardanapos tinham o tamanho de uma toalha. Eles eram utilizados pelos egípcios, gregos e romanos antigos para limpar a comida de suas mãos. Para ajudar na limpeza das mãos durante as refeições de vários pratos, que duravam horas, os três povos faziam uso de tigelas para lavar os dedos, que continham água aromatizada por flores e ervas. No reinado de Tarquinius Superbus, no século VI a.C., o sétimo e último rei de Roma, a nobreza instituiu outra utilização para o guardanapo – uma espécie de sacolinha para a "comida do cachorro". Já era esperado que os convidados para um banquete embrulhassem delícias servidas à mesa para levar para casa. Ir embora sem levar nada era considerado falta de respeito.

Existe outra versão que conta que foi o inventor italiano Leonardo da Vinci quem teve a ideia do guardanapo, a pedido de um médico amigo seu, para substituir as peles de coelho que eram usadas para a limpeza das mãos. Mas, logo no primeiro jantar em que foi usado, o guardanapo foi totalmente ignorado pelos convidados, e o inventor abandonou a ideia.

73.

FOGÃO

Em 1630, o inventor inglês John Sibthrope patenteou um fogão de metal, aquecido por carvão. Sua ideia era cozinhar acima do fogo, e não mais dentro de uma chama acesa. O processo de cozimento era mais lento, pois a chapa do fogão precisava ser aquecida primeiro. Apenas em 1802, o também inglês George Bodley criou um fogão de ferro fundido e aquecimento regular.

No mesmo ano, o austríaco Zachaus Andreas Winzler foi o primeiro a utilizar gás para cozinhar. Promoveu várias festas para popularizar seu fogão a gás. Há outros estudiosos que afirmam que o autor da primeira refeição a gás foi o alemão Frederick Albert Winson. Muitos dos fogões a gás experimentais eram perigosos, soltando fumaça e explodindo. Um modelo seguro e prático foi projetado pelo inglês James Sharp, gerente assistente da Companhia de Gás de Northampton, que o instalou na cozinha de sua casa, em 1826. Os primeiros modelos a ser produzidos com fins comerciais foram adquiridos pelo Hotel Bath e pela Hospedaria Angel, em 1834. Dois anos depois, Sharp abriu uma fábrica de fogões a gás em Northampton, empregando 35 pessoas. Os primeiros fogões elétricos apareceram inicialmente nos restaurantes, em 1889. Os modelos domésticos vieram dois anos depois, desenvolvidos pela empresa americana Carpenter Electric Company.

Invenções que não desencantaram

PANELA COM COLHER MECANIZADA
A colher, acoplada a uma panela, mexe sozinha a comida. Se o telefone tocar, por exemplo, acaba aquele problema de ter de parar de mexer a comida.

FORNO DE MICRO-ONDAS

Foi por causa de uma barra de chocolate que hoje temos em nossas cozinhas os fornos de micro-ondas. Micro-ondas são ondas eletromagnéticas de alta frequência, como as de rádio. Em 1939, o físico americano Albert Wallace Hull (1880-1966) criou um equipamento gerador de micro-ondas para radares de longo alcance chamado magnétron.

Certo dia de 1946, o engenheiro eletrônico americano Percy Lebaron Spencer (1894-1970) saiu de casa com uma barra de chocolate no bolso da calça. Ele era diretor da fábrica de sistemas eletrônicos Raytheon e estava testando um magnétron em seu laboratório. De repente, sentiu uma sensação estranha no bolso. Ao colocar a mão na calça, que meleca! O chocolate estava todo derretido. Spencer desconfiou que as micro-ondas do aparelho é que geravam calor, mesmo não tendo sentido nenhum aumento de temperatura. Percebeu que, por estar no bolso da calça, o chocolate havia ficado bem próximo das ondas que escapavam do tubo do magnétron.

No dia seguinte, Spencer resolveu fazer um novo teste. Comprou milho de pipoca e colocou o pacote na frente do tubo. Não demorou muito para as pipocas começarem a estourar (ainda bem que ele não colocou no bolso desta vez!). O engenheiro percebeu que não sentira calor porque não ficara de frente para o magnétron – recebendo, assim, apenas a parcela da energia liberada pelas micro-ondas.

Como Spencer tinha dado suporte a 120 outras patentes, ele não deixou a experiência parar por aí. Ele colocou um ovo cru dentro de uma tigela com um buraco na lateral, voltado para o magnétron. Um dos assistentes de Spencer resolveu olhar o que havia dentro do pote e viu o ovo explodir em sua cara. Spencer percebeu que o ovo tinha cozinhado de dentro para fora e a casca se quebrara devido à pressão. Logo, poderia fazer o mesmo com outros alimentos. A partir daí, o engenheiro parou de trabalhar com radares e tratou de desenvolver um forno que tirasse o máximo proveito das micro-ondas.

Em 1946, a Raytheon patenteou o processo de cozinhar por micro-ondas. No ano seguinte, a indústria apresentou o primeiro forno de micro-ondas comercial, o Radar Range (um jeito de lembrar da utilização inicial do magnétron). O aparelho tinha 1,68 metro de altura e pesava 340 quilos. Parecia mais um artefato de guerra. Era arrefecido a água e produzia 3 mil watts, quase três vezes mais que a quantidade de radiação produzida pelos micro-ondas de hoje em dia. Inicialmente, as vendas ficaram restritas a alguns restaurantes e empresas fornecedoras de refeições prontas. Por falta de apelo comercial, as primeiras unidades encalharam nas lojas. Só a partir de 1953, o micro-ondas ganhou uma cara de eletrodoméstico e passou a ser fabricado também por outras empresas. Menor, também já cabia dentro de cozinhas convencionais. No final dos anos 1980, os micro-ondas ganharam pratos giratórios em seu interior.

GELADEIRA

O médico americano John Gorrie (1802-1855) trabalhava na cidade portuária de Apalachicola, na Flórida. Gorrie era especialista em casos de doenças tropicais e cuidava dos marinheiros que chegavam com febre amarela. Acreditava que o clima quente e úmido da cidade aumentava o risco de doenças. Por isso, em 1838, ele teve a ideia de pendurar sacos de gelo nos quartos do hospital para deixar o ambiente mais fresco. A ideia até que funcionou, mas Gorrie esbarrou na dificuldade de conseguir o gelo. Então, em 1850, ele resolveu produzir o gelo artificialmente. Construiu uma máquina a vapor que movia um pistão dentro de um cilindro. Em volta do sistema havia um recipiente com água salgada, que congela a uma temperatura mais baixa que a água pura. O pistão comprimia e expandia alternadamente vapor de água, que por sua vez roubava calor do meio externo – o recipiente de água e sal – para passar do estado líquido ao gasoso. Quando a água salgada não tinha mais calor para ceder ao gás, os dois se resfriavam. O ar era liberado no ambiente, enquanto a água salgada congelava ainda outro frasco de água doce colocado no recipiente. Ou seja, com uma única máquina, Gorrie foi o inventor do ar-condicionado e da geladeira.

A novidade foi apresentada em 14 de julho de 1850. O cônsul francês em Apalachicola marcou uma festa em comemoração ao aniversário da queda da Bastilha. Só que não havia gelo para o champanhe. O cônsul foi surpreendido quando Gorrie chegou acompanhado de quatro empregados segurando bandejas com blocos de gelo do tamanho de tijolos. Só que isso não bastou para Gorrie conseguir o apoio financeiro de banqueiros para produzir uma fábrica de sua engenhoca. Ele largou a medicina em 1845 para se dedicar aos projetos de refrigeração. Gorrie conseguiu a patente da máquina (nº 8.080) em 1851, que até hoje obedece ao mesmo mecanismo de funcionamento, só que com motor elétrico. Gorrie morreu pobre e desacreditado em 29 de junho de 1855. Hoje Apalachicola tem uma estátua em homenagem a seu filho ilustre.

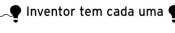 

ALARME PARA PORTA DE GELADEIRA
Para sonâmbulos em dieta. Uma caixinha é colocada na porta da geladeira. Se alguém planejar um assalto noturno, a caixinha dispara um alarme.

COMIDA CONGELADA

Clarence Birdseye trabalhou para o governo americano entre 1912 e 1915 na gélida região de Labrador, norte do Canadá, e começou a se interessar pelos processos de congelamento. No primeiro inverno, ele observou nativos pegando peixes em temperaturas de 50 graus abaixo de zero. Os peixes se congelavam assim que eram retirados da água. Meses depois, quando eram descongelados, muitos deles ainda estavam vivos. Em 1924, Birdseye abriu uma empresa para desenvolver esse processo comercialmente. Os primeiros alimentos congelados – espinafre, ervilhas, framboesas, cerejas, peixes e carnes – foram lançados em 6 de março de 1930. Três anos depois, apesar de certa relutância inicial dos consumidores, já havia 516 produtos diferentes à venda.

Os alimentos embalados a vácuo surgiram nos Estados Unidos em 1960.

 Inventor tem cada uma

GELADEIRA COM ARREMESSADOR DE CERVEJA

O norte-americano John Cornwell inventou uma geladeira que arremessa latas de cerveja da cozinha para a sala. O dispositivo, que tem capacidade para dez latas, é acionado pelo controle remoto da televisão. Mas o inventor adverte: é preciso ter cuidado para não levar um banho de cerveja ao abrir a lata.

LAVA-LOUÇA

A americana Josephine Cochran levou dez anos para acabar com seu sofrimento e o de tantas outras donas de casa. Ela inventou a máquina de lavar louça. Acontece que o marido da senhora Cochran não gostou nada da ideia, e não lhe deu dinheiro para aperfeiçoar sua invenção. Só depois que ele morreu é que Josephine conseguiu levantar o financiamento necessário para terminar seu trabalho, em 1889. Ela construiu vários modelos, alguns para uso doméstico, outros para hotéis, sendo os maiores movidos por um motor a vapor. Um jornal da época relatou que a lavadora de pratos de Josephine Cochran "é capaz de lavar, escaldar, enxaguar e secar de cinco a vinte dúzias de pratos de todos os tamanhos e formatos em dois minutos". Os direitos foram adquiridos por uma fábrica de máquinas de Chicago.

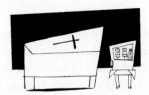

PANELA DE PRESSÃO

O físico francês Denis Papin (1647-1712) inventou a panela de pressão em 1679, batizando-a inicialmente de "digestor a vapor". Papin apresentou a novidade como "um aparelho para amolecer ossos e cozinhar carne em pouco tempo". Seu funcionamento baseia-se em uma lei da física segundo a qual quanto maior a pressão do ar, maior a temperatura de evaporação da água. E, portanto, mais rápido o cozimento. Para evitar a explosão do recipiente, válvulas de segurança, acrescentadas aos modelos modernos, deixam o vapor escapar quando a pressão atinge um valor limite. Papin previu a possibilidade de um veículo para estradas que utilizaria princípios semelhantes da energia do vapor.

Denis Papin

PORCELANA

Surgiu na China entre os séculos VII e X, durante a dinastia T'ang. Era feita com feldspato pulverizado misturado com caulim. Quando essa mistura era aquecida a uma temperatura de 1.450 °C, o feldspato vitrificava, enquanto o caulim mantinha a forma do objeto. Os chineses a chamavam *yao*. A palavra *porcelana*, do italiano *porcellana* (molusco de concha branca e brilhante), foi usada pela primeira vez pelo navegador veneziano Marco Polo para descrever um objeto daquele material que ele tinha visto na China. Para imitar a porcelana chinesa, os italianos acabaram inventando em 1575 uma porcelana artificial, obtida da mistura de argila e vidro. Apenas em 1707 os químicos alemães Johann Friedrich Böttger e Ehrenfried Walter von Tschirnhaus conseguiram desvendar o segredo da fórmula da porcelana verdadeira.

◉ Inventores brasileiros ◉

DESCASCADOR DE OVINHOS DE CODORNA

O dentista Sebastião Perrotti Lucchi foi um dos primeiros criadores de codornas do Brasil. Na época em que tinha granja, em 1960, Lucchi percebeu que muita gente deixava de comprar os ovinhos porque era difícil descascá-los. Daí ele teve a ideia de criar um descascador de ovos de codorna. A primeira versão era enorme e um tanto complicada. Não chegou a ser comercializada. Somente em 1990 é que Lucchi desenvolveu uma máquina portátil, que puxa a casca do ovinho. É possível descascar cerca de cinco mil ovos por hora.

TOALHA DE PAPEL

Ela foi um erro de produção da fábrica dos irmãos Scott, inventores do papel higiênico. Uma remessa da usina de papel estava defeituosa e o rolo matriz veio muito pesado e enrugado. Inadequado para papéis de banheiro, o produto estava para voltar ao moinho quando um membro da família Scott sugeriu perfurar o papel grosso em folhas do tamanho das atuais de papel-toalha. A toalha de papel descartável empacotada foi vendida inicialmente em 1907 para hotéis, restaurantes e estações de trem. Havia certa resistência econômica às toalhas de papel por parte das donas de casa: por que pagar por uma toalha que vai ser usada só uma vez, enquanto uma toalha de pano pode ser lavada e reutilizada muitas vezes? Como o preço das toalhas de papel foi caindo, as donas de casa começaram a gostar da ideia.

MÓVEIS E DECORAÇÃO

CAMA
A cama, composta de um estrado amarrado com correias e de uma cabeceira, é conhecida desde o Egito faraônico e da Grécia antiga. Ulisses, o herói da *Odisseia*, teria construído sua cama com as próprias mãos. Etrúria e Roma usavam a cama, fosse para descansar, fosse para fazer as refeições. Os romances franceses do século XII falam da "cama para deitar". Na Idade Média, as camas eram feitas pelos fabricantes de baús e estofadas pelos fabricantes de fronhas, de mantas e de cordas. As camas, onde dormiam todos juntos – homens, mulheres e cães –, tinham 2 metros de largura, e as criadas precisavam usar um "pau de cama" para estender lençóis e cobertores.

❖ Bernard Castro, um industrial italiano radicado nos Estados Unidos, inventou o sofá-cama conversível na década de 1930.

❖ O colchão d'água foi bolado pelo americano Charles P. Hall, em 1967, para combater sua insônia.

LENÇOL COM RÉGUA PARA EVITAR BRIGAS NA CAMA
Designers portugueses criaram um lençol para acabar com brigas de namorados sobre quem puxa ou não as cobertas para seu lado na cama. Os lençóis vêm com uma régua que define com exatidão o espaço de cada um na cama. Os números vão de zero a oitenta.

Inventor tem cada uma

PULSEIRA ANTIRRONCO
Ao ouvir o desagradável barulho, o aparelho dá um pequeno choque no dorminhoco. Ele para imediatamente de roncar.

 Inventor tem cada uma

CAMA QUEBRA-CABEÇA
Sempre que brigava com suas namoradas, o inventor Gus Vai tinha de passar a noite em um desconfortável sofá. E não foram poucas vezes! Numa dessas noites, ele bolou a *Puzzle Bed* (cama quebra-cabeça). O colchão tem peças almofadadas no meio que podem ser retiradas, separando o colchão em dois.

ESPELHO
Os antigos egípcios já conheciam o espelho. Só que não era ainda um espelho de vidro, era de bronze polido com areia, não sendo possível conseguir imagens muito nítidas. Isso ocorria na chamada Idade do Bronze (3000 a.C). Homens e mulheres passaram a se contemplar mais tarde em espelhos de prata. O reflexo não era perfeito, é claro. (Olhe-se numa bandeja de prata e você terá uma ideia de como eram os espelhos da Antiguidade.) Em compensação, esses espelhos eram trabalhados com muita arte, apresentando formas e cabos bem elegantes. Os espelhos de vidro, ancestrais dos espelhos de hoje, começaram a ser feitos em Veneza, no ano de 1300, obra de um artesão desconhecido. Cobria-se o lado de trás do vidro com mercúrio e estanho. Assim, a superfície dessa liga metálica tinha grande capacidade de reflexão por ser lisa como o vidro, além de não se arranhar porque ficava protegida. O objeto foi aperfeiçoado em 1675 pelos normandos. Hoje a parte posterior do vidro usado para a fabricação de espelhos é coberta com uma fina camada de prata ou alumínio.

Invenções que não desencantaram

ABANO AUTOMÁTICO PARA CADEIRAS DE BALANÇO
A patente foi requerida em 1891 pelo brasileiro Raphael Pereda. Os leques e as ventarolas são acionadas pelo movimento da cadeira.

 Inventores brasileiros

CADEIRA COM TOLDO
Trata-se de uma cadeira de praia, bolada por Edésio Galeazzo. Ela possui um toldo para proteger o banhista do sol.

MESA

A história da mesa acompanhou a evolução social do homem. Sua função surgiu da necessidade de tirar a comida do chão. Inicialmente, as pedras funcionaram como mesas até que a madeira começou a ser usada pelo homem. No Egito e na Grécia Antiga aparecem as primeiras mesas como conhecemos hoje. Os egípcios faziam suas refeições em mesas individuais, circulares e de três pés. Os gregos utilizavam pequenas bancadas apoiadas em pedestais. Porém, o mais comum era sentar em almofadas e colocar o prato no chão. Na Idade Média (476-1453 d.C.) tábuas eram colocadas em cima de suportes dobráveis. No fim do século XVI, os ingleses criaram pequenas mesas embutidas ou com dobras nas laterais.

PAPEL DE PAREDE

O papel de parede mais antigo foi descoberto no teto do pavilhão principal do Christ's College, em Cambridge, na Inglaterra, durante a restauração ali realizada em 1911. Acredita-se que ele date de 1509 e seja obra do gráfico inglês Hugo Goes. O desenho, em preto e branco, era uma imitação de veludo ou brocado oriental, com um motivo central consistindo de um cone de pinheiro rodeado de folhagens. Um "H" lombardo aparece na metade do lado esquerdo, e do lado oposto há a imagem de um pássaro.

TAPETE

Quando teriam sido tecidos os primeiros tapetes? Na Mesopotâmia, no Egito, na China? Impossível saber. O que se sabe é que a técnica foi descoberta mais ou menos à mesma época por vários povos, independentemente uns dos outros. O mais antigo tapete que chegou aos nossos dias tem por volta de 25 séculos. Em um vale das montanhas Altai, situado próximo à Mongólia, foram descobertos cinco túmulos em 1929. Uma missão etnográfica soviética começou as escavações imediatamente. Vinte anos depois, na última tumba, a missão encontrou um tapete que fora protegido por uma grossa camada de gelo. O "Tapete de Pasyryk" mede 182 x 200 centímetros, e tem quatro mil nós por decímetro quadrado, densidade equivalente à dos mais valiosos tapetes atuais. É provável que o Tapete de Pasyryk seja de origem cita (povo nômade originário do Irã). Eles aprenderam a arte do ponto de nó de seus vizinhos persas. Estes a aprenderam dos povos da Mesopotâmia. Pelos historiadores gregos, sabe-se que a época áurea do tapete se situa no reinado de Nabucodonosor II.

Tapete de Pasyryk

TOALHA DE MESA

As primeiras surgiram na fase imperial de Roma (27 a.C.–476 d.C.). Uma das formas de desafiar um inimigo para um duelo era cortar o pedaço de toalha referente ao lugar na mesa onde ele sentava. Isso o separava de seus iguais e o chamava para o acerto de contas.

💡 **Inventor tem cada uma** 💡

TRAVESSEIRO INTELIGENTE

O Instituto Japonês de Pesquisas do Sono criou um travesseiro que analisa o sono de seu dono, e ainda dá conselhos quando detecta que a pessoa dormiu pouco. O "Médico do Sono" faz quarenta observações diferentes, como "tomar um banho para relaxar" ou até elogiar um sono bom.

4

A arte da medicina consiste em distrair o paciente enquanto a natureza cuida da doença.

VOLTAIRE
(1694-1778), filósofo

ciência e saúde

SAÚDE DA MULHER

ANTICONCEPCIONAL

O registro médico mais antigo de prevenção feminina contra a gravidez é de 1850 a.C.: uma receita em um papiro recomendava aplicar na vagina uma mistura de mel e carbonato de sódio. O Velho Testamento, de 1000 a.C., menciona mulheres que não engravidavam quando tinham relações sexuais nas vésperas da menstruação – o príncipio da "tabelinha" (Levítico: 15:28). No Egito, a rainha Cleópatra, que governou entre 51 e 30 a.C., usava esponjas marinhas embebidas em vinagre. As egípcias também se utilizavam de excrementos de crocodilo, compressas vegetais e emplastros de linho. Nenhum desses métodos, contudo, tem validade científica.

Foi só a partir do século passado que os cientistas intensificaram as pesquisas em busca de anticoncepcionais femininos eficientes e seguros. Depois da criação do diafragma, em 1870, e do DIU (dispositivo intrauterino), em 1929, o avanço decisivo veio com as pesquisas que, em 1955, resultaram na criação da pílula anticoncepcional. Sua descoberta aconteceu na sequência de várias conquistas da medicina e da bioquímica. Já na década de 1930, constatou-se que o hormônio feminino progesterona apresentava indícios de ser anticoncepcional. Em 1952, chegou-se a sintetizar em laboratório um composto semelhante à progesterona. Mas só dois anos depois foram sintetizados esteroides com as propriedades desse hormônio. Para a descoberta, contribuíram os estudos do cientista Gregory Goodwin Pincus (1903-1967), consultor de pesquisas genéticas e fisiológicas da reprodução. Ao lado de Min Chueh Chang, cientista chinês da Universidade de Cambridge, e John Rock, que pesquisou a combinação de progesterona e estrogênio, Pincus descobriu os estrógenos e progestágenos, os derivados hormonais que mais inibiam a ovulação, e deles saiu a pílula anticoncepcional.

A pílula foi testada com sucesso em mulheres de Porto Rico. A gravidez só ocorreu quando seu uso foi interrompido ou esquecido. Houve ainda alguns anos de testes, antes que fosse comercializada. Em maio de 1960, as norte-americanas já podiam usar a pioneira Enovid-R: ela continha cerca de 5 mil microgramas de progesterona e 150 microgramas de estrogênio, dosagem muito alta e diferente da normalmente encontrada nos ciclos naturais da mulher, capaz de provocar enjoos e problemas gástricos. No Brasil, a venda em farmácias começou em 1962.

Inventores brasileiros

TANGA ANTICONCEPCIONAL
A tanga funciona como uma camisinha feminina e pode ser reutilizada. O pai do invento é o funcionário público Edgar Ribeiro da Silva.

CESARIANA
O nome da cirurgia, que é usada como alternativa ao parto normal, pode ter como origem o título "césar", como eram chamados os imperadores romanos. O termo geralmente é atribuído ao imperador Júlio César, que teria nascido dessa maneira. Acontece que a medicina de antigamente só adotava esse procedimento quando não havia mais como salvar a mãe – e esse não foi o caso de Aurélia, mãe do imperador. Segundo alguns estudiosos, do latim *caedere*, césar ou *caesar* significa cortar. A primeira cesariana documentada data de 1610. A mulher morreu 25 dias após a cirurgia.

DIU
Há mais de 2.500 anos o grego Hipócrates (460-377 a.C.), considerado o pai da medicina, inseria objetos no útero com a ajuda de um tubo de chumbo. Em 1902, o médico alemão Carl Hollweg apresentou um tipo de dispositivo intrauterino e, sete anos mais tarde, o também alemão Richard Richter desenvolveu um modelo circular feito de seda. Esses primeiros DIUs não foram comercialmente aceitos porque, além de causar infecção e rejeição, sua eficácia não estava totalmente comprovada.
Em 1929, Ernst Gräfenberg acrescentou cobre à confecção do DIU e publicou os primeiros dados sobre a performance clínica do contraceptivo. Segundo ele, entre 1.100 mulheres que usavam o dispositivo, 3% engravidavam. No ano seguinte, a taxa era de 1,6% em seiscentas mulheres. O japonês Tenrei Ota aperfeiçoou o anel de Gräfenberg, diminuindo a rejeição do dispositivo pelo organismo. O trabalho de Ota foi interrompido durante a Segunda Guerra

Mundial, com a proibição dos métodos anticoncepcionais pelos países do Eixo (Alemanha, Japão e Itália). Para não ser perseguido, o médico foi obrigado a trocar de nome e ir para o exílio. Em 1958, o americano Lazar Margulies criou um DIU com "memória". Feito de plástico, o anel voltava ao seu formato original após ser introduzido no útero. O invento não foi bem-sucedido porque causava sangramentos e incomodava o parceiro durante a relação sexual. A primeira conferência internacional sobre o DIU foi realizada em 1962, mesmo ano em que o médico americano Jack Lippes apresentou um modelo em forma de trapézio e com um monofilamento que facilitava a remoção do dispositivo, conhecido como alça de Lippes. O DIU em forma de T foi criado no fim dos anos 1960 pelo médico americano Howard Tatum e ficou conhecido como Tatum T.

PAPANICOLAOU
Natural da Grécia, George Papanicolaou (1883-1962) formou-se em medicina na cidade alemã de Munique. Resolveu refazer as malas em 1910, porque achava que os Estados Unidos eram a terra das oportunidades. Ao chegar a Nova York, porém, só conseguiu emprego de vendedor de tapetes. Levou um ano até arrumar trabalho como assistente de laboratório na Universidade Cornell. Ali, Papanicolaou acabou professor.
Em 1923, ele estudava as mudanças provocadas pelos hormônios no útero. Para isso, analisava as secreções uterinas de pacientes. Foi então que viu uma amostra diferente, cheia de células deformadas. Ela pertencia a uma voluntária com câncer. O professor grego fez o mesmo exame em outras doentes e concluiu que aquele tipo de análise diagnosticava tumores. Escreveu mais de cem páginas sobre o assunto e distribuiu o texto durante um encontro médico, em 1928. Nenhum colega se entusiasmou com a leitura. Papanicolaou só despertou o interesse dos médicos para o exame que leva o seu nome – e que até hoje é considerado o melhor para prevenir o câncer de colo uterino – quando resumiu o trabalho para oito páginas, em 1943.

George Papanicolaou

PRESERVATIVO
Não se sabe exatamente quando ele começou a ser usado. Gravuras e desenhos do Antigo Egito já mostravam homens com um envoltório no pênis. Uma das primeiras referências seguras vem do anatomista italiano Gabriel Fallopius, publicada em 1564. No século XVI, ele recomendava um saquinho feito de linho

e amarrado com um laço, que provavelmente não era utilizado como anticoncepcional, mas sim como proteção contra doenças venéreas. Um século depois, um médico inglês conhecido como doutor Condon – alarmado com o número de filhos legítimos de Carlos II da Inglaterra (1630-1685) – resolveu criar para o rei um protetor feito de tripa de animais para prevenir o nascimento de bastardos reais. Com a descoberta do processo de vulcanização da borracha, em 1939, as camisinhas passaram a ser fabricadas com esse material e se tornaram elásticas.

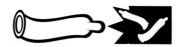

💡 Inventor tem cada uma 💡

APLICADOR DE PRESERVATIVO

O *designer* sul-africano Roelf Mulder desenvolveu um produto que pode ser muito útil para toda a população masculina do mundo. O aplicador já vem com a camisinha. O processo todo leva apenas três segundos e evita que o preservativo seja colocado de maneira errada.

ULTRASSOM

O ultrassom começou a ser utilizado na medicina em 1975. O equipamento envia ondas sonoras que atravessam a pele e registram uma série de ecos capazes de desenhar fielmente o perfil dos órgãos encontrados. Assim, é possível examinar a estrutura de diversas partes do corpo humano.

O ultrassom tem sua história ligada à invenção do sonar, que já estava sendo desenvolvido durante a Primeira Guerra Mundial. Primeiro se lança um sinal sonoro que, ao se chocar com um obstáculo, repercute na forma de eco. Então, mede-se o tempo entre a emissão e o retorno. Uma vez que a velocidade do som é de 340 metros por segundo no ar, pode-se calcular a distância que separa o emissor sonoro do obstáculo e, assim, evitar colisões.

O físico francês Paul Langevin (1872-1946) foi o primeiro a colocar em prática esses conhecimentos, usando as ondas de vibração ultrassônica. São ondas de frequência maior que 20 mil hertz e, consequentemente, muito mais curtas que as ondas sonoras comuns, ou seja, aquelas que o ouvido humano é capaz de perceber. Langevin constatou que, quanto menores os comprimentos das ondas, mais facilmente elas são refletidas. Isso ocorre porque as ondas sonoras comuns são suficientemente longas, de tal forma que contornam os obstáculos, enquanto as de vibração ultrassônica, mais curtas, são facilmente refletidas mesmo por objetos pequenos. A direção da qual a reflexão é recebida indica a direção do objeto, e o tempo que leva entre a emissão e a reflexão confere a distância. Langevin não demorou a perceber que essa descoberta poderia mudar os rumos da guerra. Se a luz não pode penetrar grandes espessuras de água, permitindo a visão, as vibrações ultrassônicas podem. Assim, os submarinos alemães, que tanto aterrorizavam os navios aliados, podiam ser "vistos" por meio do sistema de Langevin, que foi chamado de sonar, combinação das letras iniciais de *sound navigation and ranging* (navegação e amplitude sonoras).

No entanto, apesar de a técnica já estar desenvolvida em 1917, não houve tempo para que ela fosse colocada em uso efetivo antes do final da guerra.

CORPO SÃO, MENTE SÃ

ANTIDEPRESSIVO

Em abril de 1957, o médico americano Nathan Kline, então com 42 anos, diretor do Hospital Psiquiátrico de Rockland, nos Estados Unidos, anunciou que a depressão tinha remédio. Ele relatou os resultados positivos da iproniazida em pacientes que haviam tentado o suícidio. O problema era que as indústrias farmacêuticas tinham acabado de retirar do mercado essa substância, derivada de um aditivo de combustível usado nos tanques da Segunda Guerra Mundial. A iproniazida fora lançada seis anos antes para tratar a tuberculose. Na época, notou-se que ela deixava cheios de ânimo, sorridentes e menos sensíveis à dor pacientes que estavam à beira da morte. Mas não era boa na tarefa de curar as lesões pulmonares. Psiquiatras do mundo inteiro prestaram atenção no efeito colateral euforizante do remédio. Nathan Kline, porém, foi o primeiro a ter seu trabalho divulgado na imprensa. A partir daí, a pressão popular pelo relançamento da droga foi enorme e em novembro de 1957 o primeiro antidepressivo chegava às farmácias.

Invenções que estiveram na moda

SABONA
Nenhum mal do corpo ou angústia da alma seria capaz de resistir aos poderes da pulseira Sabona. Homônima de sua prima inglesa, a pulseira de cobre chegou ao Brasil no rastro de uma "ciência" que andava fazendo milagres na Inglaterra no começo dos anos 1980, a cobreterapia. A Sabona entrou no mercado em julho de 1980. Aos reumáticos, prometia alívio às dores; aos mais nervosos funcionaria como um fio terra, descarregando as tensões. Havia ainda o inevitável apelo místico. O elemento cobre está associado ao planeta Marte, regido por Afrodite, a deusa do amor e da harmonia.

O tenista Zeca Cochrane, que usava Sabona inglesa e registrou a marca no Brasil, vendeu dois milhões de pulseiras pelo país afora. Cochrane ainda exportava o produto para vários países e faturou cerca de 28 milhões de dólares (a pulseira de modelo mais simples custava dez dólares). Até que o atraso no embarque de um lote grande de braceletes para os Estados Unidos, provocado pela burocracia, acabou com o negócio milionário e a Sabona do Brasil quebrou.

BARBITÚRICO
O químico alemão Johann Friedrich Wilhelm Adolf von Baeyer (1835-1917) descobriu o ácido barbitúrico em 1863. Existem duas versões para o nome da substância que tem efeitos hipnóticos e sedativos. Seria uma homenagem a Bárbara, a namorada de Baeyer na época, ou simplesmente uma adequação do grego *bárbitos*, uma espécie de instrumento musical parecido com a lira que tem o mesmo formato dos cristais presentes no ácido. O barbitúrico é a substância-chave de uma família de compostos bastante conhecidos por sua aplicação em pílulas para dormir. Em 1905, Baeyer recebeu o Prêmio Nobel de Química por seu trabalho com corantes orgânicos e compostos aromáticos.

Johann Friedrich Wilhelm Adolf von Baeyer

💡 Inventor tem cada uma 💡

MICROCÁPSULA PARA REMÉDIOS
Toma-se um só comprimido a cada 24 horas e as microcápsulas estouram apenas no tempo determinado.

CLONAGEM

O primeiro mamífero clonado a partir de uma célula adulta foi a ovelha Dolly. Os créditos pela clonagem foram dados ao cientista escocês Ian Wilmut, mas este admitiu, em 2006, que Keith Campbell seria na verdade o maior responsável pela clonagem. Dolly foi sacrificada em fevereiro de 2003 quando atingiu seis anos, pois estava com uma doença pulmonar progressiva.

A palavra clone vem do grego *klon*, que quer dizer "broto". Ela foi criada para denominar indivíduos que se originam de outros por reprodução assexuada, como ocorre em laranjeiras, pessegueiros e roseiras. Quando cortamos seu caule em várias partes e plantamos as "mudas", cada uma delas resulta em uma cópia idêntica à planta original.

Um clone é um ser geneticamente idêntico ao ser copiado, ou seja, ele tem as mesmas características da matriz. A cópia produzida segue uma espécie de manual de instruções, o chamado genoma. Ele é formado por um conjunto de genes que guarda cada característica física do indivíduo.

Keith Campbell

Dolly

DNA

Os estudos que levaram à descoberta do DNA começaram em 1865. Analisando 22 variedades de ervilhas de jardim (*Pisum sativum*), o abade austríaco Johann Gregor Mendel (1822-1884) publicou nesse ano um trabalho sobre características hereditárias (Leis de Mendel). Em 7 de março de 1953, o biólogo americano James Dewey Watson e o físico britânico Francis Harry Compton Crick (1916-2004) descobriram uma molécula em forma de dupla hélice à qual deram o nome de DNA (ácido desoxirribonucleico). A pesquisa foi publicada na revista *Nature*, em 25 de abril do mesmo ano. Os estudos se basearam nas imagens de raio X obtidas pela pesquisadora britânica Rosalind Franklin (1920-1958).

QUOCIENTE DE INTELIGÊNCIA

O primeiro teste de QI foi inventado pelo psicólogo francês Alfred Binet (1857-1911), em 1905. Ele pretendia identificar crianças que tivessem capacidades mentais abaixo da média para que recebessem educação especial. Ao longo dos anos, ficou definido que o desempenho médio de pessoas na mesma faixa etária deveria ser cem pontos. A deficiência mental ficaria caracterizada pelo desempenho igual ou inferior a setenta pontos. Defensores do teste afirmam que é possível chegar a uma medida de inteligência pura, que não depende do grau de escolaridade da pessoa testada mas de sua capacidade mental. Alguns estudos mostram que, a partir da década de 1980, cada geração tem elevado o desempenho nos testes de 15 a vinte pontos. A descoberta recebeu o nome de "efeito Flynn" em homenagem a James Flynn, o americano naturalizado neozelandês que observou a elevação das médias em vários países do mundo. Existem diversos testes que medem a inteligência. Cada um deles estabelece um desvio-padrão para que a média final possa ser cem pontos.

MEDICINA ALTERNATIVA

ACUPUNTURA

Os princípios básicos da acupuntura surgiram da observação e do instinto do homem chinês há cerca de 5 mil anos. A primeira reação do homem, ao se machucar, é massagear o local. Para que serve esse gesto? Instintivamente, deduziram os chineses, o homem estava tentando energizar ou sedar o local. O que eles fizeram, a partir daí, foi especializar e instrumentalizar aquele gesto simples. Criaram instrumentos que se assemelhavam a agulhas rústicas, inicialmente feitos de lascas de argila, depois de ossos e paus. Por volta do século VII a.C., a acupuntura passou a ser realizada com instrumentos de metal – ouro, prata, latão e ferro –, precursores das atuais agulhas de aço inoxidável.

Os conhecimentos e as práticas terapêuticas foram depois sistematizados. A acupuntura acabou sendo explicada pela primeira vez por escrito no mais antigo tratado médico do mundo, o *Nei King*, feito pelo imperador chinês Hoang-ti – chamado de "Imperador Amarelo" (2698-2598 a.C.). Lá estava contido o "Ling-chou", ou "Tratado de acupuntura". A técnica já era então praticada e ensinada livremente na China, até ser proibida, em favor da medicina ocidental, em 1911. Voltou oficialmente em 1949, quando Mao Tsé-tung assumiu o poder.

VASELINA
Os trabalhadores do campo petrolífero da Pensilvânia, nos Estados Unidos, tratavam seus machucados e queimaduras com um resíduo incolor que obtinham nos êmbolos das perfuradoras. Em 1859, o químico inglês Robert Chesebrough percebeu isso e levou amostras daquela "geléia de petróleo" para pesquisá-las em Nova York. A geléia foi refinada até que Chesebrough conseguiu obter a vaselina, como ela é conhecida atualmente.

HOMEOPATIA
Christian Friedrich Samuel Hahnemann (1755-1843), médico alemão que tinha uma pequena clientela e era desconhecido em seu país, foi o fundador dessa doutrina médica. Mesmo são, ele tomou várias doses de quinino e acabou ficando com febre. Tendo constatado que um remédio ministrado a uma pessoa saudável produzia sintomas similares aos da doença que pretendia curar, Hahnemann desenvolveu sua teoria de "elementos semelhantes", em oposição à alopatia. Segundo ele, o remédio age não na quantidade, mas na proporção de sua diluição. O método de Hahnemann começou a ser divulgado em 1796.

Christian Friedrich Samuel Hahnemann

REEDUCAÇÃO POSTURAL GLOBAL (RPG)
Quando o francês Philippe Souchard se formou em física, em 1980, recebeu a proposta de um emprego em São Paulo, mas a vaga só estaria disponível em seis meses. Como também tinha formação em fisioterapia, resolveu aproveitar o tempo livre para fazer um curso na área na França. Foi lá que desenvolveu o método RPG. Ele consiste em um trabalho de reequilíbrio postural a partir da prática de diversas posições, que colocam em estiramento máximo grande parte dos músculos. A correção dos desvios impede que surjam outros problemas mais sérios, como artrose, hérnias e lesões por esforço repetitivo (LER).

COMO LEVAR

AMBULÂNCIA

A primeira ambulância foi projetada em 1792 pelo barão Dominique Jean Larrey (1766-1842), médico de Napoleão Bonaparte, para retirar os soldados feridos do campo de batalha, sem aumentar seus ferimentos, como acontecia nas charretes sem equipamento que antes eram utilizadas. Larrey tinha a fama de ser um cirurgião muito eficiente. Certa vez, durante uma pequena batalha, ele amputou, sozinho, duzentos braços e pernas de soldados. Com o médico-chefe do Exército francês, Pierre François Percy, Larrey estabeleceu uma equipe de motoristas de ambulâncias composta de cirurgiões de campo e carregadores de maca. Cada divisão era equipada com 12 ambulâncias com molas de suspensão. Foram usadas pela primeira vez durante a invasão de Napoleão na Itália, em 1796-1797.

CADEIRA DE RODAS

A primeira cadeira de rodas era uma espécie de triciclo, usado por Stephen Farfler, um homem com as duas pernas amputadas que viveu em Nuremberg, na Alemanha, por volta de 1650. Era movida por manivelas de mão que acionavam a roda dianteira por meio de uma roda dentada interna. Acredita-se que foi construída por Johann Haustach, que já projetara uma cadeira "movida a mão" para seu próprio uso cerca de dez anos antes.

 Inventores brasileiros

MULETA COM AMORTECIMENTO
O engenheiro André Hekermann Buss, de Rio do Sul (SC), teve a ideia de colocar um sistema de amortecimento de impacto nas muletas e conseguiu até a aprovação de alguns fisioterapeutas.

CAIXÃO

Os antigos sumérios, em 4000 a.C., enterravam os mortos em cestas montadas com ramos trançados. Mas existia um medo de que esses mortos voltassem para buscar os vivos. Por isso, o cadáver era amarrado e seus pés e cabeça, amputados. A caminho do enterro, um trajeto bastante sinuoso era feito para que ele não pudesse achar o caminho de volta para sua antiga casa.

Apesar de a cova abaixo da terra ser vista como uma boa precaução, enclausurá-lo primeiramente em um caixão de madeira tornava ainda mais seguro, e fechar a tampa com muitos pregos garantia uma proteção extra. Além disso, uma pedra larga e pesada era colocada sobre a tampa antes que a terra fosse depositada em cima. Uma pedra maior era colocada depois sobre a sepultura.

NA SALA DE CIRURGIA

ANESTESIA

No século passado, cientistas americanos descobriram os efeitos anestésicos de substâncias como o éter e o óxido nitroso (mais conhecido como gás hilariante). Suas propriedades sedativas haviam sido relatadas pelo químico inglês Humphry Davy em 1799. O gás foi usado nas primeiras décadas do século XIX em espetáculos públicos, nos quais homens perambulavam rindo sob o seu efeito. Certa vez, o jovem dentista americano Horace Wells assistiu a uma dessas apresentações. Muito atento, Wells notou que um cidadão que havia cheirado o gás batera violentamente uma das pernas em uma cadeira sem dar um único gemido. No dia seguinte, pediu a um aprendiz que lhe arrancasse um dente enquanto estivesse sob a ação do gás. A extração foi indolor.

Ajudado por um amigo e aluno, William Thomaz Green Morton, Wells tentou, em 1845, demonstrar cientificamente a descoberta, convocando seus colegas para uma apresentação no Hospital Geral de Massachusetts, em Boston. Dessa vez, porém, a experiência não deu certo: o paciente gritou de dor e o dentista foi exposto ao ridículo.

Apesar do fracasso do mestre, Morton voltou seus estudos para o campo da anestesia. Pediu a outro professor, o químico Charles Jackson, que lhe falasse de suas pesquisas com o éter. Morton se entusiasmou com o que ouviu, fez experiências por conta própria e, em 1846, apenas um ano após a desastrada tentativa de Wells, apresentou-se duas vezes no mesmo hospital de Boston. Na primeira, extraiu um dente sem que a vítima sentisse dor. Na segunda, anestesiou com éter um doente do qual seria retirado um tumor – e ele nada sentiu durante a operação.

Segundo o relato de alguns historiadores, Charles Jackson ficou furioso quando percebeu que não seria lembrado pela descoberta. Buscou o reconhecimento durante anos, mas desistiu quando outro americano, Crowford Williamson Long, um médico do interior, divulgou suas experiências com o éter, datadas de 1842, quatro anos antes, portanto, da demonstração de Morton. Como a população de Jefferson – cidade da Georgia onde Long clinicava – tinha desaprovado seu método, ele esconderá o feito da comunidade científica, com medo de perder o direito de exercer a medicina ou, pelo menos, a fiel clientela da província. Seja como for, hoje se aceita que tanto Morton como Long descobriram a anestesia, cada qual de seu lado.

LUVAS CIRÚRGICAS

O americano William Stewart Halsted (1852-1922) sugeriu que as enfermeiras usassem luvas de borracha para evitar infecções. Ele acreditava que as luvas, se bem finas, não prejudicariam o tato, além de mais fáceis de esterilizar do que as mãos. Em 1890, Halsted foi o primeiro cirurgião a usar luvas de borracha durante uma operação.

CIRURGIA

Indícios arqueológicos mostram que a medicina egípcia era bastante avançada há cerca de 4.500 anos. Em 1998, escavando tumbas de um cemitério antigo, o arqueólogo Zahi Hawas encontrou esqueletos com cicatrizes de cirurgias neurológicas. Algumas das técnicas utilizadas na época ainda fazem parte da rotina nos centros cirúrgicos modernos. Uma delas, a trepanação, consiste em fazer aberturas no crânio para tratar distúrbios decorrentes de fortes pancadas. Inicialmente, os egípcios usaram o método por motivações religiosas. Eles acreditavam que os maus espíritos sairiam pelos furos na cabeça. O misticismo foi desaparecendo com o hábito da mumificação. A necessidade de retirar as vísceras para conservar o corpo possibilitou aos médicos egípcios conhecerem melhor a anatomia humana. Além da papoula, uma mistura de ervas e vinho funcionava como anestésico. Um painel esculpido no túmulo de um funcionário real egípcio é o registro pictórico mais antigo de uma cirurgia. Nele, dois jovens são retratados durante uma circuncisão.

CIRURGIA PLÁSTICA

Na Índia, por volta de 2000 a.C., era costume cortar o nariz das mulheres que traíam seus maridos. Naquela época, os curandeiros reconstruíam o órgão retirando da testa um pedaço de pele em forma de triângulo. Foi nesse país que, no século VIII a.C, surgia o primeiro cirurgião plástico. Sushruta Samhita, que viveu na região de Kasi, desenvolveu técnicas de reconstrução nasal, estudando corpos humanos. Referências à rinoplastia, do grego *rhis* (nariz) e *plassein* (forma), foram encontradas em papiros egípcios do século VI a.C. Em 1587, o professor de anatomia Gaspare Tagliacozzi (1545-1599), da Universidade de Bolonha, na Itália, escreveu o primeiro livro sobre cirurgia plástica: *Tratado sobre a rinoplastia*.

Imagem de cirurgia

Sushruta Samhita

LIPOASPIRAÇÃO

Uma ex-namorada do cirurgião francês Yves Gerard Illouz – que ele nunca revelou o nome – evitava usar roupas decotadas por causa de um linfoma (tumor benigno formado por células gordurosas) que tinha nas costas. Para ajudá-la, o médico desenvolveu em 1977 a técnica de sucção de gordura do corpo. O procedimento foi usado no Brasil pela primeira vez em 1980.

MARCA-PASSO

Um conjunto especial de células cardíacas, que fazia o coração iniciar os batimentos, já era conhecido popularmente como marca-passo cinquenta anos antes de o aparelho ser inventado. O primeiro marca-passo foi criado pelo canadense John Hopps, em 1941. Era uma grande caixa que transmitia impulsos elétricos para regular os batimentos cardíacos. Em 1957, o médico americano Clarence Walton Lillehei pediu que o engenheiro elétrico Earl Bakken desenvolvesse um modelo mais compacto. A partir de então, o marca-passo passou a ser implantado dentro do corpo do paciente. Em 1960, o doutor Lillehei já havia colocado o novo modelo em 66 cardíacos.

> ◉ **Inventores brasileiros** ◉
>
> **CORAÇÃO ARTIFICIAL**
> Criado em 2000 pelo engenheiro mecânico Aron de Andrade, do Instituto Dante Pazzanese de Cardiologia (SP), tem o tamanho de uma bola de tênis e é feito de poliuretano. É ligado ao coração natural e alimentado por um motor elétrico.

RAIO *LASER*
Em 1951, Charles Hard Townes (1915-), professor da Universidade de Colúmbia, em Nova York, estava participando de um seminário na cidade de Washington. Parou em um banco de praça e ficou meditando sobre uma questão que o preocupava: como conseguir a emissão de ondas ultracurtas de uma frequência mais alta do que as válvulas de rádio eram capazes de gerar. Ele acreditava que essa radiação estimulada poderia ficar maior e seria, portanto, de extraordinário valor para a medição e as análises físico-químicas.
Durante três anos, Townes trabalhou ao lado de seus alunos, fazendo testes com diferentes fontes de radiação molecular. Obteve os primeiros resultados com gás de amoníaco. Townes criou o *maser* (abreviatura em inglês de "amplificação de micro-ondas por emissão de radiação estimulada"), que superou os mais refinados amplificadores de rádio, habilitando-se para as comunicações astronômicas e para a detecção das emissões estelares de rádio.
Depois das micro-ondas sonoras, Townes pensou em chegar também às ondas infinitamente menores de luz. Seu amigo Arthur Schwlow elaborou uma solução teórica para o problema de construir a câmara apropriada para ressoar frequências tão altas. Ambos publicaram em 1958 um artigo em que apresentavam essas ideias. O texto desencadeou um grande interesse em torno da construção do instrumento que se conheceria como *laser* (iniciais de *light amplification by stimulated emission of radiation*).
A primeira solução prática foi apresentada em 1960 pelo físico americano Theodore Harold Maiman. Em vez de um gás como o amoníaco, Maiman empregou um cilindro de rubi sintético, ao qual acrescentou impurezas de cromo. Os extremos do cilindro tinham sido cuidadosamente polidos para funcionar como espelhos. Um feixe de luz rodeava o cilindro de rubi e, ao acender, produzia o estímulo: o rubi disparava um breve e muito intenso raio *laser*.

Um grupo de pesquisadores dos Laboratórios Bell desenhou, no ano seguinte, outro modelo de laser, com uma mistura de hélio e gás neônio. Muito depressa, começaram a aparecer outras variações, empregando átomos e moléculas diferentes, assim como distintas fontes de energia para estimulá-los em algo parecido com uma caixa de espelhos. O *laser* faz uso da força dos átomos e moléculas para amplificar a potência da radiação. Se duas ondas atingem seu ponto mais alto ao mesmo tempo, elas se reforçam. Emitem luz em uma mesma frequência, que é seguidamente refletida nos espelhos de cristal do aparelho. Isso faz crescer o nível da energia até a luz conseguir atravessar as paredes dos espelhos e aparecer no exterior, muito mais forte do que quando lá entrou, num feixe intenso de energia.

Os raios infravermelhos ficaram conhecidos em 1800, quando o astrônomo inglês William Frederick Herschel (1738-1822) mediu as cores do espectro solar com um termômetro. Ele descobriu que a temperatura das bandas luminosas se elevava à medida que se aproximava da cor vermelha. Quando colocou o termômetro para lá da risca vermelha visível, onde aparentemente não existia nenhuma luz, a temperatura sofreu um novo aumento. Herschel descobrira uma nova espécie de luz que, embora não pudesse ser vista, era detectada por causa de sua temperatura. Ele a batizou de infravermelho. Foi Herschel quem observou o planeta Urano pela primeira vez, em 1781.

TRANSFUSÃO SANGUÍNEA

No século XVII os médicos já retiravam o sangue dos doentes. Mas poucos ousavam fazer o inverso. Era comum que os pacientes morressem após uma transfusão, tanto é que no século XIX a prática foi proibida. Em 1900, o médico austríaco Karl Landsteiner (1868-1943) realizou testes com o sangue humano e descobriu que para fazer uma transfusão era necessário saber qual era o sangue do receptor e do doador. Ele dividiu o sangue em quatro classes: O, A, B e AB. Por sua descoberta, Landsteiner recebeu em 1930 o Prêmio Nobel de Medicina.

TRANSPLANTE DE CORAÇÃO

O primeiro transplante de coração bem-sucedido da história ocorreu em 3 de dezembro de 1967. O responsável foi o cirurgião sul-africano, Christiaan Neethling Barnard, nascido em 1922. O paciente recebeu o coração de outra pessoa e viveu com ele durante mais de um ano e meio. No dia 26 de maio do ano seguinte, o cirurgião Euryclides Zerbini e sua equipe realizaram o primeiro transplante cardíaco da América Latina.

SAÚDE BUCAL

BROCA DE DENTISTA

A primeira de que se tem notícia foi apresentada em 1728 pelo cirurgião-dentista francês Pierre Fauchard. Era uma broca de mão especialmente projetada para soltar o tecido dentário em decomposição. Para fazê-la funcionar, o cabo era girado com os dedos em direções opostas. A primeira broca automática, com um mecanismo semelhante ao de um relógio, foi projetada pelo inglês George Fellows Harrington, em junho de 1863. Dois anos depois, a broca elétrica, movida a pedal, acabou patenteada pelo americano George F. Green. Mas a invenção do que chamamos hoje de motorzinho de dentista é atribuída ao americano J. B. Morrisson, em 1872.

DENTADURA

Os etruscos eram os melhores dentistas da Antiguidade. Foram descobertos crânios humanos com dentes artificiais feitos de ossos e marfim, com pontes de ouro, 700 anos a.C. Na Idade Média, não se deu muita atenção aos dentes falsos. Só que, durante séculos, a odontologia dos etruscos foi deixada de lado e gerações de homens e mulheres sofreram terríveis dores de dente. Quando perdeu os dentes da frente, a rainha Elizabeth I, da Inglaterra, apareceu em público com a boca cheia de pano, para evitar o afundamento do rosto. Mas, no fim do século XVII, os ricos já podiam comprar dentaduras de marfim. Como era impossível obter impressões de arcada dentária, media-se a boca com um compasso. Os dentes falsos ficavam presos a seus vizinhos naturais por ligaduras de seda. Os dentistas usavam dentes humanos, comprados dos pobres, ou os faziam de prata ou ágata.

Todos esses conjuntos, no entanto, eram retirados da boca na hora das refeições. Até que um dentista parisiense, Pierre Fauchard, no século XVIII, conseguiu uma maneira de prender os dentes falsos no lugar: unindo a arcada inferior e a superior com molas de aço. Resolveu o problema de manter no lugar os dentes superiores, embora obrigasse o paciente a um esforço muscular constante, para manter a boca fechada. Os transplantes de dentes tornaram-se populares, mas havia o inconveniente do material: qualquer substância orgânica se deteriorava em contato com os fluidos orais. Os dentes de marfim cheiravam mal depois de algum tempo. Pouco antes da Revolução Francesa, um dentista de Paris fabricou dentes de porcelana.

As primeiras dentaduras de porcelana foram feitas por volta de 1770 por Alexis Duchâteau, um farmacêutico de Saint-Germain-en-Laye, perto de Paris. No início teve repetidos fracassos, pois a porcelana se contraía ao ser queimada, tornando extremamente difícil a tarefa de decidir o tamanho do molde. Por fim, conseguiu fazer um par que se adaptava tão bem que o usou pelo resto da vida. Um dentista de Paris, Dubois de Chemant, que auxiliou Duchâteau em suas experiências, começou a manufaturar as novas dentaduras em 1788.
A descoberta foi aprimorada nos Estados Unidos por Claudius Ash, no século XIX.

OBTURAÇÃO DE PRATA
Vivendo na França desde 1847, o dentista americano Thomas Wiltberger Evans (1823-1897) foi o primeiro a usar amálgama de prata para obturar dentes. Para isso, era necessário retirar as partes estragadas de cada dente.

CONTRA A SAÚDE

CHARUTO
Há várias versões sobre a origem dos charutos. A mais aceita é a de que o produto surgiu entre as culturas astecas e maias a partir do uso medicinal do fumo. Sabe-se que eram feitos de folha e ervas utilizadas na cura de males e doenças que, de tão eficazes, chegaram a ser considerados sagrados por essas civilizações.

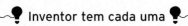 Inventor tem cada uma

BONÉ-EXAUSTOR
O boné suga a fumaça do cigarro, filtra-a e solta-a por uma chaminé. A ideia foi do publicitário José Augusto Machado.

CIGARRO
Existem duas versões conhecidas. Uma delas diz que, no começo do século XVI, os mendigos de Sevilha, Espanha, tiveram a ideia de enrolar o fumo das baganas de charuto em um canudinho de papel. Rapidamente o cigarro chegou a Portugal e Itália, e, por intermédio dos marinheiros portugueses, aos portos de comércio do Mediterrâneo e à Rússia. A segunda versão relata que foram os soldados turcos que inventaram o cigarro. Eles defendiam a cidade de São João de Acre dos ataques das tropas de Napoleão Bonaparte, em 1799, quando o seu *hookah* (cachimbo comunitário refrigerado por água) foi destruído por uma bala de canhão. Para fumar, eles enrolaram o tabaco em papel embebido em nitrato, utilizado para disparar os canhões.

ISQUEIRO

O isqueiro nasceu na Europa no século XVI. Mas, desde a pré-história, quando nossos ancestrais produziam fogo com faíscas obtidas do atrito entre pedras, seu princípio é dominado pelo homem. Ele continua praticamente o mesmo, seja alimentado a combustível líquido ou a gás liquefeito. É da faísca produzida pelo atrito das pedras que nasce a chama. Primeiro surgiu a pederneira, que às vezes exigia até 15 minutos para acender a chama.

A partir do século XIX, na França, o isqueiro começou a tomar sua forma definitiva. O primeiro modelo foi o isqueiro pneumático, de mesa, que era ligado a uma bomba cilíndrica que produzia calor, incendiando o pavio embebido em querosene. Algumas décadas depois, veio o isqueiro de bolso, muito parecido com a famosa "binga" brasileira. Seu formato era o de um tubo de metal, com algodão embebido em combustível armazenado em seu interior, de onde saía o pavio. A binga brasileira surgiu em 1880. Seu tubo de metal era muito parecido com um cartucho de bala de carabina. Além de querosene, utilizava-se também a terebintina – uma essência feita de casca da laranja.

Em 1930, a binga ganha um novo reservatório de querosene, uma roldana metálica que substitui uma das pedras, e uma mola de pressão, que empurra a pedra contra a roldana para a produção da faísca.

 Invenções que não desencantaram

CIGARRO SEM FUMAÇA

Foi lançado, experimentalmente, no final de 1996, pela multinacional R. J. Reynolds, em três cidades do mundo – Chattanooga, nos Estados Unidos; Augsburg, na Alemanha; e Estocolmo, capital da Suécia. Na Europa, ele é chamado de HI.Q, enquanto recebeu o nome Eclipse no mercado americano. Quando traga o cigarro, em vez da nuvem espessa e cinzenta, o fumante solta da boca uma névoa clara e quase sem cheiro. Esse cigarro não faz menos mal à saúde de quem fuma, mas poupa quem está do lado.

SAÚDE DOS OLHOS

COLÍRIO
As soluções para os olhos, por causa da extrema sensibilidade dessa parte do corpo, sempre foram elaboradas com o maior cuidado. Um dos mais antigos colírios registrados, feito do extrato de uma planta *mahuang*, foi preparado na China há cinco mil anos. Hoje os oftalmologistas sabem que o ingrediente ativo era o hidroclorito de efedrina, que ainda é usado para tratar pequenas irritações oculares, especialmente olhos inflamados devido a reações alérgicas.

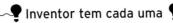

Inventor tem cada uma

ÓCULOS PARA PINGAR COLÍRIO
As lentes têm um pequeno funil para o colírio ir direto ao alvo. A ideia foi do japonês Kenji Kawakami, o maior inventor de inutilidades do mundo. Entre suas criações estão: gravata porta-treco; sapatos para gatos; capacete para dormir no metrô (uma ventosa impede que a cabeça caia e uma plaquinha pede que alguém o acorde na estação desejada) e babador para comer macarrão.

LENTES DE CONTATO
A ideia era meio antiga. Em 1508, Leonardo da Vinci propôs pela primeira vez a aplicação de lentes corretivas diretamente na superfície do olho. Depois, em 1636, o físico e matemático René Descartes (1596-1650) apresentou uma ideia bastante parecida. Em 1823, o astrônomo e físico inglês John Herschel (1792-1871) voltou a falar sobre um tipo de lente de contato cujo lado de fora teria o mesmo poder de refração dos olhos, enquanto o lado de dentro seria moldado para corresponder às irregularidades da córnea, membrana que recobre a parte colorida dos olhos (a íris).
Mas foi na Alemanha, em 1887, que August Müller (1864-1949), fabricante de olhos artificiais, confeccionou as primeiras lentes que realmente foram usadas. Elas eram leves e serviam para umedecer a córnea de um paciente que tivera as pálpebras retiradas numa operação. Um ano depois, o pesquisador alemão Adolphe Eugène Fick (1829-1901) criou lentes para a correção visual, e não apenas para a proteção dos olhos. Por isso, Fick é considerado o inventor da lente de contato. Os modelos mais modernos seriam ainda desenvolvidos em 1961 pelo químico tcheco Otto Wichterle (1913-1998), que também foi o inventor do gel usado para a produção das lentes.

ÓCULOS

Não se sabe ao certo quem inventou os óculos (poxa, será que ninguém viu?). O filósofo chinês Confúcio, em 500 a.C., já citava a existência de um objeto parecido. Na Antiguidade, as pessoas que não enxergavam bem usavam objetos transparentes para ver melhor. Conta-se que o imperador romano Nero assistia aos espetáculos públicos com uma joia de facetas curvas diante dos olhos. Talvez fossem facetas côncavas, para corrigir uma miopia acentuada. Lentes junto aos olhos foram usadas pela primeira vez no fim do século XIII. O vidraceiro italiano Salvino degli Armati (1245-1317) morava na cidade de Pisa. Por volta de 1285, ele percebeu que duas lentes, de certa espessura e de certa curvatura, aumentavam os objetos. Ele contou a descoberta a um amigo, Alexandre della Spina, que tratou de espalhá-la. Os primeiros óculos, de lentes convexas, atendiam aos problemas de hipermetropia (dificuldade de ver os objetos próximos). As lentes côncavas, para míopes, apareceram no final do século XV.

Em 1781, o norte-americano Benjamin Franklin criou as <u>lentes bifocais</u>, ou seja: em uma só lente, um foco para ver de perto e outro para ver de longe. Desse modo, não precisava trocar de óculos quando tinha de parar de ler para fazer outra coisa.

EQUIPAMENTOS E INSTALAÇÕES

ESTETOSCÓPIO

O estetoscópio, usado para escutar sons e vibrações de órgãos como o coração e os pulmões, é um aparelho fundamental para que o médico possa diagnosticar certas doenças. Seu inventor foi o médico francês René Théophile Hyacinthe Laennec (1781-1826). Em 1816, Laennec trabalhava em um hospital, tratando de uma jovem cardíaca. Era difícil auscultá-la (ouvir-lhe o ruído de órgãos internos) da forma como se fazia então: através do tato. A paciente era muito gorda. Ao passear num jardim, Laennec viu alguns meninos brincando. Um deles encostava o ouvido em uma pilha de madeira para escutar melhor as pancadas que outro dava do lado oposto das tábuas. O jovem médico achara a solução. Voltou ao hospital e enrolou um cartão na forma de um cilindro. Encostou-o nas costas da paciente e colocou o ouvido na outra

extremidade. Agora podia ouvir os ruídos do coração da moça. O cilindro impedia que o som se espalhasse, concentrando-o no ouvido de Laennec. Estava inventado o estetoscópio. A partir daí, Laennec aperfeiçoou seu invento até conseguir pequenas trombetas de madeira para auscultação, que foram a base do instrumento hoje usado pela ciência médica.
Em 1839, o tcheco Joseph Skoda aperfeiçoou o estetoscópio equipando-o com dois tubos ocos, o que fez que ambos os ouvidos pudessem ser utilizados.

HOSPITAL
Para evitar o transtorno de tratar seus escravos velhos e doentes, os romanos ergueram um templo dedicado a Esculápio, o deus da Medicina, numa ilha do rio Tibre, em 293 a.C. Os escravos ficavam deitados ali, aos cuidados desse deus. A maioria morria. Aqueles que conseguiam se recuperar passavam a cuidar dos doentes, como se fossem enfermeiros.

Gravura do templo de Esculápio, 1842

MICROSCÓPIO
Os primeiros microscópios simples, limitados à ampliação de uma única lente, foram construídos na metade do século XV e utilizados inicialmente para investigar o mundo dos insetos. Por causa da dificuldade em produzir vidro puro na época, as lentes dos microscópios distorciam as imagens e as contornavam com halos e espectros de cores. Em 1590, o holandês Hans Janssen e seu filho, Zacharias, planejaram o primeiro microscópio. Era composto de uma objetiva de lente convexa e uma lente (de luneta) côncava, conforme relatou Galileu Galilei, em 1609.
Outro holandês, Anton van Leeuwenhoek (1632-1723), trabalhava em uma loja de tecidos e, em suas horas vagas, fazia experiências com vidro moído para produzir lentes. Usava o microscópio para observar os fios, e depois passou a examinar a anatomia dos menores animais conhecidos. Ele produziu microscópios tão eficientes que estabeleceu, praticamente sozinho, o ramo da microbiologia. Leeuwenhoek também é considerado o primeiro a realizar descrições precisas dos glóbulos vermelhos (para espanto dos fisiologistas da época), das bactérias que habitam a boca e os intestinos dos seres humanos (para horror da população) e da forma e locomoção do espermatozoide humano.

RAIO X

● Na tarde de 8 de novembro de 1895, no laboratório da Universidade de Wurzburg, na Alemanha, o físico Wilhelm Conrad Roentgen (1845-1923) pesquisava o tubo de raios catódicos inventado pelo inglês William Crookes anos antes. Era um tubo de vidro, dentro do qual um condutor metálico aquecido emitia elétrons, então chamados raios catódicos, em direção a outro condutor. Quando Roentgen ligou o tubo naquele dia, notou um efeito curioso. Perto do tubo, uma placa de um material fluorescente, chamado platino cianeto de bário, brilhou. O brilho persistiu mesmo quando Roentgen colocou um livro e uma folha de alumínio entre o tubo e a placa. Por seis semanas, o físico ficou no laboratório tentando entender o que era aquilo que saía do tubo, transpassava barreiras e atingia o platino cianeto. Era uma radiação capaz de atravessar materiais opacos e sensibilizar filmes e placas fotográficas.

Não demorou para que Roentgen percebesse o extraordinário instrumento que tinha no laboratório. De experiências feitas com objetos de vidro, madeira e metal, passou rapidamente para a primeira radiografia feita em um ser humano. Usou a radiação por 15 minutos para retratar os ossos de uma das mãos de sua mulher, Bertha, em 22 de dezembro de 1895.

Fascinado, mas ainda confuso, Roentgen decidiu chamar os raios de X – símbolo usado em ciência para designar o desconhecido. Roentgen publicou um resumo de sua descoberta no jornal da universidade. Em janeiro, sentiu-se seguro o suficiente para uma apresentação formal a seus colegas e professores. A apresentação terminou em aplausos e, em 1901, Roentgen ganhou o Prêmio Nobel de Física.

● O americano Thomas Alva Edison inventou um instrumento com tela fluorescente que deixava ver a radiografia na hora, sem a necessidade de revelar filmes. Em 1902, um inglês criou uma máquina de raios X controladas por moeda. Em Nova Jersey, nos Estados Unidos, deputados tentaram aprovar uma lei proibindo o uso da radiação. Eram defensores da moralidade e achavam que os raios permitiriam a qualquer um ver os corpos nus de quem andasse pelas ruas.

- A abreugrafia foi inventada pelo cientista brasileiro Manuel Dias de Abreu (1894-1962) em 1936. Ela é um tipo de radiografia que registra a fotografia da imagem do tórax na tela radioscópica. A radiografia tradicional, por sua vez, resulta da impressão direta do filme radiológico dos feixes de raio X, depois de atravessarem o corpo.

Aparelho de abreugrafia

- A radiografia comum nunca foi eficiente para visualizar tecidos moles (fígado, intestinos, cérebro) que deixam a radiação passar quase completamente e não criam bons constrastes. A proeza só foi possível com a tomografia computadorizada, uma superevolução dos raios X, que rendeu um Prêmio Nobel de Medicina ao inglês Godfrey Newbold Hounsfield (1919-2004) e ao sul-africano Allan Macleod Cormack (1924-1998) em 1979.

TERMÔMETRO

Antes dos chamados termômetros modernos, houve muitas outras tentativas de medição da temperatura. No ano 3 a.C., Philon de Bizâncio teria sido o inventor do primeiro aparelho sensível à variação térmica. Chamado de termoscópio, ele consistia em um vaso de chumbo vazio e um vaso de água, unidos por um tubo. Quando o vaso de chumbo era aquecido, o ar existente nele e no tubo expandia-se, produzindo bolhas na água do outro vaso. Ao ser resfriado, era a água que subia pelo tubo, indo molhar o recipiente de chumbo.

Em 1592, o italiano Galileu Galilei retomou o princípio do termoscópio, mas com uma forma um pouco diferente. Seu aparelho era um tubo cheio de ar e mergulhado em uma tigela de água, de tal modo que o nível de água descia à medida que aumentava a temperatura. Mas esse invento tinha um defeito: como o tubo encontrava-se dentro de uma cuba não selada, estava sujeito às mudanças de pressão, um conceito ainda novo para os sábios da época.

Só em 1643, quando o físico italiano Evangelista Torricelli inventou o barômetro de mercúrio, é que se demonstrou o princípio da pressão atmosférica, e os instrumentos começaram a ser hermeticamente fechados para que a medição fosse a mesma tanto ao nível do mar quanto no alto de uma montanha.

Esses primeiros aparelhos traziam algumas inovações como substituir o ar por álcool ou mercúrio. Mas restava, ainda, estabelecer uma graduação numérica padrão, pois eles se baseavam nos mais bizarros pontos fixos: a temperatura da neve no frio, a temperatura de uma vaca, a da fusão da manteiga...

Até que, no século XVIII, se estabeleceram as escalas termométricas conhecidas até os dias de hoje. Uma das primeiras foi a de Daniel Fahrenheit (1686-1736), um fabricante de instrumentos meteorológicos. Ele adotou como ponto mínimo, ou zero, a temperatura de uma mistura de gelo, água, sal e amônia e, como ponto máximo, a de ebulição da água, à qual deu o valor arbitrário de 212 graus.

O físico sueco Anders Celsius (1701-1744) preferiu a temperatura de congelamento e a fusão da água. Curiosamente, definiu como ponto de fusão zero e cem para congelamento, o que foi depois invertido. Já o físico inglês William Thomson Kelvin (1824-1907) introduziu o conceito de "zero absoluto" – temperatura em que as moléculas de um gás permanecem imóveis – e calculou esse valor em 273 graus abaixo do 0 °C.

Philon de Bizâncio

Galileu Galilei

Evangelista Torricelli

Daniel Fahrenheit

Anders Celsius

VACINAS

Por volta de 1770, o médico inglês Edward Jenner (1749-1823) ouviu uma ordenhadora dizer que não pegaria varíola porque já tivera varíola bovina. Foi aí que ele começou a estudar as doenças. Em 14 de maio de 1796, inoculou o vírus de varíola bovina em um garoto de oito anos chamado James Phipps. No dia 1º de julho, com o menino já curado, Jenner voltou a inoculá-lo, só que com o vírus da varíola humana. James não se contaminou, porque a primeira doença o tinha tornado imune. No início, sua descoberta foi rechaçada pelos outros médicos, mas cinco anos depois a vacinação era uma prática difundida por todo o mundo.

ANTIRRÁBICA

Louis Pasteur (1822-1895) desenvolveu a vacina antirrábica, que previne contra a raiva, doença fatal que afeta principalmente os cachorros e pode ser transmitida ao homem pela mordida do animal infectado. Ele não era médico, e sim químico, mas foi responsável por uma descoberta muito importante para os médicos. Pasteur descobriu que, para evitar a contaminação por microrganismos, era preciso haver muita higiene nas salas de cirurgia e nos instrumentos usados. Pasteur percebeu que, acima de uma determinada temperatura, os micróbios morrem. Eles não surgem espontaneamente, como acreditava-se na época. Só que estão em todos os lugares.

BCG

A vacina contra tuberculose, a Bacilo Calmette-Guérin, foi aplicada pela primeira vez em humanos em julho de 1921 no Hospital de la Charité, em Paris. Ela é resultado de cerca de dez anos de estudos do veterinário Camille Guérin (1872-1961) e do médico-biólogo Alert León Calmette (1863-1933).

 Inventores brasileiros

SORO ANTIOFÍDICO EM PÓ
Em 2000, foi desenvolvido pelo veterinário Rosalvo Guidolin. Diferente do líquido, que deve ser mantido entre 4 °C e 8 °C, este pode ser levado na mochila e tem validade maior.

CONTRA A FEBRE AMARELA

Foi o microbiólogo americano de origem sul-africana, Max Theiler (1899--1972), quem desenvolveu a vacina contra a febre amarela. Em 1937, essa vacina já era segura e eficiente. Theiler recebeu por essa descoberta o Prêmio Nobel de Medicina em 1951.

CONTRA A PARALISIA INFANTIL

O responsável pela descoberta da "gotinha que salva" foi o pediatra Albert Bruce Sabin (1906-1993). Antes dele, a vacina Salk era comprovadamente eficiente contra a poliomielite. A vacina Salk, no entanto, era feita de vírus mortos que teriam de ser injetados e cuja capacidade de estimular a produção de anticorpos poderia não ser muito duradoura. Sabin acreditou que seria possível tipos de pólio que fossem débeis demais para produzir a doença, mesmo quando continuassem vivos, mas que poderiam ativar a formação de anticorpos durante o tempo em que permanecessem no corpo. Essas espécies vivas poderiam ser tomadas por via oral. Depois de experiências feitas com animais, Sabin experimentou a vacina em si mesmo e depois em presos voluntários. Em 1957, a vacina Sabin passou a ser usada na União Soviética e na Europa Oriental. Em seguida, espalhou-se pelo mundo.

SERINGA

Imaginada no século XV pelo italiano Gattinara, a primeira seringa teve de esperar quase duzentos anos para ser realmente colocada em prática. Os ingleses C. Wren e R. Boyle fizeram as primeiras demonstrações da novidade em 1657.

A seringa hipodérmica foi criada em 1853 pelo médico francês Charles Pravaz (1791-1853). Ela possibilitava injetar os remédios diretamente no organismo, antes só tomados por via oral. O médico londrino Fergusson foi o primeiro a usar o vidro, que permite acompanhar a saída do medicamento da injeção. Mas foi o francês Luer quem, em 1869, fabricou a primeira seringa todinha de vidro.

PENICILINA / ANTIBIÓTICO

A coalhada de soja embolorada, utilizada pelos chineses por volta de 500 a.C. para tratar furúnculos e infecções semelhantes, parece ter sido o primeiro antibiótico natural. Quase tão antigo, e presente em várias civilizações, é o uso de pão embolorado e teias de aranha em ferimentos infeccionados.

Embora os médicos tenham procurado nos dois mil anos seguintes uma espécie de medicamento que combatesse infecção por bactérias, nenhum pesquisador pensou em investigar cientificamente o folclore medicinal em relação aos bolores. O primeiro antibiótico moderno, a penicilina, foi uma descoberta casual do bacteriologista escocês Alexander Fleming, em 1928. Fleming havia sido oficial médico nos hospitais militares da Inglaterra durante a Primeira Guerra Mundial. Notando a séria necessidade de um agente bactericida para tratar dos ferimentos infeccionados, após a guerra retornou ao St. Mary's Hospital em Londres para pesquisar o problema.

Em 1928, enquanto estudava o *Staphylococcus aureus*, uma bactéria responsável pelos abscessos e por várias outras infecções, Fleming entrou de férias por alguns dias, deixando seus recipientes de vidro com cultura sem supervisão. Ao retornar, notou que a tampa de um dos recipientes escorregara e que a cultura havia sido contaminada com o mofo da atmosfera.

Fleming estava a ponto de jogar fora a cultura quando a curiosidade o fez examiná-la. Na área em que o bolor estava crescendo, as células do *Staphylococcus* haviam morrido. Ele imediatamente percebeu o significado daquela descoberta e verificou que o bolor, uma espécie do fungo *Penicillium*, estava secretando uma substância que destruía as bactérias. Embora não tenha conseguido isolar a substância – o que foi feito dez anos depois por Ernst B. Chain e Howard W. Florey, na Inglaterra –, ele a chamou de penicilina.

Muitos cientistas estavam céticos quanto ao potencial do bolor que havia aparecido por acaso na lâmina de Fleming. Não se mostravam dispostos a experimentar em seus pacientes um bolor comum. Outros problemas resultaram da fragilidade do bolor: era impuro e facilmente destrutível pelas mudanças climáticas e acídicas. Eram necessárias grandes quantidades deles para obter uma concentração de penicilina satisfatória para um único paciente, e Fleming não tinha fundos suficientes.

Com a Segunda Guerra Mundial houve uma enorme necessidade de antissépticos para combater as infecções das tropas feridas. O dr. Howard Walter Florey, professor de patologia em Oxford, que tinha ouvido falar do bolor de Fleming, levou a pesquisa adiante. Com uma equipe de vinte cientistas e técnicos, Florey cultivou novamente o bolor de Fleming. Durante meses, a equipe manteve enormes tonéis de um caldo embolorado e malcheiroso, tentando extrair o ingrediente principal. O dr. Ernst Boris Chain conseguiu extrair da solução um pó marrom, que destruiu instantaneamente algumas bactérias (na verdade, o extrato continha apenas cerca de 5% de penicilina em sua forma química pura).

◉ Inventores brasileiros ◉

SERINGA AUTODESTRUTÍVEL

O pesquisador pernambucano Fernando Antonio Franco da Encarnação desenvolveu uma seringa com um mecanismo que a inutiliza após a primeira aplicação. A reutilização da agulha também é impossível, evitando a transmissão de doenças por meio de sangue. Essa ideia lhe garantiu o prêmio "Inventor Nacional de 1992", oferecido pelo Serviço Estadual de Assistência aos Inventores da Secretaria de Ciência, Tecnologia e Desenvolvimento Econômico de São Paulo.

Após testar a substância em oitenta diferentes micróbios, os cientistas descobriram que os fluidos do sangue não eram hostis à substância e os glóbulos brancos não se danificavam nem se tornavam inativos. Prepararam um sal de penicilina (contendo sais de sódio e cálcio), mais estável que o bolor, e foram bem-sucedidos na cura de ratos que receberam injeções de doses fatais de *Staphylococcus aureus, Streptococcus pyogenes*, e outras bactérias. Suas descobertas formaram a base para o tratamento com penicilina que se pratica até nossos dias.

Em 1940, a penicilina foi utilizada, na Inglaterra, no primeiro paciente humano, um policial com um quadro avançado de infecção sanguínea. Por cinco dias, os médicos administraram a droga a cada duas ou três horas (a penicilina sai rapidamente do corpo pela urina e, por isso, deve ser reposta em intervalos frequentes e regulares). O policial havia se recuperado significativamente quando o suprimento de penicilina se esgotou e as injeções foram suspensas. A infecção alastrou-se e acabou por vencê-lo. Os cientistas britânicos ainda não tinham conseguido produzir penicilina em quantidade suficiente para salvar uma vida. Em um segundo caso, no entanto, um jovem que também sofria com infecção sanguínea recebeu penicilina suficiente para se recuperar.

Alexander Fleming

MEDICAMENTOS

CORTISONA

A adrenalina foi o primeiro hormônio a ser isolado, obtida das glândulas suprarrenais pelo cientista japonês Jokichi Takamine, em 1901. Da descoberta foi possível estudar a medula, que produz a adrenalina, e o córtex, que a envolve e produz outros hormônios. O bioquímico americano Edward Calvin Kendall (1886-1972) isolou 28 hormônios corticais diferentes, os chamados corticoides. Quatro deles, os compostos A, B, E e F, produziam efeitos em animais de laboratório. Em 1935, Kendall isolou o composto E, a cortisona, usada em medicamentos anti-inflamatórios. Pelo trabalho com corticoides, o cientista recebeu o Prêmio Nobel de Medicina e Fisiologia em 1950.

DILATADOR NASAL

O dilatador nasal foi inventado por Bruce Johnson, nos Estados Unidos. Com dificuldades de respirar, ele empurrava pequenos tubos e arames para dentro das narinas antes de dormir. Os métodos provocavam ferimentos e infecções. Assim, em 1991, ele fabricou o dilatador nasal Breathe Right, uma espécie de fita adesiva que abre as narinas e permite a maior circulação de ar para dentro do nariz. Jogadores de futebol americano foram os primeiros esportistas a usar a invenção. O produto chegou ao Brasil em 1996.

INSULINA

Em 1889, os alemães Joseph von Mering e Oscar Minkowski estavam estudando a função do pâncreas na digestão. Tiraram o órgão de um cachorro. O animal continou vivo, mas os pesquisadores notaram que a quantidade de moscas tinha aumentado no laboratório depois da operação. E todas elas disputavam furiosamente a urina do cão. A dupla resolveu estudar aquela urina e descobriu que ela continha muito açúcar, um sinal já conhecido de diabete. Mering e Minkowski perceberam que o pâncreas devia produzir alguma substância controladora do uso do açúcar no organismo. A insulina, que faltava na urina e no metabolismo do cachorro operado, foi isolada finalmente em 27 de julho de 1921 por Frederick Banting e seu assistente, Charles Best, da Universidade Médica de Toronto, no Canadá.

Joseph von Mering

Oscar Minkowski

VITAMINA C

Nas longas travessias marítimas, o capitão inglês James Cook (1728-1779) mantinha sua tripulação saudável com sucos de laranja e limão. Mas foi só a partir de 1790 que a Marinha Britânica concordou em tornar obrigatória a distribuição de suco de limão para os marinheiros. A vitamina C foi isolada em 1928 pelo bioquímico húngaro Albert von Szent-Györgyi. Em 1934, o ácido ascórbico foi sintetizado e a vitamina C pôde ser usada, em sua forma pura, em procedimentos terapêuticos. Os primeiros tabletes de vitamina C foram criados em 1934 e vendidos pela marca Cebion.

5

Comecei uma dieta, cortei a bebida e alguns pratos e, em 14 dias, perdi duas semanas.

JOE E. LEWIS
(1902-1971), comediante

Comidas e bebidas

PRATOS CLÁSSICOS

CANJA

O prato é uma criação indiana e o nome viria de "kangi" ou "kanji", uma sopa rala de arroz pouco temperada (às vezes se usava apenas um tantinho de sal) e enriquecida com tiras de carne de galinha. Os asiáticos foram os primeiros a domesticar as galinhas, há mais de quatro mil anos. A primeira espécie de que se tem notícia leva o nome científico de *Gallus bankiva temm*. Egípcios e chineses foram os que mais sofisticaram os métodos de criação. Séculos antes de Cristo, eles já desenvolviam as primeiras granjas.

CARPACCIO

O *carpaccio* foi inventado na década de 1940 por Giuseppe Cipriani, dono do Harry's Bar, em Veneza, para uma cliente, a condessa Amalia Nani Mocenigo, que estava proibida pelo médico de comer carne cozida ou assada. Cipriani cortou finíssimas fatias de contrafilé e as cobriu com um molho à base de maionese, mostarda, molho inglês e azeite de oliva. Ele batizou o prato em homenagem a um pintor renascentista, o veneziano Vittore Carpaccio (1460- -1526), famoso por suas pinturas em que predominavam os tons vermelhos, a cor do prato. O prato apareceu no Brasil nos anos de 1970.

CHOP SUEY

Criado em 1921 pelo chinês Joseph Suey, que vendia o macarrão em seu pequeno restaurante na esquina da rua Powell com a rua Califórnia, em São Francisco. *To chop* significa picar em inglês.

BISCOITO DA SORTE

Os tradicionais biscoitos da sorte, recheados de mensagens enigmáticas, não foram inventados na China. A ideia surgiu em 1916 de um fabricante de macarrão de Los Angeles, David Jung. Ele se inspirou na forma de comunicação dos rebeldes chineses, que colocavam mensagens secretas dentro de pãezinhos doces. No começo, as frases usadas no biscoito eram baseadas em Confúcio. Com o tempo ficaram divertidas e excêntricas. Por anos, os chineses rejeitaram os biscoitos da sorte. Hoje o doce é comercializado em todo o país.

COQ AU VIN

O prato clássico da cozinha francesa nasceu durante uma batalha entre os homens de Vercingetórix, chefe dos celtas, e o exército romano de Júlio César. Para simbolizar sua rendição, Vercingetórix enviou um galo de briga a Júlio César e foram jantar juntos. O galo acabou cozido no vinho. A partir daí, o *coq au vin* passou a ser preparado com galos reprodutores, abatidos já velhos. Hoje, ele é feito com galinha caipira e vinho da Borgonha.

COQUETEL DE CAMARÃO

Antes da Revolução Francesa (1789), a aristocracia fazia festas nababescas em torno de mesas repletas de comidas exóticas. Era muito apreciada a gigantesca cascata de graúdos camarões cozidos no vapor de água. Faltava, porém, um molho para valorizar o prato. No começo do século XX, um cozinheiro anônimo de Paris misturou os camarões com uma receita chinesa, o *Coe Chap*: frutos do mar e purê de tomate.

CRÈME BRÛLÉE

A receita é a seguinte: leite, casca de limão, gemas de ovos, açúcar e canela. Mas a paternidade é discutível. A tradição lembra que em 19 de março, dia de São José, os catalães se deliciavam com a *crema catalana*. Os habitantes de Catalunha, no nordeste da Espanha, dizem que ensinaram a receita aos franceses, que rebatizaram o doce de *crème brûlée*. Nos conventos portugueses dos séculos XIV e XV as freiras serviam o leite-creme, que leva os mesmos ingredientes. No livro de doces e salgados de d. Maria (1528-1577), neta de d. Manuel I, o rei que descobriu o Brasil, há uma receita parecida. No Brasil, o doce entrou em moda nos anos 1990.

CRÊPE SUZETTE

Panquecas doces, flambadas, já existiam desde o século V. Eram feitas pelos romanos na celebração da Virgem Maria, no dia 2 de fevereiro. Mas o *crêpe suzette* foi assim batizado no verão de 1896 em Mônaco. Eduardo, o príncipe de Gales, então com 56 anos, estava em uma festa. O banqueteiro francês Henri Charpentier exagerou no licor ao preparar suas panquecas doces e, em vez de flambá-las, ele simplesmente as incendiou. Ágil, Charpentier impediu um acidente maior, ao apagar as chamas com rapidez. Sua habilidade impressionou o príncipe, que quis saber o nome da iguaria. "Crêpes princesse", foi a resposta de Charpentier. Eduardo corrigiu: "De hoje em diante, ela se chamará *crêpe suzette*". Suzette era uma parceira constante em aparições nada discretas do solteirão Eduardo desde o ano anterior.

ESTROGONOFE

Os soldados russos costumavam transportar pedaços de carne em barris, usando sal grosso e aguardente como conservantes. Para preparar a refeição, eles juntavam cebola à carne. No reinado de Pedro, o Grande (1672-1725), o prato foi aperfeiçoado por um cozinheiro chamado Stroganov e acabou sendo batizado com seu nome. Em 1800, o chef francês Thierry Costet, trabalhando na Rússia, adicionou ingredientes nobres – *champinhons*, mostarda, páprica e molho inglês.

ALIMENTOS EM CONSERVA

Em 1795, o governo francês ofereceu 12 mil francos (uma fortuna na época!) pela melhor ideia de conservação de alimentos. O confeiteiro Nicolas Appert ganhou o concurso. Os alimentos eram esterilizados em um ambiente sem ar e guardados em vidros, que a seguir recebiam cinco camadas de cortiça por cima. Embora ele tivesse empregado embalagens de vidro, seu trabalho serviu de base para as indústrias de comida em lata.

FONDUE
Durante os rigorosos invernos suíços, os camponeses derretiam os restos de queijo e molhavam o pão duro na pasta que se formava para que amolecesse. Como o fogo era fraco, resolveram colocar uma aguardente da região para acelerar o derretimento. Em francês, *fondue* é uma palavra feminina e significa derretido.

GOULASH
Sopa húngara feita de carne bovina, cebolas e páprica, acompanhadas de batatas. As tribos nômades do século IX procuravam uma alimentação adequada ao seu modo de vida. Já comiam fatias de carne cozida em fogo brando com cebolas. Nos acampamentos, preparavam uma sopa cozinhando essa carne em água com rabanetes. Mais tarde, a páprica e as batatas foram acrescentadas ao prato.

MACARRÃO
A massa nasceu de uma espécie de trigo que era encontrada em abundância na região do mar Mediterrâneo. O explorador veneziano Marco Polo, que viveu entre 1254 e 1324, comeu na China uma massa sem farinha de trigo, mais parecida com o sagu. A experiência vivida na cidade de Fanfur, de origens mongólica e chinesa, é descrita no livro de viagens de Polo, *Il milione*. No século XVI, o editor Giambattista Ramusio inseriu na obra uma nota que ele mesmo escreveu: "Com aquele *impasto* se faziam lazanhas... que o dito Polo provou muitas vezes e, depois de secas, carregou consigo de volta a casa". Foi isso o que provocou a confusão. A palavra macarrão e o produto são sicilianos e têm raízes árabes-mouriscas. Na época, cerca de dois mil anos antes do nascimento de Marco Polo, a Sicília controlava a produção e o comércio do *Triticum durum*, do qual o macarrão é feito. O processo de fabricação da pasta aparece descrito pela primeira vez no tratado *A dissertação de um apaixonado pelas peregrinações através do mundo*, escrito por Abu Abdallah Muhammad ibn Idris, em 1154. Registros de 1353 mostram que o consumo de massas em forma de talharim e ravióli era grande. Já haviam, nessa época, referências ao molho e queijo parmesão sobre o prato. O espaguete era produzido em larga escala na cidade de Nápoles por volta de 1800.

MELÃO COM PRESUNTO
O primeiro manual sobre o cultivo do melão é datado de 200 a.C. A fruta era muito consumida pelos gregos e romanos. Em 1538, Jacques Pons, um professor de Lyon, na França, escreveu páginas e mais páginas a respeito do melão. O livro cita a mistura com o jambon, o presunto cru.

NHOQUE
O termo *gnocchi* surgiu em Veneza e o prato, ainda com o nome de *maccheroni*, já era consumido em Nápoles, no século XVI. Feito inicialmente com farinha de milho e água, o nhoque foi considerado a primeira massa caseira da Itália. A batata entraria na receita apenas no século XVIII, quando o comércio entre a Europa e a América se tornou mais forte.
Mais de uma versão explica a origem do nhoque da sorte, que deve ser comido no dia 29 de cada mês. Em uma pequena vila italiana, um viajante teria pedido abrigo a um casal de velhinhos num dia 29. Ele foi alimentado com nhoque e teria voltado dias depois dizendo que sua vida havia melhorado por causa do prato. Outra história sustenta que a tradição surgiu porque, na Itália, os salários eram pagos no dia 29. Assim, as pessoas colocavam o dinheiro em baixo do prato para não faltar comida durante o ano.

OMELETE
Os italianos reivindicam a paternidade da omelete, argumentando que os antigos romanos batiam ovos com mel e os coziam em travessas de argila. A mistura recebia o nome de *ova melita*, um prato doce até a Idade Média (476-1453 d.C). Os ingleses dizem que o médico Oswald Mellet é o inventor do prato. Seus pais queriam que ele fosse médico, mas em vez de um consultório abriu o restaurante Dr. O Mellet, especializado em alimentos à base de ovos.

🎯 **Inventor tem cada uma** 🎯

CAIXA DE OVOS PARA UM OVO
O desenhista industrial Domenico Bolini criou uma embalagem de ovos para apenas um ovo. O recipiente, feito de um plástico rígido moldado a vácuo, envolve todo o ovo. Domenico criou a opção de "ovo único" pensando nos solteiros que não precisam de meia dúzia ou uma dúzia de ovos.

OVO INTELIGENTE
A empresa britânica B&H Colour Change criou um ovo que avisa quando está cozido. Quando está cru, o carimbo termocrômico (que responde a determinadas temperaturas, mudando de cor) fica invisível. Quando o alimento atinge o ponto certo, o carimbo fica preto. O consumidor pode até escolher se quer o ovo mole, médio ou duro, dependendo da cor da tinta do carimbo.

POLENTA
É uma receita muito antiga. Cerca de 500 a.c., os gregos aprenderam a macerar grãos de trigo em água. Depois esses eram cozidos em potes de argila, resultando em uma pasta chamada *pultes*. Na Itália da Idade Média (476-1453 d.C.), esse preparado era misturado com favas moídas e aquecido com óleo e cebola. Outros faziam polenta com água, farinha de milho e trigo-sarraceno, e a enriqueciam com mais ingredientes. A polenta começou como um alimento de camponeses, ótima alternativa para o pão.

QUICHE LORRAINE
Surgiu em 1586, em Nancy, na França. O nome é uma adaptação do latim medieval *kuchen*, que significa bolo. O termo lorraine vem da cidade onde se tornou popular: Lorena. Era uma massa leve servida coberta com creme de ovos. Hoje em dia, a quiche é servida com recheio de presunto.

RISOTO
O arroz era um prato sagrado no Oriente e chegou à Europa no século IX. Os italianos, em especial, ficaram maravilhados com a novidade e criaram as

melhores receitas com arroz, os famosos risotos. O risoto à milanesa, com açafrão e vinho branco seco, nasceu em 1754, durante os preparativos para a festa de casamento de um artesão da Lombardia. O ajudante do cozinheiro deixou cair um pacotinho de açafrão em um panelão de arroz. Todos ficaram maravilhados com a tonalidade dourada – o açafrão era usado como corante na época – e com o bom sabor da mistura.

Inventores brasileiros

ESCORREDOR DE ARROZ

Em 1958, a cirurgiã-dentista Therezinha Beatriz Alves de Andrade Zorowich notou que vinha desperdiçando muito arroz durante a lavagem dos grãos. Estava cansada também de desentupir o ralo da pia. Com a ajuda do marido, Beatriz montou um protótipo em papel de alumínio e mostrou a invenção ao dono da Trol S/A. O invento foi apresentado na Feira de Utilidades Domésticas em maio de 1962. A patente foi registrada em 1959, mas concedida cinco anos depois. Sua vigência foi de vinte anos. Inicialmente, Beatriz recebia da Trol o valor de 2,5% das vendas, que mais tarde subiu a 7,5% e 10%. Depois disso, ela criou ainda outra série de objetos e utensílios, a maioria de uso doméstico.

SUSHI

Muito apreciado nos restaurantes japoneses, esse prato à base de diversas receitas de arroz, peixe e vegetais surgiu em Tóquio na segunda metade do século XVIII. O prato foi inspirado numa técnica chinesa de dois mil anos atrás. Para conservar peixes, usava-se um embrulho natural de arroz.

Inventores brasileiros

REMOVEDOR ELÉTRICO DE ESCAMAS DE PEIXE

De longe, parece uma furadeira. Mas a engenhoca inventada por Paulo Tarciso da Cunha, de Piuma (ES), serve mesmo para se livrar de forma mais rápida das escamas dos peixes.

124. COMIDAS E BEBIDAS

TOURNEDOS ROSSINI

O compositor Gioacchino Antonio Rossini (1792-1868), autor do clássico *O barbeiro de Sevilha*, foi jantar no hoje extinto Café Anglais, no *boulevard des Italiens*, em Paris. Pediu ao *chef* Marcel Magny um medalhão de filé coberto por uma fatia de *foie gras* e trufas laminadas. Contrariado com tão esdrúxulo pedido, Magny fez questão de escondê-lo dos outros fregueses. Pediu que o *maître* servisse de costas para a sala – *en tournand le dos*, em francês. Isso teria dado origem ao nome tournedos.

TEMPEROS E CONDIMENTOS

KETCHUP

Em 1690, cozinheiros chineses desenvolveram um molho picante de salmoura com peixe em conserva, mariscos e temperos. O novo molho – chamado *ketsiap* – se tornou popular e seu uso espalhou-se pela Malásia, onde foi denominado *kechop*. No início do século XVIII, marinheiros ingleses compraram o *kechop* e o levaram para a Inglaterra. Lá tentou-se imitar a receita chinesa, mas na falta de muitos dos ingredientes, utilizaram como substitutos cogumelos, nozes e pepinos, e deram-lhe o nome de *ketchup*. Mas ele só se tornou bastante popular quando o americano Henry J. Heinz teve a ideia de misturá-lo com molho de tomate e começou a produzi-lo, em 1876. Hoje em dia, o *ketchup* é feito de tomate, vinagre, xarope de milho, sal e outros flavorizantes naturais.

MAIONESE

Havia um condimento já bastante popular em Minorca, uma das ilhas Baleares, no mar Mediterrâneo, no começo do século XVIII. Depois da batalha no Porto de Mayon, o duque Richelieu voltou à França em 1756 com a receita do molho de creme de ovos. Ele batizou a mistura de "molho de Mayon" e pediu a seu chefe de cozinha que preparasse a receita para um banquete que comemoraria a vitória contra os ingleses. Como o chefe não encontrou o creme, substituiu-o por óleo vegetal. Bateu bem, acrescentou alguns temperos e estava pronta a *mayonnaise*. Passou a ser usado como um condimento de alta qualidade reservado para as melhores carnes. Mesmo quando a maionese chegou à América no começo do século XIX, era considerada uma delicada criação francesa e difícil de preparar. Uma novidade ajudou a transformar a fina receita em um popular molho para sanduíches: a chegada do liquidificador, que simplificou sua preparação.

 Inventores brasileiros

SALEIRO ANTIUMECTANTE
Hugo Bonaudi projetou um saleiro que tem aquecedor acoplado, acabando com o umedecimento do sal.

MOLHO INGLÊS
Surgiu quase que por acaso, numa farmácia da Broad Street, na cidade de Worcester, Inglaterra. Em 1835, Lord Sandys entregou a receita de um molho indiano a dois amigos. John W. Lea e Willians Perrins juntaram os ingredientes e o resultado final foi desastroso. O intragável molho foi guardado em um barril de madeira e jogado na adega. Após alguns anos reabriram o empoeirado recipiente e provaram o molho. O envelhecimento tornou o sabor agradável. Os dois começaram a comercializar o molho Worcestershire, que em Portugal passou a ser conhecido como molho inglês.

MOSTARDA
As sementes de mostarda já eram conhecidas pelos romanos no século IV a.C. Elas eram misturadas ao vinagre ou à borra de vinho para fazer *mustum ardeo* (de onde veio a palavra mostarda). Somente na Idade Média é que os grãos de mostarda foram para a mesa. Em 1720, uma senhora inglesa, conhecida como Clements, produziu a primeira mostarda em pasta. Vinha em potinhos de barro, cobertos com um pedaço de pergaminho cortado de documentos.

Grãos de mostarda

SOBREMESAS

CHEESECAKE

Os antigos romanos já preparam *cheesecakes* com leite de cabra, assados nos mesmos fornos onde se faziam pães. Na festa de coroação do rei Henrique IV, da Inglaterra, em 1399, a deliciosa torta foi um dos pratos mais apreciados.

GELATINA EM PÓ

Até o século XIX, a gelatina era considerada um alimento salgado, e não uma sobremesa doce. As geleias e gelatinas salgadas já eram usadas desde os tempos da Grécia antiga, para dar liga a outros alimentos, recobri-los e preservá-los.

A cola necessária para a gelatina – chamada colágeno – era extraída dos ossos de animais. Fazer gelatina era uma atividade que tomava um dia inteiro. Era preciso raspar os pelos da pata do animal, ferver durante horas com clara de ovo, para tirar a gordura e clarear o caldo, e filtrar cuidadosamente através de tecidos especiais. O resultado, um caldo transparente, era então secado em folhas finas, em formas retangulares ou circulares.

Em 1890, o americano Charles B. Knox estava observando o sofrimento de sua mulher para fazer geleia de mocotó. Deduziu que uma mistura pronta para gelatina, fácil de usar, era do que as donas de casa precisavam. Knox pôs-se então a desenvolver, fabricar e distribuir uma gelatina granulada, enquanto sua mulher inventava receitas para esse novo ingrediente culinário. No ano de 1893, inventou uma mistura de gelatina em pó, açúcar e sabores artificiais de frutas, batizada de Jell-O.

LEITE CONDENSADO

Durante uma viagem de navio, que ia de Londres a Nova York, o americano Gail Borden sentiu a falta de leite a bordo. Para levar leite em um navio, percebeu ele, a embarcação teria de transportar as próprias vacas, pois o leite estragava rapidamente, e as viagens eram longas demais. O leite era um produto difícil de conservar, e as tentativas lançadas no mercado tinham um sabor horrível – o leite acabava queimando e ficava escuro durante o processo de desidratação. De tanto pensar nessa história, em 1856, Borden patenteou o leite condensado. A grande diferença do processo é que o leite era fervido a altas temperaturas dentro de uma câmara de pressão. A pressão ajuda o leite a alcançar uma temperatura mais alta em menos tempo e sem queimar. Para melhorar o gosto e preservar o alimento, Borden adicionou açúcar. O produto caiu no gosto da população, e era até indicado por alguns médicos por ser mais "higiênico" que o leite fresco.

MANJAR BRANCO
Foi inventado no ano 1000, na região de Languedoc, no Sul da França. Era um prato principal, servido com peixe, galinha e vitela. Por volta de 1200 deixou de ser apenas uma iguaria e tornou-se uma sobremesa.

MIL-FOLHAS
No século XVII, o confeiteiro parisiense Jena Rouget colocou muita manteiga em uma massa de brioche. A massa ficou tão dura que não pôde ser aberta. A massaroca foi para o forno e depois de alguns minutos o resultado foi surpreendente: várias camadas crocantes e saborosas.

NOUGAT
O doce surgiu na Idade Média (476-1453 d.C), mais precisamente na região de Languedoc, no Sul da França. Três séculos mais tarde, em 1701, duques de Borgonha e de Berry, netos de Luís XIV, se empanturraram de nougat na festa de coroação de Filipe V da Espanha. A dor de barriga foi motivo de piada e acabou popularizando o doce. O seu nome vem do latim *nucatum*, de *nux*, ou noz.

PERA BELLE HÉLÈNE
Em 1864, a opereta La belle Hélène, do compositor francês Jacques Offenbach (1819-1880), era o principal sucesso do teatro de Paris. Para homenagear a peça, confeiteiros da cidade começaram a fazer diferentes pratos com o seu nome. Poucas receitas deram certo. Sobreviveu apenas a que leva uma pera cozida, sem a casca e sem os caroços, em calda de caramelo e baunilha, acompanhada com sorvete de creme.

PÊSSEGO MELBA

A bela cantora soprano Nellie Melba (1861-1931) foi a musa inspiradora desse doce. Em 1892, ela se apresentou em Londres e o *chef* Escoffier montou em sua homenagem uma sobremesa exótica: um cisne gigante de gelo, cheio de pêssegos caramelizados e sorvete de baunilha. Em 1900, o *chef* mudou a receita; tirou o cisne de gelo e pôs um creme de framboesa.

SAINT-HONORÉ

Um doceiro parisiense chamado Marcel Chibousi criou o prato em 1846 em homenagem ao padroeiro dos padeiros, o Santo Honório, cuja data se comemora em 16 de maio.

SUNDAE

O sorvete surgiu graças a uma lei publicada em 1890 na pequena cidade de Evanston, Illinois (Estados Unidos). É que as igrejas ficavam vazias nas quentes tardes de domingo enquanto as mesinhas das sorveterias estavam sempre cheias. A grande atração era um sorvete misturado com soda, um tipo de água gaseificada (*milk-shake*). O prefeito da cidade proibiu a venda da bebida aos domingos, forçando os comerciantes a usarem a imaginação: trocaram a soda pela calda de chocolate ou caramelo. O novo sorvete foi batizado de *sundae*, um trocadilho de *sunday* (domingo em inglês).

TARTE TATIN

A *tarte tatin*, uma deliciosa torta de maçã caramelizada, nasceu da distração das irmãs francesas Tartin, em 1898. Ao levar uma torta ao forno, elas a deixaram cair. A sobremesa ficou de ponta-cabeça, e assim mesmo foi assada.

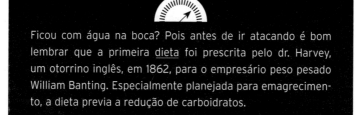

Ficou com água na boca? Pois antes de ir atacando é bom lembrar que a primeira dieta foi prescrita pelo dr. Harvey, um otorrino inglês, em 1862, para o empresário peso pesado William Banting. Especialmente planejada para emagrecimento, a dieta previa a redução de carboidratos.

GULOSEIMAS E PETISCOS

BATATA *CHIPS*
O nome original das batatinhas *chips* era "Saratoga *chips*", por causa do local onde se originaram – Saratoga Springs, uma elegante estância hidromineral do século XIX, no estado de Nova York. Existem duas versões sobre sua origem. Ambas ocorreram no Moon's Lake House Restaurant. De acordo com a primeira versão, certo dia a cozinheira assistente "Tia Katie" Weeks estava fritando roscas quando acidentalmente jogou uma casca de batata na frigideira, retirou-a e ficou estupefata ao ver o cozinheiro-chefe, George Crumb, comer indiferente o petisco e dizer a ela que estava delicioso. Na segunda versão, o motivo não teria sido um acidente, mas vingança. Um freguês chato demais mandou algumas batatas fritas à francesa de volta à cozinha, reclamando que não estavam crocantes o suficiente. Para se vingar, Crumb cortou as batatas finas como papel, passou-as em água fria para endurecê-las e fritou-as até ficarem quebradiças como galhos secos. Acontece que o freguês as devorou e pediu mais. Em poucos meses elas eram oferecidas como acompanhamento em todos os bares e mesas de Saratoga.

BATATA FRITA
No século XVII, na fronteira da Bélgica com a Alemanha, camponeses belgas costumavam fritar os peixes do rio Maas em banha animal. Em um inverno muito rigoroso, as águas se congelaram e os camponeses resolveram substituir os peixes por batatas. Para não perder o hábito, cortaram as batatas em forma de peixe e aprovaram a delícia. A novidade cruzou a fronteira da França, onde se tornou famosa.
O médico francês Antoine Augustin Parmentier (1737-1813), que fez carreira no exército e chegou a participar da Guerra dos Sete Anos, começou a estudar plantas que contêm amido, especialmente as batatas, em 1772. Ele escreveu o tratado *Vegetais que podem superar em tempo de digestão aqueles que são empregados geralmente na nutrição dos homens*. Alguns anos mais tarde, com o apoio do rei Luís XVI, ele lançou uma campanha para expandir a cultura de batatas. Foi ele quem popularizou as batatinhas fritas, ao servi-las num jantar de gala em homenagem ao americano Benjamin Franklin. Pelo que se conta, Franklin não apreciou a novidade.

BISCOITO

Os primeiros registros de preparo de biscoitos remetem à época dos faraós, no antigo Egito. Graças aos ciclos de enchentes e vazantes do rio Nilo, que fertilizavam suas margens, os egípcios puderam se dedicar ao cultivo do trigo. E um povo que baseava no trigo sua principal produção agrícola acabaria infalivelmente por descobrir o pão. Com a utilização do fogo e de fornos rústicos, os pães eram assados, tornando-se muito mais apetitosos. Daí até a elaboração de biscoitos, o caminho foi relativamente curto.

Inicialmente, o biscoito ocupava um lugar de destaque nos rituais egípcios. Moldado em formas animais e humanas, era oferecido às divindades em troca de chuvas, para que se assegurasse a fertilidade do solo.

Em pouco tempo, o hábito de produzir biscoitos estendeu-se a outras regiões do Mediterrâneo e do Oriente Médio. Assírios, babilônios e gregos foram alguns dos povos que, a exemplo dos egípcios, passaram a presentear seus deuses com biscoitos de trigo e mel. Com o transcorrer dos séculos, os franceses começaram a desenvolver novas técnicas para essa produção. Eles concluíram que, se assassem o biscoito duas vezes, a umidade seria reduzida, permitindo a conservação do produto por um tempo maior. Vem daí o nome *biscoito*, forma aportuguesada da palavra francesa *biscuit*, que significa "assado duas vezes".

CHANTILI

Em 1662, o suíço Fritz Karl Vatel (1635-1671) percebeu que o creme de leite da região de Chantilly, onde trabalhava, era bastante gorduroso e se espessava rapidamente ao ser batido com uma colher de madeira. Deliciado pela invenção, Vatel resolveu testar vários modos diferentes de produzir a maravilha, com a inclusão do açúcar e até mesmo de um toque de baunilha. Aos 36 anos, infeliz com o fracasso de um banquete em honra a Luís XIV, ele decidiu se suicidar com sua faca de cozinha.

CHICLE DE BOLA

O americano Walter Diemer trabalhava como contador em uma fábrica de chicletes, a Fleer Company. O presidente da companhia, Henry Fleer, estava enlouquecido havia 17 anos pela fórmula de uma goma de mascar que fizesse bola fácil, seca e que saísse da pele depois de estourar. Diemer, que também tinha noções de química, começou a trabalhar nesse projeto em sua casa, depois do expediente. Até que, em 1928, ele descobriu a fórmula do chicle de bola. A Fleer se apoderou da invenção e lançou o "Dubble Bubble". A empresa tornou-se líder de mercado, mas Diemer não ganhou um único centavo pela descoberta. Foi ele também quem inventou a cor rosa para os chicletes. O primeiro lote era incolor. No segundo, sem outra opção, ele usou um corante rosa e a cor pegou. Diemer morreu em 1998, aos 93 anos. Detalhe curioso: ele não gostava de mascar chicletes e não suportava que alguém viesse conversar com ele com uma goma na boca.

1928   1937   1952   1973   1987

Publicidade de Natal de 1953

Publicidade de Páscoa de 1953

Publicidade de Halloween de 1953

CHOCOLATE

Quando aportou no México, em 1519, o conquistador espanhol Hernán Cortés teve uma grande surpresa. Em vez de ser recebido por soldados astecas, prontos a defender seu território, ele foi coberto de presentes, oferecidos pelo imperador Montezuma. Para os nativos, Cortés era ninguém menos que Quetzacóatl, o deus dourado do ar que, segundo a lenda, partira anos antes, prometendo voltar algum dia. De acordo com a crença, Quetzacóatl havia plantado cacaueiros como uma dádiva aos imperadores. Com a semente extraída da planta, acrescida de mel e baunilha, os astecas confeccionavam uma bebida considerada sagrada, o *tchocolalt*. Para o povo asteca, o ouro e a prata valiam menos que as sementes de cacau – a moeda da época. Dez sementes compravam um coelho; cem, uma escrava.

De volta à Espanha, em 1528, Cortés levou consigo algumas mudas de cacaueiro, que resolveu plantar pelo caminho. Primeiro no Caribe — no Haiti e em Trinidad — e, depois, na África. Chegando à Europa, ofereceu a Carlos V um pouco da bebida sagrada asteca, o bastante para que o rei da Espanha ficasse extasiado. Não tardou que o *tchocolalt* se tornasse apreciado por toda a corte. Graças às plantações iniciadas por Cortés, seu país pôde manter o monopólio do produto por mais de um século. A receita, aprimorada com outros ingredientes (açúcar, vinho e amêndoas), era guardada em segredo pelos zelosos espanhóis. Apenas mosteiros previamente escolhidos eram autorizados a produzir o *tchocolalt*, já com o nome espanhol *chocolate*. Pouco a pouco, porém, os monges passaram a distribuí-lo entre os fiéis.

O chocolate era uma pasta espessa e de gosto amargo, apesar do açúcar que os espanhóis lhe haviam adicionado. Foi justamente para amenizar a inconveniência da massa granulada, difícil de digerir, que o químico holandês Conraad Johannes van Houten começou a se interessar por um novo método de moagem das sementes. Em 1828, van Houten inventou uma prensa capaz de eliminar boa parte da gordura do vegetal. Como resultado, obteve o <u>chocolate em pó</u>, solúvel em água ou leite e, consequentemente, mais suave e agradável ao paladar.

Mas isso não era tudo. Faltava saber o que fazer com a gordura sólida que sobrava da prensagem. A resposta seria dada em 1847, pela firma inglesa Fry & Sons. Os técnicos da indústria adicionaram pasta de cacau e açúcar à massa gordurosa e confeccionaram a primeira <u>barra de chocolate</u> do mundo — tão amarga, porém, quanto a bebida que lhe deu origem. Tempos depois, o suíço Henri Nestlé (1814-1890) contribuiu para que o doce começasse a parecer com os tabletes de hoje. De uma de suas experiências resultou um método de condensação do leite, processo até então desconhecido, que seria utilizado em seguida por outro suíço, Daniel Peter (1836-1919). Fabricante de velas de sebo, Peter passou a se interessar pela produção de chocolates quando percebeu que o uso do petróleo para iluminação estava, aos poucos, minando sua fonte de renda. Por sorte, ele morava no mesmo quarteirão de Nestlé e, ao ficar sabendo de sua descoberta, ocorreu-lhe misturar o leite condensado para fazer a primeira barra de <u>chocolate ao leite</u>.

COOKIES

O jovem casal Ruth e Kenneth Wakefield tinha um pequeno restaurante na região de Boston, nos Estados Unidos, chamado Toll House Inn. Em 1930, Ruth experimentou uma nova receita de bolo. Colocou pedacinhos de chocolate meio amargo na sua massa. Para sua surpresa, os chocolatinhos não derreteram. Os clientes gostaram dos cookies de tal maneira que os representantes da Nestlé foram visitá-los para entender a razão do aumento repentino das vendas de seu chocolate meio amargo naquele local.

ESFIHA

Tribos nômades que viajavam pelo Oriente Médio carregavam alimentos pouco perecíveis e pão, muito pão. Nas paradas, recheavam esses pães com o que encontravam pelo caminho. No século VII, o alimento começou a se difundir. Chegou ao Brasil no século XIX, trazido por imigrantes libaneses. A palavra esfiha vem do árabe *isfiha,* que tem a mesma raiz dos verbos estender, aplanar e tornar lâmina.

PASTEL

Os delicados rolinhos chineses de primavera, embrulhados em massa de arroz, foram os precursores dos nossos pastéis. Os jesuítas que acompanharam os navegadores portugueses ao Oriente, no início do milênio, trouxeram secretamente a receita. Nas caravelas de regresso, porém, eles mudaram os ingredientes e transformaram o acepipe em doce, feito com massa de ovos e recheio de amêndoas. Até hoje, em Portugal, pastelaria significa doceira. As monjas portuguesas é que deram o formato de meia-lua aos pastéis.

PIPOCA

A origem exata é desconhecida. O que se sabe é que, muito antes de Colombo descobrir a América, os índios do Norte do continente já comiam pipoca. Eles começaram a fazê-la com a espiga inteira colocada em um espeto e levada ao fogo. Depois, passaram a jogar os grãos soltos diretamente em fogo baixo. Havia um terceiro método, mais sofisticado, que consistia em cozinhar a pipoca numa panela de barro cheia de areia quente. O resultado é sempre o mesmo: os grãos de milho explodem. Isso acontece porque o grão contém água em seu interior. A explosão da pipoca nada mais é que a expansão do vapor de água dentro do grão.

MÁQUINA DE FAZER PIPOCA

No ano de 1877, Nicola Oliva deixou a Itália para montar uma fábrica de massas na Argentina. As más acomodações do navio o fizeram desembarcar no primeiro porto e só depois perguntar onde estava. Estava no porto de Santos, no Brasil. Abriu a fábrica de massas em Bagé, no interior do Rio Grande do Sul. Transferiu-se para Pelotas e depois Porto Alegre. Em 1920, Nicola chegou a Niterói (RJ) e vendeu, pela primeira vez no Brasil, massas em pacote.

Em um domingo chuvoso, passou o dia na oficina e apresentou seu novo invento: uma máquina de fazer pipoca, movida e aquecida a gasolina. O milho caía automaticamente na panela e estourava. Uma tela separava os milhos que falharam, enquanto os bons iam para um rolo besuntado de manteiga. Depois Nicola apresentou uma vitrine em que as pipocas pulavam sopradas por uma ventoinha. A ideia ficou esquecida por quase dois anos, até que um dos vendedores resolveu experimentá-la numa praça de Juiz de Fora (MG). O sucesso foi tão grande que Nicola correu para patentear seu invento. Ele vendeu a fábrica de massas e, em pouco tempo, tornou-se "o milionário rei da pipoca". Até morrer em 1932, aos 75 anos, Nicola ainda patenteou outros 15 inventos, como o forno elétrico para padarias, máquina de sorvete e máquina de refresco.

❂ Os carrinhos de pipoqueiro apareceram em 1890 nos Estados Unidos. Ficavam pelas esquinas e também nos locais onde ocorriam jogos de beisebol. Pipocas só começaram a ser vendidas nos cinemas na década de 1920.

PIZZA

A história da pizza começou há seis mil anos com os egípcios. Acredita-se que eles foram os primeiros a misturar farinha com água. Outros afirmam que os pioneiros são os gregos, que faziam massas à base de farinha de trigo, arroz ou grão-de-bico, e as assavam em tijolos quentes. A novidade foi parar na península da Etrúria, na Itália. Era um alimento de pobres do Sul da Itália. Mas foram os napolitanos que começaram a acrescentar molho de tomate e orégano à massa, que era dobrada ao meio e devorada como se fosse um sanduíche.

Quem tinha um pouco mais de dinheiro colocava queijo, pedaços de linguiça ou ovos por cima. A partir do século XVI, a novidade passou a ser apreciada na corte de Nápoles e logo se espalhou pelo mundo.

Pizzas podem ter uma centena de coberturas. A primeira pizza redonda criada por Raffaele Sposito, em 1889, para ser servida à rainha Margherita, da Itália, foi enfeitada com as cores da bandeira italiana: queijo (branco), manjericão (verde) e tomate (vermelho).

🇧🇷 Inventores brasileiros 🇧🇷

CHEGA DE PIZZA FRIA

O estudante de direito Michel Singer, 24, sempre se achou um Professor Pardal. Ele já tem dez criações patenteadas, como um quebra-vento removível para carros e uma espátula para bolo que não deixa o pedaço cair. Um dia, enquanto ele e o amigo Henrique discutiam suas invenções, pediram uma pizza, que chegou fria. Em vez de passar um grande sermão no dono da pizzaria, Michel criou mais uma: ele conectou um cano de cobre ao escapamento de uma moto e ao interior do baú. "Testei e vi que os baús dos motoboys ficam quentinhos", diz Singer. Chamado de "<u>kentur</u>", o protótipo está em fase de desenvolvimento e deve ser produzido por uma empresa do Rio de Janeiro ao preço de 400 reais.

SORVETE

Para se refrescar do calor, os persas tomavam um suco de frutas bem doce e gelado. Os egípcios também fabricavam seus sorvetes havia 4 mil anos, enquanto os árabes misturavam suco de frutas com gelo. Na China, o leite era uma mercadoria cara. Por isso, a sobremesa predileta da nobreza, uma pasta, feita de leite e arroz, que era colocada na neve para solidificar. O principal problema era armazenar neve para o verão em rudimentares câmaras frigoríficas subterrâneas, com grossas paredes de pedra. Na Idade Média, quando os chineses já faziam sorvetes, adicionando a neve ao leite, Marco Polo (1254--1324), o explorador veneziano, levou o sorvete para a Itália. Daí, os famosos sucos de frutas congelados alcançaram a França, e logo depois o resto do mundo. No século XVI, o italiano Bernardo Buontalenti inventou o sorvete à base de leite, mais macio e nutritivo. Na primeira metade do século seguinte, outro italiano, Procópio Coltelli, criou a máquina de fazer sorvete.

CASQUINHA DE SORVETE
Em 1896, o imigrante italiano Italo Marchiony patenteou um molde de massa que fazia "pequenos copos redondos de massa com laterais inclinadas". Mas a casquinha de sorvete ficou conhecida mesmo depois da Feira Mundial de Saint Louis, em 1904. Havia mais de cinquenta sorveteiros trabalhando. O imigrante sírio Ernest Hamwi era vendedor de zalabia, um *waffle* açucarado à moda persa. Ele começou a enrolar os *waffles* em formato de cone para atender um vendedor de sorvetes, na barraca vizinha, que tinha ficado sem recipientes.

PARA DIAS ESPECIAIS

COMIDA ENLATADA
O confeiteiro francês Nicolas Appert é considerado o pai da comida enlatada. Sua técnica, que consistia em fechar alimentos em recipientes de vidro e cozinhá-los em seguida, rendeu-lhe um prêmio do governo francês. Com o dinheiro, Appert fundou, em 1812, a primeira casa do mundo a produzir comida em conserva. A ideia de Nicolas Appert seria aperfeiçoada pelo inglês Bryan Donkin. A versão inglesa do negócio surgiu no mesmo ano, em Londres. Para abrir as latas, eram necessários um martelo e uma talhadeira. Seis anos mais tarde, Donkin criava as latas de ferro revestidas de estanho.

MARZIPÃ
A origem da massa de amêndoas trituradas com açúcar tem muitas versões. Os italianos sustentam que o doce surgiu na Sicília, no século XIII. A região tem tradição em fabricar imitações de frutas e verduras a partir da massa doce. Para eles, a palavra *marzapane* vem do árabe *mouthãban*, que designava, entre outras coisas, o recipiente em que o doce era guardado. O termo também pode ter surgido do árabe *mansaban*, que significa doce. Segundo

os espanhóis, o *manzapán* foi inventado há quinhentos anos por monges de Toledo. Durante um rigoroso inverno, os religiosos teriam juntado amêndoas e misturado-as com açúcar. Ao doce deram o nome de *maza y pan*. Os alemães têm uma versão parecida com a espanhola, mas a criação é atribuída aos religiosos de Lubeck. Outra versão sustenta que freiras da Ordem das Ursulinas faziam marzipã no vilarejo de Issoudum, na França do século XVIII. A receita sobreviveu à destruição do mosteiro, durante a Revolução Francesa (1789), e foi parar no Vaticano.

PANETONE

Existem três versões conhecidas, todas passadas em Milão, na Itália. A primeira é de que o produto nasceu no ano 900, bolado por um padeiro chamado Tone. Por isso, o produto teria ficado conhecido como "pane-di-Tone". A segunda diz que o mestre-cuca Gian Galeazzo Visconti, primeiro duque de Milão, preparou o produto para os festejos de entrega das insígnias ducais, em 5 de setembro de 1395. A última versão conta que um certo Ughetto resolveu se empregar em uma padaria para poder ver com mais frequência a sua amada, Adalgisa, filha do dono. Ali ele teria inventado o panetone, que fez a riqueza de seu sogro. Sogro, sim. Feliz com a novidade, ele deu a mão de Adalgisa a Ughetto. Isso aconteceu entre 1300 e 1400.

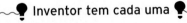

VELINHA SEM MICRÓBIOS

Uma pesquisa da Organização Mundial de Saúde descobriu que milhares de micróbios são lançados sobre o bolo de aniversário toda vez que um aniversariante sopra a vela. Diante de tanta nojeira, o engenheiro Félix Entudía criou o E-Blow. Trata-se de um kit de velas eletrônicas que se apagam quando uma pessoa assopra o controle remoto sensível ao vento.

HORA DO LANCHE

ÁGUA MINERAL COM GÁS
A água mineral com gás foi inventada pelo inglês William Browning em 1741. Ele teve a ideia de colocar ácido carbônico na água e engarrafá-la imediatamente. Assim, as bolhinhas só se soltariam ao abrir a garrafa.

FILTRO DE ÁGUA
O filtro de água em cerâmica é um produto tipicamente brasileiro. Ele foi desenvolvido pela Cerâmica Lamparelli, que funcionou na cidade de Jaboticabal (SP) entre 1920 e 1947. O fundador da empresa, o imigrante italiano Victor Lamparelli, bolou um novo processo para filtrar a água, criando velas filtrantes cilíndricas, acopladas ao recipiente de cerâmica. A cerâmica mantinha a água filtrada sempre fresca. O filtro de Lamparelli, criado entre 1926 e 1928, foi batizado de "São João" e esse nome virou quase um sinônimo para esse tipo de filtro.

BAURU
O sanduíche surgiu em São Paulo, durante as eleições para o Centro Acadêmico XI de Agosto, em novembro de 1936. O autor da invenção foi Casimiro Pinto Neto, apelidado de Bauru, nome da cidade em que nasceu.
Os alunos da Faculdade de Direito do Largo São Francisco se reuniam na lanchonete Ponto Chic, e Bauru estava entre eles. Um dia, Casimiro pediu para o sanduicheiro pegar um pão francês sem miolo, colocar queijo derretido, rosbife e tomate. Os colegas gostaram e pediram o "sanduíche do Bauru". A moda pegou na capital paulista, mas só chegaria a Bauru em 1971. Com o tempo, o queijo passou a ter uma mistura especial de gruyère e estepe derretidos. Casimiro morreu em 1983.

CAFÉ SOLÚVEL

O lançamento do café instantâneo foi um fiasco na Pan America Exposition, em 1901, em Nova York. O produto, criado pelo químico japonês Satori Kato, só deslanchou durante a Segunda Guerra Mundial, quando os soldados precisavam de uma alternativa rápida e prática para se alimentar. O primeiro café solúvel foi o Nescafé, da Nestlé.

Inventores brasileiros

CAFEZINHO DE BOLSO
Uma xícara, um coador, sachê de açúcar, colherinha para mexer, uma lixeira e uma dose com 6 gramas de café torrado e moído. Tudo isso – descartável – cabe num bolso e pode substituir aquele café morno da garrafa térmica. Os autores desse kit são Adílson Sanches e Luiz Fabichak que, desde 1995, fabricam o Drip Coffee. Para prepará-lo, só falta mesmo a água quente.

CHÁ

Por volta de 2500 a.C., os chineses já produziam bebidas feitas de folhas secas da *Camellia sinensis*, nome científico da planta que deu origem ao chá. É o que diz o clássico livro de Lu Yo, em 780, que registra o início da cultura, do plantio, da colheita e do preparo das folhas. Contam os chineses que o chá foi descoberto acidentalmente, quando o vento derrubou algumas folhas de camélia na água que o imperador Shen Nung havia mandado ferver. Aprovada, a bebida passou a frequentar os banquetes imperiais.

SAQUINHO DE CHÁ

Em 1904, Thomas Sullivan, um importador de chá e café de Nova York, seguia a tradição de enviar pequenas amostras de chá a seus clientes para que estes pudessem selecionar a variedade que queriam encomendar. Mas as latas utilizadas para embalar as amostras estavam ficando cada vez mais caras, e Sullivan pôs-se a pensar num recipiente menor e mais barato – que mantivesse o chá fresco sem que o fizesse parecer sovina. Sullivan teve uma brilhante ideia: ele enviaria as amostras de chá em pequenos saquinhos de seda chinesa costurados à mão. Os saquinhos eram muito mais baratos do que as latas, e ele acreditava que, ainda assim, seus clientes ficariam impressionados.

Sullivan enviou os saquinhos de seda com amostras e ficou à espera das encomendas. Acabou recebendo pedidos e mais pedidos de chá, mas seus clientes também queriam seu chá empacotado e entregue nos pequenos sacos de seda. Aparentemente muitas pessoas pensaram que os saquinhos eram uma nova técnica de preparo de chá, em vez de um substituto para as latas. O saquinho de chá de gaze de papel, mais moderno, foi inventado (desta vez, de propósito) por Joseph Krieger, em 1920.

CROISSANT

Em 1869, os turcos otomanos se preparavam para invadir Viena, na Áustria. Planejavam atingir o centro da cidade à noite, cavando galerias subterrâneas. Os padeiros vienenses, que começavam seu trabalho na madrugada, deram o alarme. O exército local conseguiu evitar a invasão. Aí o imperador da Áustria pediu que os padeiros fizessem um pão que tornasse o fato inesquecível. Assim nasceu o *croissant*, representando a lua crescente do estandarte otomano.

HAMBÚRGUER

Quem pensou que o hambúrguer foi criado pelos americanos está redondamente (como um hambúrguer) errado. Os americanos só conheceram a novidade em 1904, durante a Feira Mundial de Saint-Louis. Os hambúrgueres chegaram pelas mãos de imigrantes alemães embarcados no porto de Hamburgo – razão pela qual seu primeiro nome na América foi *hamburguer style steak* (bife ao estilo hamburguês).

Mas sua origem é bastante antiga. Durante os séculos XII e XIII, a Europa viveu as chamadas invasões dos povos mongóis. Entre eles, havia os tártaros, tribos nômades guerreiras que habitavam as estepes russas. Os tártaros introduziram a técnica de moer a carne dura e de má qualidade para que ela ficasse mais fácil de mastigar. Conta a história que os cavaleiros tártaros costumavam levar a carne crua embaixo da sela dos cavalos quando galopavam em suas incursões guerreiras (por isso é que o prato clássico com carne crua é chamado de *steak tartar*).

No final do século XVII, tribos nômades da Ásia Ocidental desenvolveram a técnica de temperar aquela maçaroca de carne, a fim de evitar seu apodrecimento. A iguaria fez sucesso, pois dispensava o manuseio de fogo nos acampamentos. Marinheiros alemães que faziam a rota do mar Báltico conheceram a receita. Como não gostavam de carne crua, levaram a ideia para casa, mas passaram a cozinhar a carne. Não demorou e o tal hambúrguer virou um prato típico da culinária alemã.

Os americanos transformaram o hambúrguer em iguaria ao colocá-lo entre duas fatias de pão.

Foi somente em 1921 que surgiu a primeira cadeia de lanchonetes americana, chamada White Castle. Vendia-se nelas um hambúrguer cozido no vapor e cheio de cebola: o prato talvez não fosse especialmente apetitoso, mas seu preço com certeza era – cinco centavos de dólar. As lanchonetes começaram a chegar ao Brasil em 1952, quando o tenista americano Robert Falkemburg fundou o primeiro Bob's em Copacabana, no Rio de Janeiro.

ICE TEA

Em 1904, o inglês Richard Blychenden alugou um estande em uma feira da Louisiana. Ele queria promover uma mistura de chá indiano que sua companhia exportava para os Estados Unidos. O estande foi montado como uma casa de chá oriental, com nativos do Ceilão (atual Sri Lanka) vestidos com roupas tradicionais de cores brilhantes e servindo chá preparado na hora. Infelizmente, para Blychenden, o tempo estava muito quente e úmido. Por isso, sua casa de chá não teve clientes. Mas os estandes vizinhos, que serviam bebidas geladas, receberam filas de pessoas pingando de suor, loucas por uma bebida refrescante.

Blychenden não desistia tão facilmente. Embora ninguém houvesse jamais pensado em tomar chá de outra maneira que não fosse quente, ele decidiu servi-lo gelado. Pegou um caixote cheio de gelo e vários copos altos. Encheu um copo com lascas de gelo e colocou sobre elas o chá. Um cartaz feito às pressas anunciava a nova bebida: "Ice Tea". Uma fila de pessoas logo se transformou numa multidão ao redor do estande de Blychenden para experimentar a nova bebida gelada.

ADOÇANTE

A sacarina, primeiro adoçante não calórico, foi descoberta em 1879 pelo químico americano Constantine Fahlberg, que trabalhava sob a supervisão do professor Ira Remsen, da Universidade John Hopkins, em Baltimore, Estados Unidos. Eles pesquisavam as propriedades de um composto que haviam sintetizado. Fahlberg encostou o dedo no lábio e sentiu um gosto muito doce. Chamaram a substância de sacarina, palavra do latim que significa "açúcar". A sacarina é quatrocentas vezes mais doce que o açúcar. Ela começou a ser comercializada no ano 1900.

Em 1937, na Universidade de Illinois, também nos Estados Unidos, o químico Michael Sveda foi o responsável pela descoberta do ciclamato. Para obtê-lo, processa-se o resíduo da destilação do carvão mineral ou do petróleo. Os ciclamatos são fabricados sob a forma de sal de sódio ou de cálcio. Eles não são tão doces quanto a sacarina, mas têm a vantagem de não deixar um gosto amargo na boca. Só que em 1970 os ciclamatos foram proibidos, pois havia a suspeita de que poderiam provocar câncer. Acabaram liberados vinte anos depois.

O aspartame foi descoberto em 1965 pelo químico James Schalatter, do laboratório americano Searle, que buscava um novo remédio para tratamento de úlceras. Ele é obtido da síntese de dois aminoácidos (fenilalanina e ácido aspártico) derivados do leite e da carne. Adoça duzentas vezes mais que o açúcar.

IOGURTE

Apareceu na Ásia Menor por volta de 4000 a.C. Uma lenda diz que um viajante nômade atravessava o deserto carregando um pouco de leite em uma sacola feita de pele de cabra. Horas mais tarde, ele constatou que o líquido havia se transformado num creme grosso, com um leve gosto ácido. Alguns estudiosos arriscam dizer que o leite pode ter sido fermentado pela ação de microrganismos contidos no couro da cabra. Em 1542, chegou à Europa o primeiro iogurte, oferecido ao imperador François, da França, por Salomão, o Magnífico, para curar uma persistente infecção intestinal. Depois de vários tratamentos que não surtiram o efeito desejado, François passou a utilizar a iguaria, que o curou. O produto foi então chamado por ele de "leite da vida eterna". A partir de então, os europeus se habituaram a associar a longevidade de certas populações da Ásia Ocidental, da Europa do Leste e do Oriente Médio ao generoso consumo de leite fermentado com duas bactérias específicas *Lactobacillus bulgaricus* e *Streptococcus thermophilus*, capazes de transformar o açúcar do leite (lactose) em ácido láctico.

O iogurte tinha fama de fazer milagres contra distúrbios digestivos, intestinais e dermatológicos. Até a Segunda Guerra Mundial, no entanto, não passava de curiosidade para grande parte dos norte-americanos, europeus ocidentais e brasileiros, pois se tratava de uma iguaria de sabor muito azedo. Na década de 1940 surgiu o primeiro iogurte ocidentalizado. A ideia foi adicionar geleia de morango ao produto natural.

LEITE EM PÓ

Ao pensar numa maneira de facilitar o transporte e o armazenamento de leite, o americano Gail Borden (1801-1874), inventor do leite condensado (ver p. 127) teve a ideia de desidratá-lo. Quando sua descoberta foi patenteada, em 1856, a invenção não despertou interesse. Até que veio a Guerra Civil americana e Borden ficou rico.

PASTEURIZAÇÃO

O leite fresco azedava tão depressa que era quase impossível bebê-lo se não viesse de algum local próximo. Em 1862, o químico francês Louis Pasteur (1822-1895) inventou um processo para liquidar as bactérias do leite. Ele é aquecido à temperatura de 70 ºC, por tempo relativamente prolongado, e, em seguida, submetido a um resfriamento súbito, o que provoca a morte dos germes patogênicos. Além de manter o produto fresco por mais tempo, a pasteurização passou a evitar que o leite transportasse bactérias e provocasse doenças, como a tuberculose e a brucelose.
Em 1881, Pasteur descobriu também a vacina antirrábica.

MANTEIGA

Nem a Mesopotâmia, tampouco o Egito, a Grécia e Roma saborearam a manteiga. Tudo leva a crer que nenhuma civilização antiga do Mediterrâneo e do Oriente Médio a conheceu, embora haja muitas referências a ela no Antigo Testamento. A manteiga de Abraão parece não passar de uma tradução equivocada. Não se tem nem certeza se os judeus conheceram o queijo. Acredita-se que a primeira manteiga foi fabricada na Europa por tribos germânicas e nórdicas.

MARGARINA

Em 1869, tentando driblar a difícil situação econômica e a crise no abastecimento de alimentos que a França atravessava, o imperador Napoleão III (1808-1873) instituiu um concurso para encontrar um substituto da manteiga. O vencedor foi o químico Hippolyte Mergé-Mouriès. Sua invenção consistia numa mistura à base de gordura de boi, bem diferente da composição das atuais margarinas, que têm cerca de 80% de gordura vegetal refinada. Como a iguaria de Mouriès era de cor branca-perolada, recebeu o nome de margarina, do grego *margarités*, que quer dizer pérola. Os responsáveis pela difusão do produto na Europa foram duas famílias holandesas que, em 1871, criaram em Oss, uma província ao Sul da Holanda, a primeira fábrica para industrializar a margarina.

MILK-SHAKE

O *milk-shake* surgiu a partir do *ice-cream* soda, criado no estado americano da Filadélfia, em 1874 por Fred Sanders. A versão do primeiro *milk-shake*, de 1889, era um misto de sorvete, leite e diferentes caldas. Em 1937, o norte-americano Ray Kroc inventou o *milk-shake* moderno, com a ajuda do multimixer, um liquidificador especial (leia também a história do McDonald's na p. 392).

PÃO

Os primeiros pães surgiram há cerca de 12 mil anos na Pérsia. Eles eram uma mistura de vários tipos de grãos moídos e água, cozidos sobre pedras quentes. Eram secos e duros, mas muito nutritivos. Nas mãos dos egípcios, no novo Império (1567 a 1085 a.C.), a panificação teve seu grande impulso. Havia mais de quarenta variedades de pães. Eles criaram o processo de fermentação, que deixou o pão mais macio e saboroso. Os egípcios perceberam que a massa, umedecida, depois de certo tempo liberava alguns gases, tornando o pão mais poroso. Aos poucos, o pão chegou ao Império Romano.

BAGEL

É um pão de origem judaica — passa por cozimento antes de ser assado — que faz muito sucesso nos Estados Unidos e recentemente chegou ao Brasil. O bagel foi inventado em 1683, em Viena, capital da Áustria, por um padeiro judeu, em agradecimento ao rei da Polônia, Jacek Sobieski III (1673-1696). Foi uma homenagem à vitória sobre os invasores turcos de Kara-Mustapha, que cercavam Viena. O padeiro criou um pão na forma de estribo ou anel (*bugel*, em alemão), pois o soberano adorava cavalgar. O bagel logo ganhou popularidade na Polônia. Inicialmente era oferecido às mulheres que davam à luz. Depois, aos seus bebês, quando entravam na fase de dentição. A popularidade do bagel chegou à Rússia com o nome de *bubliki*. A moda aportou nos Estados Unidos na virada do século, com os imigrantes judeus da Europa Oriental.

PÃO DE QUEIJO

A iguaria foi criada em Minas Gerais no século XVIII para ser servida nas mesas dos senhores, ao lado dos biscoitos de polvilho. A tradicional receita leva leite, ovos, queijo de minas curado e ralado, e polvilho, a parte nobre da mandioca.

PÃO FRANCÊS

No final do século XIX, o café da manhã do brasileiro era acompanhado por um pão com casca e miolo escuros. A partir do início do século XX, os viajantes regressos de Paris traziam na mala a receita de um pãozinho fino, de casca e miolo claro, precursor da baguete, até hoje muito popular entre os franceses. A essa novidade foram acrescentados gordura e açúcar na massa. Surgia o brasileiríssimo pão francês.

 Inventores brasileiros

PEGADOR DE ALIMENTO FATIADO
José Kroc teve o estalo assistindo à televisão. Criou uma garra que impede o contato das mãos com o alimento fatiado.

 Inventor tem cada uma

PERFUME DE GORGONZOLA
Até bem pouco tempo, dizer que alguém cheirava a queijo era uma ofensa. Até que a fabricante de queijos Stilton, da Inglaterra, lançou um perfume com aroma de gorgonzola.

QUEIJO

Já havia queijo na Mesopotâmia (atual Iraque) por volta de 6000 a.C. Os povos nômades da região armazenavam o leite, durante seus deslocamentos, em bolsas feitas de bucho (estômago) de mamíferos. Esses recipientes contêm resíduos de uma enzima chamada "renina", que serve para coagular o leite no processo de digestão das crias ainda não desmamadas. Até hoje, mesmo nas grandes indústrias, utiliza-se o coalho feito de renina. Dez litros de leite, em média, dão um quilo do produto.

O gorgonzola originou-se no vale do Pó, Norte da Itália, por volta do ano 880. Queijo bastante popular, a <u>mussarela</u> também surgiu na Itália em 1500.

REQUEIJÃO

Em 1920, Lindolfo Pio da Silva Dias fundou a Leiteria de Caldas em sociedade com outros fazendeiros do sul de Minas Gerais. Passou a pasteurizar leite e a produzir oito tipos de queijo fino. Em 1942, com o declínio do interesse dos cooperados, fundou com alguns sócios a Laticínios Poços de Caldas (LPC). A partir de 1944, a pedido do pai, Moacir de Carvalho Dias começou a trabalhar na empresa e, depois de uma pesquisa, descobriu uma oportunidade de negócio, o requeijão. O novo produto, resultante de uma mistura equilibrada de coalhada seca e creme de leite fundidos a altas temperaturas, começou a ser fabricado no final de 1950. Devido à capacidade limitada de produção (duas mil unidades por mês), o requeijão passou algum tempo sendo comercializado somente na região de Poços de Caldas.

SALSICHA

Popular no mundo inteiro, a salsicha ainda gera muita polêmica quando o assunto é a sua origem. Tradicionalmente, diz-se que a invenção aconteceu em 1484, na cidade de Frankfurt, na Alemanha. Tanto que, em 1987, a cidade promoveu um evento em comemoração aos quinhentos anos da iguaria. No entanto, algumas histórias contam que o verdadeiro criador do produto foi o açougueiro alemão Johann Georghehner, da cidade de Coburg. No final do século XVII, ele teria viajado a Frankfurt para divulgar sua novidade. Já os moradores de Viena (*Wien* em alemão), na Áustria, chamam a atenção para o termo *wiener* (que significa salsicha), que indicaria que a invenção do prato seria deles.

SANDUÍCHE

Tudo começou em uma mesa de bridge, na Inglaterra, no ano de 1762. Lorde John Eduard Montague (1718-1792), o conde de Sandwich, gostava tanto de jogar que não parava nem para comer. Refeições com garfo e faca poderiam tirá-lo de sua concentração. Por isso, pedia que sua comida, geralmente salame, presunto e queijo, fosse servida entre dois pedaços de pão. Dessa forma, Montague poderia comer com uma das mãos e continuaria jogando com a outra.
Existem referências de que os antigos romanos teriam um prato chamado *offula*, que seria uma espécie de sanduíche servido entre as refeições.

TORRADA

A torrada como a conhecemos hoje teria sido inventada pelo padeiro Charles Heudebert, em 1903. Engenhoso, o senhor Heudebert se recusava a deixar o pão endurecer caso não tivesse sido vendido. Ele resolveu então cortá-lo em fatias e grelhá-lo. A receita lhe pareceu boa, do ponto de vista comercial, e de fato era. Não demorou muito tempo para que nascesse a indústria da torrada. Mas a torrada familiar existia, naturalmente, havia muito tempo: a palavra, aliás, já tinha cem anos. O hábito de torrar o pão vem do Egito, por volta de 2600 a.C. Por mais de mil anos, as pessoas seguiram a moda egípcia: suspendendo-o acima do fogo. A primeira torradeira manufaturada surgiu nos Estados Unidos, em 1910.

TORTA

Na Grécia antiga, durante séculos, se comeu uma torta de carne ou de peixe, a *artocrea*. Ela não era fechada. No século II a.C., Cato, o velho, escreveu um tratado sobre a agricultura romana. Uma das receitas era a de uma torta fechada e recheada de mel chamada *placenta*. No reinado de Elizabeth I na Inglaterra, no século XVI, apareceram as primeiras tortas de frutas.

DRINQUES

BLOODY MARY

Surgiu na década de 1920, inventado pelo *barman* Peter Petiot, do New York Paris Bar, um dos mais badalados da capital francesa na época. O bar existe até hoje no número 5 da rue Doneau. Batizado inicialmente de *bucket of blood*, o drinque só mudou de nome em 1934, quando passou a ser preparado também nos Estados Unidos, mais precisamente no Hotel St. Regis Sheraton. O nome seria uma referência à rainha Mary I, da Inglaterra, conhecida como "Bloody Mary" (Mary, a sanguinária). No século XVI, período da restauração do catolicismo apostólico romano, ela perseguiu os protestantes puritanos.

BULLSHOT
No século XVII, nos navios ingleses, os marinheiros costumavam tomar um forte caldo de carne para combater o frio e evitar possíveis resfriados. Além das doses do caldo, cada marujo recebia uma cota diária de rum. Passaram a misturar os dois. Quando a receita chegou aos bares ingleses, o rum foi substituído pela vodca, devido ao seu sabor neutro.

CAIPIRINHA
Pouco se sabe sobre a origem de nossa bebida mais popular. Acredita-se que a caipirinha tenha nascido no interior de São Paulo – o que explicaria o nome do drinque –, como remédio contra a gripe. Nesse caso, seria uma variação de uma beberagem muito popular no estado, à base de limão-galego, mel e alho.

 Inventores brasileiros

MÁQUINA DE FAZER CAIPIRINHA
Invenção do mecânico industrial José Corrêa, de Blumenau (SC). A máquina tem um dosador de açúcar, outro dosador de pinga e um cortador de limão. A caipirinha fica pronta em trinta segundos.

DAIQUIRI
Existem duas versões sobre sua origem. A primeira conta que ele surgiu por volta de 1900, em uma mina de ferro controlada pelos americanos e chamada Daiquiri, em Santiago de Cuba. O engenheiro Jennings S. Cox teria criado a bebida e distribuído drinques aos mineiros, com o pretexto de ser um excelente remédio contra a febre amarela.

Outra versão diz que os soldados cubanos que combatiam os colonizadores espanhóis, no final do século XVIII, carregavam na cintura um pequeno odre de couro contendo uma mistura de rum branco e suco de limão. Chamavam-na de "elixir da valentia".

Depois dos espanhóis, foi a vez de os americanos invadirem a ilha, entrando pela praia de Daiquiri. Os americanos logo aprovaram a mistura, mas adicionaram gelo picado para aliviar o calor escaldante da região – e batizaram o drinque com o nome da praia em que estavam.

Inventores brasileiros

LAVA-COPOS AUTOMÁTICO
Possui três escovas laterais e uma central. Ao ligar o aparelho, as escovas funcionam em movimento circular, lavando o copo. A criação é de Antonio Raimundo da Silva Castro.

DRY MARTINI
É o drinque mais famoso e pedido do mundo. Foi inventado em 1910 no Hotel Knickerbocker, em Nova York, pelo *barman* John Martini, para atender a um pedido do magnata John D. Rockefeller, que desejava algo simples e ao mesmo tempo diferente.

CANUDINHO
Marvin Stone – dono de uma fábrica de piteiras de papel nos Estados Unidos – costumava descer o quarteirão para tomar seu drinque habitual depois do expediente. Era uma bebida feita de uísque, açúcar e menta, chamada *mint julep*, que precisava estar sempre bem gelada. Por isso, as pessoas preferiam bebê-la com canudos naturais de capim, de modo que suas mãos não tocassem o copo. Infelizmente, os canudos naturais estavam longe de ser uma solução satisfatória, uma vez que faziam o líquido ficar com gosto de grama. Stone notou a relação entre o processo de fabricação de suas piteiras e a possibilidade de fazer canudos artificiais de papel.
Excitado com a possibilidade de beber um *mint julep* ainda mais saboroso, ele tentou colocar sua ideia em prática enrolando longas e finas faixas de papel ao redor de um lápis e prendendo as extremidades com uma pincelada de cola para evitar que o papel desenrolasse. Em 1888, Stone fez vários desses canudos e deixou-os com o *barman* da taverna para seu uso pessoal.
A limonada era outra bebida muito popular naquele tempo, e Stone pensou que as pessoas também gostariam de bebê-la com um canudinho. Assim, ele projetou um canudo de papel de 20 centímetros, com um diâmetro suficiente para impedir que sementes de limão bloqueassem o tubo. Ele utilizou papel manilha recoberto com parafina para que o canudo não encharcasse em contato com o líquido. Marvin Stone inventou também o <u>apontador de lápis</u> e o <u>suporte de caneta-tinteiro</u>.

MANHATTAN
Esse drinque foi servido pela primeira vez em 1870, em uma festa no Manhattan Club de Nova York.

Inventores brasileiros

CANUDINHO AUTOMÁTICO
O projeto é de Rogério Pucca Dias. Depois da primeira sugada, uma válvula mantém o canudinho sempre cheio.

MULTICOPO
O copo, desenvolvido pelos gaúchos César Alexandre e André Leão, é dividido em vários compartimentos. Dá para beber diferentes tipos de bebida ao mesmo tempo no mesmo copo.

MOJITO
O almirante inglês Francis Drake, o primeiro homem branco a aportar em várias ilhas do Pacífico, misturou a hortelã com boas doses de rum. Essa mistura, segundo ele, seria ideal para proteger seus marujos dos problemas respiratórios e estomacais, tão comuns nas grandes travessias marítimas. A receita do drinque como é conhecido hoje é uma criação do célebre La Bodeguita del Medio, em Havana, Cuba, nos anos 1940.

NEGRONI
Nasceu em 1919 no bar Casone, em Florença, Itália. Foi criado especialmente para o conde italiano Camillo Negroni, um dos fiéis frequentadores do bar. Ele sempre pedia o mesmo drinque, uma mistura de bitter e vermute. Certa tarde, o conde pediu algo mais forte ao *barman* Fosco Scarcelli. Como já conhecia o paladar do cliente, Scarcelli acrescentou gim, gelo e uma rodela de limão ao bitter e ao vermute. Negroni aprovou.

SIDE-CAR
Nasceu de um acidente que, por pouco, não se transformou em tragédia. Em uma tarde de 1939, uma motocicleta equipada com um *side-car* – aquele carrinho lateral para um passageiro – entrou derrubando uma das paredes da frente do bar Harry's, de Paris. Em vez de lamentar o prejuízo, o jovem *barman* Andy MacElhone, filho do fundador, foi logo misturando bebidas até criar o *side-car*, uma combinação de dois clássicos franceses, o conhaque e o Cointreau.

TEQUILA SUNRISE
A autoria desse drinque é creditada ao astro Mick Jagger, líder da banda Rolling Stones. No final dos anos 1970, em uma turnê pelos Estados Unidos, foi proibido pelo médico que acompanhava a banda de ingerir qualquer bebida alcoólica. Para enganar o médico, Jagger passou a misturar suco de laranja com a tequila, dando a impressão de estar tomando apenas um inocente suquinho. A malandragem só foi revelada no final da temporada, com Jagger gozando de perfeita saúde.

DESTILADOS E FERMENTADOS

ABSINTO
A bebida predileta de intelectuais europeus da *belle époque* como Toulouse-Lautrec, Picasso e Oscar Wilde surgiu por volta do ano 7000 a.C. Moradores da cidade de Niopur, na antiga Babilônia, utilizavam a erva *Artemisia absinthum* na cura de doenças. Na Suíça, em 1792, um médico francês chamado Pierre Ordinaire adicionou 70% de álcool à planta. A intenção era fazer um remédio para aliviar as dores de barriga. Mas trabalhadores tomavam o líquido esverdeado como uma espécie de energético. Por causa dos efeitos "milagrosos", o absinto ganhou o apelido de Fada Verde e encantou o major suíço Henri

Dubied e seu genro, o francês Henri-Louis Pernod, que comercializaram a bebida como afrodisíaca. Abriram uma destilaria na Suíça, em 1797, e na França, em 1805. O consumo da bebida foi proibido pela primeira vez em sua própria terra natal. Tudo porque em 1906 o camponês Jean Lanfray assassinou a mãe e a filha após tomar um porre de absinto. A proibição chegou ao Brasil, aos Estados Unidos e a vários outros países da Europa.

ARMAGNAC
É o mais antigo destilado da França. Documentos datados do século XIV já mencionavam uma *eau de vie* da região de Armagnac, que começa ao sul da cidade de Bordeaux e se espalha em direção às montanhas dos Pirineus, na divisa com a Espanha. O armagnac é produzido a partir do vinho branco feito com uvas que nascem em solo arenoso.

AQUAVIT
Vem dos países escandinavos, principalmente Dinamarca e Suécia. É destilada de cereais ou batatas, e comercializada pura ou aromatizada com ervas e especiarias. Na Suécia, onde teria surgido por volta de 1498, a bebida também é conhecida como *snaps*, e destilada inicialmente do vinho. Apenas no século XVIII é que se começou a utilizar batatas na produção da bebida. Depois de descascadas, elas são fervidas no vapor, misturadas com malte de cevada e com outros grãos. Essa pasta é então fermentada e destilada, quando perde o sabor acentuado da batata. Grãos de cominho e laranja amargos aromatizam a bebida. Já na Dinamarca, ela é conhecida como *schnapps*.

BOURBON E TENNESSEE WHISKEY
O pregador batista Elijah Craig foi o responsável pelo surgimento do bourbon. Ele instalou-se no estado do Kentucky em 1786, onde ergueu uma igreja e começou a plantar e destilar milho. O milho era misturado com cereais para preparar o malte e destilado em alambique de cobre.

CERVEJA

No romance *Noites antigas*, de Norman Mailer, um faraó ressuscita depois de séculos. O primeiro desejo que tem é de tomar um copo de cerveja. Pura ficção? Nada disso. As primeiras referências à bebida apareceram há mais de três mil anos, em documentos encontrados na região mesopotâmica (atual Iraque). Entre os egípcios, bebia-se cerveja por qualquer motivo. Arqueólogos ingleses descobriram no Sul do Cairo, capital do Egito, vestígios de uma edificação do século XVI a.C., que poderia ter sido uma cervejaria. Conforme a mitologia egípcia, foi a deusa Ísis quem ensinou a arte de produzir a bebida, conhecida por eles como *zythum*.

Na Grécia e em Roma, a bebida ganhou o nome de *cervisia*, em homenagem a Ceres, deusa das colheitas. Mas foram os monges beneditinos alemães, no século IX, que cultuaram o hábito de produzir cerveja em larga escala. E o motivo era religioso: como na Quaresma, nos monastérios medievais, só se podia comer uma vez ao dia, os religiosos tomavam cerveja, o "pão líquido", para tapear a fome, já que a abstenção não se estendia aos líquidos.

Boicotada pelos portugueses, que viam na bebida um forte concorrente para o real vinho da metrópole, a cerveja só começou a aparecer no Brasil no início do século XIX, no reinado de dom João VI, por iniciativa dos ingleses que a importavam. A primeira cerveja lançada no Brasil foi a Bohemia, em 1853. Já no final do século, surgiam nossas duas primeiras cervejarias: em 1888, foi fundada a Brahma e, em 1891, a Antarctica.

A cerveja bock foi criada no século XIII na cidade alemã de Einbeck. Ao contrário de em outras cidades, lá a produção da bebida não era privilégio de monges e nobres. Qualquer cidadão podia fabricar cerveja, desde que contribuísse com alguns barris para o consumo do príncipe e de sua corte. A fama de Einbeck correu o mundo, e a cerveja começou a ser exportada para países do Norte europeu e até para Jerusalém. Para que a bebida não perdesse a qualidade em longas jornadas, alguns graus foram acrescentados ao seu teor alcoólico. A consagração definitiva, porém, aconteceu durante a festa de casamento do conde de Brunswijk. Ele mandou trazer cinquenta barris da cerveja de Einbeck para Munique (capital da Bavária). Os convidados ficaram encantados com a cerveja. O dialeto bávaro tratou de trocar o nome *einbeck* para *oanbock*, nome que foi logo popularizado para Bockbier. Seu consumo não parava de aumentar. Tanto que, no inverno de 1589, ela passou a ser produzida pela Fábrica de Cerveja da Bavária, a Hofbraühaus. Como a palavra *bock* significa "bode" em alemão, o rei mandou imprimir a imagem de um capricórnio no rótulo das garrafas.

◉ Inventores brasileiros ◉

CANECA DE GELO
Uma caneca feita inteiramente de gelo e com asa de madeira foi criada pelo americano Saul Freedman. O gelo derrete bem devagar, cerca de 45 minutos em um dia bem quente, e mantém o chope gelado por mais tempo.

CHAMPANHE

Em 1695, vivia no Norte da França um grande preparador de vinhos, dom Pierre Pérignon (1639-1715), que foi o mestre de adega da abadia beneditina de Hautvillers por 47 anos. Certo dia, este monge cego decidiu lacrar suas garrafas com cortiça completamente seca, em vez de usar tampas de madeira e fios de corda embebidos em óleo, como era habitual. Consequentemente, o dióxido de carbono produzido durante a fermentação, que conseguia passar através dos poros da madeira, ficou aprisionado pela nova rolha. Desse modo, dom Pérignon recebeu o crédito de ter colocado as bolhas no champanhe. Rapidamente, a invenção do monge encantou a população da região de Champagne, no Nordeste da França. O novo vinho de Champagne viajou rumo às cortes de Paris e de outros países da Europa. Por volta de 1720, caixas do vinho já eram exportadas até para a rival Prússia, de Frederico Guilherme I, um apaixonado pela bebida.

Com a evolução da enologia, os vinicultores bolaram um método mais simples e mais veloz de estimular o surgimento das borbulhas – a adição de açúcar de cana e de alguns fermentos. Os fermentos alimentam-se do açúcar e, na sua digestão, liberam o gás carbônico. Até hoje, apenas o vinho feito com as uvas da região pode exibir, em seu rótulo, o título champagne. Todos os outros são chamados de vinhos espumantes.

Dom Pierre Pérignon

CONHAQUE

O conhaque nasceu no século XII, na região de Charente, Sudoeste da França. Ali se produzia um vinho inferior, branco e de graduação alcoólica baixa, muito apreciado na Grã-Bretanha e nos países escandinavos. Por ser muito delicado, deteriorava-se rapidamente. Além disso, o governo francês cobrava alta taxação de impostos sobre bebidas exportadas. Para evitar esses dissabores, os vinicultores resolveram destilar uma parte do vinho. O álcool obtido, um concentrado reduzido com alta graduação, seria exportado, e o consumidor acrescentaria água para obter um novo vinho. E também seria utilizado para aumentar a graduação alcoólica do vinho branco. Por algum motivo, não registrado, uma parte desse álcool não foi nem exportada nem incorporada ao vinho. Ficou envelhecendo em barris de carvalho. Com o passar do tempo, a bebida adquiriu uma bela cor caramelo e perdeu muito de seu ardor. Nascia, assim, o conhaque.

GIM

Sua fórmula original é atribuída ao médico holandês Franciscus de la Boe, um catedrático do século XVII, da Universidade de Leiden, a 39 quilômetros de Amsterdã. Ele buscava um medicamento barato para curar os colonizadores holandeses na Índia, atacados pela febre amarela. Só que acabou criando o gim. A receita do professor Franciscus aliava o álcool destilado dos cereais, como malte, cevada e milho, ao zimbro, um componente medicinal muito respeitado na Europa naquela época.

Franciscus de la Boe

GRAPPA

Produzida na Itália, a grappa é um destilado de bagaços e talos de uvas brancas. Sua origem remonta ao século XI, em Veneza, quando era uma bebida doméstica, com várias famílias produzindo seu próprio destilado.

Inventor tem cada uma

BANDEJA FLUTUANTE
Para quem tem preguiça de sair da piscina na hora de pegar petiscos e bebidas, a empresa americana Hammcher lançou o *Remote Controlled Floating Serving Tray*. Trata-se de uma bandeja flutuante, que comporta até cinco latinhas de bebida e alguns petiscos no centro. A bandeja é direcionada por controle remoto e, de acordo com os fabricantes, resiste a ondas na piscina sem virar.

LICOR
Alguns séculos antes do início da Idade Média, egípcios e gregos deram os primeiros passos rumo ao domínio das técnicas de destilação. A bebida era usada como um remédio para a cura de todos os males, da perda de memória até a promessa de rejuvenescimento. Chegou a ser classificada como poção do amor!

Durante os séculos IV, V e VI, as fórmulas e produção de licores e elixires ficavam confinadas, no maior segredo, nos mosteiros e nos laboratórios dos alquimistas. Como eram excelentes cultivadores de ervas para serem utilizadas em remédios, os abades e monges acabaram criando grandes licores, entre os quais o Bénédictine e o Chartreuse.

A bebida como é feita atualmente só foi produzida no ano de 1250, quando o químico catalão Arnold de Vila Nova preparou um verdadeiro tratado sobre a mistura de álcool e ervas, sendo o primeiro a escrever receitas de licores medicinais.

PINGA
No século XVII, uma bebida nova estava fazendo muito sucesso na Europa: o rum. Ela vinha da Jamaica e resultava da fermentação e da destilação do mel da cana-de-açúcar. Os portugueses, que já tinham uma bebida feita de borra de vinho, decidiram aproveitar o mel de cana, abundante no Brasil. A ideia era ter uma bebida própria, também de cana-de-açúcar, para competir com o rum. Os primeiros registros da cachaça são de 1610. Já em 1800, ela podia ser encontrada em todo o Brasil e era a favorita dos brasileiros mais pobres.

RUM

A cana-de-açúcar foi trazida pelos espanhóis, no século XVI, para sua colônia de São Domingo (atual República Dominicana), nas Antilhas. Ela passou a ser destilada, originando o carro-chefe das bebidas da região. Destilado de canas frescas trituradas em moinhos ou com melaço – resíduo que fica depois de fervido o caldo para fazer açúcar –, o rum é sempre transparente e cristalino ao sair do alambique. A coloração dourada obtida por alguns tipos de rum é resultado do envelhecimento em tonéis de carvalho ou, na maioria dos casos, da adição de corantes de caramelo.

Cana-de-açúcar

SAQUÊ

A mais antiga menção ao saquê está em um documento chinês do século III, o Wi-Zhi, que descreve a utilização de "uma bebida à base de arroz e água" em ritos fúnebres. A bebida foi para o Japão pelas mãos dos próprios chineses no início do milênio.

STEINHÄGEN

Bebida popular da Alemanha, surgiu no século XV, na região de Westfália, na pequena aldeia de Steinhägen, que acabou dando seu nome ao destilado. Em sua produção, as frutinhas de zimbro são esmagadas com grãos de trigo.

TEQUILA

A bebida nacional do México tem sua origem creditada aos povos maias e astecas, que, em rituais religiosos e festivos, brindavam com um fermentado chamado *pulque*. Anos mais tarde, em 1519, o conquistador espanhol Hernán Cortés e sua tropa provaram essa mistura e gostaram. Logo a batizaram com o nome de "tequila", nome da cidade do estado de Jalisco, a principal zona de plantação do agave azul, o ingrediente básico.

UÍSQUE

Segundo alguns historiadores, os antigos gregos já destilavam bebida feita de cevada. O imperador romano Júlio César também a teria provado quando atravessou o canal da Mancha, para subjugar os celtas, antepassados dos escoceses e irlandeses. Aliás, esses dois povos reivindicam a paternidade do uísque, palavra que se origina do termo *uisge beatha*, o equivalente gaélico ao latim *aqua vitae* (água da vida). Uma versão bastante difundida diz que a destilação teria sido descoberta no século V pelos irlandeses e depois difundida por monges escoceses, que aproveitavam os grãos fermentados pela umidade para a extração de álcool.

Mas o primeiro registro sobre o uísque data de 8 de agosto de 1494. Um documento do Tesouro Público Escocês especifica o suprimento de *eight Bolls of malt* para que um certo frei John Cor produzisse 1.380 litros da bebida para o rei Jorge IV. Graças a esse registro, acredita-se que o uísque – a exemplo de muitas outras bebidas, como o champanhe e alguns licores – tenha surgido nos mosteiros, com a desculpa de ser utilizado em tratamentos medicinais e como um elixir da vida eterna.

Baco, deus do vinho

VINHO

A fabricação do vinho teve origem nas antigas civilizações do Oriente. Ganhou força com a expansão da dominação grega, iniciada mil anos antes de Cristo. Os vinhos da Grécia, hoje sem grande tradição, foram enaltecidos e documentados por seus poetas. Os romanos possuíam tudo o que era necessário para envelhecer o vinho. Não se limitavam, como os gregos, às ânforas de barro (embora as utilizassem também), pois tinham barris e garrafas. Quando os romanos se retiraram do que hoje é a França, no século V, haviam deixado os fundamentos técnicos empregados atualmente nos melhores vinhedos.

A primeira referência a um porre foi feita no Antigo Testamento: Noé "plantou uma vinha, bebeu o vinho e ficou embriagado".

O <u>vinho do Porto</u> nasceu durante uma viagem de estudos de dois jovens ingleses, filhos de um rico comerciante, em 1678. Eles resolveram jantar em um bar em Lamego, Portugal, perto do rio Douro. Ficaram maravilhados com um vinho doce que experimentaram ali. Depois de alguns copos, conseguiram arrancar o segredo do dono do bar. Ele acrescentava litros de brandy ao vinho fermentado. Quando os ingleses foram embora, levaram consigo várias garrafas e ainda acrescentaram mais brandy para conservar a bebida na viagem.

BEAUJOLAIS NOUVEAU

Produzido na região francesa da Borgonha, o *Beaujolais* é vinificado rapidamente, num processo de maceração carbônica. Os primeiros escritos sobre o vinho datam de 956 e fazem referência aos vinhedos de Brulliacus – hoje, Brouilly, um dos dez povoados que produzem os melhores Crus (grande vinho de denominação controlada) da região. Apenas no século XVI, no entanto, o vinho cruzou fronteiras e começou a ser comercializado fora de sua região. Primeiro, conquistou os cafés e tabernas de Paris. Depois, passou a ser conhecido em outras cidades francesas. Uma operação de marketing foi planejada para torná-lo um vinho mundialmente conhecido. Às vésperas da Revolução Francesa, uma grande comemoração foi feita pelas ruas de Paris para anunciar a chegada do *Beaujolais Nouveau*. O Nouveau, um dos tipos de vinho elaborados em Beaujolais, é o primeiro da colheita. A cada ano, na terceira quinta-feira do mês de novembro, a chegada de uma nova safra de Beaujolais é aguardada com ansiedade. Todos querem provar o primeiro vinho do ano.

ROLHA

Até o século XVI, o vinho era guardado apenas em barris e tonéis. Surgida em 1530, a rolha acabou com esse problema. A partir daí, o vinho pôde ser guardado em garrafas, sem o perigo de que o ar entrasse e o estragasse. A invenção da rolha possibilitou também o aparecimento do champanhe.

O saca-rolhas apareceu no século seguinte, mas não se sabe o nome do inventor. Em 1795, o inglês Samuel Hershaw criou o saca-rolhas em formato espiral.

VODCA

Um grupo de especialistas garante que a bebida nasceu na Rússia no século XVI e, a partir de então, seu consumo tornou-se popular na Polônia. Outros afirmam que ela teria surgido no século XV em terras polonesas e conquistado os russos um século depois.

XEREZ

Famoso vinho espanhol. No ano de 1100 a.C., os fenícios fundaram a cidade de Cadiz e Jerez. Foram os primeiros a levar a essa região uma estirpe de videiras procedente das terras de Canaã. A conquista da região pelos romanos, já no ano 138 a.C., inicia uma corrente de exportação do Xerez para Roma, que dura cerca de quinhentos anos. A invasão árabe em 711 muda o nome da cidade de Jerez para Sherish, de onde procede a palavra inglesa *sherry*, usada pelos britânicos, que compram o vinho desde o século XI.

PARA VARIAR O CARDÁPIO

BISTRÔ

O nome bistrô teria surgido quando os soldados russos invadiram a França napoleônica, em março de 1814. Gritando *bystro*, que quer dizer "rápido", os militares reclamavam da demora do serviço dos pequenos restaurantes locais. Os bistrôs são também chamados de "cafés". Tratam-se de estabelecimentos onde, por uma quantia razoável, pode-se beber ou comer. Originalmente, essas casas só ofereciam bebidas não alcoólicas, chamadas de "licores exóticos", como o café, o chá, o chocolate e o sorvete. O primeiro bistrô nasceu em Paris, no ano de 1672. Estava instalado no quarteirão do Museu do Louvre.

COUVERT

Para manter a higiene da comida, as estalagens do século XV serviam pratos cobertos por guardanapos, cobrando um extra pelo serviço. Nos dois séculos seguintes, os albergues entregavam uma faca e uma colher com a refeição. Quase todos os utensílios eram roubados pelos fregueses, que passaram a pagar pelo luxo de comer com talheres.

RESTAURANTE

A fachada do restaurante Champ d'Oiseau, aberto pelo vendedor de sopas monsieur Boulanger, em Paris, no ano de 1765, era decorada com uma frase em latim: *"Venite ad me, omnes qui stomacho laboratis, et ego restaurabo vos"* (venha a mim quem estiver com o estômago roncando e eu o restabelecerei). Na parte de dentro, o restaurante era mobiliado com mesas com tampo de mármore, e a especialidade da casa era chamada de *volailles au gros sel* (aves preparadas com sal grosso). Antes desta inovação de Boulanger, refeições eram servidas somente em tavernas e em casas de café (também chamadas de bistrôs).

MENU

Em 4 de setembro de 1751 surgiu o primeiro menu. Foi em um jantar oferecido pela comunidade financeira francesa a Luís XV. Para dar brilho ao evento – e também para documentar a própria pujança – os financistas mandaram redigir, com esmero e graça, a relação dos 48 diferentes pratos que serviriam. Nessas ocasiões, as pessoas ficavam comendo durante uma tarde inteira ou pela noite toda, em festins que não tinham hora para terminar. Outros nobres franceses, nesse período, adotaram o costume de informar por escrito, antecipadamente, o que serviriam em seus jantares. Os primeiros menus guardavam ainda forte objetivo promocional, servindo para ostentar a riqueza do anfitrião.

Invenções que não desencantaram

TRILHOS PARA A MESA
O francês Gaston Menier instalou em 1880, em sua mesa de jantar, trilhos que vinham da cozinha. Os pratos eram trazidos em um trem elétrico, a 3 quilômetros por hora, controlado pelo anfitrião e conseguia transportar até 25 quilos de comida.

6

O fracasso é a oportunidade de começar de novo, de maneira inteligente.

HENRY FORD
(1863-1947), inventor

Meios de transporte

POR TERRA

AUTOMÓVEL

O primeiro homem a dar uma volta em uma engenhoca movida a vapor foi o oficial de artilharia francês Nicolas Cugnot. Em 1769, seu veículo de três rodas alcançou a velocidade de 4 km/h numa rua de Paris, para – no auge de seu sucesso – colidir com uma árvore, produzindo também o primeiro acidente de automóvel. Um ano depois, ele apresentou um novo modelo para o transporte de canhões. Ao dobrar uma esquina, Cugnot causou outro acidente. Desse modo, ele ainda seria o primeiro homem condenado por condução perigosa, e acabou na prisão.

O veículo de
Nicolas Cugnot

A maior parte dos historiadores reconhece dois alemães, Karl Friedrich Benz (1844-1929) e Gottlieb Wilhelm Daimler (1834-1900), como os pioneiros do automóvel. O primeiro carro prático que teve sucesso em uma corrida de teste foi um veículo de três rodas construído por Benz, um engenheiro mecânico, em 1885. Com a aparência de um carrinho de bebê gigante, o carro deu quatro voltas em uma pista ao redor de sua fábrica, sob a torcida da esposa de Benz e de seus empregados. Até que uma das correntes se rompeu com um estalo e o carro parou completamente. Naquele mesmo ano, durante uma exposição pública de seu veículo aperfeiçoado, Benz teve seu primeiro acidente: excitado pela velocidade de seu carro, ele colidiu com um muro de tijolos.

O veículo de
Karl Friedrich Benz

A corrida de teste de Daimler aconteceu alguns meses depois das voltas de Benz ao redor da fábrica e não teve acidentes. O motor de Daimler finalmente tornou o carro uma realidade. De fato, as duas companhias se fundiram em 1926 para produzir automóveis Mercedes-Benz.

Foi o americano Henry Ford (1863-1947) quem construiu o primeiro carro movido a gasolina (1893). Dez anos depois, ele passou a fabricar carros em série em sua indústria em Detroit, reduzindo seus custos drasticamente e tornando o automóvel um meio de transporte acessível. Os primeiros foram os modelos T, construídos de 1908 a 1927. Venderam mais de 15 milhões de unidades. "Faço carros de qualquer cor, desde que sejam pretos", dizia ele. Explicação técnica: a tinta preta era mais barata e secava mais rápido.

❀ O primeiro carro a álcool foi um Fiat 147, produzido em 1979, na cidade mineira de Betim (MG).

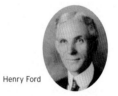
Henry Ford

Gottlieb Wilhelm Daimler

Karl Friedrich Benz

💡 Inventor tem cada uma 💡

CARRUAGEM A VAPOR
Richard Trevithick desenhou a primeira carruagem a vapor em 1800. Usando pressão de 60 libras por polegada quadrada, o veículo andou pela primeira vez no Natal do ano seguinte. Mas o veículo quebrou três dias depois, quando o inventor chamou uns amigos para testá-lo. A carruagem se desgovernou e a caldeira pegou fogo.

Acessórios

❀ O cinto de segurança foi utilizado pela primeira vez pelos pilotos que disputaram a corrida Paris Marseille, na França, em 1896. Mas foi o francês Gustave Désiré Liebau quem patenteou, em 1903, o cinto como o conhecemos hoje. Um médico militar americano, coronel Stapp, estava fazendo testes com outro modelo na mesma época. O primeiro carro com cinto de segurança foi lançado em setembro de 1949 pela Nash.

❂ Um carro tcheco, construído em 1897, foi o primeiro a aparecer com para-
-choque. Depois de rodar 15 quilômetros, no entanto, o acessório caiu e não
foi mais colocado. Por isso, as honras ficaram com o inglês F. R. Simms, que
instalou um para-choque feito de borracha em seu carro, em 1905.

❂ O francês Alfred Faucher inventou, em 1906, o espelho retrovisor. Também
são atribuídas a ele a invenção da luz de freio e a do pisca-pisca de direção. Os limpadores de para-brisa foram patenteados pela americana Mary
Anderson, em 1903. Os limpadores operados mecanicamente apareceram em
1916 nos Estados Unidos.

❂ Em maio de 1922, um americano de 18 anos, George Frost, inventou e instalou
o primeiro autorrádio em seu Ford modelo T. A novidade começou a ser fabricada em escala industrial apenas cinco anos depois. O aparelho chamava-se
Philco Transitone e era construído pela Philadelphia Storage Battery Company.

Publicidade de autorrádio de 1936

💡 **Inventor tem cada uma** 💡

CAR TOILET
Em 1972, o americano Cliff Conway ficou preso em um congestio-
namento e começou a imaginar uma maneira de aliviar sua bexiga
dentro do veículo. Depois de 13 anos de pesquisas e 25 mil dólares
investidos, ele lançou o *Car Toilet*. A urina entra por um funil que, por
meio de um tubinho, vai até uma bolsa fechada a vácuo.

Celerífero

BICICLETA
Muita gente criativa colaborou com o desenvolvimento da bicicleta. A começar pelo conde francês Sivrac, que construiu o que alguns historiadores
chamam de o mais antigo ancestral da bicicleta. O celerífero, seu nome, era
apenas um pedaço de madeira que ligava duas rodas. Ele era impulsionado
com os pés. O grande inconveniente era não poder dirigi-la, já que a roda
dianteira era fixa.

⦿ O aristocrata alemão Carl Friedrich Ludwig Christian, também chamado de barão Drais von Sauerbronn (1785-1851), adaptou uma espécie de direção ao celerífero e acabou criando o guidão. Ele, que era inspetor florestal e inventor nas horas vagas, foi o primeiro a construir um biciclo dirigível, em 1816. Mas ela continuava sendo impulsionada com os pés e era bem desconfortável. O veículo ficou conhecido como "draisiana".

⦿ Em 1839, o ferreiro escocês Kirkpatrick Mac Millan (1810-1878) deu os primeiros passos para a invenção dos pedais. Ligados por barras de ferro ao eixo da roda, eles movimentavam a bicicleta, que ficou mais estável e segura, principalmente nas curvas. O trabalho seria finalizado pelo francês Pierre Michaux, em 1855. Ele construiu bicicletas com pedais adaptados diretamente à roda da frente. Foi aí que o invento passou a ser chamado de "velocípede". Pierre e seu filho Ernest prosperaram ao fundar a primeira fábrica de bicicletas do mundo, a Companhia Michaux, em 1875.

⦿ As primeiras ciclovias foram criadas em Paris no ano de 1862.

Inventores brasileiros

CAPACETE COM RETROVISOR
Não foi a única sacada do carioca Roberto de Sá Gonçalves. Ele inventou também um estepe para motocicletas e um triângulo eletrônico para carros enguiçados.

CAMINHÃO
Em 1896, Gottlieb Daimler fez circular, na Alemanha, seu revolucionário invento: o caminhão motorizado. O estranho veículo, com aspecto de carroça sem cavalos, fez sua primeira aparição pública na cidade alemã de Cannstatt. O mesmo Daimler, dez anos antes, já inscrevera seu nome na história sobre rodas, ao inventar o automóvel, com Karl Benz.

O caminhão de Gottlieb Daimler

CRASH TEST

Inspirada nos testes da Força Aérea americana, a General Motors começou a testar a resistência de seus carros em 1934. O motorista, de pé num estribo, dirigia ladeira abaixo e saltava pouco antes de o carro bater em uma parede de concreto. O primeiro laboratório de impacto do mundo foi construído pela Ford, vinte anos depois. Na década seguinte, a Volkswagen e a Audi começaram a usar foguetes para empurrar seus carros para o acidente. O *crash-test* viraria lei nos Estados Unidos em 1967, depois de uma campanha liderada pelo advogado Ralph Nader.

Os *drummies*, bonecos usados para testar quanto uma pessoa pode se ferir num acidente de automóvel, já foram de carne e osso. O pioneiro foi John Paul Stapp (1910-1999), filho de missionários americanos nascido na Bahia, Brasil. Médico da Força Aérea dos Estados Unidos, ele desenvolveu o cinto de segurança e bancos ejetáveis para aviões. Os *drummies* artificiais eram manequins de loja com medidores rústicos dentro do corpo. Eles foram desenvolvidos em 1951, na Universidade da Califórnia.

 Inventor tem cada uma

MICTÓRIO AMIGO

O norte-americano Richard Deutsch criou um aparelho que pode diminuir bastante o número de acidentes automobilísticos. Richard criou um desodorizador de mictório que avisa à pessoa que está urinando se ela já bebeu demais. O dispositivo tem um detector de álcool. Se o resultado for positivo, o bebum ouve uma voz feminina dizendo: "E aí, cara, andou tomando uns drinques? É hora de chamar um táxi ou pedir para um amigo sóbrio levá-lo para casa".

JIPE

O jipe foi criado na Segunda Guerra Mundial como um veículo resistente para o envio de mensagens e reconhecimento de terreno. Foi desenvolvido por vários fabricantes, entre os quais a Willys-Overland Company e a Ford Motor Company. O nome pelo qual o veículo é conhecido tem duas origens possíveis. "Jeep" era um cachorrinho da história em quadrinhos *Popeye* que não era "nem uma coisa nem outra, mas sabia todas as respostas e podia fazer quase tudo". Assim, na década de 1930, nos Estados Unidos, costumava-se chamar de *jeep* qualquer veículo para serviços pesados. A outra história que se conta é a de que Ford, ao construir sua versão desse carro robusto, colocou as letras GP (pronunciadas "gi pi", em inglês), que significavam *general purpose* (utilidades gerais), e as pessoas utilizaram as iniciais como apelido.

> **ARRANQUE AUTOMÁTICO**
> Até o arranque ser inventado, o automóvel era ligado manualmente por uma manivela inserida na parte frontal. Ela ficava presa ao motor e o carro pegava quando se girava a manivela. Mas a técnica era perigosa, já que, girando em alta velocidade, o instrumento poderia quebrar o braço de quem o acionava. Em 1911, Charles Franklin Kettering (1876-1958) criou um arranque elétrico, que foi usado no Cadillac 1912 e tornou-se muito popular.

MOTOCICLETA

A primeira tentativa de criar uma motocicleta aconteceu em 1868, quando o norte-americano S. H. Roper fez a demonstração de um velocípede movido a vapor. Mas o motor a vapor não funcionou num veículo tão pequeno, e por isso esse sistema foi abandonado. Em 1884, o alemão Gottlieb Daimler patenteava um motor a quatro tempos com cilindro horizontal, funcionando tanto a gás como a vapor de gasolina. No ano seguinte construiu um modelo mais aperfeiçoado, esfriado a ar, com a ignição obtida por um pequeno tubo mantido incandescente por um bico de gás de gasolina.

Mas a primeira motocicleta realmente prática, mãe das atuais, foi lançada em 1897 pelos irmãos e jornalistas Eugène e Michel Werner, na França. Tinha dois cavalos de potência e mais parecia uma bicicleta motorizada. Em 1910 surgiu o *side-car*, aquela motocicleta com um carrinho ao lado. Foi usada durante as duas guerras mundiais por ser um meio de transporte rápido para os soldados.

💡 Inventor tem cada uma 💡

> ***BREAK-LIGHT* PARA CAPACETE**
> Essa luz de freio extra, que diminui em 53% as colisões traseiras entre automóveis, passou a ser usada também por motociclistas. O capacete tem uma luz vermelha na parte de trás, ligada por um cabo a um dispositivo instalado no guidão. Quando os freios são acionados, a luz acende.

Inventores brasileiros

COCHILA
Mistura de colete, mochila e capuz, a invenção de Marizete Dantas é ideal para motoqueiros.

LIMPADOR DE VISEIRA DE CAPACETE
Flávio dos Santos criou essa novidade para facilitar a visão do motociclista em dias de chuva.

ÔNIBUS

O primeiro ônibus foi apresentado pelo inglês Walter Hancock, em 1931. Ele tinha motor a vapor e podia conduzir dez passageiros, entre Startfor e Londres. Hancock foi seguido pelo alemão Karl Benz, que construiu o primeiro ônibus movido por um motor a gasolina. A ideia de Benz foi adaptar a seu Landau, como era chamada a carruagem de quatro rodas e oito lugares, um motor a explosão de cinco cavalos-vapor. Com mais um veículo desse tipo, inaugurou-se em 18 de março de 1895, na Alemanha, a primeira linha regular de ônibus motorizado, ligando as cidades de Siegen e Deuz. O percurso, de 15 quilômetros, passou a ser feito no tempo recorde de 1h20min.

No Brasil, a industrialização do ônibus começou em São Paulo com o esforço de dois imigrantes italianos, os irmãos Luís e Fortunato Grassi, proprietários da Indústria de Carros e Automóveis Luís Grassi & Irmão. Em 1924, usando um chassi do famoso Ford Modelo T, eles construíram um veículo com capacidade para 12 passageiros, que foi batizado de "jardineira".

 Inventores brasileiros

CARRO MOVIDO A ÁGUA
O consultor energético Sidney Godolphin patenteou em 1984 um carro movido a água. Godolphin garante que conseguiu rodar 400 quilômetros em um jipe, utilizando 1 litro de água e outro de gasolina. Mas, explica ele, seu invento foi recusado por instituições oficiais, preocupadas naquela época com o projeto Pró-Álcool. Quando servia o exército, Godolphin disse a um major que conseguiria mover a frota de caminhões do batalhão com água. Isso lhe valeu uma rápida passagem pelo hospício militar.

Inventores brasileiros

CARRO FANTASMA

Não se assuste se um dia encontrar no trânsito um carro vagando sem motorista. O mecânico mineiro José Maria de Mattos era constantemente chamado para consertar carros quebrados nas ruas de Belo Horizonte. Mas queria levar o carro enguiçado e o seu, de uma só vez, para a oficina mecânica. Assim, desenvolveu um sistema de controle remoto que fazia o carro de trás segui-lo sem ter ninguém ao volante. Para pregar uma peça nos amigos, José Maria transformou seu Dodge em um carro funerário e fez as pessoas acreditarem que se tratava de um carro fantasma. José Maria também construiu uma versão robótica da "loira fantasma". Alta, loira e de olhos azuis, ela paquerava os rapazes da cidade e os levava até sua casa: o cemitério. Os funcionários noturnos da Companhia Força e Luz de Minas Gerais, que administrava o sistema de bondes na década de 1950, pediram mudança de turno quando descobriram que a loira passeava nos vagões de madrugada.

PARA-CHOQUE INFLÁVEL

Eurico Ramos inventou um para-choque com uma câmara inflável, que amortece impactos em colisões traseiras.

RODA

A história da invenção da roda é até hoje motivo de discussão entre os historiadores. O vestígio mais antigo do uso da roda em veículos é o desenho de uma carroça em uma placa de argila, encontrada na Suméria (Mesopotâmia), datada de aproximadamente 3500 a.C. Tratava-se de um carro fúnebre de rodas sólidas compostas (duas tábuas arredondadas presas de ambos os lados de uma tábua central, furada para se encaixar na ponta de um eixo de madeira). A primeira mudança no projeto dos sumérios ocorreu por volta do ano 2000 a.C., quando apareceu uma roda completamente nova, concebida mais para a rapidez do cavalo do que para a força do boi. Com raios em lugar da estrutura maciça, ela rodou pela primeira vez no carro de guerra dos povos indo-europeus – uma pequena plataforma sobre duas rodas, atrelada a um cavalo. Favorecidos pela velocidade dos veículos, seus condutores conquistaram facilmente os povos do Oriente Médio, que logo adotaram a novidade. Egípcios, gregos e romanos souberam reinventar a roda, abrindo largos espaços em seu cotidiano. Para conseguir um desgaste uniforme em toda a volta da roda, revestiram-na pela primeira vez com um aro, que podia ser feito com uma peça única de madeira curvada ou de vários pedaços emendados.

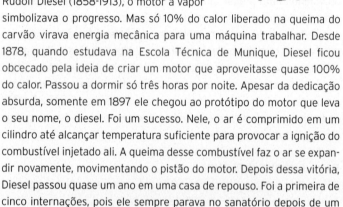

MOTOR A DIESEL

Na época do engenheiro alemão Rudolf Diesel (1858-1913), o motor a vapor simbolizava o progresso. Mas só 10% do calor liberado na queima do carvão virava energia mecânica para uma máquina trabalhar. Desde 1878, quando estudava na Escola Técnica de Munique, Diesel ficou obcecado pela ideia de criar um motor que aproveitasse quase 100% do calor. Passou a dormir só três horas por noite. Apesar da dedicação absurda, somente em 1897 ele chegou ao protótipo do motor que leva o seu nome, o diesel. Foi um sucesso. Nele, o ar é comprimido em um cilindro até alcançar temperatura suficiente para provocar a ignição do combustível injetado ali. A queima desse combustível faz o ar se expandir novamente, movimentando o pistão do motor. Depois dessa vitória, Diesel passou quase um ano em uma casa de repouso. Foi a primeira de cinco internações, pois ele sempre parava no sanatório depois de um ou outro aperfeiçoamento em sua invenção.

AIR BAG

A bolsa de ar autoinflável – essencialmente do mesmo tipo que é utilizado hoje em dia nos carros – foi patenteada em 1849 por um advogado de Illinois. Ela foi projetada para levantar barcos de águas rasas. Mas o inventor estava preocupado com o número de seus processos e um crescente interesse por política – e ficou para outra pessoa o trabalho de fazer algo com a invenção de Abraham Lincoln. Em 1973, a General Motors foi a primeira montadora a testar o *air bag* em automóveis. Dois anos depois, os modelos Buick e Oldsmobile já saíam da fábrica com o sistema de segurança. O equipamento tem um sensor de desaceleração que faz uma bolsa de náilon inflar quando detecta a redução brusca de velocidade. O primeiro carro nacional a chegar ao mercado equipado com *air bag* como item opcional foi o Tipo, da Fiat, em 1995.

TÁXI

Na primavera de 1896, dois Droschkes (tipo de carruagem) começaram a ser operados por um alemão conhecido como Dütz, na cidade de Stuttgart. Em maio de 1897, Friedrich Greiner inaugurou um serviço rival. Na verdade, os veículos de Greiner foram os primeiros verdadeiros táxis. Eram veículos a motor equipados com <u>taxímetro</u>, outra novidade criada ali. Antes, os passageiros precisavam acertar o preço da corrida com o motorista. Já os taxímetros tinham um dispositivo ligado às rodas que media a distância percorrida. A novidade logo se espalhou por outras cidades da Europa, e dali para o mundo.

> ### Inventores brasileiros
>
> **LAVAGEM DE CARRO A SECO**
> O químico Lúcio Edno Pereira inventou em 1990 um produto para lavagem de carros sem um único pingo de água. Com mais três sócios, fundou a Drycar em 1993. Na época da invenção da solução química para a lavagem a seco dos carros, Pereira tinha um emprego modesto no setor de tintas da Autolatina. De onde veio a inspiração? Em 1987, o síndico do prédio em que ele morava lhe aplicou uma multa por lavar seu Karmann Ghia vermelho na garagem. Pereira ficou proibido de molhar o chão da garagem. Um de seus primeiros clientes foi o próprio síndico.

ABRINDO CAMINHOS

ESTRADA
O engenheiro escocês John Loudon McAdam (1756-1836) criou um método de pavimentação de estradas: o assentamento de sucessivas camadas de pedras, gradativamente menores, de modo que as pedras grandes servissem de base sólida e o cascalho fino nivelasse o solo. Além disso, McAdam recomendava que a estrada fosse construída ligeiramente mais alta do que

175.

o terreno, permitindo o escoamento da água da chuva. Colocado em prática em 1815, nas estradas em torno de Bristol, Inglaterra, o método, que acabou recebendo o nome de macadamização, ganhou rápida popularidade nos países europeus. A essa mistura seria acrescentado o asfalto, um aglomerante impermeável derivado do petróleo, nos idos de 1870.

Na Antiguidade, os romanos já reconheciam a importância das estradas para transporte de riquezas e conquistas territoriais. Elas se caracterizavam pela solidez e pelo traçado reto. Primeiro, o terreno recebia estacas, para ganhar rigidez. Depois, espalhavam-se pedras grandes na camada inferior, cascalho fino por cima e, por fim, um calçamento de pedras chatas. A linha reta era mantida mesmo à custa de rampas muito íngremes. Embora resultassem em estradas duradouras, a construção era lenta e trabalhosa e só se justificava economicamente pelo emprego de mão de obra escrava. Nos tempos áureos do Império Romano, no século II, já havia 80 mil quilômetros de estradas cortando a Europa.

PARQUÍMETRO

Motoristas desesperados atrás de uma vaga para estacionar em uma rua movimentada de Tulsa, em Oklahoma, nos Estados Unidos. Foi isso que motivou o jornalista Carl Carlton Magee a registrar o parquímetro em dezembro de 1932. Os primeiros 150 parquímetros entraram em funcionamento no dia 16 de julho de 1935. Uma pequena fresta de vidro mostrava um sinal de "livre" ou não. O motorista depositava uma moeda de 1 níquel por uma hora de estacionamento.

PNEU

Ao perder seu emprego como vendedor de ferragens, o inglês Charles Goodyear (1800-1860) passou a dedicar todo o seu tempo e dinheiro em experiências para tornar a borracha um produto mais prático. Goodyear acreditava que a solução era adicionar certas substâncias químicas à goma pura de borracha e encontrar a melhor maneira de secar a mistura. Os vários experimentos deram errado. Goodyear, a mulher e os cinco filhos foram despejados e precisaram contar com a ajuda de parentes para ter onde dormir e o que comer. Ele vendeu até os livros escolares das crianças e chegou a ser preso por não pagar seus credores. Em uma manhã de fevereiro de 1839, Goodyear deu o primeiro passo para sua grande descoberta. Sua mulher detestava o forte cheiro da mistura de goma. Por isso, Goodyear só ousava experimentar suas ideias quando se via sozinho em casa. Em um desses dias, ele mexia uma quantidade de goma de borracha, enxofre e alvaiade quando uma bolha da mistura saltou da panela em que era cozida e caiu sobre a superfície quente do fogão. Quando a massa esfriou e Goodyear foi removê-la, descobriu que ela havia secado de modo perfeito – totalmente emborrachada, consistente e nada grudenta! Ele então descobriu que sua nova borracha "metálica" (ele a chamou de metálica por causa do chumbo na mistura) era mais elástica, resistente ao calor e ao frio, e menos quebradiça. Goodyear terminou sua criação em 1844 e chamou o processo de "vulcanização", em homenagem ao deus do fogo romano, Vulcano.

A partir daí, Goodyear começou a pesquisar uma forma de adaptar tiras de borracha às rodas de madeira ou metal. Embora tenha feito essa descoberta, ao morrer, Goodyear deixou uma dívida de duzentos mil dólares.

Outro inglês, o engenheiro civil Robert William Thompson, registrou a patente de uma roda oca de borracha, cheia de ar ou crinas de cavalo. Em 1845, ele colocou rodas de borracha em um carro puxado por cavalos. Era uma ideia para diminuir os solavancos que o calçamento desigual provocava nos veículos.

Sem saber da ideia de Thompson e que ela não tinha vingado, o veterinário escocês John Boyd Dunlop (1840-1921), radicado na Irlanda, resolveu melhorar o desempenho da bicicleta de seu filho. Em 1888, bolou o pneumático, como foi inicialmente chamado. Ele tinha um revestimento exterior de borracha e uma câmara interior que se enchia de ar por meio de uma válvula. A "roda de ar" deixou de ser um acessório extravagante e passou a ser usada em quase todos os veículos. André e Edouard Michelin foram os primeiros a usar pneus em veículos motorizados, em 1895.

POR QUE SE USA A PALAVRA "ESTEPE" PARA O PNEU RESERVA?

De acordo com o dicionário Michaelis, o termo vem da palavra inglesa *step*, uma abreviação de Stepney, que era o nome da rua em que se localizava a oficina que fabricou as primeiras rodas sobressalentes, a Stepney Motor Wheel Co. O estepe foi criado pelos irmãos Walter e Tom Davies, em Pembrokeshire, País de Gales. A invenção foi patenteada em 1902 e era exportada para o mundo inteiro. A empresa fabricava cerca de duas mil rodas reservas por mês.

PONTE

A primeira ponte de toras de madeira amarradas com cordas foi construída sobre as margens do rio Eufrates, na Babilônia, por volta de 700 a.C. Em 50 a.C, Júlio César fez uma ponte de 420 metros no rio Reno. A obra demorou dez dias para ser concluída. Uma das pontes mais antigas é a que cruza as cataratas do Niágara. Ela foi construída em 1855 por John Roebling e naquela época era considerada a última maravilha do mundo.

 Inventor tem cada uma

CARRO QUE ESTACIONA SOZINHO
Desenvolvido pelo engenheiro mecânico Sadek Alfaro, da Universidade de Brasília, em parceria com a Fiat e uma entidade francesa, o carro tem 16 sensores de ultrassom. Acionados pelo motorista, eles determinam a distância dos elementos externos pela velocidade do som.

SEMÁFORO

O semáforo não foi criado originalmente como um sistema de controle de tráfego, mas sim como um código de sinais. Foram os antigos gregos que, com a palavra semáforo (*sema*, "sinal", e *phoros*, "que leva"), designaram um sistema de sinais utilizado para transmitir mensagens de um lugar para outro, por meio de tabuletas. Como dispositivo de controle de tráfego, antecedeu até a massificação dos veículos motorizados. O primeiro semáforo foi instalado na cidade de Boston, nos Estados Unidos, em 1840. O nome do inventor é desconhecido. Baseava-se em um sistema de braços mecânicos, que movimentava duas plaquetas nas quais se podia ler *GO* (vá) ou *STOP* (pare), permitindo ou proibindo o movimento dos veículos.

> O sistema de luzes apareceu pela primeira vez em um semáforo para travessia de pedestres em frente do Parlamento inglês em 1868. Foi na cidade de Cleveland, nos Estados Unidos, que o primeiro semáforo de luzes (vermelha e verde) apareceu para cuidar do fluxo de carros, em 1914. A cor amarela seria incluída quatro anos depois em Nova York.

TÚNEL
Os egípcios cavaram quilômetros de túneis durante a construção das pirâmides, em 3000 a.C. Os engenheiros romanos eram habilidosos para escavar muros dentro de montanhas, prática precursora do moderno sistema metroviário.

NO AR

AVIÃO
O 14-Bis, uma engenhoca de bambu revestida de linho, tinha 12 metros de envergadura e 10 metros de comprimento, com uma hélice instalada na ré e um motor Antoinette de 50 cavalos. No dia 23 de outubro de 1906, depois de uma corrida de 100 metros, ele levantou voo diante de uma comissão do

Aeroclube da França. O conjunto pesava 160 quilos. Foi um voo de 60 metros, a uma altura entre 2 e 3 metros (depois o avião desabou desajeitadamente no chão), sobre os campos de Bagatelle, em Paris. Deslumbrados, os membros da comissão esqueceram de cronometrar o tempo de voo. O brasileiro Alberto Santos Dumont (1873-1932) precisou repetir a proeza. No dia 12 de novembro, ele voou 220 metros, a uma altura de 4 metros, em 21 segundos. O avião recebeu esse nome porque, para testar seu equilíbrio, em julho de 1906, Santos Dumont o acoplara ao Balão nº 14.

Quando leu, ainda na infância, *A volta ao mundo em oitenta dias*, de Júlio Verne, Santos Dumont sonhou em voar. Em 1897, ele subiria pela primeira vez em um balão, em Paris. Gostou tanto da experiência, que projetou e encomendou seu próprio balão, batizado de "Brasil". Sua ideia, a partir de então, era combinar um balão com motor a explosão e conduzir o aparelho, em vez de deixar que o vento o levasse. Aperfeiçoou um pequeno motor a gasolina e o instalou no novo balão, em forma de charuto, o SD-1. Em 18 de setembro de 1898, ele tentou subir com o balão contra o vento e bateu nas árvores. Seguiram-se outros balões, cada um com uma inovação. O SD-5 explodiu ao colidir com um telhado, mas o brasileiro escapou ileso. Só o SD-8 jamais existiu. Supersticioso, Santos Dumont abominava o número oito e as notas de 50 francos. Para abrigar seu invento, Santos Dumont construiu em St. Cloud, na periferia de Paris, um enorme galpão. Era o primeiro <u>hangar</u> da história da aviação.

Depois de algumas experiências com o SD-15, com o qual pretendia vencer uma prova de voo de 1 quilômetro em circuito fechado, Santos Dumont construiu seu terceiro e último avião, o *Demoiselle* ("senhorita", em francês), o primeiro monoplano. Era oito vezes menor que o 14-Bis e pesava 120 quilos, incluindo também o piloto. Com esse avião, ele se divertiu pousando nos parques dos castelos e em casas de campo.

O voo do 14-Bis

O *Demoiselle*

Como foi a vida de Santos Dumont
O menino Alberto Santos Dumont, sexto filho de Henrique Dumont e Francisca Santos, nasceu em 20 de julho de 1873, no sítio Cabangu, no distrito de Palmira, hoje a cidade que leva o seu sobrenome, em Minas Gerais. Seu pai, filho de imigrantes franceses, era um engenheiro ousado, que rasgou estradas e túneis pelos sertões, antes de se tornar o "rei do café", em São Paulo. Alberto era franzino (sua altura é dada entre 1,52 e 1,58 metro, e pesava 50 quilos) e dono de um temperamento bastante sensível. Usava sapatos de sola grossa e chapéu panamá de copa alta para parecer mais alto. Uma queda deixou o patriarca Henrique paralítico. Em 1891, ele levou toda a família a Paris em busca de tratamento médico. Pouco antes de morrer, naquele mesmo ano, Henrique emancipou os filhos menores (Alberto estava perto de completar 18 anos) e entregou a cada um sua parte na herança. "O futuro do mundo está na mecânica", aconselhou o pai em uma carta.
Santos Dumont foi pioneiro das corridas de automóvel na França. Mesmo antes de inventar o avião, em 1906, ele já era recebido como herói no Brasil. Em 1903, seu navio foi escoltado, ao chegar no Rio, por embarcações embandeiradas. Mas logo ele se fartou de tudo. Não tirou patente de seus inventos. Preferiu entregá-los à humanidade e permitir que outros comercializassem seus aviões. Em 1909, no auge de sua criatividade, ele já se sentia cansado e envelhecido. Começou a perceber os sintomas de uma doença grave, a esclerose múltipla. Nos oito anos seguintes, sofrendo dos nervos, dedicou-se a inúmeras viagens.
Durante a Primeira Guerra Mundial, Santos Dumont ficou preso uma noite numa delegacia francesa, acusado de ser espião alemão. Ficou em estado de choque. Também se sentia culpado pelas mortes causadas por sua invenção. Ao voltar para casa, Santos Dumont queimou todos seus arquivos. Refugiou-se em 1924, em um sanatório da Suíça. Quatro anos depois, no Rio de Janeiro, ele foi convidado para uma homenagem na baía de Guanabara. Um grupo de intelectuais embarcou para o voo inaugural de um hidroavião batizado com seu nome. Mas, em uma de suas manobras, o aparelho tocou com a asa na água, espatifou-se, afundou e matou todos os seus tripulantes. Arrasado, ele declarou: "Quantas vidas sacrificadas por minha humilde pessoa...".
Em 1931, um sobrinho foi buscá-lo e o levou para o hotel de luxo La Plage, no Guarujá, a 70 quilômetros da capital paulista. No dia 9 de julho de 1932, explodia a Revolução Constitucionalista em São Paulo contra o governo de Getúlio Vargas. Santos Dumont não suportou saber que os aviões federais bombardeariam forças paulistas em Santos (SP), bem perto de seu refúgio. No dia 23, seu corpo foi encontrado enforcado com uma gravata no banheiro do quarto do hotel.

QUEM É O "PAI DA AVIAÇÃO"?

Os americanos questionam se o brasileiro Alberto Santos Dumont teria sido realmente o Pai da Aviação. Eles preferem atribuir o feito aos patrícios Wilbur e Orville Wright, que teriam voado pela primeira vez em Kitty Hawk, no estado americano de Ohio, em 17 de dezembro de 1903, quase três anos antes do primeiro voo do 14-Bis. Ninguém testemunhou o voo. Os dois apenas distribuíram uma foto do feito. "Uma foto, o que prova uma foto?", protestava Santos Dumont. No início de 1904, os irmãos Wright convocaram a imprensa, mas o motor falhou e a exibição foi suspensa por dois dias consecutivos. Em 9 de setembro, Wilbur finalmente conseguiu voar. Depois, no dia 14 de novembro, percorreu quase 5 quilômetros em um voo de cinco minutos. Acontece que a aeronave americana não decolava sozinha. Precisava de uma catapulta e de um terreno em declive para ser lançada. Apenas em 1910 é que os irmãos Wright desenvolveram uma aeronave com propulsão.

Santos Dumont — Wilbur Wright — Orville Wright

AVIÃO A JATO

Quando ainda era cadete, em 1930, o piloto inglês Frank Whittle (1907-1996) patenteou a ideia de um motor de propulsão a jato. Em forma de charuto, o motor retirava ar da atmosfera, comprimia-o, aquecia-o pela queima de um combustível e expelia os gases resultantes com força suficiente para produzir um impulso forte o bastante na direção contrária. Mas Whittle não encontrou apoio para levar suas pesquisas adiante. Apenas em 1935, ele formou uma empresa e começou a construir os motores. Quatro anos depois, o Reino Unido assumiu que o motor de propulsão a jato poderia levar os aviões a alturas e velocidades fabulosas. A primeira aeronave com propulsão a jato apareceu em 1941.

● O primeiro <u>avião com banheiro</u> foi o russo Russky Vitiaz, projetado por Igor Sikorski e testado em 13 de maio de 1913. Mas a primeira linha regular com toalete a bordo foi entre Londres e Paris, num avião Handley Page W. 8., inaugurada em dezembro de 1919.

> **HÉLICE**
>
> Grandes rodas propulsoras empurravam os navios a vapor antigamente. O problema é que elas levantavam da água quando o navio se inclinava por causa do mar agitado, além de ser vulneráveis ao fogo inimigo. Em 1827, o engenheiro britânico Robert Wilson (1803-1882) projetou uma hélice que funcionava na popa e era pouco afetada pelo balanço da embarcação. As hélices ficavam mergulhadas na água, mais protegidas de ataque, o que possibilitou a construção de navios de guerra a vapor.

HELICÓPTERO

O gênio italiano Leonardo da Vinci desenhou, em 1480, uma máquina que levantava voo horizontalmente. Ele inspirou o perito em aeronáutica Igor Sikorsky (1889-1972), um americano de origem russa que passou a estudar o assunto em 1908. Há controvérsias sobre os primeiros voos de helicóptero. Ele teria sido realizado pelo francês Étienne Oehmichen, que voou 1 quilômetro em 1924. Outros reconhecem o italiano D'Ascanio como o pioneiro, em 1930. De qualquer modo, os modelos ainda apresentavam problemas. Até que o primeiro avião de Igor, o *Sikorsky VS-300* (1939), viria a ser o projeto definitivo de todos os futuros helicópteros. Era o primeiro helicóptero de rotor único e sua ideia foi acolhida prontamente pelos fabricantes. O veículo podia ser controlado, pairava ao subir e descer verticalmente, além de voar para trás e para os lados. Sikorsky engavetou os planos de produção em massa durante a Segunda Guerra Mundial para trabalhar em outros projetos aeronáuticos. Mas, em 1945, ele imediatamente mergulhou no trabalho de aperfeiçoar seu projeto anterior e conceber naves militares e domésticas, cujos propósitos incluíam operações de socorro e salvamento, além de missões de combate em baixas altitudes.

Dois ancestrais do helicóptero foram: o <u>giroplano</u>, criado pelo francês Louis Breguet, em 1907, e o autogiro, uma espécie de <u>aeroplano</u> munido, na parte superior, de uma hélice que lhe permitia subir e baixar verticalmente, idealizado pelo espanhol Juan de la Cierva, no ano de 1922.

> **QUEM FOI LEONARDO DA VINCI?**
> Leonardo da Vinci (1452-1519) jamais frequentou uma universidade. Por isso, era desprezado nas rodas intelectuais de Florença, na época da Renascença. Mesmo assim, ficou famoso por seus quadros *Mona Lisa* e *A Última Ceia*. Em cerca de seis mil páginas manuscritas que deixou inéditas até sua morte, há a mais fantástica coleção de invenções e soluções de engenharia já imaginadas por um único homem: esboços de helicópteros, submarinos, paraquedas, veículos e embarcações automotores, máquinas voadoras, projetos minuciosos de tornos, máquinas perfuratrizes, turbinas, teares, máquinas hidráulicas para limpeza e dragagem de canais, canhões, metralhadoras, espingardas, bombas, carros de combate, pontes móveis.
> Uma delas — só descoberta muito recentemente — é uma bicicleta muitíssimo superior, em termos de solução de engenharia, às primeiras bicicletas que seriam fabricadas por volta de 1817. O sistema proposto por Da Vinci tinha o pedal ligado a uma roda dentada, que transmite força para a roda traseira por intermédio de correia. A ideia seria adotada no começo do século XX. Sua bicicleta jamais foi construída. O mesmo aconteceu com todos os seus outros inventos, avançados demais para as possibilidades técnicas da época.

PARAQUEDAS
No século XIV, os chineses já faziam experiências desse tipo. O pintor, escultor, arquiteto e cientista italiano Leonardo da Vinci esboçou, em 1514, um "protetor para quedas" de pano. Esse paraquedas primitivo tinha a forma de pirâmide e serviu para Da Vinci estudar aerodinâmica. O químico francês Louis Lenormand ressuscitou esses planos em 1783. Ele saltou de uma enor-

me torre em Lyon, na França, munido apenas de dois guarda-chuvas de 1,5 metro de diâmetro, um em cada mão. Sobreviveu. Dois anos depois, outro francês, François Blanchard, obrigou um amedrontado cachorro a saltar de seu balão num cesto amarrado a um protótipo de paraquedas.

Mas o primeiro ser humano a saltar, com sucesso, de um paraquedas de verdade foi o balonista francês André Jacques Garnerin (1769-1823). No dia 22 de outubro de 1797, ele saltou de paraquedas de uma altura de 914 metros e aterrissou, são e salvo, no parque Monceau, em Paris, para alívio da multidão que o observava. Passou a se exibir em vários países. Repetiu a façanha na Inglaterra em 1802, saltando de 2.438 metros de altura. O paraquedas parecia um enorme guarda-chuva, feito de lona branca e medindo aproximadamente 7 metros de diâmetro. Os saltos eram feitos de balões de ar quente.

> No Brasil, o primeiro salto só ocorreu em 1890, executado pelo americano Spencer Stanley, em São Paulo. O primeiro homem a pular de um avião foi o capitão Albert Berry, do Exército dos Estados Unidos, em 1912.

NOS TRILHOS

LOCOMOTIVA
Em 21 de fevereiro de 1804, a primeira locomotiva a vapor fez o percurso entre Penydaren e Abercynon, no País de Gales. Concebida por Richard Trevethick, tinha sido construída em 1803. No ano de 1837, uma primeira locomotiva elétrica foi construída na Inglaterra por Thomas Sturgeon.

METRÔ
Metrô é a abreviatura de *metropolitano*, o sistema de transporte que utiliza trens que andam principalmente através de túneis subterrâneos. Três descobertas deram impulso ainda maior ao metrô: a perfuratriz a vapor, inventada em 1835 (e que passou a ser movida a ar comprimido em 1861); a pá mecânica

ou escavadora, também acionada a vapor, no início; e a dinamite, inventada em 1867. Dispondo de toda essa tecnologia – que na época era avançadíssima –, os ingleses inauguraram o primeiro metrô do mundo em 10 de janeiro de 1863, com trens a vapor. A linha tinha 6,4 quilômetros. Os trens elétricos entraram em operação somente em 1890.

Em 6 de setembro de 1972, em homenagem ao sesquicentenário da nossa Independência, o primeiro trem protótipo do Metrô de São Paulo funcionou experimentalmente. Mas ele só começaria a operar em 16 de setembro de 1974. O metrô do Rio de Janeiro entrou em funcionamento no dia 5 de março de 1979.

O engenheiro alemão Ernst Werner von Siemens (1816-1892) construiu o primeiro bonde elétrico em 1881. A eletricidade vinha direto dos trilhos, o que acabava causando choques em pedestres e cavalos. O sistema de cabos suspensos para bondes foi criado pelos americanos Leo Daft e Charles J. van Depoele oito anos depois.

PELOS MARES

BARCO E NAVIO

Apesar de não ter origem totalmente definida, os historiadores concordam que os barcos devem ter surgido por volta de 6000 a.C., da necessidade de o homem atravessar pequenos trechos de água. Uma tora de madeira escavada foi a forma primitiva de embarcação, seguida por toras amarradas com cânhamo, como uma balsa. Diminuindo o peso com a utilização de galhos flexíveis e couro ao invés de troncos, o homem aprendeu que a embarcação se tornava mais veloz. O primeiro remo foi à mão, ao longo do tempo substituído por pedaços de madeira. Segundo desenhos encontrados em escavações, as primeiras grandes embarcações devem ter surgido no Egito, por volta do ano 5000 a.C., ao longo do rio Nilo. Foram os egípcios também que descobriram a navegação a vela, com mastros feitos de ramos duplos, formando molduras onde as velas eram atadas. Normalmente quadradas, as velas eram feitas de papiro ou algodão. Por volta de 2000 a.C., os gregos também usavam navios no comércio entre regiões. Os navios de guerra egípcios são anteriores aos vikings e o navio de vários mastros surgiu na China antiga.

FAROL

Os faróis surgiram da necessidade de orientar os marinheiros durante as navegações. Suas luzes informavam o caminho do porto ou a posição no mar. Os primeiros faróis eram torres baixas e iluminadas por madeira ou carvão em chamas. Um farol bem conhecido dos navegadores funcionava no Cabo Sigeum, em Helesponto, no século VII a.C. O farol mais famoso foi o de Alexandria, que existiu a partir do século III a.C e foi considerado uma das sete maravilhas do mundo antigo.

Inventor tem cada uma

BOIA BICICLETA
Em 1895, o francês François Barathon aproveitou a invenção da bicicleta para fazer um modelo de salvamento em caso de naufrágio. O náufrago sentava-se sobre um saco de borracha, que revestia um disco de metal, e movia dois tipos de manivelas, um com as mãos e outro com os pés. Por sua vez, as manivelas acionavam hélices que mantinham o aparelho estável e o impulsionavam para a frente.

JANGADA
Por volta de 6000 a.C, o homem aprendeu a amarrar pedaços de madeira para formar jangadas, que flutuavam nas superfícies de águas calmas. Usando as mãos como remos, era possível até mesmo atravessar pequenos rios ou riachos.

Invenções que não desencantaram

JANGADA DE PLÁSTICO
Surgiu nas praias pernambucanas nos anos 1970. O industrial José Vítor de Araújo gostava de pescar, mas não conseguia levar uma jangada na sua Kombi. Daí veio a ideia. Sua jangada de plástico tinha 5 metros de comprimento, pesava 70 quilos, contra os 400 de uma jangada tradicional.

SUBMARINO

Muitos homens acalentaram a ideia de construir um veículo submarino para viagens ao fundo do mar. Quase no final de sua vida, acreditando que grandes inundações varreriam a humanidade da superfície da Terra, Leonardo da Vinci esboçou projetos de um veículo capaz de viajar sob a água. Mas a proeza de tornar esses sonhos realidade coube ao inventor holandês Cornelius Jacobszoon Drebbel (1572-1633). Ele preparou o caminho para um dos mais refinados exemplos de tecnologia marítima ao inventar o submarino, em 1620.

Drebbel utilizou projetos desenhados em 1578 pelo matemático e escritor naval britânico William Bourne. Seu primeiro submarino possuía um casco externo impermeável, feito de couro engraxado e esticado sobre uma armação de madeira, e remos que se estendiam pelas laterais, proporcionando um meio de propulsão tanto na superfície como abaixo dela. Um dos primeiros passageiros a testar o novo barco de Drebbel foi o rei James I, da Inglaterra, o qual desceu com Drebbel a uma profundidade de aproximadamente 4,5 metros por vários minutos. Encantado com a experiência, o rei não falou de outra coisa por muitos dias, fazendo os submarinos logo se tornarem o assunto mais discutido da sociedade de Londres, e a mais séria preocupação da maioria dos cientistas navais.

Em 1727, 14 patentes de submarinos haviam sido concedidas apenas na Inglaterra. Entre elas se encontrava um projeto engenhoso de um inventor desconhecido, cujo submarino foi o precursor dos tanques de lastro. Bolsas de pele de cabra eram acopladas ao casco, sendo cada uma delas conectada a uma abertura no fundo da nave. Quando o barco submergia, as bolsas recebiam água e puxavam o barco para baixo; quando era necessário voltar à superfície, um eixo de rotação forçava a água para fora das bolsas. No ano de 1776, o americano David Bushnell construiu o primeiro submarino para ser usado como arma de guerra. Foi o *Turtle*, utilizado numa tentativa frustrada de colocar uma bomba de pólvora em um navio inglês, durante a Guerra de Independência americana.

Em 1955, os Estados Unidos lançaram o primeiro submarino nuclear, o *Nautilus*, com um alcance subaquático ilimitado em uma velocidade máxima de vinte nós.

ESCAFANDRO

O escafandro foi patenteado pelo francês Cabriol em 1862. Era basicamente como o de hoje: um capacete e uma roupa impermeável, ambos completamente vedados à água. O ar era bombeado de uma embarcação por meio de um tubo ligado ao escafandro. Outro tubo recolhia o ar expelido pelo escafandrista.

Ao invento de Cabriol acrescentou-se depois um "pulmão aquático" (*aqualung*, em inglês), inventado pelos franceses Jacques-Yves Costeau (1910-1997) e E. Gagnan no início da década de 1950. Com ele, o homem pode submergir e mover-se livremente debaixo da água. Esse pulmão aquático é uma espécie de garrafa contendo ar comprimido, que é respirado pelo mergulhador. E tem um dispositivo especial que lhe dá a pressão necessária para enviar o oxigênio ao mergulhador. Em geral, o homem leva o pulmão aquático nas costas, em seus passeios pelo mundo submarino.

Inventor tem cada uma

MALA SALVA-VIDAS

Para resgatar náufragos, o alemão Krenkel criou a mala salva-vidas em 1880. Ela possuía placas circulares na tampa e na base, que deveriam ser retiradas para a colocação de borrachas vedantes. Depois, era só ajustar a mala em volta do corpo e flutuar.

PERISCÓPIO

A invenção do periscópio é atribuída ao russo Stefan Drzewiecki (1844-1938), em 1863, mas o primeiro deles foi construído pelo italiano Angelo Salmoiraghi, em 1894. O nome periscópio vem do grego *periskopein*,  que significa "ver em volta". Consiste em um tubo de aço dotado de uma combinação de lentes, prismas e espelhos que captam a imagem exterior e a levam até uma espécie de binóculo giratório localizado no interior do submarino.

TURBINA

O engenheiro francês Benoit Fourneyron (1802-1867) construiu, em 1827, uma turbina que desenvolvia 6 cavalos de força. Anos depois, desenvolveu outra de 50 cavalos. A palavra vem do latim *turbo*, que significa girar.
A turbina a vapor foi inventada em 1884 pelo engenheiro inglês Charles Algernon Parsons (1854-1931). Ele construiu um aparelho para movimentar navios. As embarcações passaram a atingir altas velocidades.

7

Roupas e acessórios

Vista-se mal e notarão o vestido.
Vista-se bem e notarão a mulher.

COCO CHANEL
(1883-1971), estilista

MODA PRAIA E VERÃO

BERMUDA
O arquipélago das Bermudas era um balneário muito popular para férias nas décadas de 1930 e 1940. Apesar do calor, as leis locais naquela época não permitiam que as mulheres mostrassem as pernas. Aí surgiu a moda dos *shorts*, que chegavam quase aos joelhos.

BIQUÍNI
No dia 1º de julho de 1946, os Estados Unidos inauguraram os testes nucleares em tempo de paz ao lançar uma bomba atômica sobre o atol de Bikini, no Pacífico. Os preparativos e a explosão do engenho, semelhantes às que arrasaram as cidades japonesas de Hiroshima e Nagasaki, ao fim da Segunda Guerra Mundial, despertaram grande interesse em toda parte. Por esse motivo, o estilista francês Louis Réard (1897-1984) aproveitou o nome do atol para batizar sua mais recente e explosivamente ousada criação: um escassíssimo maiô de duas peças. Tão ousada que as modelos profissionais se recusaram a vestir a novidade para sua apresentação. Réard teve de recorrer a Micheline Bernardini, *strip-teaser* do Cassino de Paris.
Dois outros modelos de biquíni ficaram bastante famosos no Brasil: a tanga nos anos 1970 e o fio dental nos anos 1980.

Louis Réard

💡 Inventor tem cada uma 💡

GUARDA-SOL BRONZEADOR
Seu tecido filtra a luz solar, barrando os raios ultravioleta do tipo A – causadores do câncer de pele – e deixando passar apenas os B, que bronzeiam com menos riscos para a saúde.

ROUPA DE BANHO
No século V a. C., as romanas usavam trajes de duas peças, feitos de linho ou de lã, para praticar esportes. Mas a origem da roupa de banho como peça do vestuário é de meados do século XIX. Antes disso, quem desse um mergulho usava uma roupa de baixo ou simplesmente ficava nu. Médicos europeus começaram a receitar, por volta de 1800, banhos terapêuticos. A cura, diziam, estava nas "águas" minerais, das fontes ou do mar. Milhares de europeus seguiram a ordem. Mas era preciso encontrar uma roupa de banho adequada. As mulheres, por exemplo, usavam uma roupa de flanela ou tecidos similares, com um corpete bem justo, gola alta, mangas até os cotovelos e uma saia até os joelhos, debaixo da qual ainda haviam *bloomers* (calças até os joelhos), meias escuras e sapatos baixos de lona. Molhada, a roupa de banho chegava a pesar tanto quanto a banhista. Existiram casos de banhistas que, com as roupas tão encharcadas, foram levadas pela correnteza. A roupa masculina era só um pouco menos pesada e perigosa. Essas peças de vestuário eram exclusivamente "para banho".

As roupas leves, próprias para nadar, vieram depois. Um pouco antes da Primeira Guerra Mundial, o maiô justo de uma peça se tornou popular – embora tivesse mangas e chegasse até os joelhos. O modelo das mulheres também comportava uma saia. A revolução do maiô foi obra de um dinamarquês chamado Carl Jantzen, sócio de uma tecelagem em Oregon, nos Estados Unidos. A fábrica produzia uma linha de suéteres de lã, meias, gorros e luvas. Jantzen estava fazendo testes com uma máquina de tecelagem em 1915, tentando produzir um suéter de lã mais leve e mais justo, com elasticidade especial, quando desenvolveu um ponto de tricô mais elástico. Um amigo da equipe náutica de Portland lhe pediu que fizesse um traje atlético com a novidade, e assim nasceram as modernas roupas de banho.

MISS UNIVERSO

O concurso Miss America, criado em 1920 e disputado até hoje em Atlantic City, foi o responsável pelo surgimento do Miss Universo. Em 1950, a eleita Yolande Betheze se negou a posar com os maiôs Catalina, um dos patrocinadores. A empresa decidiu, então, criar o seu próprio concurso. Inicialmente, ele iria se chamar Miss United Nations, numa associação entre a prefeitura de Long Beach, Califórnia, e os maiôs Catalina. Quando os Estúdios Universal entraram no negócio, o título foi mudado para Miss Universo, nome de uma antiga disputa não-oficial que acontecia no Texas, na década de 1920. O primeiro Miss Universo aconteceu no verão de 1952, com a presença de 39 americanas e 29 estrangeiras. A vencedora foi Armi Helena Kuusela, da Finlândia, que recebeu um contrato para trabalhar na Universal.

O primeiro concurso de Miss Brasil foi realizado em 1922 e vencido pela paulista Zezé Leone. Antes, em 1900, Bebê Lima Castro havia ganho o título de "a mais bela moça do Rio de Janeiro". Para muitos, porém, a nossa primeira miss teria sido uma dançarina francesa de 18 anos, chamada Aymée, descrita numa crônica de Machado de Assis publicada no *Diário do Rio*.

Armi Helena Kuusela

MODA MASCULINA

CALÇA

A calça vem sendo usada pelo homem desde a Antiguidade. O bolso só foi aparecer por volta de 1500. A <u>braguilha</u> surgiu pela primeira vez em 1534. A princípio, era uma espécie de bolso que ficava na parte da frente da calça. A braguilha só ganharia a forma atual com Louis-Phillippe, rei da França entre 1830 e 1848. As pantalonas (calças compridas com bocas largas) começaram a surgir no início da década de 1800.

CAMISA

A camisa masculina surgiu por volta de 1500 na Europa. O colarinho destacável e engomado para camisas masculinas foi inventado nos Estados Unidos na década de 1820. No final da Primeira Guerra Mundial, a empresa americana Arrow estava fabricando mais de quatrocentos tipos diferentes de colarinho. Nos anos seguintes, como a procura por colarinhos destacáveis andava caindo, a Arrow lançou uma camisa já com colarinho, pré-encolhida e anatomicamente cortada. Depois da Segunda Guerra, a mesma Arrow ajudou a popularizar as camisas coloridas.

♦ A blusa surgiu mais tarde, na segunda metade do século XIX. Era folgada, com colarinho alto, mangas compridas e punhos justos.

GRAVATA

As primeiras gravatas surgiram em Roma, no século I a.C. Nos dias mais quentes, os soldados romanos, para se refrescar, usavam a *focale*, uma espécie de cachecol úmido amarrado ao pescoço. Apesar de muito prática, a gravata romana não virou moda. A gravata moderna teve de esperar mais de 18 séculos para cair no gosto popular e também está associada a outro costume militar. Em 1668, um regimento de mercenários croatas a serviço da Áustria apareceu na França usando cachecóis de linho e de musselina. Os franceses, com sua característica preocupação com o vestuário, adoraram o cachecol iugoslavo e logo começaram a aparecer em público – homens e mulheres – usando gravatas. Eram modelos de linho ou de renda, com nós no centro e longas pontas soltas. Os franceses passaram a chamar seus lenços de pescoço de *cravate* ("gravata", em português) porque em francês essa palavra significa também croata.

♦ A gravata-borboleta pode também ter se originado entre os homens da Croácia. Elas eram feitas com um lenço quadrado, dobrado na diagonal, amarrado com um nó em forma de laço e preso com uma corda em volta do pescoço.

Invenções que não desencantaram

CHÁPEU AUTOLEVANTÁVEL
Era comum um homem erguer seu chápeu para saudar uma senhora. Mas isso causava certos incômodos quando o homem estava, por exemplo, carregando muitos embrulhos. Em 1896, o americano James Boyle inventou um chápeu que se levantava sozinho. O seu portador precisava apenas inclinar a cabeça, acionando assim um mecanismo de relógio colocado na copa do chápeu.

SMOKING

Em 1886, Eduardo VII era apenas o príncipe de Gales e tinha 41 anos (ele se tornaria rei entre 1901 e 1910). Saturado das incômodas abas traseiras de fraques e casacas, que lhe davam um certo jeito de pinguim, ele pediu a seu alfaiate que lhe confeccionasse um traje de cerimônia sem abas atrás. Anos depois, o traje ganhou o nome de *dinner jacket* (paletó de jantar) e *smoking jacket*, porque os varões ricos adoravam se encontrar depois do jantar para tomar licor e dar baforadas em cigarros e charutos. Os americanos atribuem a invenção a Pierre Lorillard IV, um dos magnatas do fumo, no ano de 1896.

♦ O *blazer* foi invenção de um capitão inglês que fazia questão de que todos os tripulantes do *H. M. S. Blazer* vestissem japonas azuis, com botões de metal. Quem também teve um pai fardado foi o pulôver de cardigã. Ele foi usado por oficiais do exército britânico durante a Guerra da Crimeia, em 1864. Recebeu esse nome em homenagem ao sétimo conde de Cardigan, James Thomas Brudenell (1797-1868).

SUSPENSÓRIO
Criado para segurar calções masculinos no século XVIII, o suspensório era feito de cordão ou de tiras de tapeçaria. No final do século XIX, passaram a ser usados outros materiais: lona, algodão, borracha e veludo. Em 1896, a americana Laura Cooney transformou o suspensório em duas tiras unidas nas costas e presas à calça por botões.

TERNO
O terno masculino surgiu na França, no século XVIII. Era moda utilizar paletó, colete, camisa e calça feitos com diferentes tecidos, padrões e cores. O corte era largo e o terno foi pensado como um vestuário de campo informal, conhecido como "roupa de descanso". Como essas roupas também eram utilizadas para andar a cavalo, os alfaiates faziam uma fenda atrás no paletó – a origem das aberturas encontradas nos ternos atuais. Apenas em 1860 todos os componentes de um terno passaram a ser confeccionados com o mesmo tecido.

NA INTIMIDADE

CAMISOLA E PIJAMA
No final do século XVI, quando corpetes, roupas com várias camadas de tecido e perucas estavam em moda, tornou-se um luxo para homens e mulheres no fim do dia vestir algo mais confortável. Naquela época, o termo "camisola" surgiu na Europa para descrever um vestido unissex comprido, abotoado na frente, com mangas longas. Pelos 150 anos seguintes, homens e mulheres utilizaram a mesma peça básica para dormir, com diferença apenas nos enfeites femininos, como laços, fitas e bordados.

A diferença de gênero nos estilos começou no século XVIII, com o surgimento do *négligé* para as mulheres. Era uma peça mais justa, de seda ou brocado, com enfeites ou laços, geralmente acinturada. Servia para dormir e também como roupa informal para usar em casa. A versão masculina, que nasceu na mesma época, foi o <u>robe de chambre</u>.

Mais recentemente, o homem passou a relaxar com calça e camiseta de dormir. Um tipo popular de calça de descanso foi importado da Pérsia. Mais largo, era chamado de pijama (derivado da palavra persa *pae*, "artigo para as pernas", e *jama*, "roupa"). A camiseta de dormir e as calças persa acabaram criando o pijama como o conhecemos hoje.

O <u>*baby-doll*</u> foi lançado na década de 1950. Acabou sendo popularizado pelo filme *Boneca de carne (Baby doll)*, de 1956.

CINTA-LIGA

Desde seu surgimento, ainda na Idade Média, a peça está ligada à ideia de sedução. No início, apareceu na forma de fitas que tinham como inocente objetivo sustentar as meias para que não caíssem. Na metade do século XIX, com as meias passando a ser usadas acima dos joelhos, as cintas-ligas ganharam o formato atual.

MEIAS

As primeiras meias foram utilizadas pelas mulheres gregas por volta de 600 a.C. Na verdade, elas eram um sapato baixo, tipo sandália, que cobria principalmente os dedos dos pés e os calcanhares. Chamados *sykhos*, eram considerados um artigo vergonhoso para ser usado pelo homem e tornaram-se uma das vestimentas para teatro cômico favoritas, garantindo o riso quando um ator masculino as usava. As mulheres romanas copiaram o *sykhos* e latinizaram seu nome para *soccus*. De Roma, a *soccus* de couro macio viajou para as ilhas britânicas, onde os anglo-saxões descobriram que uma daquelas bem macia dentro de uma bota protegeria os pés de arranhões. Estava, assim, a caminho de se tornar a meia moderna.

> A meia-calça foi uma invenção usada inicialmente pelos homens. Na Antiguidade, os povos do Mediterrâneo vestiam saiotes e não precisavam se preocupar em proteger as pernas, porque a região era bastante quente. No Norte da Europa, onde fazia frio, as tribos germânicas cobriam da cintura até os tornozelos. O exército de Júlio César, no século I a.C., também usava esse tipo de proteção quando partia para conquistas. Ao longo dos séculos, a proteção se estendeu dos tornozelos para os pés, e a meia-calça estava inventada.

ROUPA DE BAIXO

Antes do século XIX, a roupa de baixo era apenas um camisão largo e algum tipo de calção. Feita para não ser vista por ninguém a não ser o usuário, a peça de baixo tinha pouca importância. A única exceção foi durante o período em que a cintura e o busto da mulher eram apertados e aumentados. O corpete acabou sendo criado para dar o tal efeito aerodinâmico. Os historiadores da moda registram uma grande

mudança nas roupas de baixo por volta de 1830. Elas tornaram-se mais pesadas e mais compridas – e praticamente obrigatórias. Não usar roupa de baixo significava falta de asseio. Os médicos também alertavam sobre os perigos de ficar com o "corpo resfriado". As roupas de baixo eram brancas, normalmente engomadas, e feitas de cambraia branca, de chita grossa ou flanela. Em 1860, as roupas de baixo das mulheres começaram a ganhar sensualidade e, vinte anos depois, a seda conquistou seu espaço.

♦ A <u>anágua</u> era uma peça usada sob a camisa masculina que chegava até a altura dos quadris. Na Idade Média, ela se transformou em peça feminina. Como a moda substituiu essa peça pela camisa íntima, a anágua alongou-se e converteu-se em saia de baixo, amarrada em volta da cintura com fitas ou tiras.

 Inventor tem cada uma

CUECA DESCARTÁVEL
Em uma tarde do ano 2000, o desempregado Luiz Carlos Jorge, de Carapicuíba (SP), acabou de trocar a fralda do filho Mateus, de oito meses, e foi tomar uma chuveirada. Saiu do banho, procurou por uma cueca na gaveta e nada. "Umas estavam lavando e outras para passar", conta. Imediatamente lembrou-se das fraldas do filho e teve o estalo: "Rapaz, já pensou uma cueca descartável, que troço prático?!" No dia seguinte, rabiscou um modelo no papel, comprou material e pediu para uma irmã costureira fazer um protótipo. Ela fez – de tecido não tecido (TNT), aquele usado nos saquinhos de lixo dados como brinde nos lava-rápidos. O *design* é simples: formato de sunga, com elásticos na cintura e nas pernas. Enquanto aguarda resposta do Instituto Nacional de Propriedade Intelectual, vai fazendo *test-drives*. "Uso a cueca descartável sempre que preciso e garanto que ela é bastante durável", diz. Ué, mas não é para usar e jogar fora? "É, mas ela aguenta umas quatro lavadas."

Inventor tem cada uma

CUECA À PROVA DE BALA
Desenvolvida pelo Instituto de Pesquisa de Aço de Moscou, fundado em 1942 para desenvolver blindagem de tanques. Os calções de náilon recebem sete placas de aço, que pesam quase 10 quilos. Elas protegem a parte de baixo do estômago e as coxas. Podem desviar a bala de uma pistola disparada a apenas 5 metros.

SUTIÃ

Apesar de existirem referências a tipos de sutiãs, que modelavam os seios sem cobri-los, na ilha grega de Creta, em 2500 a. C., os méritos da invenção ficaram para a francesa Herminie Cadolle. Em 1889, essa fabricante de roupas resolveu rasgar o espartilho (descendente do corpete, criado no século XV) ao meio e criou a peça. Somente em 1913 a *socialite* americana Mary Phelps Jacobs (pseudônimo de Caresse Crosby) aperfeiçoou o modelo, usando dois lenços, um pedaço de fita cor-de-rosa e um pouco de cordão, tornando-o mais próximo do que é hoje. Mary vendeu o seu "sutiã sem costas" a uma fábrica de roupas femininas, controlada pelos irmãos Warner, por 15 mil dólares. Os Warner lançaram ainda cinta-calças (1932), sutiãs em forma de taça (1935) e *collants* de lycra (1961).
O sutiã com armação apenas na parte de baixo, para erguer o busto, foi uma criação do milionário americano Howard Hughes, na década de 1940.

STRIP-TEASE

O primeiro *strip-tease* aconteceu em 11 de março de 1893, no Baile das Quatro Artes, no cabaré Moulin Rouge, na cidade de Paris. Uma dançarina conhecida apenas como *mademoiselle* Mona tirou a roupa diante de estudantes. Tudo começou com um concurso para saber que mulher tinha as pernas mais bonitas. Aos poucos, a disputa começou a ficar mais quente, com as meninas mostrando joelhos, coxas, ombros... Até que Mona subiu em uma mesa e se despiu por inteiro. Ela foi presa e multada em cem francos, o que gerou um grande protesto tanto dos frequentadores da casa de shows como dos guardiões da moral. Em pouco tempo, os empresários da noite perceberam que a ousadia da dançarina era um atrativo a mais.

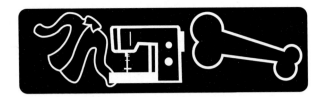

NOS BASTIDORES

AGULHA
Na era paleolítica (primeiro período da Idade da Pedra), as roupas eram feitas de peles costuradas com o couro de animais. Faziam buracos nas peles e, para costurá-las, usava-se um instrumento parecido com a nossa agulha de crochê, feito de ossos. O aperfeiçoamento só viria na Idade Média, com a agulha de ferro. Ela surgiu no século XVI, na Inglaterra. Entretanto, a costura continuou sendo feita à mão, ou em velhas máquinas de tecer. Por fim, no século XVIII, a agulha teve sua capacidade multiplicada com a invenção da máquina de costura.

 Inventor tem cada uma

AGULHA PARA CEGOS
A diferença é que a linha não é enfiada, mas encaixada na agulha.

ALFINETE DE SEGURANÇA
O alfinete já era conhecido por volta do ano 2000 a.C., na chamada Idade do Bronze. Na Antiguidade, as vestimentas não eram costuradas. A roupa consistia em um grande pano que envolvia todo o corpo e era preso no peito ou no ombro. O alfinete reto já era usado pelos sumérios, mas uma ideia simples e genial o aperfeiçoou. Ele foi dobrado e teve sua ponta protegida e presa em um aro. Os primeiros alfinetes de gancho eram de bronze ou de ferro; depois foram embelezados com marfim, coral, pérolas e ouro.

BOTÃO
Existia provavelmente desde 3000 a.C. Foi desenterrado, no vale do Indo, um amuleto de concha, furado com dois buracos, que poderia ter servido de botão. Mil anos depois, as populações da Escócia e do Norte da Inglaterra fabricavam botões de um material chamado azeviche. Os botões reapareceram no fim

da Idade Média, tanto para segurar quanto para decorar as vestimentas. Eles eram de prata ou de metal dourado. No século XIV, passaram a ter uma função prática, e o material de que eram feitos se diversificou: metais preciosos, cobre, cristal ou ainda vidro e tecido. O botão só se tornaria popular no século XVIII, devido ao barateamento dos custos, quando sua fabricação em escala industrial teve grande desenvolvimento. A partir de meados do século XIX, conchas, madrepérola, vidro preto, aço e latão trabalhados e chifre moldado costumavam ser usados para fazer botões, que já haviam se tornado parte integrante do desenho de moda.

> Em 1807, o dinamarquês Bertel Sanders inventou o botão de pressão, que unia dois discos de metal que podiam prender ao mesmo tempo qualquer tecido.

CABIDE

Surgiu na França do século XVII. A corte de Luiz XV, com seus refinamentos, precisava de um objeto que ajudasse a manter suas suntuosas roupas impecavelmente esticadas e organizadas. Criou-se então o cabide. Antes feito ricamente em ouro e pedras preciosas com a denominação de "cruzeta", ele acompanhou o desenvolvimento de materiais e se popularizou.

FERRO DE PASSAR

Desde o século IV os chineses utilizam uma espécie de panela de latão contendo brasa, manipulada por meio de um cabo, para alisar roupas. No Ocidente, o precursor do ferro de passar foi o alisador, feito de madeira, de vidro ou de mármore, usado sempre a frio, porque até o século XV o hábito de engomar impedia qualquer trabalho a quente. Os mais antigos ferros de passar dificilmente remontam a um período anterior ao século XVI. Quanto à referência ao ferro de passar, ela só se dá no século XVII. Sucedem-se o ferro de jogar (jogado no fogo), o ferro a brasa e, finalmente, no século XIX, o clássico ferro de lavadeira, que se punha a esquentar nos fogões. Na mesma época, apareceram outros meios de aquecimento, que não o carvão: ferro a água quente, a gás, a álcool. O ferro de passar elétrico foi uma invenção do americano Henry W. Seely, patenteado em 1882. Em 1926, apareceria pela primeira vez o ferro de passar a vapor.

Inventores brasileiros

ROUPA FLUTUANTE
A roupa idealizada por André Cateysson, registrada em 1904, era confeccionada em guarnições tubulares, pneumáticas ou cheias de pedacinhos de cortiça.

LAVADORA DE ROUPAS
Em viagens marítimas, as pessoas colocavam as peças de roupa suja em uma sacola, que era atirada ao mar. A sacola era arrastada por horas. O princípio era simples: forçar a água passar pelas roupas e, assim, remover a sujeira. No começo do século XIX, as mulheres europeias punham a roupa suja em uma caixa de madeira, que tinha uma manivela que a fazia girar. O conceito do tambor rotativo acabou sendo levado às máquinas de lavar roupa. As primeiras máquinas elétricas, em que um motor rodava a tina, apareceram na Inglaterra e nos Estados Unidos, em 1915. Por muitos anos, o motor não ficava protegido e a água que frequentemente escorria delas causava curtos-circuitos, choques e pequenos incêndios. Muitas tinham de ser enchidas com baldes de água e também esvaziadas com as mãos, embora fossem anunciadas como "máquinas automáticas". As roupas saíam encharcadas, e o ciclo de lavagem não parava até que o usuário tirasse o fio da tomada. Esses problemas só foram solucionados em 1939.

MÁQUINA DE COSTURA
Poucos inventos foram tão disputados quanto a máquina de costura. Em 17 de julho de 1790, o marceneiro inglês Thomas Saint fez a primeira máquina para costurar sapatos e botas. As especificações, que ficaram enterradas no meio de outras patentes relacionadas a botas e sapatos, só foram descobertas por Newton Wilson em 1874. Eram notáveis por antecipar muitas características que mais tarde se tornaram básicas nas máquinas desenvolvidas comer-

cialmente. Essas características incluíam a ação perpendicular (mais tarde patenteada por Isaac Singer), a agulha furada, as superfícies de pressão destinadas a manter o tecido bem esticado (patenteadas pelo americano Elias Howe Jr., também considerado um dos inventores da máquina de costura) e um braço superior, que é uma característica básica da maioria das máquinas de costura modernas. A máquina destinava-se a costurar couro, mas não há nenhum registro de que tenha sido de fato fabricada.

Máquina de costura de
Barthélemy Thimmonier

Quanto à primeira máquina de costura a ser produzida comercialmente, um protótipo de madeira foi construído por Barthélemy Thimmonier, um alfaiate pobre da cidadezinha francesa de Amplepuis, em 1829. Dois anos mais tarde, ele recebeu uma encomenda de oitenta máquinas de uma fábrica de roupas de Paris, que fazia uniformes militares. Thimmonier passou a trabalhar nessa fábrica como supervisor e mecânico. Parece que a experiência foi bem-sucedida até demais, pois os alfaiates, vendo as máquinas de Thimmonier como uma ameaça ao seu ganha-pão, incentivaram uma multidão a destruí-las. Um único modelo sobreviveu e Thimmonier resolveu levá-la de volta para Amplepuis. Caminhando a pé até sua cidade natal, ele exibia a máquina como uma curiosidade de beira de estrada, para ganhar alguns centavos.
Em 1845, o sucesso parecia estar novamente a seu alcance, pois ele recebeu uma oferta de M. Magnin para colocar seu último modelo numa produção regular em série. Construídas inteiramente de metal, as máquinas produzidas pelas oficinas Magnin eram capazes de dar duzentos pontos por minuto, e tinham todas as possibilidades de encontrar um bom mercado, se lhes dessem o tempo suficiente para superar o conservadorismo francês. Três anos depois, a multidão interveio novamente e destruiu tudo.

 Inventores brasileiros

MANEQUIM MÓVEL
Aquele manequim de vitrine ganhou vida. Romildo José da Silva criou um *timer* que faz o boneco realizar vários movimentos.

NÁILON

A primeira fibra sintética, o náilon, foi descoberta em 1935. Um dos objetivos de seus descobridores era encontrar um substituto para a seda natural. Conseguiram mais do que isso. Uma equipe de pesquisadores da empresa americana Du Pont, chefiada pelo químico Wallace H. Carothers, levou oito anos para chegar ao objetivo. Na verdade, o princípio básico estava pronto desde 1920, quando o químico alemão Hermann Staudiger descobriu o processo de polimerização. Ele permite que moléculas simples, os monômeros, se combinem em longas cadeias, os polímeros, extremamente fáceis de ser trabalhados. Esse foi o primeiro passo para a criação dos plásticos. O problema era chegar a um método de fabricação prático e barato. Foi o que Carothers obteve, inspirado em uma história nunca confirmada, nos fios de uma teia de aranha vista em um jardim.

Meias finas de náilon foram lançadas em 15 de maio de 1940 e tornaram-se, rapidamente, sinônimo de elegância, beleza e sensualidade. Logo, porém, chegou a Segunda Guerra Mundial. Toda a produção de náilon foi requisitada para fins militares, como a fabricação de paraquedas e tendas de campanha. A demanda ficou absolutamente reprimida. Quando, em uma pesquisa, perguntaram a sessenta mulheres americanas do que mais sentiam falta por causa da guerra, quarenta responderam: do náilon. As outras vinte citaram maridos ou namorados. Assim, quando as meias de náilon voltaram ao mercado, em 1946, foram recebidas por longas filas nas portas das lojas. Seu nome se origina das siglas de Nova York (NY) e Londres (Lon).

TECIDO SINTÉTICO

Hilaire Chardonnet (1839-1924) era um estudante de química em Paris quando, em 1865, auxiliou Louis Pasteur em um estudo sobre as doenças do bicho-da-seda. Na época, Chardonnet comentou que seria ótimo se a seda pudesse ser substituída por um tecido artificial. "Se isso fosse fácil, meu caro, não estaríamos perdendo tanto tempo com a saúde desses bichinhos", respondeu Pasteur. Treze anos depois, enquanto revelava filmes numa sala escura,

Chardonnet derrubou no chão um vidro com colódio, ingrediente de lacas e vernizes. Não quis interromper a tarefa na hora, mas, quando foi limpar a sujeira, o líquido já tinha evaporado. No lugar dele ficaram uns fios sedosos. Após o acidente, Chardonnet passou seis anos desenvolvendo a seda artificial, que mais tarde chamaria "raiom". Só em outubro de 1891, porém, é que convenceu as indústrias a fazer roupas com o tecido sintético.

A mais comum dentre os diversos tipos de raiom é a viscose, que foi patenteada por três químicos ingleses, Cross, Bevan e Beadle, em 1892.

TESOURA

O primeiro modelo surgiu na Europa há cerca de cinco mil anos e tinha as lâminas unidas por uma mola. Na Roma antiga, assim como na China, no Japão e na Coreia, os artesãos utilizavam tesouras de eixo feitas de bronze ou de ferro, parecidas com as de hoje. Até o século passado, eram forjadas à mão e muito mais ornamentadas. O uso doméstico se iniciou no século XVI. A partir de 1761, com a manufatura de tesouras de aço pelo inglês Robert Hinchliffe, o utensílio tornou-se realmente popular.

VELCRO

O velcro foi inventado em 1948 pelo engenheiro suíço Georges de Mestral. Certo dia, voltando de uma caminhada no bosque, ele ficou irritado ao encontrar carrapichos grudados na sua roupa e no pelo do seu cachorro. Decidiu então descobrir de que modo eles conseguiam agarrar-se tão teimosamente, sem nenhuma substância adesiva.

Observando pelo microscópio, Georges descobriu que as patas do carrapicho terminavam em pequeninos ganchinhos, que se prendiam a qualquer coisa peluda. Imagine uma lâmpada se acendendo sobre sua cabeça! Assim nasceu o fecho feito de numerosos ganchinhos e lacinhos. O nome "velcro" é a combinação de duas palavras francesas: *velours* (veludo) e *crochet* (gancho).

Estrutura do velcro

ZÍPER

Tudo começou em 1891 com um americano gorducho chamado Whitcomb L. Judson. Os trajes elegantes daquela época pediam roupas de baixo com camadas e mais camadas de peças externas – como camisas, coletes e casacos –, todas presas com cordões, laços ou fileiras de botões. Às vezes, levava-se até quase meia hora para se vestir ou despir. Mesmo os sapatos da moda eram botas bem justas e abotoadas ou amarradas até os joelhos. Whitcomb L. Judson tinha grande dificuldade de amarrar suas botas. Decidiu inventar um dispositivo para fechar suas botas mais rapidamente – e o chamou de "fecho relâmpago". Tratava-se de um dispositivo em forma de corrente que consistia de ganchos de metal laminado conectados a argolas de arame. Essas correntes de ganchos em lados opostos eram aproximadas e presas por um "cursor". Mas, antes que o usuário pudesse realmente fechar suas botas, ele tinha de amarrar primeiro o dispositivo a seus sapatos com cordões comuns. Depois disso, veio uma nova versão, em que conectivos eram presos às bordas de uma fita de tecido. De um lado ficavam os pinos, ou "ganchos, enquanto do outro ficavam os colchetes. Em vez de usar o fecho apenas para calçados, o produto passou a ser anunciado também para saias femininas, calças masculinas e outros tipos de roupas. Embora pudesse ser feita de maneira mais rápida e barata por máquinas, o novo modelo não era nada seguro. Saias e calças se abriam inesperadamente (e embaraçosamente) quando o mecanismo não era usado segundo as instruções. Não podia ser dobrado, torcido nem lavado.

Na tentativa de aperfeiçoar o fecho uma vez mais e atrair a lucrativa indústria de roupas, Judson contratou um jovem engenheiro sueco, Gideon Sundback. Sundback fez várias melhorias no processo de fabricação e, depois, concentrou seus esforços na eliminação dos defeitos do fecho, especialmente nessa teimosia em se abrir. Levou quase quatro anos até criar, em 1914, um fecho realmente prático, que deslizava sem problemas e não abria, muito semelhante aos zíperes de hoje em dia. Mas a verdadeira virada só ocorreu em 1923, quando a empresa B. F. Goodrich produziu um tipo de bota de borracha com o novo fecho. Foi um dos executivos da Goodrich quem criou o nome *zipper* ao exclamar que, para calçar as botas bastava *zip'er up* ou *zip'er down* (zipá-las para cima ou zipá-las para baixo).

ACESSÓRIOS

ANEL

Milhares e milhares de anos atrás, na Idade do Bronze, já existia o anel. Quem o teria inventado não se sabe. O que se descobriu é que os primeiros encontrados inteiros foram os dos túmulos dos antigos faraós egípcios. Eram muito bonitos, desenhados, feitos de ouro puro e levavam, gravados, os nomes e títulos dos proprietários.

O anel era muito usado na Antiguidade. Os povos que não conheciam bem a escrita usavam anéis com símbolos gravados. Esses signos funcionavam como selos para autenticar cartas e documentos: eram os anéis-sinetes.

Os anéis antigos eram de ouro, âmbar, ferro, argila esmaltada, pedras duras e marfim. Entre os hebreus, um anel de ouro distinguia o homem rico do pobre, e os filhos dos homens ricos dos filhos dos empregados. Na Grécia antiga, o anel também diferenciava as classes. Em Roma, os homens livres romanos podiam usar um anel de ferro, enquanto aos senadores era reservado o anel de ouro.

A técnica da lapidação de pedras muito duras começou nos séculos XVII e XVIII, marcando uma nova era na decoração dos anéis. O diamante (a mais dura de todas as pedras) foi cortado pela primeira vez em 1476, mas só foi usado com frequência a partir do século XVII. Já no século XIX veio a moda dos anéis florais, em que as gemas eram montadas à maneira de flores.

ALIANÇA DE CASAMENTO

Por volta de 2800 a.C., os egípcios já usavam um anel para simbolizar o casamento. Para eles, um círculo, não tendo começo nem fim, significava a eternidade para a qual o casamento era destinado. Dois mil anos depois, os gregos descobriram os mistérios do magnetismo. Daí surgiu a crença de que um ímã também podia atrair o coração. Os gregos acreditavam também que o dedo anular esquerdo possuía uma veia que levava diretamente ao coração. Por isso, começaram a usar um anel de ferro imantado nesse dedo, para que os corações dos amantes ficassem atraídos para sempre. O costume passou aos romanos e a Igreja manteve a tradição.

BOLSA

Segundo algumas teorias, a sacola teria sido inventada por uma mulher pré-histórica e determinado alguns aspectos da evolução humana. Nômades, os primeiros homens mudavam de lugar de acordo com a abundância de alimento. A mulher era responsável por buscar raízes e frutos, enquanto o homem se ocupava da caça. A sacola surgiu da necessidade de acomodar mais frutas quando as mãos já estavam cheias.

 Inventor tem cada uma

CARTEIRA ANTIRROUBO

Invenção australiana. Feita de aço inoxidável, ela é dotada de dispositivos especiais que destroem seu conteúdo. Ao ser aberta por alguém que desconhece a senha, a carteira libera uma tinta azul que mancha tudo o que há em seu interior e, ao mesmo tempo, apaga as fitas magnéticas dos cartões.

CHAPÉU-COCO

William Coke, um parente do conde de Leicester, adorava caçar. Mas, durante as cavalgadas, ele enfrentava sempre o mesmo problema: os galhos das árvores viviam derrubando sua cartola. Ao visitar seu chapeleiro, o senhor Bowler, ele pediu um chapéu não tão alto e com os cantos arredondados. Queria continuar caçando sem perder a elegância. A história se passou em 1851. A novidade recebeu o nome de "chapéu de Coke" (os ingleses também o chamam de *bowler*). E, por um erro de pronúncia, acabou virando em língua portuguesa, "chapéu-coco".

Chapéu-coco

Chapéu-panamá

CHAPÉU-PANAMÁ

Originário do Equador, o modelo de chapéu era feito pelos nativos com toquilla, uma erva cuja folha se assemelha à palmeira. Os espanhóis que chegaram ao território no século XVI passaram a produzir o material e a exportá-lo. A produção saía do Equador pelo porto de Guayaquil e seguia para o Panamá, de onde era mandada para o resto do mundo. Por isso o chapéu ficou conhecido por esse nome.

Invenções que não desencantaram

BONÉ-VENTILADOR
Invenção americana, o boné traz um ventilador acoplado que é movido a energia solar.

GUARDA-CHUVA
Era um símbolo cerimonial no Egito, na China e na Grécia antigos. A data de sua origem é incerta, mas um vaso grego do ano 340 a.C. já mostrava um guarda-chuva. Mais tarde, nos países asiáticos, era usado como proteção contra os raios do sol. No Sião (atual Tailândia), o guarda-chuva era símbolo de posição social. Os japoneses, por sua vez, difundiram seu uso, com variados modelos e lindos desenhos.
No século XVIII ele foi introduzido na Europa pelo comerciante inglês Jonas Hanway, que demonstrou sua utilidade como protetor contra a chuva – embora no início tenha sido bastante ridicularizado, por ser considerado um objeto feminino.

LENÇO
Durante o século XV, os marinheiros franceses retornaram do Oriente com panos de linho leves e grandes que os lavradores chineses usavam como protetores de cabeça contra o sol. As mulheres francesas, impressionadas com a qualidade do linho, adotaram a peça e seu uso, chamando o lenço de *couvrechef* ("cobertura para a cabeça"). Como as europeias de classe alta, ao contrário dos chineses das plantações de arroz, já carregavam sombrinhas para se proteger do sol, o lenço funcionava como mera afetação da moda. Isso está evidente nas numerosas ilustrações e pinturas do período, nas quais lenços elaborados eram raramente vistos na cabeça, mas sim levados à mão – servindo para acenar ou para serem, com todo o requinte, deixados cair ao chão. Quando as coberturas para cabeça dos chineses chegaram até o nariz? Na Idade Média, as pessoas limpavam o nariz assoando-o no ar. Aí enxugavam-no com qualquer coisa que estivesse à mão. Os lenços também eram usados para limpar o rosto, tirando suor e sujeira.

LUVA

Para habitar as terras aquecidas às margens do Mediterrâneo, os povos antigos utilizaram luvas na construção e na lavoura. Os egípcios, por volta de 1500 a.C., foram os primeiros a fazer das luvas um acessório. Na tumba do rei Tutancâmon, os arqueologistas recuperaram um par de luvas de linho macias embrulhado por camadas de tecido e uma luva avulsa, em tapeçaria, feita com linhas coloridas. Os cordões em volta dos punhos das luvas indicavam que eram amarradas no pulso.

> 💡 **Inventor tem cada uma** 💡
>
> **BIJUTERIA PARA OLHO**
> O *designer* holandês Eric Klarenbeek criou um pingente para ser usado no olho. A joia é uma lente de contato com uma fina linha com cristais Swarovski presos na ponta. O incômodo enfeite fica parecendo uma lágrima petrificada.

PERUCA

Os antigos egípcios tinham alguns costumes curiosos. Seus sacerdotes acreditavam que os pelos eram impuros e os retiravam de todas as partes do corpo. Muitos egípcios comuns também raspavam os cabelos desde a infância. Ao mesmo tempo, homens e mulheres raramente eram vistos nas ruas sem uma peruca feita de cabelos naturais ou artificiais. Qual é a razão dessa atitude aparentemente ambígua? Em regiões de clima extremamente quente, quanto menos pelo tiver, mais fácil é se manter limpo. Ao mesmo tempo, cobrir a cabeça é uma proteção valiosa contra os raios solares. As perucas apareceram pela primeira vez em relevos e pinturas de tumbas egípcias no final da III Dinastia (cerca de 2600 a.C.), mas há poucas dúvidas quanto ao fato de extensões de cabelo e perucas de verdade terem sido utilizadas muito antes. Os faraós nomeavam oficiais especiais para supervisionar os fabricantes de suas perucas.

PARA OS PÉS

CHUTEIRA
Em meados do século XIX, ainda não existia a consciência da importância do calçado para a prática do esporte. No início, qualquer sapato servia para jogar bola. Os preferidos eram os mais leves. Não que fossem leves de fato. Alguns eram só um pouco mais macios nas laterais. Só a partir do início da década de 1880, na Inglaterra, berço do futebol, os sapatos sofreram as primeiras adaptações – cravos no solado – e se tornaram chuteiras. Foi o pontapé inicial para a evolução do equipamento. As primeiras eram de cano alto. "São os melhores calçados para chutar e fazer movimentos bruscos", diziam os anúncios da época.

Primeiro protótipo de chuteira

 Invenções que não desencantaram

CHUTEIRA DE BICO QUADRADO
Segundo seu inventor, Edgar Ribeiro da Silva, ela seria capaz de garantir uma melhor pontaria na hora dos chutes a gol. "Quando o jogador chuta a bola com o bico, dificilmente ela vai na direção certa. Com o bico reto, ele ganha mais apoio", explicou. Edgar apresentou ainda uma tanga-preservativo (feita de látex, para ser usada pela mulher durante a relação sexual) e um porta-cera líquida (para ser acoplado na enceradeira).

💡 **Inventor tem cada uma** 💡

CHINELO-LANTERNA
Para ver onde você está pisando quando está escuro.

SALTO ALTO

A corte real francesa do século XVII foi a primeira a popularizar o salto alto na Europa. O salto mantinha o pé relativamente a salvo da lama; além disso, criava uma elevação física correspondente à elevação social dos nobres e exagerava-lhes o andar. Justamente por ser tão precário, o salto indicava que a pessoa não tinha medo de cair no chão. Na verdade, no século XVII os que usavam salto alto, tanto homens como mulheres, com frequência tinham de ser transportados em cadeirinhas carregadas por criados, pois não conseguiam caminhar no calçamento de pedras. Naquela época, o salto às vezes era uma grande plataforma inteiriça, e para caminhar o aristocrata necessitava do apoio constante de dois criados, que o seguravam, um de cada lado, pelos braços.

O salto agulha surgiu na Itália durante a década de 1950. Era feito de náilon e plástico, que recobriam seu interior de metal.

SAPATO

O primeiro calçado surgiu quando o homem primitivo, para se proteger do frio e das irregularidades do solo em que caminhava, amarrou uma pele de animal aos pés. Depois que ele inventou a agulha, essa pele passou a ser costurada, e a técnica aperfeiçoou. O povo egípcio já tinha uma grande variedade de sandálias, assim como o grego e o romano. E foi a sandália de fabricação exclusivamente manual que evoluiu para o sapato, como nós o conhecemos.

Em 1305, para uniformizar as medidas em certos negócios, o rei Eduardo I, da Inglaterra, decretou que fosse considerada como uma polegada a medida de três grãos secos de cevada, colocados lado a lado. Os sapateiros ingleses gostaram da ideia e passaram a fabricar, pela primeira vez na Europa, sapatos em tamanhos-padrão, baseados no grão de cevada. Desse modo, um calçado infantil medindo 13 grãos de cevada passou a ser conhecido como tamanho 13, e assim por diante.

Em 1790 foi montada a primeira máquina experimental de costurar sapatos. Vinte anos depois passou-se a usar pregos de metal para fixar as solas. Até que no ano de 1839 os sapatos passaram a ser feitos com formas de madeira.

 Invenções que não desencantaram

SAPATOS FLUTUANTES
Dois artistas plásticos, Inimá José de Paula e Antônio Luís Araújo, assinam o aparato que lembra pequenas pranchas de surfe. Uma vez colocados no pés, eles possibilitam que se ande sobre as águas.

TÊNIS

A história do tênis de sola de borracha começa com o desenvolvimento da própria borracha. Por muitos séculos, os nativos da América Central e do Sul utilizaram a goma que escorria da casca de certas árvores para cobrir e proteger a sola dos pés. A técnica consistia em aplicar a goma diretamente em finas camadas, secando cada uma delas em fogo brando. No final do século XVIII, um viajante inglês ficou fascinado com esses protetores de pé de aparência estranha. Ele recolheu várias amostras da goma e dos produtos que os nativos faziam com ela e retornou à Inglaterra, onde mostrou a nova substância a seu amigo químico Joseph Priestley. A primeira descoberta de Priestley foi a de que a goma tinha a capacidade de apagar marcas de lápis quando se esfregava o papel rapidamente com ela – e então ele entusiasticamente chamou a substância de *rubber* (de *rub*, "esfregar" em inglês). Estava inventada a borracha.

Nos cinquenta anos seguintes, foram fabricados vários produtos de borracha – principalmente recipientes à prova d'água e proteções contra a chuva para todo tipo de coisa. Em 1820, alguém finalmente desenvolveu uma capa de borracha que se esticava sobre os sapatos de couro para protegê-los da umidade ou da chuva. Estas galochas de borracha logo se tornaram um sucesso. Até que as pessoas descobriram que a borracha pura era malcheirosa e grudenta no calor e quebradiça – a ponto de se partir em pequenos pedaços – durante o frio. Três anos depois, ninguém queria mais saber de galochas de borracha.

Naquela época, o inglês Charles Goodyear licenciou seu processo de vulcanização para várias companhias de calçados. O primeiro tênis de verdade, com lona e cadarço na parte de cima e borracha vulcanizada na sola, apareceu em 1868 na Candee Manufacturing Company em Connecticut, dos Estados Unidos. Essas "sandálias para jogar croqué" de lona e borracha foram feitas para atrair principalmente os ricos e vendidas pelo catálogo exclusivo. Felizmente, o esquema de marketing da Candee Company não funcionou como planejado, e pessoas que nunca pensaram em jogar croqué na vida começaram a usar os sapatos leves e confortáveis de lona e borracha.

💡 Inventor tem cada uma 💡

PALMILHA ANTICHULÉ
Confeccionada em carvão ativado, ela elimina o cheiro desagradável. Existe também o tênis antichulé, que tem um pequeno orifício na parte da frente para o ar circular um pouco.

Inventores brasileiros

TÊNIS COMPUTADORIZADO
Sensores eletrônicos registram sinais de impacto do pé. Um microprocessador agrupa dados de velocidade, distância e tempo. Lançado pela Alpargatas em 2001, chama-se Rainha Digital Personal Trainer.

Invenções que não desencantaram

SOLADO E SALTO DE SAPATO REMOVÍVEIS
Em 1953, Giordano Bruno Bismarck inventou solados e saltos com orifícios e saliências para serem ajustáveis a uma base fixa no sapato. Com isso, aumentaria a durabilidade do calçado. Giordano acabou se desentendendo com a indústria que fabricava os sapatos e a parceria foi interrompida em 1959. Ele patenteou, em 1972, o pente-pincel – um pente com uma pequena esponja para a aplicação de tinturas no cabelo.

8

Tecnologia e comunicação

Nós trabalhamos para tornar nossos produtos
obsoletos antes que outros o façam.

BILL GATES
(1955-), fundador da Microsoft

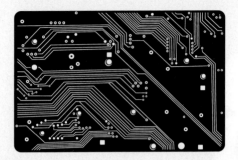

TECNOLOGIAS DA COMPUTAÇÃO

CHIP

Em 1945, cientistas do Bell Telephone Laboratories descobriram os materiais semicondutores, que eram aqueles que conduziam e não conduziam eletricidade ao mesmo tempo. Esses materiais possibilitariam a substituição dos emaranhados de válvulas e relês, que eram usados para conduzir e cessar eletricidade dentro dos aparelhos eletrônicos. Esse antigo sistema era caro, lento, e ocupava muito espaço. Em 1947, utilizando o germânio, cientistas da empresa desenvolveram o primeiro transístor, parente "pré-histórico" do chip. O transístor de germânio funcionava bem, mas era muito sensível às mudanças de temperatura e à umidade. Então os cientistas voltaram suas pesquisas a outro material semicondutor, o silício. Esse novo material podia ser produzido com ótima pureza, era resistente e proporcionava maior precisão dos circuitos eletrônicos.

Em 1958, os cientistas Jack S. Kilby, da Texas Instruments, e Robert N. Noyce, da Fairchild Semiconductor, criaram o Circuito Integrado, que ficou conhecido como microchip. A ideia foi juntar todos resistores, capacitores, transístores e diodos em uma pequena pastilha de silício. Isso facilitou a produção e diminuiu os custos. O chip que equipava os ancestrais imediatos do PC, o 4004, lançado em 1971, tinha 2.300 transístores e fazia sessenta mil operações por segundo. O chip Pentium Pro, que apareceu em 1995, tem 5,5 milhões de transistores em uma pastilha de silício com menos da metade de 0,001 milímetro de espessura e é capaz de fazer mais de 380 milhões de operações por segundo.

Chip 4004, de 1971

COMPUTADOR

O primeiro homem a imaginar e construir um computador de verdade foi o matemático, filósofo, economista e escritor inglês Charles Babbage (1791-1871). Respeitado pelas imprecisões que encontrou nas tabelas matemáticas de sua época, Babbage (pai do velocímetro, do limpa-trilhos das locomotivas e das primeiras tabelas confiáveis de expectativa de vida) construiu entre 1821 e 1832 um sistema de engrenagens e rodas dentadas denominado "Mecanismo Diferencial número 1", o tataravô dos computadores. Com suas duas mil peças de aço e bronze, ele podia calcular de maneira rápida e precisa complexos cálculos matemáticos. Babbage conseguiu, no entanto, construir apenas um modelo simples, porque os metalúrgicos da época não eram capazes de produzir as centenas de pecinhas de precisão que o mecanismo requeria. Planejado entre 1847 e 1849, o "Mecanismo Diferencial número 2", com o dobro de peças, só seria construído em 1991, pelo Museu de Ciência de Londres, em homenagem ao bicentenário do nascimento do inventor. O projeto foi baseado em vinte desenhos deixados por Babbage.

Charles Babbage

Augusta Ada King

Novos experimentos levaram Babbage a projetar, em 1834, o ainda mais complexo "Mecanismo Analítico", para desempenhar funções algébricas. Ele apresentava todas as partes essenciais de um computador moderno: circuitos lógicos, memória, armazenagem e recuperação de dados. O mais importante é que ele era programável. A aliada de Babbage em seu trabalho, a escritora e matemática Augusta Ada King (1815-1852), condessa de Lovelace e única filha legítima do poeta Lord Byron, foi a primeira programadora de computador da história. Augusta descreveu o primeiro conjunto de instruções de computador para pedir à máquina que computasse uma série (conhecida como "números de Bernoulli") gerada por uma complexa equação matemática. Ela produziu um programa que deveria ser escrito em cartões perfurados, que haviam sido inventados em 1728 por um tecelão francês, Joseph-Marie Jacquard, para tecer padrões em teares. Permitindo (por meio de uma perfuração) ou bloqueando (pela ausência de perfuração) a passagem de uma agulha, o sistema desses cartões antecipou a linguagem liga-desliga (binária) dos computadores eletrônicos atuais. Babbage já tinha construído um pedaço da máquina quando morreu. Ela nunca chegou a ser finalizada.

O primeiro computador digital eletrônico foi o Eniac, construído pelo engenheiro elétrico John Presper Eckert Jr. (1919-1995) e pelo físico John William Mauchly (1907-1980), na Escola Moore de Engenharia Elétrica, da Universidade da Pensilvânia, e pelo Laboratório de Pesquisas Balísticas, do exército americano. Apresentado em 15 de fevereiro de 1946, ele ocupava uma área de 93 metros quadrados, tinha a altura de dois andares e pesava 30 toneladas. Em seu interior, 17.468 enormes válvulas piscavam ininterruptamente. Apesar de seu tamanho, o Eniac (sigla, em inglês, para computador e integrador numérico eletrônico) era na verdade um ignorante. Cometia erros e quebrava repetidamente, porque seus tubos sempre se queimavam. Construído para calcular tabelas de artilharia, o computador de 450 mil dólares podia realizar cinco mil adições e 3.500 multiplicações por segundo. O Pentium Pro, lançado em 1996, é capaz de efetuar 300 milhões de operações por segundo. O Eniac, portanto, seria 85 mil vezes mais lento.

Eniac

Há uma grande polêmica envolvendo a invenção do computador eletrônico. John Atanasoff (1904-1995), professor da Universidade de Iowa, contou que a ideia de inventar um computador lhe ocorreu numa hospedaria em Illinois, em 1937. Seria operado eletronicamente e usaria números binários, em vez dos tradicionais números decimais. Daí a poucos meses, ele e um talentoso ex-aluno (Clifford Berry) haviam criado um tosco protótipo de computador eletrônico, que utilizava válvulas, tambores rotativos e cartões perfurados para a introdução de dados. A execução do projeto custou mil dólares. No ano seguinte, John Mauchly, apresentado a Atanasoff em um seminário, foi convidado a conhecer o computador. Depois ficou hospedado vários dias em sua casa, onde soube de detalhes do projeto.

Atanasoff estava para requerer a patente de seu computador quando foi convocado a Washington, no início da Segunda Guerra Mundial, para fazer pesquisas de física para a Marinha. No mesmo período, Mauchly e Eckert construíram o Eniac. No verão de 1944, os dois simplificaram sua invenção usando o esquema binário desenvolvido por Atanasoff. Estava criado assim o Univac, que começou a ser vendido em 1946 e se tornou o protótipo dos computadores de grande porte atuais.

O primeiro computador brasileiro foi construído na Universidade de São Paulo, em 1972, e era conhecido pelo apelido de "Patinho Feio".

MOUSE

O *mouse* foi inventado em 1962 pelo pesquisador Douglas Engelbart, do Instituto de Pesquisas de Stanford. Douglas precisava de algum dispositivo que facilitasse a interação com o computador. Para isso, ele criou o "Indicador de Posicionamento X e Y" (o invento foi registrado com esse nome em 1970) que era uma caixinha de madeira com duas roldanas embaixo, uma ficava na vertical e a outra na horizontal. Esse primeiro experimento não fazia movimentos diagonais e só tinha um botão. Alguns colegas de trabalho de Douglas diziam que o pequeno aparelho parecia um rato com um longo rabo e passaram a chamar o dispositivo de *mouse*, "rato" em inglês.

A versão com uma bolinha embaixo, em vez de roldanas, foi desenvolvida pela Xerox em 1983. Mas o projeto acabou caindo nas mãos de Steve Jobs e foi lançado pela Apple em 1984.

Em 2000, Douglas Engelbart recebeu a Medalha Nacional de Tecnologia, concedida pelo governo norte-americano, em reconhecimento à importância da invenção do *mouse*.

Indicador de posicionamento X e Y

Douglas Engelbart

INTERNET

No começo dos anos 1960, o americano Paul Baran concebeu uma rede de computadores na qual cada máquina seria capaz de orientar o trabalho das outras. Durante a guerra fria, preocupado com a possibilidade de um conflito nuclear com a União Soviética paralisar as comunicações, o Departamento de Defesa dos Estados Unidos desenvolveu essa rede de computadores para que seus pesquisadores pudessem continuar trocando ideias. O plano inicial era ligar quatro locais: a Universidade da Califórnia (Ucla), a Universidade de Santa Barbara, o Instituto de Pesquisas de Stanford e a Universidade de Utah. Naquele tempo, não havia sistemas-padrão de operação de computadores. As máquinas não podiam se comunicar umas com as outras.

Em 1969 surgiu a ARPAnet, ligando apenas computadores de centros de pesquisas acadêmicas e militares nos Estados Unidos. A primeira demonstração oficial foi feita no dia 21 de novembro. Dois anos depois, já eram 24 centros interligados. O projeto era chamado ARPAnet porque foi encomendado pela ARPA (Departament of Defense's Advanced Research Project Agency) a um grupo de talentosos engenheiros de computação, liderado por J. C. R. Licklider e Robert Taylor.

Somente em 1981 a ARPAnet deu lugar à internet, abrindo o acesso à pesquisa acadêmica e permitindo o acesso de centros estrangeiros. No ano de 1992, a internet ultrapassou a marca de um milhão de estações interligadas, servindo a aproximadamente dez milhões de usuários. Começou aí a exploração comercial da rede. A internet atual é um complexo de redes interconectadas em que milhões de pessoas de todo o planeta compartilham serviços e trocam mensagens.

MICROCOMPUTADOR

Em 1975, a revista americana *Popular Electronics* chegou às bancas ostentando na capa a figura de uma máquina retangular, anunciada como o resultado de uma revolução. Era, segundo a revista, "o primeiro kit de minicomputador do mundo", que chegava para rivalizar com os modelos comerciais. Nela, o leitor encontrava instruções para montar em casa o Altair 8800, que deveria ser comprado por reembolso postal. Em duas letras, era o primeiro PC, ou *personal computer*. Fabricada pela Mits (Micro Instruments and Telemetry Systems), a máquina era ainda muito rudimentar e exigia razoável habilidade para ser montada. Não dispunha de teclado nem de monitor de vídeo. Os comandos e dados tinham de ser introduzidos girando-se chaves, e os resultados precisavam ser decifrados por meio de uma complicada combinação de luzes que se acendiam e se apagavam em um painel frontal da máquina.

A Guerra do Vietnã e a crise do dólar obrigaram o governo americano a desacelerar o programa espacial. Sem as verbas do passado, as empresas fornecedoras cortaram projetos e dispensaram funcionários. Assim, milhares de engenheiros e cientistas desempregados fundaram pequenas empresas para aplicar os conhecimentos acumulados no desenvolvimento de produtos para o setor privado. A Mits, responsável pelo lançamento do Altair, por exemplo, foi criada em 1969 pelo engenheiro Edwards Roberts, um ex-oficial da Força Aérea, numa tentativa de salvar sua firma da falência, depois do fracasso de uma calculadora eletrônica. De outra empresa, a Fairchild Semiconductor, fabricante de circuitos eletrônicos, saíram os engenheiros que fundaram em 1966 a Intel (Integrated Electronics), que criou o primeiro microprocessador programável do mundo, o 8008. Daí para a frente, os micros se sucederam com uma enorme velocidade.

TROCANDO INFORMAÇÕES

CÓDIGO MORSE

No início, a telegrafia havia tentado transmitir o alfabeto de várias maneiras diretas e codificadas, todas ineficientes e bastante custosas, devido à energia que consumiam. Até que surgiu o Código Morse, criado em 1835 por um pintor e físico americano que se tornaria também inventor: Samuel Finley Breese Morse (1791-1872). O sistema de Morse era muito simples. Ele dependia da utilização de um eletromagneto, um dispositivo que se torna magnético quando ativado por uma corrente e golpeia rapidamente um contato de metal. Assim, uma série de impulsos elétricos curtos conecta e desconecta repetidamente o ímã e, consequentemente, bate a mensagem. Esta deveria ser codificada em pontos e traços, cada grupo representando letras, numerais e pontuação.

A mensagem inaugural da telegrafia a distância foi transmitida em 24 de maio de 1844. Morse, de Washington, enviou a seu assistente Alfred Vail, em Baltimore, a frase: "Que obra fez Deus!" – transmissão realizada através de um fio de arame com maçanetas de vidro como isolante. Ainda que promissora, a telegrafia por Código Morse tinha alguns obstáculos a vencer. O principal deles era o medo das pessoas de que, ao passar pelos fios sobre suas casas e fazendas, a eletricidade afetasse de maneira adversa crianças e lavouras. Um bando de fazendeiros no Sul dos Estados Unidos demoliu todo um sistema de telegrafia em sua região, argumentando que ele havia provocado períodos de seca que resultaram numa sequência de más colheitas.

ENVELOPE

O primeiro envelope foi usado na Inglaterra para guardar uma carta dirigida a William Turnbull, secretário de Estado, por James Ogilvie, em 16 de maio de 1696. Ele media apenas 7,5 X 10 cm e está hoje conservado no Departamento dos Papéis Oficiais da Inglaterra. Os envelopes acabaram sendo pouco usados, pois eram cobrados como uma folha extra. O primeiro fabricante foi S. K. Brewer, dono de uma empresa de papéis de carta em Brighton, também na Inglaterra. Por volta de 1820, ele começou a produzir envelopes em quantidades limitadas. Eles se tornaram bastante populares entre os elegantes visitantes de Brighton, que não se opunham a pagar o dobro da postagem.

Inventores brasileiros

ENVELOPE CARTÃO-POSTAL
A frente é de um cartão-postal normal. Só que, em vez de escrever no verso, o remetente coloca a carta dentro do envelope. Foi bolado por Maria Ineida Vieira da Silva.

SELO

O primeiro selo foi o *one penny black*, selo negro que trazia o rosto da rainha Vitória em branco, surgido na Inglaterra em 6 de maio de 1840. A ideia foi de Rowland Hill (1795-1875), membro do Parlamento inglês. Antes da criação do selo, o destinatário é que deveria pagar a tarifa. Isso gerava um número enorme de devoluções. O Brasil foi o terceiro país do mundo a implantar os selos. O famoso olho de boi apareceu em 1º de agosto de 1843, pouco depois de um selo lançado em Zurique, na Suíça.

FAX

A ideia de transmitir e reproduzir material gráfico a distância foi do escocês Alexander Bain, que registrou uma patente em 1843. Baseados na ideia de Bain e utilizando o aparelho telefônico criado por Alexander Graham Bell, em 1926 os americanos dos Laboratórios Bell desenvolveram o protótipo de um "fac--símile", que ficou conhecido popularmente como fax. O primeiro aparelho foi fabricado em 1947 pela empresa inglesa Muirhead, cuja principal atividade era a telegrafia sem fio. A empresa contou com a colaboração da agência de notícias Associated Newspapers. Dois anos depois, a Muirhead instalou o primeiro sistema de fax no Japão, onde o aparelho encontrou terreno propício para crescer em larga escala a partir de 1973.

TELÉGRAFO SEM FIO

Como o telefone, a telegrafia sem fio foi um instrumento de comunicação que passou por frenético refinamento nos primeiros anos. De fato, muitos cientistas questionaram se tal aparelho poderia ser um dia construído. Foi ela que, mais tarde, deu origem ao rádio. Enviar sinais elétricos por fios, como era feito pela telegrafia, fazia sentido, afinal o fio era um meio físico real que podia levar a corrente. Mas o que dizer de algo imaterial como o ar? E, mesmo que as ondas eletromagnéticas pudessem se propagar no ar, não estariam elas à mercê de tempestades elétricas e outros distúrbios atmosféricos?

James Clerk Maxwell (1831-1879), professor de física experimental em Cambridge, na Inglaterra, provou matematicamente, em 1864, que uma onda elétrica podia produzir um efeito a uma distância considerável do ponto no qual ocorria (portanto, os sinais elétricos não estavam limitados a propagar--se ao longo de um fio). Maxwell também previu que tais sinais, ou ondas eletromagnéticas, deslocavam-se à velocidade da luz (o que significava que a comunicação terrestre seria essencialmente instantânea). Tudo isso ficou na teoria por 22 anos. Em 1888, o físico alemão Heinrich Rudolf Hertz (1857-1894), cujo sobrenome é hoje o termo utilizado para ciclos por segundo, o movimento de frequência de onda, demonstrou experimentalmente que as previsões de Maxwell eram verdadeiras, pelo menos em relação a curtas distâncias. No centro de um espelho de metal parabólico, ele colocou dois condutores separados por um pequeno vão. Um aro de arame, conectado a outra abertura, foi colocado a 1,5 metro de distância, no foco de outro coletor parabólico, alinhado com o primeiro. Hertz descobriu que a faísca, ao saltar pelo primeiro vão, fazia que uma faísca menor saltasse pelo vão no outro aro. Ele provou, desse modo, que as ondas de rádio eletromagnéticas se propagavam em linha reta e podiam ser refletidas por uma folha metálica, como as ondas de luz são refletidas por um espelho, e que a telegrafia sem fio era um conceito possível.

Uma vez demonstrados os fundamentos, o físico italiano Guglielmo Marconi repetiu as experiências de Hertz na casa de campo de sua família, em Pontecchio, próximo a Bolonha. Ele aperfeiçoou os trabalhos de Hertz fazendo que faíscas secundárias (aquelas em sintonia com as faíscas primárias) saltassem a uma distância de aproximadamente 9 metros. Certamente uma grande conquista científica, mas ainda assim uma distância impraticavelmente curta para transmitir uma mensagem. Modificando seu projeto várias vezes, Marconi aumentou gradativamente a distância de transmissão para 275 metros, depois para 3 quilômetros e, em 1889, para a extensão do canal da Mancha. Marconi demonstrou o potencial quase ilimitado das ondas de rádio em 1901, ao atravessar o oceano Atlântico com um sinal – a letra s – em Código Morse. O sinal foi a uma distância de 3.200 quilômetros.

LIVROS & CIA

ALMANAQUE
O almanaque pode ter surgido antes da era cristã. A palavra vem do árabe *al-manakh*, um lugar onde os viajantes nômades se reuniam para trocar experiências, rezar ou simplesmente jogar conversa fora. Os almanaques contêm informações sobre agricultura, astronomia, astrologia e curiosidades em geral. O primeiro almanaque da era atual foi lançado na Europa, em 1455. Esse tipo de publicação chegou ao Brasil com os imigrantes europeus no século XVI. O mais antigo, traduzido em português, foi o *Almanaque perdurável*. No começo do século XX, os laboratórios farmacêuticos publicavam almanaques como forma de propaganda. Ainda hoje é possível encontrar alguns deles nas cidades do interior do Brasil.

BIBLIOTECA

As primeiras bibliotecas surgiram na Mesopotâmia, há cerca de oito mil anos. Palácios e templos guardavam tábuas de barro organizadas por assunto. Os textos eram escritos em tábuas de barro molhado com um bastão chamado *cuneus*, daí o nome da escrita cuneiforme. Posteriormente, elas eram assadas e guardadas em envelopes também de barro. Já os egípcios escreviam em folhas de papiro, que eram enroladas em volta de um bastão e acondicionadas em arcas ou estantes sob os cuidados de sacerdotes. A biblioteca de Alexandria é a mais famosa da Antiguidade. Instituída por volta de 300 a.C., ela continha cerca de setecentos mil rolos de papiro e estava catalogada em 120 categorias. Os romanos inventaram as bibliotecas públicas; havia 28 delas na Roma do século IV. Mas todo o material literário passou a pertencer a igrejas e mosteiros com o surgimento do cristianismo.

Biblioteca de Alexandria

DICIONÁRIO

O dicionário de Hou Chin, publicado na China em 150 a.C., é considerado o primeiro da história. Em Reggio, no ano de 1509, editou-se o primeiro dicionário bilíngue: o monumental *Dictionarium*, ou "Dicionário poliglota", do erudito italiano Calepino, que se tornou célebre na França sob o nome de *Calepin*. A língua de referência, nesse dicionário, era o latim.

E-BOOK

O embrião do livro eletrônico foi ideia do estudante de pós-graduação Alan Kay, dos Estados Unidos. Em 1968, ele desenvolveu o DynaBook, um computador pessoal interativo que tinha a função de um livro comum. No ano de 1998, três empresas americanas lançaram os primeiros *e-books* para o mercado consumidor. O Softbook, o Rocketbook e o Dedicated Reader armazenam até cem mil páginas e podem ter até cheiro de livro. O da marca Softbook tem 2,5 centímetros de espessura e pesa 1,3 quilo. Mas o texto não vem com o produto. Quem compra o *e-book* adquire o conteúdo dos livros de bibliotecas virtuais por meio de ligação direta com uma linha telefônica.

ENCICLOPÉDIA

A primeira enciclopédia data de 350 a.C., feita pelo ateniense Speusippus (407-339 a. C.), sobrinho de Platão, diretor da Academia de Atenas. Ela não ficava aberta à consulta pública. Os filósofos franceses Diderot e D'Alembert escreveram a primeira enciclopédia moderna entre 1751 e 1772. Alguns estudiosos, no entanto, dão a primazia ao *Dictionnaire historique et critique*, lançado em 1697 pelo escritor francês Pierre Bayle.

ෆ A primeira enciclopédia brasileira surgiu em agosto de 1943 com o título *Dicionário enciclopédico brasileiro ilustrado* e 1.500 páginas encardenadas em um único volume. A iniciativa foi de Henrique Bertaso, da Livraria do Globo (atual Editora Globo), quando ainda era uma pequena gráfica de Porto Alegre.

LIVRO

Os sábios chineses foram os pioneiros na arte de imprimir livros. Faziam livros de magia e material escolar. Mas o livro mais velho de que se tem conhecimento é uma cópia do *Diamond Sutra*, impresso em 11 de maio de 868 e encontrado nas grutas de Dunhuang, no Turquestão. Eram discursos de Buda para seu discípulo Subhuti. Para fazê-lo, Wang Chieh entalhou letras em bloquinhos de madeira. O alquimista chinês Pi Cheng usou argila cozida para produzir os primeiros tipos móveis por volta de 1040. A vantagem era que, após a impressão, as letras podiam ser separadas e reutilizadas. Esse sistema foi aperfeiçoado, por volta de 1300, com o uso de madeira e serviu para a impressão de livros. A ideia de tipos móveis chegou à Europa muitos anos depois. No ano de 1438, o alemão Johannes Gensfleisch Gutenberg (1390-1468) começou a fazer impressões com tipos de metal. Ele criou moldes de cada letra do alfabeto. Uniu os tipos metálicos em palavras, frases, parágrafos e, finalmente, páginas. Depois de besuntar as letras com tinta, Gutenberg as pressionou em papel branco. Desse modo, ele imprimiu os primeiros livros na Europa. Seu livro mais famoso é a chamada *Bíblia de Gutenberg*, impressa entre 1451 e 1456. Das 48 cópias que sobreviveram, 36 eram de papel, e 12 de pergaminho.

Em 1448, Gutenberg se associou a Johann Fust, que financiou a criação da imprensa. A sociedade dos dois terminou em 1455. Fust processou Gutenberg e exigiu que ele lhe entregasse o seu material como pagamento do empréstimo. Isso levou Gutenberg à ruína.

Bíblia de Gutenberg   Gutenberg

> **LIVRO DE BOLSO**
> Em 1924, os editores Richard Simon e Max Lincoln Schuster fundaram a editora Simon & Schuster, em Nova York. Onze anos depois, lançaram o *pocket book*.

PAPEL

Os egípcios inventaram o papiro, no início da era cristã, trançando fatias finíssimas de uma planta com o mesmo nome, retiradas das margens do rio Nilo. No século II, o papiro fazia tanto sucesso entre os gregos e os romanos, que os mandatários do Egito decidiram proibir sua exportação, temendo a escassez do produto. Isso disparou a corrida atrás de outros materiais. Na cidade de Pérgamo, na Antiga Grécia (hoje, Turquia), foi usado o pergaminho, obtido da parte interna da pele do carneiro. Grosso e resistente, ele era ideal para os pontiagudos instrumentos de escrita dos ocidentais que cavavam sulcos na superfície do suporte, os quais eram, depois, pacientemente preenchidos com tinta. O pergaminho, entretanto, não era liso e macio o suficiente para resolver o problema dos chineses, que praticavam a caligrafia com o delicado pincel de pelo, inventado por eles ainda no ano 250 a.C. – só lhes restava, assim, a solução, nem um pouco econômica, de escrever em tecidos como a seda. E tecido, naqueles tempos antigos, podia sair tão caro quanto uma pedra preciosa.

Provavelmente, o papel já existia na China desde o século II a.C., como indicam os restos numa tumba, na província de Shensi. Mas o fato é que somente no ano 105, o oficial da corte T'sai Lun anunciou ao imperador sua invenção. Tratava-se, afinal, de um material muito mais barato que a seda, preparado sobre uma tela de pano esticada por uma armação de bambu. Nessa superfície vertia-se uma mistura aquosa de fibras maceradas de redes de pescar e cascas de árvores. No ano 750, dois artesãos da China foram aprisionados pelos árabes na antiga cidade de Samarkanda, aos pés das montanhas do Turquestão. A liberdade só lhes seria devolvida com uma condição – se eles ensinassem a fabricar o papel, que assim iniciou sua viagem pelo mundo. No século X, foram construídos moinhos papeleiros em Córdoba, na Espanha.

> **PAPEL-CARBONO**
> O papel-carbono foi inventado pelo inglês Thomas Wedgwood, que o patenteou em 7 de outubro de 1806. Ele o descreveu como uma folha fina cheia de tinta, guardada entre duas folhas de seda.

INSTRUMENTOS DE ESCRITA

BORRACHA ACOPLADA AO LÁPIS
O miolo de pão foi usado para apagar grafite até 1770, quando surgiu a primeira borracha. Em 30 de março de 1858, ela apareceu fixa na ponta de trás do lápis. O pai do invento é o americano Hyman Lipman, da Flórida.

CANETA ESFEROGRÁFICA
O revisor tipográfico húngaro Ladislao "Laszlo" Biro (1899-1985) quebrou a cabeça até inventar, em 1937, uma caneta que não borrasse ou cuja tinta não secasse no depósito, como ocorria com a velha caneta-tinteiro. Na oficina do jornal em que trabalhava, na cidade de Budapeste, ele se deteve a observar o funcionamento da rotativa. O cilindro se empapava de tinta e imprimia o texto nele gravado no papel. Com a ajuda de seu irmão Georg, que era químico, e do amigo Imre Gellért, um técnico industrial, Biro encontrou a solução. Ele acondicionou a tinta dentro de um tubo plástico. A tinta, pela força da gravidade, descia para a ponta inferior do tubo. Nessa mesma ponta, ele colocou uma esfera de metal que, ao girar, distribuía a tinta de maneira uniforme pelo papel. Os dedos não ficavam sujos de tinta e o papel nunca borrava. Veio a Segunda Guerra Mundial e Biro achou melhor se exilar na Argentina, em 1940. Em sociedade com um amigo, abriu uma fabriqueta que funcionava inicialmente em uma garagem. A nova caneta chegou às lojas três anos depois com o nome de "birome". Em agosto de 1944, a revista americana *Time* publicou uma nota sobre a novidade, ressaltando que era a única caneta que permitia escrever a bordo de um avião, porque a tinta não vazava. Depois disso, uma empresa (canetas Bic) comprou os direitos da invenção para os Estados Unidos por 2 milhões de dólares. Biro se naturalizou argentino e viveu em Buenos Aires até morrer, em 1985. A caneta esferográfica chegou ao Brasil no final da década de 1950. A loja Galeria das Canetas, em São Paulo, fez a primeira importação.

> ◉ **Inventores brasileiros** ◉
>
> **CANETA-LANTERNA**
> Com a criação de Hélio Machado Prates, de Cachoeira do Sul (RS), é possível escrever no escuro.

CANETA-TINTEIRO

O americano Lewis Edson Waterman, um vendedor de seguros, estava prestes a assinar um importante documento quando o tinteiro em que molhava sua pena de aço se esgotou. Ele ficou tão furioso que, em 1884, inventou a primeira caneta-tinteiro. A ideia de Waterman foi usar uma matéria-prima então emergente, a borracha, para criar um depósito flexível, que pudesse armazenar tinta e ser recarregado quando ela acabasse. O depósito era ligado à pena por um dispositivo chamado tubo de fluxo.

O reservatório do primeiro modelo de Waterman era enchido por um conta-gotas. Mas logo surgiram processos melhores. Outro americano, Walter Sheaffer, lançou em 1908 um mecanismo composto de uma alavanca que comprimia e soltava o reservatório, fazendo que ele aspirasse, através da pena, o líquido de um tinteiro.

> A tinta foi inventada pelos escribas egípcios em 3200 a.C. A criação do papiro obrigou-os a misturar pigmentos para produzir uma tinta que não descascasse. Eles misturaram goma da casca de uma acácia com fuligem.

CELULOIDE

O inventor americano John Wesley Hyatt (1837-1920) procurava uma maneira de fazer bolas de bilhar sintéticas. Em 1868, uma empresa ofereceu um prêmio de dez mil dólares para quem encontrasse um substituto para o produto, fabricado com o caro marfim. Quatro anos depois, Hyatt chegou a uma bola muito boa, à base de nitrato de celulose, polpa de papel e serragem. Só havia um inconveniente: uma tacada mais forte fazia explodir o nitrato, um dos componentes da dinamite. Os jogadores de bilhar não gostaram da ideia, e a bola de Hyatt foi um fracasso, embora ele tenha ganho o prêmio. Mas Hyatt não desistiu. Patenteou o celuloide, o primeiro tipo de plástico do mundo, que acabou se tornando matéria-prima milionária para a confecção de canetas, pentes, embalagens de todo tipo e substrato de filmes.

LÁPIS

Embora os astecas já conhecessem o grafite, trabalhadores de uma mina de carvão em Cumberland, na Inglaterra, entusiasmaram-se quando puseram as mãos, por acaso, em uma substância negra e brilhante, fácil de raspar com as unhas. De tão macia que era, deixava um traço nítido no papel, sem rasgá-lo. Isso aconteceu em 1564. No ano seguinte, o físico suíço Konrad von Gesner descreveu o uso de um instrumento de escrita semelhante ao lápis. Duas tabuinhas eram recheadas com uma fatia de grafite. Acontece que o grafite, quando saía das minas, era mole e se quebrava facilmente. Até que, em 1795, o químico francês Nicolas-Jacques Conté inventou um jeito de misturá-lo com argila e queimar a mistura em fornos, tornando-o mais resistente e conservando a maciez.

ᛉ No ano de 1761, o carpinteiro alemão Kaspar Faber conseguiu chegar ao lápis cilíndrico, igualzinho ao de hoje em dia. Os lápis de cor tornaram-se comuns depois de 1850, com o aparecimento das anilinas.

MÁQUINA DE ESCREVER

O inglês Henry Mill apresentou, em 1714, o primeiro pedido de patente de uma "máquina artificial para impressão de letras". Mas o invento não pegou.

Assim como o avião, brasileiros e americanos lutam para saber quem a criou primeiro. Para os brasileiros, a invenção pertence ao paraibano Francisco João Azevedo (1814-1880), que começou sua vida como tipógrafo antes de se ordenar padre. No Arsenal de Guerra de Recife, desenvolveu um sistema de gravação em aço. Depois construiu uma máquina taquigráfica e, finalmente, apresentou uma máquina de escrever em madeira na Exposição Nacional do Rio de Janeiro, inaugurada em 2 de dezembro de 1861. Mesmo com todo o alvoroço que a máquina obteve, ele não conseguiu o apoio financeiro de que precisava para aperfeiçoá-la. Conta-se que, durante a exposição, um americano convidou o padre Azevedo a viajar até os Estados Unidos para apresentar sua máquina. Doente, o padre resolveu confiá-la ao tal americano. Para sua surpresa, a invenção acabaria sendo lançada alguns anos depois.

Para os americanos, a história é outra: o primeiro modelo de máquina de escrever que realmente funcionou só apareceu em 1867. O inventor americano Christopher Latham Sholes (1819-1890), com os colaboradores Carlos Glidden e Samuel Soule, construiu uma máquina de escrever com dois sérios inconvenientes – escrevia somente com letras maiúsculas e apresentava dificuldades para leitura. Suas teclas eram dispostas em ordem alfabética. Tentando criar método mais "científico", Sholes pediu ajuda a seu amigo,

James Densmore. Em 1872, Densmore surgiu com o teclado QWERTY, assim chamado por causa das seis primeiras letras da fila superior, na mão esquerda. Ele estudou as letras e suas combinações mais frequentes na língua inglesa para colocá-las distantes umas das outras, a fim de que as hastes não subissem juntas, embolando-se durante a datilografia. No Brasil, o teclado QWERTY, adaptado com a cedilha e os acentos, foi padronizado. Apesar de a letra A ficar a cargo do pobrezinho dedo mínimo esquerdo...

O segundo modelo de Sholes, produzido um ano depois, havia sido aperfeiçoado a tal ponto que sua velocidade ultrapassava a da escrita à mão. Sholes continuou a aperfeiçoar suas máquinas e, em 1873, assinou contrato com a Remington para produzir máquinas de escrever. Eliphalet Remington e seu filho, Philo, que eram fabricantes de armas, introduziram seu modelo comercial em 1874, porém não lhe deram o nome de seu inventor, mas o deles próprios.

> O público só aceitou a máquina de escrever depois que um italiano, Camilo Olivetti, lançou em 1910 um modelo muito parecido com o que é utilizado hoje. Olivetti lançou o modelo portátil em 1932.

Mark Twain foi o primeiro autor a apresentar um original datilografado, que ele escreveu em uma Remington comprada pela caríssima quantia, na época, de 125 dólares. A máquina de escrever com tecla de maiúsculas e minúsculas apareceu em 1878, mesmo ano em que surgiu a "escrita visível", que permitia ver a linha impressa à medida que era datilografada (em vez de ter de erguer o carro para verificar uma letra ou uma palavra).

Sholes fez experiências com máquinas operadas com eletricidade, mas essa invenção saiu, em sua primeira forma, dos esforços da imaginação de Thomas Edison em 1872. O ancestral direto da linha de máquinas elétricas utilizadas hoje em dia apareceu em 1920, produto do inventor americano James Smathers.

Máquina de escrever de Francisco João Azevedo

Máquina de escrever de 1874

MÉTODO BRAILE

Louis Braille nasceu em Coupvray, uma pequena cidade francesa próxima a Paris, em 1809. Aos três anos sofreu um acidente na selaria de seu pai. Uma infecção atingiu seu olho esquerdo. Dois anos depois, estava completamente cego. No Instituto Nacional para Jovens Cegos, conheceu complicados sistemas de leitura e escrita para deficientes visuais. Com 15 anos inventou um método que usava pontos em relevo. Uma célula de seis pontos, divididos em duas colunas, que podem ser combinados de 63 maneiras diferentes. Em 1829 foi lançado um livro sobre a nova técnica. Braille só foi reconhecido após sua morte, em 1852. Em 1892, o americano Frank H. Hall criou uma máquina especial de sete teclas que escrevia em braile. No Brasil, o método começou a ser utilizado em 1856.

IMPRENSA

GRAVADOR

Thomas Alva Edison (1847-1931) esboçou em 1877 uma máquina com um cilindro recoberto de estanho, movido a manivela e com um bocal, no qual se falava fazendo vibrar uma agulha. A agulha arranhava o estanho e depois, passada pelos mesmos sulcos, reproduzia o som. O próprio Edison inaugurou seu fonógrafo ou "máquina de falar" recitando os versos da canção infantil *Mary had a little lamb* (Mary tinha um carneirinho).

Muitas outras tentativas para se chegar a um gravador foram feitas. Nada muito prático até 1935, ano em que a empresa alemã I. G. Farben produziu uma fita magnética de rolo. Pouco tempo depois, a também alemã AEG Telefunken criou o Magnetofone, que podia gravar e reproduzir o som. Durante a Segunda Guerra Mundial, as emissoras de rádio da Alemanha usaram a nova máquina para gravar os discursos de Adolf Hitler e depois colocá-los no ar.

Gravador de 1877

> O gravador de fita cassete foi uma criação da Philips, da Holanda, em 1963. A empresa liberou a patente a todos os interessados para encorajar sua adoção em todo o mundo.

JORNAL

O primeiro órgão regular a divulgar notícias foi a gazeta romana *Acta Diurna* (Realizações Diárias), que começou a ser publicada diariamente em 59 a.C. Afixado por toda a cidade, o jornal foi iniciado pelo imperador Júlio César, e não era muito diferente dos tabloides diários de hoje em dia. Controlado pelo governo, ele trazia novidades sociais e políticas, detalhes de julgamentos criminais e execuções, anúncios de nascimentos, casamentos e mortes, e até mesmo os destaques de eventos esportivos e teatrais no Coliseu.

No início do século XVII, os jornais ganharam a forma atual. O mais antigo deles, que se originou de um boletim comercial que circulava entre os mercadores de Antuérpia e Veneza, pode ter sido o holandês *Nieuwe Tijdinghen*, publicado em 1605. Os mercadores holandeses, que viajavam por todo o mundo, serviam como "correspondentes internacionais", coletando uma variedade de informações das terras distantes.

Lançado em junho de 1808, o primeiro jornal a circular no Brasil foi o *Correio Braziliense*, distribuído clandestinamente. Ele era escrito e impresso em Londres. Com a vinda da corte portuguesa para o Brasil, surgiu o primeiro jornal impresso no país: a *Gazeta do Rio*, em setembro do mesmo ano. O semanário de quatro páginas era feito na Imprensa Régia (oficina tipográfica oficial) e tratava de assuntos ligados à corte. As notícias vinham com dois meses de atraso.

HORÓSCOPO DIÁRIO

O horóscopo foi uma criação do faquir Birman (pseudônimo do francês Charles Fossez), cujo extraordinário talento para a autopromoção fez a astrologia chegar às ruas. Em 1913, ele teve a ideia de traçar um horóscopo, em sessão pública, na sala Wagram, numa jaula de animais ferozes, onde havia juntado uma horda de ratos que, ao que parece, estavam famintos. Uma ratoeira se abriu acidentalmente e os ratos se espalharam entre o público. Depois desse incidente e de outros eventos promocionais, tais como a distribuição de horóscopos por ocasião da prova ciclística Tour de France, uma estação de rádio parisiense pediu-lhe que divulgasse, ao microfone, o horóscopo do dia. Iniciativa logo imitada pelo diário *L'Intransigeant*, o primeiro órgão da imprensa escrita do mundo a divulgar uma crônica astrológica.

RÁDIO

O sistema de radiocomunicação é uma extensão do telégrafo sem fio. Foi criado e patenteado em 1901 pelo químico italiano Guglielmo Marconi (1874-1937). Surgiram as primeiras emissoras e receptores, conhecidos como galenas, que levavam esse nome por causa do receptor de sulfeto de chumbo. Esses aparelhos, entretanto, só funcionavam com fone de ouvido. Uma estação experimental em Massachusetts, construída pelo canadense Reginald Aubrey Fessenden, é considerada a primeira a ter transmitido um programa de rádio – na véspera do Natal de 1906. Fessenden organizou um modesto programa com duas seleções musicais, seguidas pela leitura de um poema e, depois, por uma breve mensagem de "feliz Natal" escrita por ele próprio. A transmissão foi escutada, e bastante apreciada, por operadores de radiotelegrafia em navios num raio de várias centenas de milhas. O aperfeiçoamento tecnológico ocorreria cinco anos depois. O inventor americano Lee de Forest (1873-1961) apresentou sua válvula radioelétrica, que revolucionou o uso do aparelho, que também ganharia alto-falantes para conquistar o público.

Em 1907, De Forest iniciou transmissões regulares de rádio de base na parte sul de Manhattan. Tocava apenas discos fonográficos (fornecidos pela Columbia). Como ainda não havia receptores de rádios domésticos, a audiência de De Forest era toda formada por operadores de radiotelégrafo do porto de Nova York.

As primeiras transmissões diárias de rádio foram iniciadas em 1910 por Charles Herrold, da radio Broadcasting de San Jose, na Califórnia, e que ainda hoje opera como a estação KCBS, em São Francisco, o que faz dela a estação de rádio mais antiga do mundo a transmitir continuamente. Um ano antes, Marconi havia dividido o prêmio Nobel de Física com Karl Braun, o qual realizou importantes modificações que aumentaram incrivelmente o alcance dos transmissores de Marconi. Já a primeira estação de rádio comercial moderna foi a KDKA em Pittsburgh, que iniciou suas transmissões durante a contagem dos votos da eleição presidencial de 2 de novembro de 1920. Também tocava música e apresentava as notícias do dia.

No Brasil, a primeira emissão de rádio aconteceu em 1922, por iniciativa de Edgard Roquette Pinto e Henrique Morize, que fundaram a Rádio Sociedade do Rio de Janeiro.

CS A partir de 1947, com o desenvolvimento do transistor pelos americanos John Bardeen (1908-1991), Walter Houser Brattain (1902-1987) e William Bradford Shockley (1910-1989), começou uma nova etapa na história dos aparelhos eletrônicos: miniaturização. Os transístores substituíram as válvulas, e ajudaram a aperfeiçoar o som estéreo e o alcance de recepção. Dos transístores chegou-se aos circuitos impressos e aos *chips*. Por essa invenção, eles receberam o Prêmio Nobel de Física em 1956.

> **INVENÇÃO BRASILEIRA?**
> O padre Landell de Moura transmitiu ondas radiofônicas em São Paulo, por meio de um mecanismo dotado de um microfone eletromecânico e de um alto-falante telegráfico. Muitas autoridades testemunharam a engenhoca, mas o religioso só obteve a patente de sua criação em 1901, cinco anos depois do italiano Guglielmo Marconi. A igreja criticou Landell, chamando-o de "feiticeiro".

PILHA
Enquanto tirava a pele de um sapo em uma aula de Anatomia, Luigi Galvani percebeu que um deles se mexeu. O bisturi de aço e a bancada de zinco formaram uma corrente elétrica que fez os músculos do sapo se contraírem. A partir desses princípios, o físico e professor italiano Alessandro Giuseppe Antonio Anastasio Volta (1745-1827) começou a estudar as reações entre diferentes metais. Produziu em 1800 a pilha elétrica – a primeira fonte de corrente contínua. Era composta de séries de discos de prata e zinco em pares, intercaladas por folhas de papelão saturadas em água salgada. A corrente era produzida quando o disco de prata do topo se conectava com um arame ao disco de zinco que ficava embaixo.

A unidade da força eletromotiva que conduz a corrente recebeu o nome de *volt* em homenagem a Alessandro Volta, no ano de 1881.

RÁDIO FM
A FM, que significa "frequência modulada" (AM significa "amplitude modulada"), foi inventada por Edwin Howard Armstrong, um amante da música insatisfeito com as distorções e a estática produzidas pelos receptores da época. Ele notou que o problema se devia, em grande parte, ao fato de as estações transmitirem em AM, que, como o nome indica, pode elevar a amplitude (ou volume) de um sinal, mas é incapaz de fortalecer sua frequência. E este é o mais importante componente do som, especialmente para a música, cujo espectro de frequências ultrapassa de longe o da voz humana. Em 1912,

Armstrong produziu o primeiro transmissor de frequência modulada. Seus primeiros testes, transmitidos do topo do edifício Empire State, em um estúdio experimental que a recém-formada Radio Corporation of America (RCA) lhe emprestara, confirmaram seu ponto de vista. A música transmitida em FM era praticamente livre de estática e possuía uma fidelidade até então impossível de obter em AM.

Temerosa de que seus enormes gastos na transmissão em AM fossem ameaçados, a RCA e outras grandes redes envolveram Armstrong num litígio infindável. A Comissão Federal das Comunicações, influenciada por essa hostilidade das redes, transferiu toda a faixa FM para um alcance de transmissão desfavorável e restringiu gravemente a potência da transmissão dessas estações. Armstrong caiu em depressão. Em 1954, com suas várias patentes engenhosas ameaçadas por ações conjuntas das corporações, Armstrong saltou de seu apartamento na Park Avenue e morreu.

REVISTA

Enquanto os jornais eram planejados para atrair o público em geral, as revistas pretendiam divulgar textos específicos a grupos com interesses específicos. Sua evolução na Europa foi direta – dos folhetos impressos para os panfletos, e destes para os almanaques –, preenchendo a faixa intermediária entre os jornais e os livros. Considera-se que a primeira revista tenha sido a publicação alemã de 1663 *Erbauliche Monaths-Unterredungen* (Discussões Mensais Edificantes). Iniciada por Johann Rist, poeta e teólogo de Hamburgo, ela refletia fortemente suas duas vocações e apareceu irregularmente uma vez por mês durante cinco anos. Outras revistas de tendência religiosa ou filosófica logo se seguiram, como o *Journal des Scavans*, a mais antiga revista francesa, em 1665, e a *Philosophical Transactions,* da Royal Society de Londres no mesmo ano. Filosofia, religião e literatura fundiram-se na primeira revista italiana, a *Giornale de'Letterati*, que se originou em 1668 sob a edição do clérigo e estudioso Francesco Nazzari.

TELEFONIA

FIBRA ÓTICA

Na Universidade de Londres, em 1952, o físico indiano naturalizado americano Narinder Singh Kapany passava horas e horas tentando algo que parecia impossível: entortar a luz. Na escola aprendera que a luz sempre caminha em linha reta. Mas nunca se conformou com essa ideia. Começou a criar armadilhas para aprisionar a luz em tubos feitos de diferentes materiais. Cada vez mais diminuía o diâmetro desses tubos até iniciar experimentos com fibras de vidro, que já eram conhecidas no século XVII. Em 1955 patenteou a fibra ótica. A ideia inicial era usá-la na medicina, principalmente na endoscopia, que permite observar o interior do corpo humano. Em 1966, o físico chinês Charles Kao utilizou o novo invento em ligações telefônicas. Hoje vinte mil pessoas podem falar ao mesmo tempo ao telefone, utilizando apenas uma fibra ótica.

PAGER

O primeiro chamava-se Eurosignal, da empresa alemã Bosch, inventado em 1976. Uma central de telefonistas recebe os recados. Os telefonistas contatam o usuário, usando um código específico, por ondas de rádio. O *pager* transforma essas ondas, com sinais analógicos, em sinais digitais. Um *chip* decodificador, associado a um multiprocessador, faz os sinais digitais virarem novamente letras ou números na tela de cristal líquido.

A onda dos *pagers* desembarcou no Brasil em 1981, com o Ericall, fabricado na Suécia pela Ericsson.

LISTA TELEFÔNICA

A primeira lista telefônica, publicada no ano de 1878 em New Haven, nos Estados Unidos, continha apenas cinquenta nomes. Não havia números, só o nome dos donos de aparelhos. Quem quisesse informações deveria ligar para a telefonista e dizer o nome da pessoa com quem desejava falar.

TELEFONE

Alexander Graham Bell (1847-1922), um escocês naturalizado americano, seguiu os passos de seu pai e de seu avô, dedicando-se sempre a melhorar a comunicação com deficientes auditivos. Uma de suas alunas, Mabel Hubbard, tornou-se sua mulher. Ele inventou o aparelho telefônico durante essas pesquisas. Descobriu que, no final do século XVI, um inglês anônimo tinha inventado um jeito de falar a distância usando um fio esticado. Achou também a história de um frade francês, Don Gauthey, que teria inventado um outro aparelho que permitia ouvir a distância. O telefone (do grego *tele*, "distante", e *phone*, "som") estava mesmo pedindo para ser inventado. As mecânicas da vibração do som e os princípios de transmissão elétrica tinham todos sido muito bem estudados no começo do século XIX. O próprio Bell chegara muito perto, quase por acaso, em 2 de junho de 1875.

Mas foi no dia 10 de março de 1876 que Bell transmitiu a primeira mensagem através de um fio dentro de sua casa, em Boston, nos Estados Unidos. No momento em que se preparava para dizer a frase, Bell derramou acidentalmente um pouco de ácido sobre suas roupas. A mensagem inaugural, portanto, foi um pedido de ajuda, que chegou inteligível do outro lado: "Senhor Watson, venha aqui imediatamente. Eu preciso do senhor". Thomas Watson era, elementar, seu assistente. Por meio de uma bobina de magneto, o aparelho transformava as ondas sonoras em impulsos elétricos. Estes eram conduzidos por um fio até ser captados por outro aparelho, que "traduzia" os impulsos elétricos e os transformava em palavras de novo. O mais curioso é que Bell conseguiu a patente por ter chegado duas horas antes que Elisha Gray, outro americano que também estava trabalhando em um aparelho semelhante, no escritório de registro em Nova York, dia 14 de fevereiro de 1876. Bell apareceu ao meio-dia e Gray, às 14 horas. Um não sabia do outro.

Alexander Graham Bell na cerimônia da primeira ligação a distância de Nova York a Chicago, 1892.

Thomas Alva Edison aperfeiçoou o telefone em 1876, permitindo que se falasse e ouvisse ao mesmo tempo. O que o desafiava era encontrar um material que convertesse o som da voz em corrente elétrica com mais clareza. Inventou cerca de cinquenta aparelhos diferentes até se dar por satisfeito com o transmissor à base de carbono, em uso até hoje. Foi Edison também quem disse pela primeira vez "alô", em vez do costumeiro "tem alguém aí?".

O primeiro telefone foi instalado na casa de Charles Williâms Somerville, no dia 4 de abril de 1877, em Massachussetts. Somerville estava fabricando a invenção de Bell. Como não tinha ninguém para quem telefonar – uma vez que as centrais telefônicas ainda não estavam instaladas –, Somerville conectou uma linha a seu escritório e conversava com sua esposa durante o dia.

ೞ Há ainda um outro personagem na história do telefone. Ester, mulher do engenheiro italiano Antonio Santi Giuseppe Meucci (1808-1889), sofria de reumatismo e não podia subir e descer escadas. Os dois moravam em Staten Island, perto de Nova York, nos Estados Unidos. Já tinham morado em Cuba, onde Meucci começou a estudar que a voz humana poderia ser transmitida por um sistema elétrico. Em 1856, ele construiu um aparelho eletromagnético para conectar seu laboratório com o quarto de sua casa, localizado no segundo andar. O invento de Meucci foi destaque no jornal *L'Eco d'Italia*, publicado por italianos que moravam em Nova York, em 1861. Os primeiros testes foram realizados quatro anos depois. Mas ele só conseguiu dinheiro para pagar pela patente provisória do "teletrofone" em 1871. Sem recursos, não conseguiu renovar a patente três anos depois. Por causa disso, Graham Bell acabaria patenteando a invenção como sendo sua em 1876. Meucci processou Bell. Em sua defesa, o americano justificou que Meucci produzira apenas um protótipo rudimentar do que seria o telefone. Mas Meucci morreu durante o processo e o caso foi encerrado. Para os italianos, ele é o verdadeiro "pai do telefone".

O telefone público é obra do inventor do estado de Connecticut, nos Estados Unidos. William Gray (que não era parente de Elisha Gray) instalou um telefone que funcionava com moedas de cinco centavos no Hartford Bank, em 1889. Para cada dólar arrecadado, Gray ficava com 25 centavos.

CABINE TELEFÔNICA
O que seria de Clark Kent se não existisse a cabine telefônica? Alexander Graham Bell inventou o telefone, em 1876, mas um fato pouco conhecido é que seu assistente Thomas Watson – famoso por ter recebido o primeiro telefonema – foi o inventor da cabine telefônica.

O primeiro telefone de discagem direta automática foi patenteado em março de 1889, pelo também americano Almon Strowger e começou a funcionar três anos depois. Strowger era agente funerário e queria eliminar a dependência das telefonistas por uma razão muito pessoal. Ele estava convencido de que uma das telefonistas locais, a mulher de seu principal concorrente, vinha desviando para o estabelecimento do marido as chamadas que eram feitas para sua casa funerária.

◉ Inventores brasileiros ◉

BINA (O CAÇA-TROTES)
O aparelho criado pelo técnico em telecomunicações Nélio José Nicolai, em 1982, identifica o número das chamadas telefônicas recebidas, eliminando problemas com trotes e ameaças anônimas. Outro de seus aparelhos, o Cita 700, mostra o número do telefone de origem antes mesmo de a ligação ser atendida e memoriza o dia, o horário e a duração das últimas 350 ligações recebidas e das 350 ligações dadas. Bina é a sigla de "B" Identifica o Número "A".

TELEFONE CELULAR
Com o nome de radiotelefonia celular, o telefone celular apareceu em 1979 na Suécia, desenvolvido pela empresa Ericsson. A novidade desembarcou no Brasil em 1990.
A atriz austríaca Hedy Lamaar, famosa por aparecer nua na produção erótica *Ecstasy* (1933), inventou o sistema que serviu de base para os celulares. Durante quatro anos, ela foi casada com o austríaco Fritz Mandl, um rico fabricante de armas. Acompanhou o marido em diversos jantares com a ascendente elite nazista. Certo dia, insatisfeita com o casamento, Hedy drogou a empregada que a vigiava, pulou a janela e fugiu para a Inglaterra. Durante a Segunda Guerra Mundial, ela criou um sofisticado aparelho de interferência em rádio para despistar radares nazistas e o patenteou em 1940 usando seu verdadeiro nome, Hedwig Eva Maria Kiesler. A ideia surgiu ao lado do compositor George Antheil, em frente de um piano. Eles brincavam de dueto, ela repetindo em outra escala as notas que ele tocava. Ou seja: duas pessoas podem conversar entre si mudando frequentemente o canal de comunicação. Basta que façam isso simultaneamente. Ofereceu a novidade ao Departamento de Guerra, que

o recusou. Anos mais tarde, quando a patente expirou, a empresa Sylvania adaptou a invenção. Hoje, o equipamento acelera as comunicações de satélite ao redor do mundo e a ideia foi usada para criar a telefonia celular.

Inventor tem cada uma

CAIXINHA DE DESCULPAS
A loja de bugigangas tecnológicas Think Geek lançou uma caixa com dez ruídos diferentes. A Xcuse Box serve para dar um toque de veracidade na hora de mentir para finalizar uma ligação. O aparelho, que reproduz o áudio com qualidade MP3, tem sons de trânsito, estática, bebê chorando e até de aeroporto.

Inventores brasileiros

CARTÃO TELEFÔNICO
Feito de PVC e com um circuito elétrico ligado a pequenas superfícies metálicas, foi criado pelo engenheiro Nélson Guilherme Bardini em 1978, quando trabalhava na Telebrás. Mas o cartão telefônico só foi implementado oficialmente no Brasil em 1992.

SOM

ACORDEÃO
Esse pequeno piano portátil foi patenteado em 1829 pelo austríaco Cyril Demian. Era um instrumento rudimentar, com apenas dez teclas. Por volta de 1836, o acordeão desembarcou no Rio Grande do Sul. Foi parar no Nordeste durante a Guerra do Paraguai (1864-1870), trazido por soldados que voltavam do campo de batalha. A projeção nacional ocorreu a partir de outubro de 1946, quando as rádios de todo o país começaram a tocar *Baião*, de Luiz Gonzaga e Humberto Teixeira.

◆ Inventores brasileiros ◆

BATERIA SILENCIOSA
Um transmissor joga o som dos instrumentos eletrônicos para os fones de ouvido. Segundo o inventor Marcelo Gofieri, se fizesse um baile, "só a banda e os convidados curtiriam o som".

ALTO-FALANTE
O *Auxetophone*, patenteado pelo inglês Horace Short, em 1898, foi utilizado pela primeira vez publicamente na Exposição de Paris de 1900, para irradiar árias de ópera, gravadas em discos fonográficos, do topo da Torre Eiffel. O equipamento funcionava com ar comprimido e, conforme foi dito na época, o som podia ser ouvido por toda a cidade de Paris.

Auxetophone

MICROFONE
Uma equipe dos Laboratórios Bell, dos Estados Unidos, liderada por Joseph Maxfield, criou o microfone em 1925.

ANTENA
Quem inventou a antena? Foi o italiano Guglielmo Marconi (1874-1937), em 1906. É um dispositivo que serve para a captação ou irradiação de ondas de rádio. Ela é formada por um conjunto de fios em contato com o solo e suspensos a certa altura. Colocadas em torres, automóveis ou no alto dos edifícios, a antena recebe e transmite ondas eletromagnéticas. Essas ondas são chamadas ondas hertzianas e se propagam no espaço sem necessidade de fios condutores. Graças a elas, as antenas podem captar as transmissões de rádio, televisão, telégrafo.
A primeira estação de rádio usou, como antena, um arame esticado. Depois, os aparelhos foram se desenvolvendo até chegar aos complexos dispositivos atuais. A invenção da antena muito ajudou Marconi em suas pesquisas, levando-o até à invenção do telégrafo sem fio.

Ludwig van Beethoven

BATUTA
Acredita-se que a batuta (termo de origem italiana que quer dizer batida, compasso) passou a ser adotada originariamente na Europa da Idade Moderna, a fim de marcar o ritmo da música. Antes disso, os regentes faziam essa marcação segurando um rolo de pautas ou batendo uma pesada vara no chão. A fama do compositor alemão Ludwig van Beethoven (1770-1827), que possuía uma batuta, certamente contribuiu para a difusão do hábito. O seu tamanho varia entre 15 e 25 centímetros e atualmente é feita de madeira leve, celuloide ou mesmo plástico.

245.

APLAUSO
O aplauso existe há cerca de três mil anos. No príncipio, era um gesto religioso, popularizado em rituais pagãos: o barulho devia chamar a atenção dos deuses. No teatro clássico grego, era a forma pela qual os artistas pediam à plateia que invocasse os espíritos protetores das artes. O costume chegou à Roma pré-cristã, onde se tornou comum nos discursos populares.

COMPACT DISC
Em 1979, a equipe comandada por Joop Sinjou, da empresa holandesa Philips, fez uma revolução no mercado. Lançou o *compact disc system*, toca-discos que utiliza um minicanhão de raio *laser* no lugar das tradicionais agulhas e trabalha com discos (ou disquetes) de apenas 12 centímetros de diâmetro, cobertos por uma camada de plástico protetor que impede arranhões e riscos. A leitura digital, a *laser*, faz o disco jamais se desgastar. Com a moderna técnica do *compact disc system* podem-se obter sons puríssimos, praticamente sem distorção.
Os discos *laser* têm capacidade para armazenar até setenta minutos de música – quase o dobro, portanto, dos LPs.

A mesma Philips, em associação com a japonesa Sony, criou o CD-ROM em 1985.

GRAVADOR DE CD
O sistema de gravar e tocar de digital-para-ótico foi patenteado em 1970, pelo físico James T. Russell, que trabalhava na General Eletric (GE). James adorava ouvir música, mas achava irritantes os chiados provocados pela agulha do tocador. Pensando em uma forma de evitar o contato do leitor com o disco, James chegou à conclusão de que a luz seria a melhor saída. O gravador de CD imprime minúsculos sinais claros e escuros na superfície do disco, por meio de um raio *laser*. Quando o CD é tocado, o computador recodifica esses sinais.

INSTRUMENTOS MUSICAIS

Passeando pelas margens do rio Nilo, Apolo encontrou a carapaça vazia de uma tartaruga e dedilhou seus tendões já secos e tesos. Um som doce foi ouvido. Ele presenteou o chefão Zeus com a novidade. Apolo havia acabado de inventar a lira.

E coube também a Apolo a criação da flauta e da harpa. Não é à toa, portanto, que ele virou o deus da música.

Mas isso foi lá no céu, segundo a mitologia. Aqui na terra o primeiro "documento" a mostrar instrumentos musicais é um baixo-relevo de 4000 a.C., em que figuram uma cítara (espécie de harpa pequena com trinta a 39 cordas) e uma flauta tocadas por pastores da Suméria. Além da cítara e da flauta, assírios e babilônios conheciam a harpa, a trompa, a flauta dupla e alguns instrumentos de percussão, como os tambores (estes tocados principalmente em cerimônias religiosas).

Cravo – Espécie de harpa com teclado, o cravo apareceu no século XIV. Teve seu auge entre 1500 e 1800, pois seu som fraco, elegante, sem longas vibrações, parecia perfeito para concerto em salas da nobreza.

Clarineta – Sua invenção é atribuída ao alemão Johann-Christopher Denner, na última década do século XVII, embora já existissem outros instrumentos bem similares. A clarineta foi o primeiro instrumento em que a palheta era totalmente coberta pelos lábios do músico.

Piano – Em 1709, o italiano Bartolomeo Cristofori (1665-1731), fabricante de harpas, fez o primeiro piano. O piano logo roubou o lugar do cravo na preferência dos músicos. Seu sistema de cordas e pedais permitia uma grande novidade: controlar a duração das notas e modular os sons. Cristofori se referia à sua criação como "harpa com martelos".

Saxofone – Enquanto tentava aperfeiçoar uma clarineta, o fabricante de instrumentos belga Antoine Joseph Sax (1814-1894), também conhecido como Adolphe Sax, inventou o saxofone em 1846.

Guitarra – A criação da guitarra moderna é atribuída ao *luthier* espanhol Antonio de Torres, no ano de 1850. Essa denominação, no entanto, já tinha sido utilizada para um instrumento assírio, de 700 a.C.

Guitarra elétrica – A primeira guitarra elétrica foi inventada nos Estados Unidos por Lloyd Loar, em 1923. Tornou-se um instrumento de sucesso só em 1952, quando o americano Les Paul criou um modelo com o corpo maciço, que resolveu problemas na vibração do som.

Bateria – Base da música moderna, a bateria foi criada em 1910 na cidade americana de New Orleans.

JUKEBOX

A primeira *jukebox* foi instalada no Palais Royal Saloon, em São Francisco, Estados Unidos, por Louis Glass, gerente-geral da Companhia Fonográfica do Pacífico, em 23 de novembro de 1889. Consistia de um fonógrafo elétrico com quatro tubos de escuta, cada um controlado por um aparelho separado, que funcionava se quando alguém colocava uma moeda na ranhura. A *jukebox*, como é conhecida hoje, apareceu em 1906. Era da marca John Gabel Automatic Entertainer e tinha uma seleção de 24 discos.

LONG-PLAY

O desejo de reproduzir os sons e a voz humana acompanhava o homem havia muitos anos. Em 1807, o físico inglês Thomas Young conseguiu, usando um estilete, gravar as vibrações de um corpo sonoro em um cilindro giratório coberto de fuligem. Já em 1857, o tipógrafo Édouard Scott de Martinville combina-o com seu "fonoautógrafo", capaz de gravar a palavra e o canto. No ano de 1878, o americano Thomas Edison inventou o "fonógrafo", capaz de registrar e reproduzir o som. Um ano antes, em 1877, um alemão naturalizado americano, Emile Berliner, inventou o disco (de goma-laca, negro de fumo e flocos de algodão, gravado apenas de um lado) e o aparelho que permitia reproduzir os sons gravados, o "gramofone". O vinil, derivado de petróleo, só apareceu em 1948.

Os pioneiros da indústria fonográfica nacional lançaram, em 5 de agosto de 1902, um disco de modinhas cantadas pelo "popularíssimo Bahiano". O alemão Fred Figner montaria a primeira fábrica de discos do Brasil e da América do Sul, a Odeon, em 1903. Esses discos, de 78 rotações, com aproximadadamente quatro minutos de duração, seguiram firme até aparecer... um engenheiro húngaro inconformado! Peter Carl Goldmark (1906-1977), já morando nos Estados Unidos desde 1933, estava cansado de ter de trocar de disco 11 vezes para ouvir inteiro o *Concerto para piano nº 2*, de Brahms. Estudou uma maneira de aumentar a "armazenagem" dos sons. Usando um material ainda novo no mercado, o vinil, criou o *Long Playing* (LP), com sulcos menores. Também diminuiu a rotação de 78 para 33. E mostrou sua descoberta ao mundo com o *Concerto para violino*, de Tchaikovsky: 45 minutos de música em um só disco! Isso foi em 1948. Dez anos depois surgiram os discos em estéreo. No Brasil, o LP chegaria em 1951.

ÓRGÃO

O órgão mais antigo foi construído por Cetsíbios de Alexandria, no século III a.C. Era um instrumento hidráulico que funcionava dentro de uma caixa d'água com duas bombas de ar. Por volta de 330 a.C., o grego Arquimedes inventou um modelo formado de tubos. No século VIII, o imperador bizantino Constantino Coprônino presenteou o rei francês Pepino, o Pequeno, com um instrumento. A partir daí o órgão espalhou-se pela Europa. No século XX, ele ganhou 61 teclas, pedaleiras e começou a registrar 31 notas.

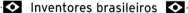

Inventores brasileiros

TOCADOR DE PANDEIRO E TAMBORIM

A engenhoca idealizada pelo carioca Amundsen de Oliveira permite que uma pessoa toque seis pandeiros e seis tamborins ao mesmo tempo.

ROCK

O nome *rock'n'roll* (numa tradução livre, deitar e rolar) surgiu da cabeça do *disc-jóquei* de Nova York Alan Freed. Foi assim que ele, nos anos 1950, batizou a nova batida (mais agitada) do *rhythm'n'blues* – o *blues* urbano, adotado pelos brancos e modificado com a inclusão da guitarra elétrica em vez de o violão de aço.
O primeiro rock? No mês de abril de 1954, Bill Haley & His Comets trancaram-se em um estúdio nova-iorquino e gravaram *Rock around the clock*, que faz parte da trilha sonora do filme *Sementes da violência*.

SINO

Nas inúmeras escavações feitas nas cercanias do mar Mediterrâneo foram encontradas diversas sinetas, que muito provavelmente deram origem ao sino. Na China, 2000 anos a.C., existiam sinos sem badalo. Para soá-los, era preciso um martelo. Esse mesmo processo era empregado na França no século VI, quando sinos de bronze tinham uso bastante corrente, por volta do ano 550. No século seguinte, os sinos passaram a ser colocados no alto das torres de vigia.

TRIO ELÉTRICO

Montados na carroceria de caminhões e equipados com potentes alto-falantes, os trios elétricos desfilam pelas ruas com grupos musicais e são seguidos pela população. O primeiro foi o Trio Elétrico de Dodô e Osmar, da Bahia, criado em 1951. Um ano antes, um famoso grupo de frevo de Recife, Os Vassourinhas, desfilou pelas ruas de Salvador os sete dias do Carnaval e arrastou uma multidão. Foi aí que os amigos Dodô (radiotécnico) e Osmar (técnico em engenharia mecânica) tiveram a ideia de sair fantasiados e com seus instrumentos, em um Ford 29 pintado de bolinhas vermelhas, naquele Carnaval. Era a "Dupla Elétrica". No ano seguinte, além de Adolpho Antônio do Nascimento, o Dodô, e Osmar Macedo, a novidade contava ainda com um terceiro músico, Temístocles de Aragão. Por isso foi chamado de "trio elétrico".

IMAGEM

ANTENA PARABÓLICA

No início da década de 1960, quando nascia o programa espacial americano, rastrear satélites em órbita da Terra era uma atividade especializada, restrita a um seleto grupo de funcionários da Nasa. Ninguém ousaria imaginar que, menos de vinte anos depois, milhões de pessoas espalhadas pelo mundo transformariam essa atividade em uma rotina doméstica. As primeiras antenas parabólicas domésticas começaram a chegar aos lares americanos em 1975.

CINEMA

Quem passou pelo Boulevard des Capucines, no centro de Paris, na noite de 28 de dezembro de 1895, não pôde deixar de notar uma enorme fila que se estendia por centenas de metros. Agasalhados contra um rigoroso inverno, homens, mulheres e crianças esperavam a vez para entrar no Salão Indiano do Grande Café, no número 14 do bulevar. Uma vez instalados nas cem cadeiras dispostas diante de um grande pedaço de pano branco, assistiam a um espetáculo de luzes e movimentos. Em certo momento, um trem avançava em direção à plateia (muita gente ficava tão assustada que deixava a sala correndo!). Pouco depois, podiam-se observar cenas da saída dos operários, na pausa do almoço, da fábrica Lumière, instalada em Lyon. A sessão durava vinte minutos e custava um franco por pessoa.

Auguste e Louis Lumière foram os dois primeiros filhos de um casal humilde: Antoine, pintor de letreiros, e Jeanne-Joséphine, lavadeira. Logo após o casamento, em 1859, os dois perambularam por Lyon, Paris e Besançon, onde Antoine resolveu mudar de profissão. Segundo ele, a pintura não tinha futuro. Melhor seguir a moda e tentar o ramo de fotografia. Após alguns meses de aprendizado em um estúdio fotográfico, Antoine montou seu próprio negócio. Auguste e Louis trilharam os passos do pai e se interessaram por fotografia. A partir de 1891, o americano Thomas Edison apresentou ao público o kinetoscópio, no qual um filme de cerca de 15 metros permitia a um único espectador observar uma cena do tamanho de um cartão de visita. Três anos depois, fabricava a máquina em série, convencido de que seu invento estava destinado à diversão individual.

Sem perda de tempo, Auguste passou a estudar um meio de captar imagens, revelá-las e projetá-las num movimento semelhante ao da vida real. "Passei três meses pesquisando sem chegar a um resultado satisfatório", contou Auguste tempos depois. "Foi quando meu irmão, que tinha assistido às minhas experiências, pegou uma gripe que o deixou de cama por vários dias. Uma manhã, quando fui vê-lo, Louis me anunciou que, durante sua insônia, teria achado a solução para o problema."

A grande questão era como dar a ilusão de movimento à fita de imagens fotográficas, sem deixar que o espectador percebesse o desenrolar da fita.

"Devemos recorrer a um dispositivo que ataque a película em repouso, que a acelere e a retarde até sua imobilidade, quando projetarmos a imagem. Temos de repetir este ciclo 15 vezes por segundo", ordenou Louis. Para conseguir o movimento desejado, os irmãos recorreram a um engenho inspirado na máquina de costura, incrementado com um sistema de dentes que se encaixavam nas perfurações da película. Após filmar algumas tiras experimentais, Auguste e Louis organizaram uma projeção familiar.

A primeira cena em movimento apresentada ao público foi, sem dúvida, *A saída da fábrica*. Num dia de sol inesperado, em 19 de março de 1895, Louis acionou a manivela. Oitocentas imagens em cinquenta segundos, que foram projetadas, três dias depois, numa conferência em Paris. A surpresa foi geral. Em seguida, os irmãos produziram *O jardineiro*, *Chegada de um trem à estação de la Ciotat* e várias outras cenas que seriam apresentadas no Boulevard des Capucines. O sucesso foi imediato. Os irmãos Lumière passaram a ser fabricantes de aparelhos e de películas, produtores e distribuidores de seus próprios filmes.

A primeira sala de cinema no Brasil foi inaugurada no Rio de Janeiro, em 1897, por Paschoal Segretto.

O francês Léon Gaumont (1864-1946) é o pai do filme sonoro. Em 1900, ele criou um sistema em que o projetor do filme e o gramofone andavam na mesma velocidade. Depois de 27 anos, outro sistema – o Vitaphone – liquidou de vez o cinema mudo. O último filme sem som foi produzido em 1930.

SERÁ QUE FOI?
Dois anos depois da primeira projeção cinematográfica dos irmãos Lumière, em 1895, o pernambucano José Roberto de Cunha Sales solicitou ao Arquivo Nacional Brasileiro a patente do primeiro projetor de imagens em movimento. Ele usou como prova da autoria do aparelho uma sequência de 11 fotogramas mostrando cenas do mar batendo em um píer. Mais tarde, descobriu-se que as imagens não haviam sido feitas por Sales e provavelmente vinham dos Estados Unidos ou da Inglaterra. A patente acabou sendo anulada.

DVD
Essas três letras significam Disco Versátil Digital. Do tamanho de um CD comum, o DVD tem capacidade para armazenar de sete a 13 vezes mais informações que o CD-ROM. O disquinho tem resolução de imagem duas vezes melhor que as fitas de videocassete e som digital. A invenção do DVD foi anunciada em novembro de 1995. No ano seguinte, a novidade foi lançada no mercado japonês e, em março de 1997, chegou aos Estados Unidos. O produto foi desenvolvido a partir da união da tecnologia das empresas Philips, Sony, Matsushita, Toshiba e Time Warner. Os brasileiros conheceram o DVD em maio de 1998. O primeiro com dublagem e legendas em português foi *Era uma vez na América*, de Sergio Leone. Naquela época, o aparelho mais barato custava cerca de 1.300 reais.

PARA-RAIOS
Seu inventor foi o americano Benjamin Franklin (1706-1790). Sabendo, por suas investigações, que o raio é uma descarga da eletricidade atmosférica condensada nas nuvens, Franklin realizou, em 10 de maio de 1752, uma experiência com seu para-raios. Deixou ao ar livre uma haste de ferro, com cerca de 10 metros de comprimento, que se assentava em uma base isolante. Em dezembro do mesmo ano, Franklin repetiu a experiência, mas desta vez usou um recurso que se tornou célebre. Poucas vezes se viu um adulto empinando uma pipa de papel com tanta seriedade. É que o cientista substituiu a haste de ferro pelo fio úmido da pipa, e este poderia ficar mais próximo das nuvens, onde havia eletricidade. De fato, a pipa logo foi atingida, e seu fio transmitiu potentes chispas elétricas para a terra, que absorvia o raio, evitando que ele atingisse alguma pessoa ou construção.

TELESCÓPIO

Em 1608, o fabricante de óculos alemão Joahnn Lippershey (1570-1619) estava entretido em sua oficina em Midelburgo, na Holanda, quando ouviu uma exclamação de espanto. Voltou-se e viu seu aprendiz olhando através de duas lentes. Quando ele juntou os dois vidros, a torre da igreja distante parecia muito mais próxima e de cabeça para baixo. Lippershey enxergou (literalmente!) o alcance do achado do menino e pôs-se a fabricar telescópios. Encaixou as lentes dentro de um cilindro, mantendo a distância apropriada entre elas para corrigir a imagem. A popularidade do invento levaria Lippershey a pedir ao governo holandês que seu "instrumento para ver a distância" fosse mantido secreto e que, durante trinta anos, "toda a gente possa ser proibida de imitar esse instrumento", ou então lhe fosse concedida uma pensão anual, a fim de lhe permitir fazer instrumentos para utilidade exclusiva do país, sem vendê-las a reis e príncipes estrangeiros.

Lippershey não obteve a licença exclusiva para comercializar o produto porque dois outros fabricantes de óculos reclamaram, no mesmo período, a primazia da invenção. Em 1609, o matemático italiano Galileu Galilei (1564-1642) construiu seu telescópio, que aumentava nove vezes os objetos, enquanto o de Lippershey permitia uma ampliação de sete vezes. Dia 25 de agosto, no alto da torre da praça de São Marcos, os senadores da República de Veneza acotovelaram-se para ver a novidade. Naquela mesma noite, Galileu descobriu que a Lua não tinha uma superfície lisa, como se pensava, mas era cheia de montanhas e crateras.

Galileu Galilei

Lippershey

TELEVISÃO

Quase cinquenta anos antes de se tornar realidade, a televisão já era uma invenção viável. Seus princípios fundamentais haviam sido desenvolvidos de maneira independente em vários países. Ela só não apareceu antes porque não havia comunicação entre seus pioneiros e porque algumas ideias estavam mais adiantadas do que a tecnologia disponível. O princípio fundamental sobre o qual operam todos os padrões da televisão moderna – o rápido esquadrinhamento de uma cena linha por linha para formar uma imagem – havia sido proposto nos primeiros anos de 1880 por W. E. Sawyer, nos Estados Unidos, e Maurice Leblanc, na França. Um aparelho que podia realizar essa façanha – um disco mecânico-rotativo que decompusesse e reconstruísse a imagem – foi desenvolvido em 1884, na Alemanha, pelo inventor Paul Nipkow, um jovem de 24 anos. Ainda estudante, o russo Vladimir Kosma Zworykin (1889-1982) discutia com seu mestre, o professor Rosing, a possibilidade de criar a televisão. Desde 1906, Rosing julgava ter a solução prática para a TV. Seria a utilização de um tubo de raios catódicos – o emprego de elétrons que, emitidos pelo filamento negativo e superaquecido de um tubo de raios catódicos, formam um feixe que, em movimentos rápidos, atinge a tela desse tubo, ponto por ponto, formando imagens luminosas. Era a base da invenção da televisão. A câmera de televisão transforma o quadro luminoso da cena em uma série de sinais elétricos que modulam uma onda condutora de rádio de alta frequência. Dessa forma, são transmitidos pelo espaço até chegar ao receptor, onde são convertidos em variações luminosas, reconstituindo a imagem sobre a tela de um tubo catódico no aparelho receptor.

Somente na década de 1920, morando nos Estados Unidos havia quatro anos e naturalizado americano, Zworykin conseguiu tempo, dinheiro e assistência técnica para concretizar seus trabalhos, especialmente o cinescópio, tipo de válvula em que se forma a imagem nos receptores de televisão. Por essas razões, Zworykin é considerado um dos pais da televisão moderna. Outro invento, o iconoscópio, patenteado em dezembro de 1923, serviu de base para a criação das atuais câmeras de vídeo.

O engenheiro escocês John Logie Baird (1888-1946) foi um dos pioneiros da televisão. Em 2 de outubro de 1925, no sótão de sua casa, ele conseguiu transmitir uma imagem identificável da cabeça de um boneco de ventríloquo, chamado Bill. Ele correu, então, para o escritório no andar térreo e convenceu um auxiliar, espantado, a subir a seu laboratório. O assustado rapaz, sentando-se sob fortes luzes, tornou-se a primeira imagem viva a ser transmitida pela televisão. De um dia para o outro, Baird ficou famoso. Em 1927, ele fez uma transmissão de Londres para Glasgow e, em 1928, de Londres para Nova York. Seu sistema, entretanto, não conseguia transmitir som e imagem ao mesmo tempo. Os telespectadores viam primeiro a imagem, que depois sumia para entrar apenas a voz. Esse e outro modelo similar, criado pelo americano Charles Jenkens, foram sendo substituídos por modelos melhores na década de 1930.

TELEVISÃO EM CORES

Em 1928, John Logie Baird iniciou experiências com a TV em cores. Usou um disco de Nipkow com filtros coloridos. As primeiras imagens foram do capacete de um policial, de um homem mostrando a língua, de um cigarro aceso e de um buquê de rosas. Ele e outros inventores passaram muito tempo tentando aperfeiçoá-la. No ano de 1949, o russo naturalizado americano David Sarnoff (1891-1971), gerente-geral da RCA, construiu o primeiro tubo colorido. O primeiro país a adotar a cor em seus aparelhos foram os Estados Unidos, em 1955. Seu sistema foi baseado em uma série de experiências do National Television System Committee, de onde vem a sigla NTSC. Por ter sido o pioneiro, o sistema apresentou algumas deficiências. Os laboratórios especializados da Europa fizeram novas tentativas para corrigir os defeitos e outros dois sistemas surgiram. No fim da década de 1950, o francês Henri de France desenvolveu o sistema *Séquentiel Couleur A Mémoire* (Secam), enquanto o alemão Walter Bruch, da Telefunken, lançou em janeiro de 1963 o sistema *Phase Alternation Line* (PAL). O Brasil optou pelo sistema mais aperfeiçoado, o PAL. Mas, como os milhões de aparelhos convencionais em preto e branco já obedeciam ao padrão americano M, foi preciso fazer uma fusão dos dois sistemas, surgindo o PAL-M.

CONTROLE REMOTO

O primeiro controle remoto foi criado em 1955 pela empresa americana Zenith. Não pegou porque tinha um incômodo fio que o ligava à TV. Mais tarde, Zenith trocou esse fio por um facho de luz que ativava células fotoelétricas no televisor. Era melhor, mas os controles só se popularizariam depois de 1956, quando o austríaco Robert Adler, então com 45 anos, resolveu usar o ultrassom para fazer o serviço. Em 1981, a empresa substituiu o som pela luz infravermelha.

Propaganda do controle remoto Zenith, 1957

VIDEOCASSETE

A empresa japonesa Sony colocou no mercado o primeiro videocassete em junho de 1969. Ele usava fitas magnéticas com 13 milímetros de espessura, capazes de reproduzir imagem e som de programas de TV. O aparelho entrou em uso doméstico em 1972.

FOTOGRAFIA

Nascido na França e radicado onde é hoje a cidade de Campinas (SP), Hercules Florence (1804-1879) foi o primeiro a descobrir uma forma de gravar imagens com o uso da luz, em 1836. O inventor franco-brasileiro elaborou um método para imprimir fotos usando papel com nitrato de prata – princípio fotográfico usado até hoje em revelações. Três anos depois, o processo de revelação fotoquímica ganhava notoriedade na França com as pesquisas de Joseph-Nicéphore Niepce (1765-1833) e Jacques Louis Mandé Daguerre (1787-1851). Com um filme rudimentar, Niepce capturou a primeira imagem fotográfica fixa, enquanto Daguerre aperfeiçoou as primeiras câmeras.

Niepce chegou à fotografia através de seu interesse por litografia, o processo de copiar desenhos à mão sobre pedra, imprimindo-as depois sobre papel. Empregando as habilidades artísticas do filho, Niepce estabeleceu uma próspera empresa na área. Mas, quando seu filho foi recrutado pelo Exército francês, ele subitamente perdeu seu desenhista. Forçado a usar novamente sua capacidade inventiva, uma vez que não tinha nenhum talento artístico, Niepce concebeu um processo que dispensava o desenhista – ele utilizava a luz ambiente para fixar uma cena em filme. Para isso, Niepce usou vidro recoberto por um tipo de asfalto, que se torna solúvel em água quando exposto a uma quantidade suficiente de luz. Sua primeira fotografia mostra um terreno visto da janela superior de sua casa de campo. Foi necessário tanto tempo para obter uma exposição adequada para capturar a imagem, que as sombras das árvores se moveram à medida que o sol avançou pelo céu da tarde. A foto saiu bastante borrada, mas Niepce havia aberto a porta para uma nova indústria.

A ideia de Niepce não era assim tão original. Muitas décadas antes, cientistas haviam descoberto que certos sais de prata escureciam quando expostos à luz. O físico Thomas Wedgwood tirou a primeira fotografia em 1802, ao passar uma camada fina e úmida de sais de prata sobre um pedaço de papel e focalizar uma imagem sobre a superfície. A imagem apareceu, mas logo se apagou. Niepce, ao contrário, encontrou uma maneira de fixar a imagem no tempo.

Daguerre era um bem-sucedido pintor de paisagens, que traçava o contorno de um cenário sobre lona utilizando uma *câmera obscura* – uma caixa oca com uma lente em um dos lados, que projetava uma imagem ampliada sobre a superfície do lado oposto. Sabendo da descoberta de Niepce, Daguerre sugeriu, em 1829, que eles formassem uma sociedade, que durou até a morte de Niepce, quatro anos depois. Daguerre esforçou-se para aperfeiçoar a câmera e suas fotografias e, em 1837, estava produzindo fotos nítidas e detalhadas sobre placas de cobre prateadas. Ele e o filho de Niepce acabaram por vender os direitos da invenção ao governo francês.

As câmeras continuaram a progredir e houve um rápido desenvolvimento quando as pesadas chapas fotográficas foram substituídas por filmes de celuloide leves e flexíveis. O <u>celuloide</u> foi transformado em produto comercial no ano de 1869, por um inventor americano, John Wesley Hyatt (1837-1920).

Jacques Louis Mandé Daguerre

Joseph-Nicéphore Niepce

FILME COLORIDO

As pessoas tiraram fotografias em preto e branco por quase cem anos antes de dois músicos profissionais apresentarem o primeiro filme colorido, em 15 de abril de 1935. A história do Kodachrome, na verdade, começara em 1856, quando o cientista James Clark Maxwell (1831-1879) produziu a primeira foto em cores. Ele usou três projetores, cada um lançando uma cor diferente sobre a mesma imagem — uma vermelha, uma verde e uma azul. Os projetores apontavam para a mesma tela, de maneira que as imagens se sobrepunham, criando uma única imagem borrada, mas colorida na tela. Nos cinquenta anos seguintes, a maioria dos cientistas que tentaram inventar o filme colorido utilizou a abordagem óptica de Maxwell, mas nenhum conseguiu melhorar muito as imagens coloridas e borradas, até 1916. Foi nesse ano que Leopold Godowsky e Leopold Mannes entraram na história.

Os dois Leopold eram filhos de famosos concertistas de música clássica; ambos consideravam a música a coisa mais importante de sua vida e eram fascinados pela ideia de fazer filmes fotográficos coloridos. Eles trabalhavam juntos no laboratório de física da escola, fazendo experiências com técnicas e processos de filmes. Reproduziram os resultados de Maxwell mesmo sem conhecê-lo. Logo os dois haviam aperfeiçoado tanto o método de Maxwell que receberam a patente de sua própria versão de produzir imagens coloridas através da sobreposição de luzes. Mas os resultados ainda eram borrados e bastante grosseiros. Então, em 1921, cinco anos após terem reinventado o processo óptico de Maxwell, Godowsky e Mannes notaram as surpreendentes possibilidades da utilização de substâncias químicas para criar o filme colorido. Notaram também quanto seus experimentos estavam custando. Perceberam que não conseguiriam ganhar dinheiro suficiente com a música para pagar pelos testes que eles sabiam ser ainda necessários.

Para prosseguir com seus experimentos, os dois músicos-cientistas conseguiram uma bolsa de 20 mil dólares de uma companhia de investimentos e grande e valiosa ajuda do dr. Mees, diretor de pesquisa da maior companhia de filme fotográfico do mundo, a Eastman Kodak. Receberam todo o material e equipamento de que necessitavam. Mees vinha tentando obter sem sucesso o que Godowsky e Mannes haviam conseguido tão rapidamente. Mesmo com o sucesso do trabalho científico, os dois Leopold nunca abandonaram a música. Por isso, os progressos ainda eram lentos.

O plano deles era aperfeiçoar uma maneira de fazer fotos coloridas de aparência natural usando as mesmas camadas extremamente finas de substâncias denominadas "emulsões", separadas por camadas ainda mais finas de gelatina. Cada camada de emulsão revelaria uma tonalidade de cor, dependendo das cores que fossem fotografadas. Encontrar a maneira de fazer o filme já era bastante difícil, mais ainda era revelá-lo. Várias substâncias tinham de ser utilizadas para criar as cores, e foram necessários anos de testes apenas para descobrir as qualidades e o tempo necessários à revelação para obter as cores certas.

Mees insistiu para que os dois fossem a Nova York e usassem o laboratório totalmente equipado de seu departamento na Eastman Kodak. Aceitaram o convite. Godowsky e Mannes não se importaram com a fria recepção dos cientistas enciumados. Tanto que, enquanto trabalhavam, cantavam trechos de músicas. Os outros achavam isso um pouco estranho e nada profissional. Mas o que eles não sacaram é que os homens cantavam trechos (com seu senso preciso de tempo musical) para marcar o tempo

Leopold Godowsky, Leopold Mannes, e o Kodachrome

das reações químicas nos laboratórios completamente escuros. Essa parte crítica da pesquisa foi realizada antes de estarem disponíveis os modernos dispositivos eletrônicos para marcar o tempo e os métodos de iluminação de salas escuras para fotografias.

Em 1933, os cientistas-cantores haviam inventado um filme que trazia as melhores cores de até então. Dois anos mais tarde, eles desenvolveram um processo colorido ainda melhor. Isso levou a Eastman Kodak a realizar uma entrevista coletiva fora do comum: Godowsky e Mannes mostraram ao mundo os primeiros *slides* coloridos Kodachrome e depois sentaram-se para tocar uma sonata para piano e violino. A dupla trabalhou mais quatro anos para aperfeiçoar seu filme em cores e recebeu mais de quarenta patentes por seus processos químicos antes de retornar à sua carreira musical em período integral.

FLASH

Por volta de 1850, cientistas descobriram que a combustão de filamentos de magnésio produzia uma luz muito brilhante (acompanhada às vezes de uma espessa cortina de fumaça). Em 1887, os alemães Adolf Mietke e Johannes Gaedicke desenvolveram um *flash* que iluminava através da mistura de magnésio, cloreto de potássio e sulfeto de antimônio. Embora fosse um tanto perigoso, o aparelho agradou aos fotógrafos.

O engenheiro americano Harold Eugene Edgerton (1904-1990) inventou a luz estroboscópica e foi o responsável pelo desenvolvimento do *flash* eletrônico na década de 1930. As pesquisas com o *flash* começaram por volta de 1890 com o físico e filósofo Ernst Mach. Utilizando faíscas elétricas, como as emitidas por uma vela de automóvel, Mach conseguiu fotografar projéteis supersônicos em movimento. A principal contribuição de Edgerton para o aperfeiçoamento do *flash* foi construir lâmpadas em que a faísca no ar era substituída por uma descarga em gases. Usou argônio, neônio e depois xenônio, todos presentes em pequenas quantidades no ar atmosférico. A energia elétrica que é transformada em energia luminosa em uma dessas descargas equivale à emitida por uma lâmpada de 100 watts durante um segundo. Como essa energia é emitida em um milionésimo de segundo, sua "potência instantânea" equivale a 100 milhões de watts. Edgerton e seus colaboradores usaram esse dispositivo para fotografar inúmeros fenômenos rápidos. A mais famosa foto é de 1937. Mostra uma gota de leite caindo sobre uma tigela e formando uma coroa. Esse efeito também acaba sendo explorado pelas luzes estroboscópicas encontradas em discotecas, que permitem ver os movimentos como uma sucessão de imagens estáticas.

Gota de leite caindo sobre uma tigela e formando uma coroa

FOTOGRAFIA DIGITAL

Os cientistas americanos George Smith e Willard Boyle, do Bells Lab, desenvolveram o *Charge Coupled Devices* ou Dispositivo de Carga Acoplada em português *(CCD)*, em 1969. O CCD é um sensor que capta pontos de luz. Esses pontos todos juntos formam uma imagem. Essa tecnologia pode ser encontrada hoje em dia em máquinas copiadoras, câmeras fotográficas, filmadoras digitais e até em aparelhos de fax.

HOLOGRAFIA

A holografia é uma técnica fotográfica que registra em três dimensões qualquer objeto. Foi inventada em 1948 pelo húngaro Dennis Gabor (1900-1979), ganhador do Prêmio Nobel de Física em 1971. A palavra vem do grego *holos*, "inteiro", e *graphos*, "sinal". Os elementos principais para produzir um holograma são uma fonte de luz que se propague numa só direção, como o *laser*, e um filme hipersensível. A luz proveniente do raio *laser* é dividida em dois feixes: o primeiro ilumina o objeto, que a reflete sobre o filme; o segundo ilumina diretamente o filme. Essas duas fontes luminosas criam o holograma – uma irreconhecível sucessão de faixas e anéis concêntricos. Ao ser iluminado, a luz transforma as faixas e os anéis em uma representação tridimensional do objeto fotografado.

O HOMEM E O TEMPO

CRONÔMETRO

Em 1714, o Parlamento inglês instituiu o Longitude Act, um prêmio de 20 mil libras (12 milhões de dólares em valores atuais), para quem apresentasse um método exato para a medição da longitude. No mar, longe de qualquer referência geográfica, um comandante jamais sabia como precisar se estava mais a leste ou mais a oeste. John Harrison (1693-1776), um relojoeiro sem formação acadêmica, vinha se dedicando desde 1726 à criação de um relógio perfeito, não sujeito a distorções por efeito de calor, maresia e balanço do barco. Harrison foi atrás de novos desenhos para livrar o relógio mecânico do pêndulo e pesquisou materiais, como madeira e bronze, para construir engrenagens resistentes à corrosão. O primeiro relógio produzido, o H-1, pesava 34 quilos e foi apresentado ao Conselho de Longitude em 1735. Harrison continuou aperfeiçoando seu invento, até chegar ao H-4, o primeiro cronômetro do mundo, um mecanismo com apenas 12,5 centímetros de diâmetro.

RELÓGIO

Os relógios de sol foram criados pelos chineses no século III a.C. Relógios de água começaram a ser usados em Alexandria, no Egito, em 1400 a.C. O inventor grego Ctesibius criou, em 300 a.C., um relógio de água mais preciso, chamado "clepsidra", que substituiu o relógio de sol e a ampulheta.
No século X, o relógio de água foi substituído pelo relógio mecânico graças à invenção do escapo e do peso morto, provavelmente por iniciativa de Gerbert d'Aurillac (938-1003), que foi papa em 999 com o nome de Silvestre II.

> O holandês Christiaan Huygens (1629-1695), físico e astrônomo, revolucionou o mundo das horas com o <u>relógio de pêndulo</u> em 1656. Em um dia, seu relógio tinha uma diferença de cinco minutos – antes dele, essa média era de uma hora, para mais ou para menos. Huygens patenteou também o <u>relógio de bolso</u> no ano de 1675. Foi ele também quem descobriu o anel e o quarto satélite de Saturno (1655).

Na década de 1670, Christiaan Huygens inventou a corda de relógio, um mecanismo regulado por uma mola cuja elasticidade faria o aparelho oscilar em tempo igual, exatamente como o pêndulo nos relógios maiores.

RELÓGIO DE PULSO

Até o final do século XIX, os homens traziam seus patacões nas algibeiras ou suspensos em correntes nos bolsos de seus coletes. Dizer as horas naquela época envolvia um breve mas impressionante ritual: retirar o relógio de seu compartimento, abrir a tampa e só aí anunciar as horas. Até que o relógio de pulso foi inventado em 1907 pelo joalheiro francês Louis-Joseph Cartier (1875-1942), a pedido do aviador Alberto Santos Dumont. Ele queria ser capaz de checar seu tempo de voo em testes de velocidade mais rapidamente do que seria capaz com um relógio de bolso (Santos Dumont chegou a improvisar um relógio de bolso amarrado ao pulso com um lenço).

A fábrica de joias e bijuteria Cartier foi fundada em Paris, França, por Louis-François Cartier, em 1847. A Cartier ficou famosa também pelo desenvolvimento de um relógio de luxo à prova d'água, em 1931.

Os relógios elétricos foram criados pelo escocês Alexander Bain, em 1840. Sete anos depois seria a vez da invenção do inimigo número um dos dorminhocos: o despertador. O relojoeiro francês Antoine Redier teve a ideia em 1847. Acontece que o primeiro relógio a quartzo do mundo acabou sendo obra do americano Warren Alvin Marrison, no ano de 1929.

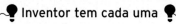 Inventor tem cada uma

RELÓGIO CONTRA ENFARTES

O relógio de pulso inventado pelo médico californiano Kenneth Matsumura tem um miniaparelho de eletrocardiograma embutido. Ele aciona um alarme quando detecta o perigo de um ataque cardíaco.

ONDE ESTÁ WALLY?

BÚSSOLA

Apesar de alguma discordância, acredita-se que os chineses tenham sido um dos primeiros povos a conhecer o princípio da bússola, há cerca de 4.500 anos. A forma mais comum de bússola é uma agulha magnética apoiada em um pino para que ela fique livre e se movimente em todas as direções. A agulha sempre aponta para o Norte, em direção ao polo magnético da Terra, e o instrumento é capaz de guiar um viajante. Os comerciantes árabes aprenderam sobre a bússola com os chineses e a introduziram na Europa, onde ela é conhecida desde o século XII. A bússola mais antiga consistia em uma agulha magnetizada que era colocada sobre uma madeira, flutuando numa vasilha de água. No começo, apenas a direção Norte-Sul era considerada. Hoje, as agulhas apontam para a Península de Boothia, que fica na América do Norte e é o polo magnético da Terra, diferente da região que conhecemos como Polo Norte. Os povos antigos ignoravam a diferença entre o polo magnético e o Polo Norte geográfico. Muitos marinheiros notaram a diferença e ficaram desnorteados.

GLOBO TERRESTRE

Martin Behaim (1459 -1507) foi cosmógrafo, astrônomo e explorador alemão (da região que, na época, era a Boêmia). Ele construiu o primeiro globo terrestre, com a colaboração do pintor Georg Albrecht Glockenthon. Entre 1491 e 1493, na cidade de Nuremberg, ele montou seu globo e o chamou de *Erdapfel*, que significa "maçã do mundo". Mas a obra também é chamada de "Globo de Nuremberg". Mesmo com os conhecimentos da época, Behaim cometeu diversos erros geográficos. O continente americano, por exemplo, embora já tivesse uma parte da costa oriental da América do Norte conhecida, não foi colocado.

264. TECNOLOGIA E COMUNICAÇÃO

MAPA

Acredita-se que os mapas surgiram antes da escrita. Isso porque o homem aprendeu a desenhar antes de escrever. Os primeiros mapas eram rabiscados em cascas de árvores e no couro de animais. Com poucos detalhes, mostravam rios, montanhas e árvores. Na Idade Média (476-1453), ficaram mais informativos e começaram a ser decorados por monstros terríveis. Nessa época, o homem imaginava que a Terra era quadrada e que nas bordas do planeta havia um grande abismo cheio de dragões e outros seres pavorosos. Entres os séculos XIV e XVI, as grandes navegações impulsionaram a confecção de mapas mais confiáveis. A invenção da máquina fotográfica, do avião e do satélite tornaram os mapas mais precisos e detalhados.

ೞ Em 1570, o flamengo Ortelius (1527-98) publicou o *Theatrum orbis terrarum*, com setenta mapas, considerado o primeiro <u>atlas</u> universal.

TECNOLOGIA A SERVIÇO DA GUERRA

AQUALUNG

O respirador submarino foi inventado pelo oceanógrafo francês Jacques-Yves Costeau (1910-1997), em 1943, enquanto ele apoiava o Exército francês contra a ocupação alemã. O aparelho fornecia ar sob pressão para o mergulhador. Muito leve, ele permitiu os mergulhos autônomos com mais mobilidade. A invenção tornou possível a observação de recifes de corais e vidas em lugares mais profundos nos oceanos. Antes da criação do *aqualung*, quem quisesse permanecer submerso por muito tempo deveria usar o escafandro, bem mais pesado e que exigia um tubo de borracha para a respiração.

BOMBA ATÔMICA

O físico Julius Robert Oppenheimer (1904-1967), professor da Universidade da Califórnia e autor do trabalho sobre a teoria quântica do átomo, foi convocado em 1943 para coordenar a equipe que criou a bomba atômica. Durante três anos, ele liderou alguns dos melhores cientistas do Ocidente em um barracão de madeira na cidade de Los Alamos, num esquema de máxima segurança. O custo do projeto foi de dois bilhões de dólares. A primeira explosão de uma bomba atômica ocorreu no campo de testes de White Sands, no município de Trinity, Novo México, às 17h59min45 de 16 de julho de 1945. O cogumelo de fogo atingiu dez quilômetros de altura.

CATAPULTA

Localizada na costa oriental da Sicília, Siracusa era uma importante cidade grega que alcançou seu apogeu durante o reinado de Dionísio, de 405 a 367 a.C. O soberano incentivava o desenvolvimento de armas de guerra, até que, por volta de 400 a.C., a catapulta foi inventada. O nome vem de uma palavra grega que significa "arremessar para baixo". A primeira catapulta era um arco gigante, imóvel, que precisava de muitos homens no seu manejo. O equipamento lançava pedras enormes para dentro dos muros das cidades e é considerado a primeira arma de artilharia pesada, de longo alcance. A desvantagem era que o inimigo podia ver a catapulta sendo construída lentamente e a defesa sendo preparada.

CONTADOR GEIGER

O primeiro modelo desse aparelho foi apresentado em 1912 pelo físico alemão Hans Wilhelm Geiger (1882-1945). O contador Geiger detecta a radiação usando a capacidade que as partículas radioativas têm de ionizar – isto é, retirar elétrons – de certas moléculas. O contador consiste em um cilindro cheio de gás (normalmente argônio), submetido a uma tensão que pode variar de mil a 2 mil volts e que mantém a parede do tubo negativa em relação a um fio positivo que corre ao longo do seu eixo. Quando as partículas radioativas entram em contato com os átomos do argônio, convertem alguns deles em íons positivos mais elétrons. Sob ação do campo elétrico, os íons migram para a parede do cilindro e os elétrons para o fio. Essa dupla migração causa um pulso de corrente que é transmitido a um amplificador. Quanto mais partículas radioativas houver, maior será a corrente elétrica.

DINAMITE

Quem ouve falar no Prêmio Nobel da Paz dificilmente liga o nome de seu criador, o químico sueco Alfred Bernhard Nobel (1833-1896), à invenção da dinamite. Mas foi esse amante da paz quem inventou o explosivo. Já em 1863, requereu sua primeira patente importante: um detonador de percussão. Seu pai também era um grande inventor – com suas excentricidades, às vezes. Um de seus projetos era ensinar focas a guiar torpedos submarinos! A família Nobel montou uma pequena metalúrgica em São Petersburgo, na Rússia, que fabricava minas submarinas. Durante a Guerra da Crimeia (1854-1856), as encomendas eram grandes. Depois disso, as encomendas acabaram e eles foram à falência. Instalados de volta na cidade de Helensburgo, nas vizinhanças de Estocolmo, capital da Suécia, Alfred, o irmão caçula, Emil, e o pai, Immanuel, começaram a fabricar nitroglicerina. Essa substância, preparada pela primeira vez pelo químico italiano Ascanio Sobrero, em 1846, tinha uma fórmula aparentemente simples: certa quantidade de glicerina adicionada a uma mistura de ácido nítrico e ácido sulfúrico. Mas sua preparação era bastante perigosa. Qualquer choque ou uma alteração brusca de temperatura provocava uma explosão. Em 1864, no início da produção dos Nobel, a fábrica foi pelos ares, matando Emil e mais quatro funcionários. A prefeitura negou-lhe permissão para o funcionamento do negócio. Ele instalou a nova fábrica em uma balsa ancorada num lago, fora da jurisdição municipal. Os negócios prosperaram rápido, e Nobel mudou-se para Hamburgo, na Alemanha.

Os riscos de acidente continuaram elevados até 1867, quando Nobel teve a ideia de misturar à nitroglicerina uma substância inerte, na esperança de evitar explosões acidentais. A nova mistura foi chamada de dinamite (a palavra vem do grego *dynamis*, que significa "força"), e deixou Nobel milionário.

> O Prêmio Nobel foi criado em 1901 atendendo a um desejo manifestado por ele em seu testamento. Nobel especificou os campos de atividade que desejava premiar – física, química, fisiologia ou medicina, literatura e paz. Depois, em 1969, decidiu-se incluir também trabalhos na área de economia. Ele deixou uma fortuna de seis milhões de dólares, cujos juros anuais são até hoje divididos entre aqueles que tenham se destacado e prestado bons serviços à humanidade. O prêmio consiste em uma medalha de ouro, um diploma e uma soma variável em dinheiro. A cerimônia de premiação acontece sempre em 10 de dezembro – aniversário da morte de Alfred Nobel – em Estocolmo, menos a do Nobel da Paz, que ocorre em Oslo, na Noruega.

GPS

Durante a chamada guerra fria, o professor americano Bradford Parkinson conseguiu apoio do governo para desenvolver um projeto, em 1972. Ele queria usar as informações enviadas pelos satélites para conseguir a localização de qualquer coisa no planeta. O Exército pretendia usar a tecnologia para lançar mísseis teleguiados com precisão exata. Em 1978, foi lançado o primeiro satélite que daria apoio ao "Sistema de Posicionamento Global" (Global Position System, GPS). Até 1994, já haviam sido lançados 24 satélites. O que era uma arma acabou virando um navegador portátil, que ensina como chegar a determinados lugares. Hoje o GPS é amplamente utilizado em navios, aviões e em automóveis.

GRANADA

A granada já era utilizada nas batalhas entre cristãos e muçulmanos no tempo das Cruzadas. O uso de líquidos inflamáveis na guerra tem origem no Império Bizantino, mas no ano 1000, de acordo com relatos da época, eram utilizadas granadas feitas de vidro ou cerâmica, cheias de óleo, para defender as cidades sitiadas em todo o mundo islâmico. Estas eram atiradas – com catapultas ou com as mãos – contra os inimigos ou contra suas torres de vigilância.

MÁSCARA DE GÁS

O americano Garrett Morgan patenteou em 1914 a primeira máscara de gás: um capuz de lona com filtros de esponja umedecida em água. A invenção foi testada dois anos depois na explosão de um túnel em Cleveland, nos Estados Unidos. Morgan foi chamado no meio da noite para resgatar operários e bombeiros que ficaram presos nos escombros da construção. Detalhe: o inventor saiu de casa de pijama.

Míssil V-2

MÍSSIL

Essa arma de guerra foi lançada pela primeira vez em 1942 pelos alemães. A equipe de Werner Von Braun desenvolveu o V-2, míssil impulsionado por um foguete. Como o míssil era mais rápido que a velocidade do som, só se ouvia o seu barulho de descida depois da explosão.

RADAR

O morcego é um mamífero voador, de hábitos noturnos e quase ceguinho. Como faz, então, para enxergar seu caminho? Ele emite ondas de ultrassons (isto é, sons agudíssimos) que são rebatidos (como o eco) por qualquer objeto que esteja à sua frente. Assim, percebe logo se há algum obstáculo adiante e se desvia. O sistema empregado pelo radar é semelhante. Só que, em vez de ultrassons, ele utiliza ondas de rádio, isto é, vibrações eletromagnéticas. Durante a Segunda Guerra Mundial, os bombardeios da Força Aérea alemã tiveram de enfrentar uma arma misteriosa que permitia ao serviço de defesa britânico prever sua chegada, localizá-los e fazer o contra-ataque. Era o radar. Seu nome é a abreviatura de *radio detection and ranging*, que significa "detecção e rastreamento pelo rádio" (do percurso de um objeto). O alemão Rudolph Kühnold foi o primeiro a demonstrar, em 1933, que os sinais de rádio poderiam detectar navios e aviões antes que pudessem ser vistos. Mas coube a uma equipe inglesa, liderada por Robert Alexander Watson-Watt (1892--1973), construir um sistema de radar, em 1935.

TANQUE DE GUERRA

Guido de Vigevano foi o primeiro construtor de um carro de batalha blindado, na França, em 1335. O carro, puxado a cavalo, era revestido de chapas de ferro, em cujas laterais haviam sido abertos pequenos buracos para a colocação das espingardas. Mas o tanque de guerra moderno, com suas lagartas e blindagem pesada, surgiu como uma arma secreta dos ingleses durante a Primeira Guerra Mundial. O projeto, de 1916, foi de William Tritton e W.G. Wilson. Ao andar, ele sacudia tão violentamente que os soldados que iam lá dentro eram obrigados a usar roupas acolchoadas. Os tanques foram assim chamados porque os primeiros enviados para a França apresentavam a etiqueta "tanque de água" em suas embalagens, por motivo de segurança.

CONTINÊNCIA

A saudação militar nasceu nos tempos medievais. Os cavaleiros costumavam apresentar-se ao rei antes das batalhas. Sua majestade queria ver nos olhos dos soldados "o brilho da confiança e do amor ao rei". Como estavam sempre de armadura, os soldados eram obrigados a levantar a viseira que lhes cobria os olhos. Faziam isso com a mão direita, pois a esquerda conduzia a espada. Foi, então, em respeito às autoridades, que surgiu o sinal de continência.

Invenções que não desencantaram

FOGUETE-CINTO
Foi uma invenção que fez sucesso nos anos de 1960. Quem viu o filme *Rocketeer* (1991) irá se lembrar. O piloto leva um foguete nas costas, amarrado por um cinto no seu corpo. Mas tudo não passa de ficção. O foguete-cinto de verdade nunca conseguiu voar mais que 28 segundos.

TORPEDO
Essa poderosa arma, que podia carregar até 8 quilos de explosivos, foi inventada pelo inglês Robert Whitehead, em 1866. Ele baseou-se numa ideia de um capitão austríaco, chamado Luppis, de três anos antes.

ARMAS DE FOGO

A origem das armas de fogo é desconhecida, mas acredita-se que no século X os chineses já conheciam a pólvora. Somente três séculos mais tarde começaram a usá-la para fins militares. Tubos de bambu eram enchidos com pólvora e serviam para arremessar pedras. Na mesma época, os árabes também desenvolveram uma arma semelhante, usando o ferro para reforçar a estrutura de bambu.

Os canhões só apareceram no começo do século XIV, e sua invenção é atribuída ao monge alemão Berthold Schwarz (1310-1384). Depois da invenção do canhão, os engenheiros ingleses começaram a imaginar uma maneira de construir uma arma que atirasse mais rápido. O primeiro a fazer isso foi o britânico James Puckle, que patenteou uma metralhadora em 1718.

Dois americanos, Elisha Collier e Artemis Wheeler, patentearam revólveres em 1818. Mas foi Samuel Colt (1814-1862) quem conseguiu simplificar o mecanismo de armar e começou a fabricá-las em massa a partir de 1835. Depois da Guerra do México, os revólveres de seis tiros de Colt foram adotados pelo Exército americano, o que acabou fazendo a sua fortuna.

CANHÃO
O canhão foi inventado no século XIV pelo monge e alquimista alemão Berthold Schwarz (1310-1384), na cidade de Friburgo. Ele utilizou uma mistura de nitrato de sódio, enxofre, pólvora e outros reagentes químicos para testar o poder de explosão de sua criação. Embora a pólvora já fosse conhecida pelos chineses, utilizada não apenas em fogos de artifício, mas também militarmente, esta foi a primeira arma de projéteis para longo alcance já projetada. Ou seja: a invenção do canhão foi a primeira arma de fogo já construída da história. A peça de artilharia foi utilizada pela primeira vez em 1334, quando o bispo Nicolau I de Constança mandou defender com ela a cidade de Meersburg.

METRALHADORA
O americano Richard Jordan Gatling (1818-1903) queria produzir uma arma que disparasse projéteis de uma correia de cartuchos, parando apenas quando a correia chegasse ao fim. Em novembro de 1862, ele criou uma arma de tiro rápido, capaz de disparar em média seis projéteis por segundo, e de recarregamento manual. A metralhadora Gatling foi a primeira usada pelo exército americano durante a guerra civil no país.

PÓLVORA
A origem da pólvora é cercada de mistério. A pista mais aproximada é uma carta de 1247, na qual o inglês Roger Bacon fala de uma substância capaz de produzir explosões barulhentas e brilhantes. Uma lenda explica sua origem: um monge alemão, Bertold Schwarz (inventor do canhão), tentava conseguir uma tintura de ouro. Acabou levando ao fogo, num grande caldeirão, salitre, carvão e enxofre. Como esses três elementos juntos dão a pólvora, o resultado da sopa do alquimista foi uma bela explosão.

FÓSFORO
Os chineses utilizavam "pauzinhos de fogo" no ano 1000. Mas foi em 1669 que o alquimista alemão Hennig Brandt descobriu acidentalmente o elemento fósforo ("o que traz a luz", em grego), em uma de suas tentativas de transformar metais em ouro. A descoberta chegou ao conhecimento do físico inglês Robert Boyle (1627-1691), que inventou, 11 anos mais tarde, uma folha de papel áspero coberta de fósforo, acompanhada de uma varinha com enxofre em uma das pontas. O invento, no entanto, era apenas uma curiosidade muito cara. Somente em 1826 o químico inglês John Walker apresentou os palitos de fósforo, então com 8 centímetros de comprimento. Na verdade, ele estava usando um palito para misturar potassa e antimônio, que se incendiou quando foi raspado ao chão de pedra. O perigo era que os palitos costumavam se incendiar sozinhos dentro da embalagem. Esse problema seria resolvido em 1855, com o surgimento do fósforo de segurança, criado pelo sueco Johan Edvard Lundstrom. Nele, os ingredientes inflamáveis foram separados em dois: parte na cabeça do palito, parte do lado de fora da caixa, com o material abrasivo.

A primeira caixinha de fósforos foi patenteada pelo advogado americano Joshua Pusey, em 1892, e produzida por uma firma de Ohio quatro anos depois.

SEM TECNOLOGIA

ARCO E FLECHA
O arco e flecha foi a primeira arma de longo alcance que o homem inventou e, apesar da origem desconhecida, tem uso comprovado desde 2000 a.C. Os instrumentos tornaram possível o ataque a animais a uma grande distância, muito maior do que a de uma lança atirada. Mas o arco e a flecha acabariam sendo usados pelos humanos no ataque a outros humanos. O arco continuou sendo a principal arma de guerra até o início do século XV.

CANIVETE

Pode-se dizer que foram os romanos, há dois mil anos, que criaram as primeiras facas dobráveis. Até o século XVIII, o único tipo de canivete disponível era um instrumento pesado, com uma só lâmina, que ao fechar ficava guardada em uma ranhura no cabo. Os cuteleiros (fabricantes de instrumentos de corte) passaram a usar mola para fixar a lâmina tanto na posição aberta como fechada, oferecendo assim uma peça mais segura. Com o desenvolvimento dessa técnica, foram surgindo instrumentos de múltiplas lâminas. Desde o século XIV, a indústria cuteleira inglesa se concentrou na cidade de Sheffield, onde fabricantes alemães começaram a incluir nos canivetes, a partir do século XIX, uma série de outros elementos, como lixa, furador de couro, pinça, serrinha. Havia até um dotado de punhal e pistola.

ESPADA

O cobre era um material leve demais para a confecção de ferramentas. Apenas depois da invenção do bronze, uma mistura de cobre e estanho, é que as ferramentas de metal começaram a substituir as de pedra. O mesmo aconteceu com as armas. As primeiras espadas de bronze apareceram na Mesopotâmia, em 3500 a.C.

FOICE

A palavra tem origem latina e significa cortar. O instrumento foi desenvolvido quando o homem precisou lidar com as plantas. Por volta de 6000 a.C., a foice era feita de uma pedra afiada que fica presa na ponta de uma vara. Entre outros fins, ela era usada para golpear e cortar as espigas maduras.

NAVALHA

O francês Jean Jacques Perret criou a navalha, como a conhecemos hoje, no século XVIII. Antes disso, a navalha cortava dos dois lados. A partir de um modelo T já existente, King Camp Gillette desenvolveu um aparelho de barbear com lâminas intercambiáveis em 1903. O aparelho descartável surgiria setenta anos mais tarde.

ONDE HÁ FUMAÇA...

EXTINTOR DE INCÊNDIO

O médico alemão M. Fuches inventou, em 1734, bolas de vidro cheias de uma solução salina, destinadas a ser atiradas no fogo. O moderno extintor de incêndios automático foi inventado por um militar inglês, o capitão George Manby, depois que ele presenciou um desastroso incêndio em um quarteirão inteiro de Edimburgo, em 1813. Como o incêndio começou no quinto andar, alto demais para alcançar com mangueira, nada se pôde fazer para evitar que se espalhasse. Registrando suas impressões dessa experiência, o capitão declarou que estava "plenamente convencido de que a aplicação de água, num momento crítico, mesmo em pequena quantidade, exerce um efeito que uma quantidade muito maior de água não pode obter num momento posterior". Em 1816, ele inventou um extintor cilíndrico de cobre, com 60 centímetros de altura e capacidade de 15 litros. Era cheio até três quartos com um líquido que Manby descrevia como "fluido antiflogístico", que, na verdade, era água simples misturada com perlasso (potassa cáustica). O espaço restante era cheio de ar comprimido.

MANGUEIRA DE BORRACHA

Ao desembarcar na América, em 1492, o navegador Cristóvão Colombo (1451-1506) encontrou bolas de borracha fabricadas pelos nativos. A novidade chegou primeiro na Espanha, espalhando-se pela Europa em seguida. Em fevereiro de 1839, o americano Charles Goodyear descobriu, acidentalmente, como tornar a borracha ao mesmo tempo seca, elástica e macia. Quando ele morreu, em 1860, havia gasto toda a economia da família no desenvolvimento do produto sem ter obtido sucesso comercial. Uma década mais tarde, Benjamin Franklin Goodrich fundou a B. F. Goodrich Company, em Ohio. Apesar de a borracha ter poucas aplicações na época, ele estava convencido de seu potencial. Ele havia presenciado a casa de um amigo ser destruída num incêndio por causa do mau funcionamento de uma mangueira feita de couro. Alguns meses depois da abertura da empresa, Franklin fabricava a primeira mangueira de borracha. O modelo revestido de algodão, feito para apagar incêndios, tornou-se produto de sucesso. Com o tempo, as mangueiras também substituíram os regadores de jardim.

FOGOS DE ARTIFÍCIO

No século X, os chineses já produziam fogos de artifício, utilizando salitre, enxofre e carvão vegetal. Com a invenção da pólvora (que, na realidade, é composta desses mesmos elementos), a produção e a exibição de fogos de artifício ficaram sob controle militar na Europa até o século XV, quando os comerciantes italianos passaram a utilizá-los em festivais e comemorações. Os fogos de artifício contêm uma dose extra de combustível que se queima no ar, após a explosão inicial. A maioria deles compõe-se de nitrato de potássio e carvão vegetal moído. Outros contêm nitrato de potássio e sais de antimônio, ou arsênico e enxofre. A pólvora provoca a impulsão para cima e a explosão, enquanto o cloreto de potássio cria as cores brilhantes.

CRIME E CASTIGO

CADEIRA ELÉTRICA

O americano Harold P. Brown realizou as primeiras experiências com um equipamento colocado à sua disposição por Thomas Alva Edison. Auxiliado pelo doutor A. E. Kennelly, eletricista-chefe de Edison, ele se pôs a eletrocutar um grande número de animais. O primeiro homem a ser morto na cadeira elétrica foi o assassino William Kemmler, na prisão de Auburn, estado de Nova York, em 6 de agosto de 1890.

DETECTOR DE MENTIRA

Durante seu curso na Universidade de Medicina da Califórnia, o americano John A. Larson estudou o comportamento de mentirosos, monitorando seu batimento cardíaco e sua respiração. Quando eles mentiam, os batimentos e a respiração ficavam bem mais rápidos. Adicionando um eletrodo para monitorar a transpiração da pele, Larson criou em 1921 o "polígrafo", também conhecido como detector de mentiras. Mas a máquina não se mostrou totalmente confiável porque mentirosos mais inteligentes conseguiam enganá-la.

PRISÃO

Antes do século XIX, as pessoas acusadas de violar a lei eram colocadas em prisões até o julgamento. Se consideradas culpadas, eram punidas com a pena de morte, castigos corporais ou multas. Como as formas de castigo não coibiam o crime, o aprisionamento passou a ser usado como substituto. Na Inglaterra e em alguns países europeus, "casas de trabalho" ou "casas de correção" foram criadas por volta de 1500. Nelas ficavam mendigos, vagabundos ou culpados de transgressões menores. Mas estes lugares não eram seguros o suficiente para criminosos perigosos passarem muitos anos. Assim, começou-se a construção de prisões mais fortes e afastadas para evitar fugas.

A melhor maneira de predizer o futuro é inventá-lo.

ALAN KAY
(1940-), inventor

Miscelânea

DINHEIRO NA MÃO...

BALANÇA
O princípio da balança é tão simples que se acredita que tenha sido usada no Egito, desde 5000 a.C. Ela surgiu da necessidade de equivaler medidas de materiais que seriam usados em trocas. A primeira balança funcionava com duas frigideiras nas extremidades opostas de uma haste fixa na parte central.

BANCO
O mais antigo edifício bancário que se conseguiu identificar é o templo vermelho de Uruk, cidade da Mesopotâmia (atual Iraque). Ele tem pouco mais de cinco mil anos. E o primeiro banqueiro foi um deus – que deixava a seus sacerdotes a tarefa de gerir seus negócios. Todas as operações se faziam em espécie, pois ainda não existia a moeda. Os recibos de depósito tinham a forma de tijolinhos de argila. Hamurabi, o maior dos monarcas da primeira dinastia da Babilônia, decidiu regulamentar 1.400 anos mais tarde as operações bancárias, que tinham se diversificado bastante. A medida de cevada passou a ser o padrão para as trocas. O banco, como o conhecemos atualmente, nasceu em fins do século XII e início do século XIII, na cidade de Siena, que controlava a estrada que ligava França e Roma, e se constituía, portanto, num entreposto indispensável à economia europeia. A palavra vem do termo italiano *banco*, o banco onde sentavam-se os cambistas. *Banco rotto*, "banco quebrado", deu origem ao termo *bancarrota*. O primeiro grande banco privado foi criado pela família Piccolomini.

CAIXA REGISTRADORA
Inventada por James J. Ritty em 4 de novembro de 1879, nos Estados Unidos. Ele tinha um *saloon* em Ohio. Seus funcionários viviam levando seu dinheiro,

e muitos clientes discutiam na hora de somar as despesas. Numa viagem de barco, ele observou um mecanismo que contava os giros dados pela hélice do barco. Foi aí que veio a ideia de fazer uma caixa registradora, com mecanismo semelhante, para solucionar seus problemas. Ela passou a funcionar a eletricidade em 1904, por iniciativa de outro americano, Charles-Franklin Kettering.

CARTÃO DE CRÉDITO

Surgiu nos Estados Unidos, em 1920, quando algumas empresas particulares, como companhias de petróleo e cadeias de hotéis, começaram a emiti-lo para que seus clientes pudessem utilizá-lo em suas filiais. Depois da Segunda Guerra Mundial, seu uso foi bastante incrementado. O primeiro cartão de crédito universal, que permitia comprar em vários estabelecimentos, foi o Diner's Club. Em 1949, o advogado Frank McNamara marcou um almoço de negócios no restaurante Major's Cabin Grill, em Nova York. Ao pedir a conta, Frank percebeu que tinha esquecido sua carteira no quarto do hotel. Depois desse episódio embaraçoso, Frank teve a ideia que revolucionaria a forma de pagamento. Em fevereiro de 1950, Frank e seu sócio Ralph Schneider voltaram ao mesmo restaurante. Para pagar a conta, Frank tirou de sua carteira um pequeno cartão. Os membros do Diner's Club tinham inicialmente crédito em 27 restaurantes de Nova York.

CHEQUE

No século IV a.C., o orador ateniense Isócrates já falava de um meio de pagamento que evitava carregar consigo grandes somas de dinheiro. E citava o caso de um ateniense que partiu para uma localidade distante e confiou uma certa quantidade de dinheiro ao filho de um cidadão que morava lá. Em troca, recebeu um escrito que lhe possibilitava resgatar com o pai a quantia no lugar de destino.
No século XVIII, na Inglaterra, eram os ourives que negociavam barras de ouro e prata, bem como moedas de todos os países da Europa. Não existiam casas de câmbio. Por isso, os mercadores adquiriram o costume de guardar o lucro de suas transações com os ourives. Os cambistas, então, entregavam recibos aos negociantes. Não tardou para que os recibos de depósito começassem a circular livremente, como meio de pagamento. Era o início do cheque bancário, coberto por um depósito à vista. O primeiro banco a emitir cheques foi o Riksbank, de Estocolmo (Suécia), em 1658.

COFRE
O serralheiro francês Alexandre Fichet inventou o primeiro cofre moderno, em 1844, substituindo armários-fortes, que não eram à prova de fogo e roubo.

> **QUEM INVENTOU OS COFRINHOS DE PORCO?**
> No século XVIII, existia um tipo de argila chamada *pygg*. As pessoas usavam os potes feitos de *pygg* para guardar moedas. Ao atender a uma encomenda, um ceramista inglês, que não estava familiarizado com o termo, confundiu *pygg* com *pig* ("porco" em inglês). Por isso, preparou potes em forma de porco. O engano acabou fazendo o maior sucesso.

CIFRÃO
Não se conhece bem a origem do símbolo do dinheiro. A hipótese mais aceita é relacionada às antigas moedas *ocho reale* espanholas, cunhadas pelo general árabe Djebl-el-Tarik após a conquista da Espanha no ano 711. Tarik mandou gravar nas moedas uma linha em forma de S, representando o longo e sinuoso caminho por ele percorrido; e, cortando essa linha, duas barras paralelas verticais, representando as Colunas de Hércules, que segundo a antiga mitologia grega significavam força, poder, perseverança.

MOEDA
Os primeiros comerciantes costumavam trocar mercadorias. Mas isso tornava alguns negócios bastante complicados quando se precisava viajar longas distâncias. Por isso, seria muito mais prático carregar moedas de peso-padrão. Os lídios, habitantes de um reino da Ásia Menor, foram os primeiros a cunhar moedas e lingotes de electrum (liga natural de prata e ouro) em 620 a.C. Seu uso se espalhou rapidamente entre os gregos jônicos, que faziam comércio ao longo da costa da Ásia Menor.

PAPEL-MOEDA
Em 1170, os chineses usaram as primeiras notas de banco do mundo em razão da falta de cobre, que tornava insuficiente a quantidade de moedas. Na Idade Média, os banqueiros das feiras entregavam recibos nominais a seus depositantes e, mais tarde, em 1587, tornou-se possível transferir esses recibos por meio de endosso, procedimento que se originou em Veneza, na Itália. A prática do endosso difundiria o uso do papel-moeda.

MÁQUINA DE CALCULAR

A palavra cálculo tem sua origem no termo latino para *pedra* (quem tem pedra no rim, por exemplo, tem um cálculo renal). Acredita-se que as pedras tenham sido um dos primeiros instrumentos utilizados pelo homem para calcular. Na verdade, a prática de reorganizar as pedras em colunas deu origem à primeira calculadora, o ábaco, que se originou na China no século VI a.C.

O ábaco tem, no entanto, uso limitado e, nos 24 séculos seguintes, foi o único e principal mecanismo existente para calcular.

A primeira máquina de somar de verdade foi construída em 1642 pelo francês Blaise Pascal (1623-1662), filho de um cobrador de impostos. Filósofo e matemático, Pascal cresceu observando seu pai ocupado em horas de cálculos tediosos. Determinado a reduzir o trabalho do pai, construiu, aos 19 anos, um aparelho automático que, girando suas pequenas rodas, adicionava e subtraía. Por mais precisa e rápida que fosse para sua época, a máquina de calcular de Pascal nunca foi bem aceita: os funcionários, cujo ganha-pão vinha de cálculos à mão, viram no dispositivo uma ameaça a seu trabalho, e se recusaram a usá-lo.

Em 1671, o matemático alemão Gottfried Wilhelm von Leibniz construiu um mecanismo, a "roda graduada", capaz de fazer as quatro operações fundamentais e ainda extrair raiz quadrada. O cartão perfurado foi criado na primeira metade do século XVIII, mas a aplicação de seu princípio à máquina de calcular só se deu em 1880, por iniciativa do americano Herman Hollerith (1860-1929), que trabalhava no departamento de recenseamento dos Estados Unidos e estava preocupado com a quantidade de informações que precisava ser gravada e processada. Ele abriu sua própria empresa em 1896 e, ao lado de dois sócios, em 1924 fundou a IBM (International Business Machines).

MUNDO ANIMAL

ALIMENTADOR AUTOMÁTICO DE CÃES

Em 1990, a família do consultor empresarial Henri Strasser resolveu passar 15 dias de férias em Santa Catarina. Mas quem entraria na casa para alimentar seus dois dobermans e uma vira-lata? Strasser contratou uma pessoa para jogar comida por cima do portão e viajou. Ao voltar, os cachorros estavam comendo a mais, e fora de hora. Nas férias seguintes, a família viajou mais sossegada. Strasser passou seis meses criando um aparelho que alimentasse os cachorros automaticamente. A engenhoca, batizada de Tratomatic, tem um *timer* que é regulado pelo criador e fornece a quantidade de ração estipulada do bicho e na hora determinada pelo dono. Tem autonomia para vinte dias.

FERRADURA

No século I, os romanos preocuparam-se em proteger as patas dos cavalos. Fizeram uma espécie de ferradura que era amarrada tal como uma sandália. Por volta do ano 50 surgiu a ferradura que era pregada na pata do animal. Esse modelo se mostrou mais eficiente, pois o cavalo não escorregava tanto quanto com o outro. Na Grécia do século IV, a ferradura passou a ser considerada um amuleto por ser feita de ferro, um metal que o povo acreditava proteger contra quaisquer males, e por sua forma lembrar a lua crescente, símbolo de fertilidade e prosperidade.

Naquela época, cavalgar exigia muita habilidade. Até que, entre os anos 25 e 220, os chineses inventaram a <u>sela</u>, o que tornou os passeios mais confortáveis e menos arriscados.

 Invenções que não desencantaram

BANHEIRA PARA CAVALOS

Registrada na França em 1793. Através de um guincho, o cavalo seria colocado dentro de uma banheira enterrada no solo.

💡 Inventor tem cada uma 💡

TRADUTOR DE LATIDOS E MIADOS
A empresa japonesa Takara, especializada em jogos eletrônicos, lançou em 2004 um brinquedinho que prometia traduzir os latidos de cães para o japonês e também para o inglês. Satisfeito com as vendas, a Takara colocou no mercado logo em seguida um tradutor de miados.

FRALDA PARA PERIQUITOS
A ideia foi da americana Bertha Luigi, patenteada em 1959. Ela explicou que estava cansada de limpar a toda hora a gaiola de seus periquitos.

SOCIEDADE PROTETORA DOS ANIMAIS

Em 1809, diante do Parlamento britânico, Lord Erskine ergueu a voz para pedir justiça contra os autores de maus-tratos contra animais. Mas foi só em 1822 que Richard Martin conseguiu aprovar uma lei que estabelecia penas em função desses maus-tratos. Assim, no ano de 1824, criou-se em Londres a primeira Sociedade Protetora dos Animais, que se desenvolveu rapidamente e começou a se espalhar pelo mundo.

ZOOLÓGICO

O primeiro zoológico surgiu por volta de 1150 a.C. Nele, o imperador chinês podia caçar cervos e pássaros e também pescar à vontade. Em 1793, foi construído, em Paris, o Jardin des Plantes, que tinha animais, um museu e um jardim botânico. Em 1829, apareceu o Parque Regent, em Londres. O Jardim Zoológico de Berlim, de 1844, tornou-se um dos mais finos e melhores do mundo.

💡 Inventor tem cada uma 💡

CERVEJA PARA CACHORRO
Um *pet shop* holandês criou uma cerveja feita na medida para os cachorros. A bebida, que não leva álcool, é produzida com uma base de malte mais extrato de carne. A bebida também foi desenvolvida pelos técnicos do Sesi, de Vassouras (RJ).

PARA OS VIAJANTES

AEROMOÇA
Antes da Primeira Guerra Mundial, os famosos zepelins já contavam com uma equipe de bordo. Em 1919, com a inauguração de várias linhas aéreas, os controladores de rádio ou os mecânicos dos aviões é que tinham que atender os passageiros. Até que, no ano de 1930, S. A. Stimson, presidente da companhia aérea Boeing Air Transport, dos Estados Unidos, idealizou a profissão de aeromoça (depois rebatizada de comissária de bordo). Era uma época em que as estradas de ferro desenvolviam uma política agressiva contra a aviação comercial, respondendo ao argumento da maior velocidade com o da insegurança das viagens aéreas. Stimson criou uma equipe de anfitriãs aéreas com conhecimentos de enfermagem. Em 15 de maio de 1930, oito aeromoças começaram a trabalhar na rota Oakland–Cheyenne, um voo com cinco escalas. A primeira a voar foi Ellen Church, ex-enfermeira do hospital francês de São Francisco. As mulheres dos pilotos, enciumadas com a novidade, fizeram um grande protesto.

AGÊNCIA DE VIAGENS
Thomas Cook tinha mais de trinta anos quando entrou em um trem pela primeira vez. Modesto marceneiro de uma aldeia do condado de Derby, Inglaterra, Cook percorria a pé os campos da região para distribuir folhetos alertando sobre os males do alcoolismo. Em julho de 1841, levou com ele quinhentas pessoas de uma associação de combate ao alcoolismo, num trem especial de Leicester a Longhborough, para um grande encontro. Foi a primeira viagem turística em grupo e o nascimento da figura do agente de viagens. Em 1844, assinou um contrato permanente com a companhia de trens Midland Counties Railways para programas de lazer: fins de semana à beira-mar, viagens de Leicester a Calais por ocasião da exposição internacional de Paris, em 1855 e, depois, *tours* pela Europa a partir de 1856. Em 1871, Cook conduziu a primeira viagem de volta ao mundo.

CARTÃO-POSTAL
Os correios austríacos foram os primeiros a lançar, em 1866, os cartões-postais – não ilustrados –, utilizáveis no território nacional. Seu sucesso foi imediato. Seu inventor teria sido um certo Ludovic Zrenner. A Grã-Bretanha seguiu o exemplo austríaco um ano depois. A autorização dada, nos anos seguintes, a empresas privadas para editar cartões-postais acabou com o monopólio do Estado e estimulou a impressão de cartões-postais ilustrados.

CHEQUES DE VIAGEM
Os cheques de viagem foram criados pela empresa aérea American Airlines em 1892. A ideia surgiu quando o presidente da empresa, James C. Fargo, passou por um grande apuro ao tentar trocar algumas cartas de crédito por dinheiro em uma viagem, e não conseguiu. O empresário voltou para os Estados Unidos e criou um cheque para ser usado em viagens. O cheque era aceito em diversos estabelecimentos, até para troca, e o cliente ganhava tranquilidade e segurança pagando uma pequena "taxa administrativa", já que o papel tinha seguro contra perda e roubo. O primeiro cheque de viagem (*traveller check*), no valor de 50 dólares, foi usado no Hotel Hauffe, em Leipzig, pelo filho de Fargo, William.

HOTEL
O Grande Hotel do Low ("Low's Grand Hotel"), em Covent Garden, Inglaterra, foi inaugurado em janeiro de 1774 por David Low, numa casa anteriormente habitada pelo excêntrico lorde Russell, cujo interior havia sido redecorado para que parecesse com o convés de um navio de guerra. Antes de Low mudar sua profissão de cabeleireiro para hoteleiro, os visitantes que chegavam a Londres para ficar mais de um pernoite geralmente procuravam quartos para alugar em residências, enquanto aqueles que iam ficar menos tempo se alojavam em estalagens.

 Invenções que não desencantaram

CIDADE FLUTUANTE
A ilha móvel, projetada por Manuel Corrêa d'Almeida e Adolphe Leyret em 1890, serviria para receber até mil pessoas nas épocas perigosas de febres ou de calor.

Inventores brasileiros

PROTEC BAG

Em uma viagem a Madri, em junho de 1989, o advogado Paulo César Fabra Siqueira teve vários objetos roubados de sua mala, depois que o cadeado foi arrombado. Era a segunda vez que isso acontecia. Contou o episódio ao amigo Sérgio Cassettari e, juntos, tiveram a ideia de lacrar as malas em embalagens plásticas, batizadas de *Protec Bag*. A primeira unidade foi aberta no aeroporto Salgado Filho, de Porto Alegre, em 1990, e hoje é oferecida nos principais aeroportos do país e em alguns do exterior.

MOTEL

O pioneiro foi o Motel Inn, em San Luis Obispo, na Califórnia, Estados Unidos, aberto pela cadeia dos Hotéis Hamilton, em 12 de dezembro de 1925. Foi projetado no estilo Renascença Espanhola por Arthur Heinman, que também criou a palavra *motel*, embora ela não tenha entrado em nenhum dicionário até 1950. O Motel Inn contava com acomodações para 160 hóspedes, e cada chalé tinha seu próprio banheiro, telefone e garagem.

SEGURO

O primeiro tipo de seguro que surgiu foi o marítimo, na Itália, no século XVI. Depois apareceu o seguro de vida, em 1583, na Inglaterra, embora a princípio fosse um tanto raro. Em seguida, veio o seguro contra incêndio, que se desenvolveu também na Inglaterra depois do Grande Incêndio de Londres (1666), quando 13 mil casas foram destruídas.

TRANSATLÂNTICO

O primeiro transatlântico foi o *S. S. Great Britain*, lançado ao mar em 19 de julho de 1843. Projetado pelo britânico Isambard Kingdom Brunel (1806-1859), o navio tinha 115 metros de comprimento e era movido a vapor. Na tripulação havia 130 pessoas. Só na sala de jantar cabiam 360 passageiros.

Transatlântico *S. S. Great Britain*

VAMOS ÀS COMPRAS?

LOJA DE DEPARTAMENTOS
A Marble Dry Goods Palace (Palácio de Mármore das Mercadorias), inaugurada em Nova York por Alexander Turney Stewart, em 1848, foi a primeira loja de departamentos do mundo. Ela ocupava um quarteirão inteiro. Stewart era um professor primário que, em 1823, emigrou da Irlanda para os Estados Unidos e abriu seu próprio negócio.

> **OMBUDSMAN**
> Palavra sueca, utilizada pela primeira vez em 1810, para designar o defensor dos direitos dos cidadãos na fiscalização do Parlamento. O termo se popularizou neste século e indica qualquer pessoa que cuida dos interesses das pessoas em certas organizações.

SHOPPING CENTER
O primeiro shopping center da história foi o Mercado Trajano, erguido no século II d.C., durante o Império Romano. Ele tinha seis andares e 150 lojas. O primeiro shopping center contemporâneo foi o Country Club Plaza, construído na cidade de Kansas, Estados Unidos, em 1922. No Brasil, o mais antigo é o Iguatemi, em São Paulo, inaugurado em 1966.

SUPERMERCADO
Os primeiros supermercados – com uma área de compras grande o bastante para corresponder à definição moderna – foram as lojas de alimentos King Kullen, inauguradas pelo americano Michael Cullen (1884-1936) em Long Island, em agosto de 1930. Na época da Grande Depressão, Cullen percebeu que o orçamento para as despesas domésticas era muito apertado, e ofereceu o máximo em mercadorias a preço baixo – trezentas mercadorias

diversas eram vendidas a preço de custo. "Eu podia vender uma lata de leite a preço de custo se vendesse uma lata de ervilha com lucro", dizia. Ele havia sugerido essa ideia ao presidente da cadeia de mercearias Kroger Grocery & Baking, da qual era gerente. Como a sugestão foi recusada, ele se demitiu e abriu seu próprio negócio. Em dois anos, Cullen já era dono de oito lojas, com um movimento de seis milhões de dólares.

A primeira empresa a adotar a palavra *supermercado* como parte de seu nome foi a Albers Super Markets, que abriu sua loja em novembro de 1933. Seu dono era William H. Albers, presidente da cadeia Kroger.

➙ O carrinho de supermercado foi criado em 1936 por Sylvian Goldman, dono da Standard Humpty Dumpty Food Markets, como uma forma de seus clientes comprarem maiores quantidades de produtos.

CÓDIGO DE BARRAS

A ideia foi de dois americanos, John Woodland e Bernard Silver, em 1949. Apenas com o desenvolvimento da leitura ótica, o código de barras se tornou indispensável. As barras codificam numericamente o nome do produto, do fabricante e até do país produtor. Para que essas informações sejam interpretadas, é necessário um sensor ótico. Por meio de um feixe de luz infravermelho, o sensor digitaliza as informações. Mas foi Jerome Lemelson quem deu entrada na patente da invenção, em 1954. O processo passou por diversas modificações até ser definitivamente acertado em 1992. Algumas empresas acusam Jerome de ter retardado a patente até que o sistema se tornasse rentável.

VITRINE

As primeiras vitrines surgiram durante o Império Romano (27 a.C.–476 d.C.), quando os comerciantes usavam o salão da frente de suas casas para expor produtos. Mas são os franceses os pais da vitrine como conhecemos hoje. No século XIX, com a Revolução Industrial e o Mercantilismo, as vitrines ganharam as ruas de Paris. Em 1852, durante o governo da rainha Vitória (1832--1895), os franceses já tinham o costume de sair para "olhar as vitrines".

Em 1850, os manequins eram feitos de porcelana e couro. Eles perderam espaço para os modelos de cera, que pesavam cem quilos, derretiam com o calor e rachavam com o frio.

MAMÃE E BEBÊ

CARRINHO DE BEBÊ
A pedido do III duque de Devonshire, o carrinho de bebê foi projetado pelo arquiteto inglês William Kent, em 1733. O carrinho tinha uma estrutura em forma de concha e um toldo dobrável. Os cabos e uma pequena coleira indicavam que a intenção era de que fosse puxado por um cachorro ou por um pônei.

> 💡 **Inventor tem cada uma** 💡
>
> ### SENSORES PARA O BEBÊ
> Um deles balança o berço quando o bebê chora e outro emite sons do útero. Há também um colchão que reproduz digitalmente o movimento dos passos e as batidas do coração da mãe na gravidez.

FRALDA DESCARTÁVEL
As fraldas de pano foram criadas por uma americana chamada Maria Allen, em 1887. Cansadas de lavar tantas fraldas, as mães começaram a se mexer para pedir que a indústria criasse um modelo descartável. O primeiro projeto de fralda descartável apareceu nos Estados Unidos no final da década de 1930 e era feito de uma espécie de gaze permeável com uma camada de papel impermeável. Em 1945, já existiam fraldas com núcleos absorventes de papel *tissue* (aquele dos lencinhos de bolso).

O passo seguinte para a criação da fralda descartável como a conhecemos hoje foi dado pela americana Marion Donovan, em 1951. O protótipo foi feito com o plástico de uma cortina de chuveiro. Até que, em 1956, um engenheiro da Procter & Gamble, Vic Milles, desenvolveu um modelo mais bem-acabado de

fralda descartável. Como era avô, pensou no produto para utilizá-lo em seus netos. O papel impermeável foi substituído por um filme plástico, mais flexível, e o *tissue* deu lugar à polpa de celulose (massa resultante da separação das fibras da madeira que garante a absorção de líquidos). Dentro dos vazios da fibra, formam-se células que retêm água.
As primeiras fraldas descartáveis chegaram ao Brasil em 1975 pelas mãos da Johnson & Johnson. Eram feitas com uma camada de material impermeável e outra de celulose que absorvia a urina e tinha cerca de 15 milímetros de espessura (hoje as fraldas têm só 5 milímetros).

MAMADEIRA
Ela existe desde a Antiguidade. No início, era apenas uma espécie de jarra com orifícios. Ao escavar o castelo de Dyke South, em Barton-on-Humber, no Nordeste da Inglaterra, os arqueólogos Ben Whitwell e Martin Foreman descobriram uma mamadeira dentro do túmulo de um bebê saxão, o povo que habitava a região no século VII. Ao contrário das mamadeiras modernas, o fóssil inglês tinha um *design* que lembra as formas de um seio materno. O bico da mamadeira só foi aparecer no fim do século XVIII. Mais higiênico, o bico de borracha surgiu no século seguinte.
Outro artigo para crianças, o macacãozinho, foi inventado pela americana Jane Wells em 1872.

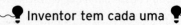
💡 Inventor tem cada uma 💡

MAMADEIRA INTELIGENTE
Ela muda de cor de acordo com a temperatura do líquido, seu bico de silicone imita um mamilo e há uma válvula de escape que impede a criança de engolir ar.

DIREITOS E DEVERES DO CIDADÃO

ESCOLA
Foi criada pelos sacerdotes da Suméria, em 2500 a.c., para a formação dos escribas. Ensinava-se administração e economia para o governo das cidades. O imperador romano Vespasiano fundou a escola pública no ano 75. Os professores eram pagos com a verba do tesouro imperial.

INSTITUTO DE PESQUISA
Em 1935, George Horace Gallup (1901-1984), que era professor de jornalismo e atuou como pesquisador de uma agência de publicidade, quis fazer um agrado à sua sogra, Olga Bebcock Miles, candidata às eleições no estado de Iowa, Estados Unidos. Ele fez um questionário e realizou um levantamento representativo do universo dos eleitores para saber a intenção de votos. Olga estava bem cotada e acabou mesmo eleita. No ano seguinte, Gallup fundou o primeiro instituto de pesquisa de opinião.

 Inventor tem cada uma

TINTA ELEITORAL
Criada pela empresa inglesa De la Rue para impedir que os eleitores votem mais de uma vez. Quem acabava de votar mergulhava o dedo em uma tinta (vermelha, verde ou invisível), que só saía depois de 72 horas. Foi usada na Índia, Burundi e Ruanda, entre outros países.

JARDIM DE INFÂNCIA
A maior contribuição educacional do pedagogo alemão Friedrich Froebel (1782-1852) foi a criação do primeiro jardim de infância. Por acreditar que as crianças devem ser tratadas como pequenas plantas criadas num jardim, sob o cuidado do professor, Friedrich deu à sua criação o nome de *kindergarten*,

que em alemão quer dizer "jardim das crianças". Seu projeto era baseado em atividades, liberdade, importância do jogo, linguagem como primeira forma de expressão, brinquedo como autoexpressão, desenho, ritmos, histórias (contos de fada, mitos, lendas e fábulas) entre outras atividades. Tais ideias foram pioneiras e mudaram a formação da pedagogia infantil.

POLÍCIA
A história mostra que o homem sempre precisou de representantes da ordem. Nas épocas primitivas, o líder de uma tribo vivia cercado pelos seus guerreiros. Os faraós do antigo Egito usavam seus soldados para serem respeitados. Por volta do século I a.C, o imperador César Augusto organizou uma força policial para vigiar as ruas e os habitantes de Roma. Com uma única missão: fazer que as leis fossem cumpridas. Tal prática durou 350 anos. Foram os ingleses que criaram entre 1700 e 1800 uma polícia para proteger as pessoas.

SEGURO-DESEMPREGO
O primeiro seguro-desemprego surgiu na cidade de Basel, na Suíça, em 1789. Trabalhadores que ficavam doentes ou incapacitados tinham, por lei, direito a receber normalmente seus salários. Os brasileiros desempregados começaram a ganhar o benefício a partir da Constituição de 1946.

O salário-família começou a ser pago por empresas francesas em 1918.

SINDICATO
O primeiro foi o sindicato dos mineiros de Newcastle, Inglaterra, fundado em 1699. Seu objetivo era organizar seguros contra doenças, velhice e morte. A greve surgiu muito antes. Em 490 a.C., os romanos fizeram greve contra os cobradores de impostos, pelo direito de se casar com patrícios e pelo direito ao voto.

URNA ELETRÔNICA
O primeiro terminal de votação por computador foi instalado em Brusque (SC), em caráter experimental, nas eleições de 1989. Quem o criou foi Carlos

Prudêncio, que na época era juiz eleitoral no estado. Com a ajuda do irmão, empresário da área de informática, ele fez um programa de computador – o mesmo utilizado hoje pelo Tribunal Superior Eleitoral. Nas eleições de 2000, todos os municípios brasileiros receberam cerca de 350 mil urnas.

> **Inventores brasileiros**
>
> **URNA ELEITORAL**
> Até a chegada do voto eletrônico, os eleitores depositavam seus votos em uma urna de lona, com tampa móvel fechada com chave. Ela foi lançada em 3 de outubro de 1955, na eleição presidencial vencida por Juscelino Kubitschek. A urna foi criada pelo paulista Abilio Cesarino, dono de uma fábrica de malas de couro e carteiras. Antes desse modelo, as urnas eram caixas de madeira.
>
>

ENTIDADES E ORGANIZAÇÕES

ACM (ASSOCIAÇÃO CRISTÃ DE MOÇOS)
A Young Men's Christian Association (YMCA) virou *hit* dos anos de 1970, com uma composição do grupo Village People. O barulho das pistas de dança não reflete a proposta inicial dessa associação, criada em 1844 pelo inglês George Williams. Ele queria melhorar a condição espiritual dos jovens, com uma filosofia baseada no companheirismo, no exercício físico, na educação e na atividade evangélica.

ALCÓOLICOS ANÔNIMOS
Surgiu em 1934 no município Akron, estado de Ohio (EUA). William Griffith fazia reuniões para tentar recuperar alcoólatras da cidade. Publicou em 1939 o livro *Alcoólicos anônimos* e, no ano seguinte, inaugurou a primeira sede do AA em Nova York.

CRUZ VERMELHA

Em junho de 1859, um negociante suíço chamado Henry Dunant ficou impressionado com o abandono dos feridos no campo de batalha de Solferino, no Norte da Itália. Naquela época, não existiam organizações destinadas a atender os soldados ou a população atingidos em conflitos. Quem fazia esse tipo de assistência eram os próprios sobreviventes. Além de pedir ajuda, Henry Dunant insistiu que os voluntários se mantivessem neutros e atendessem os feridos de todos os lados envolvidos na batalha.

Henry Dunant

Em 1862, Dunant publicou o livro *Uma recordação de Solferino*, em que fez dois apelos: primeiro, que fossem constituídas sociedades de assistência em tempo de paz com enfermeiros que tratariam dos feridos em tempo de guerra; em segundo lugar, que esses voluntários, convocados para auxiliar os serviços sanitários do exército, fossem reconhecidos e protegidos por meio de acordo internacional. Estas ideias levaram rapidamente à criação do Comitê Internacional para a Assistência aos Feridos, que mais tarde se transformou no Comitê Internacional da Cruz Vermelha.

O próximo passo foi reunir um comitê. O grupo foi constituído por integrantes suíços – o advogado e banqueiro Gustav Moynier, os médicos Louis Appia e Théodore Maunoir, e o general Dufour – e ficou conhecido como Comitê dos Cinco. Em 23 de outubro de 1863 foi realizada a Conferência Internacional de Genebra, o primeiro encontro entre o comitê e representantes de 16 países.

Da reunião saiu o Comitê Internacional de Socorro a Feridos e ficou decidido que cada país montaria um órgão nacional. O símbolo escolhido para a organização foi uma cruz vermelha sobre um fundo branco, uma homenagem à Suíça, cuja bandeira tem as cores invertidas.

Mas Henry Dunant queria que a entidade fosse oficialmente reconhecida no mundo e que uma convenção garantisse a proteção dos serviços sanitários nos campos de batalha. O governo suíço convocou então uma Conferência Diplomática no ano seguinte, 1864, em Genebra. Representantes de 12 países adotaram um tratado, preparado pelo Comitê Internacional, intitulado Convenção de Genebra para o Melhoramento da Sorte dos Soldados Feridos nos Exércitos em Campanha. Este foi o primeiro acordo sobre Direito Internacional Humanitário. Depois da Segunda Guerra Mundial, uma conferência adotou as quatro Convenções de Genebra de 1949. Essas convenções incluíam, pela primeira vez, disposições relativas à proteção de civis em tempo de guerra. Em 1977, as convenções foram completadas por dois protocolos adicionais. A Cruz Vermelha brasileira foi fundada em 5 de dezembro de 1908.

DOUTORES DA ALEGRIA

Em 1988, as crianças das UTIs norte-americanas esqueciam a dor rindo das transfusões de *milk-shake* do dr. Calvin, besteirologista com PhD em bobagem. O personagem era interpretado pelo ator brasileiro Wellington Nogueira, que participava do grupo Clown Care Unit, fundado por Michel Christensen em 1986. Oito anos mais tarde, Wellington voltava ao Brasil, onde fundaria o grupo Doutores da Alegria, com o objetivo de diminuir o sofrimento de crianças internadas nos hospitais de São Paulo.

A ideia de montar o grupo Clown Care Unit nasceu durante a apresentação de artistas do Big Apple Circus num hospital de Nova York, nos Estados Unidos. Um dos atores, Michael Christensen, perguntou se podia visitar as crianças internas. A médica reagiu dizendo que UTI não era lugar de palhaços, e ele argumentou: "nem de crianças". A versão francesa é chamada de Le Rire Médecin e a alemã é conhecida como Die Clown Doktoren.

EXÉRCITO DA SALVAÇÃO

O inglês William Both, pastor da Igreja Metodista, pregava todos os dias para marginais na região do East End, em Londres. Pediu que a sua Igreja admitisse aquelas pessoas, mas os metodistas se recusaram. Foi aí que Booth resolveu criar a sua própria Igreja. O Exército da Salvação nasceu em 1878. Os salvacionistas, como são chamados seus seguidores, não praticam os sacramentos, como o batismo e a eucaristia. Para demonstrar a "luta do bem contra o mal", Booth adotou a hierarquia militar. O chefe mundial da Igreja é o general, passando por recruta, soldado, sargento, major e coronel.

MÁFIA

A máfia surgiu no Sul da Itália na época medieval. Seus membros eram lavradores arrendatários de terras pertencentes a poderosos senhores feudais. Mas eles pretendiam dividir essas terras e, para isso, começaram a depredar o gado e as plantações. Quem quisesse evitar esse vandalismo deveria fazer um acordo com a máfia. Da Itália, a indústria da "proteção forçada" se espalhou para o mundo inteiro.

ROTARY

No edifício Unity, no centro de Chicago, Estados Unidos, um advogado, um engenheiro, um gráfico e um vendedor de carvão se reuniram em 23 de fevereiro de 1905 para fundar o Rotary Club. A iniciativa era do advogado Paul Percy Harris (1868-1947), que imaginava uma entidade de apoio mútuo entre diferentes profissionais. Os encontros passaram a acontecer em locais diferentes, principalmente no ambiente de trabalho, daí o nome Rotary, que significa rotativo em inglês. No ano de 1910, o clube rompeu a fronteira dos Estados Unidos e foi fundado na cidade de Winnipeg, no Canadá. Dois anos depois, já contabilizava cinquenta unidades e passou a se chamar Associação Internacional de Rotary Clubs. O nome Rotary Internacional surgiu em 1917. Em 15 de dezembro desse ano, seria fundado o primeiro Rotary brasileiro, na cidade do Rio de Janeiro.

VIGILANTES DO PESO

A nova-iorquina Jean Nidetch (1923-) sofria com os quilos a mais cada vez que subia na balança. Ela até sabia o principal motivo: o vício por *cookies*. Jean já havia tentado todo o tipo de dieta, até mesmo com remédios, mas nada funcionava. Sua obsessão pela comida sempre a fazia recuperar todos os quilos perdidos. Em 1961, Jean experimentou um novo regime e conseguiu perder 9 quilos. Antes que tudo voltasse em forma de *cookies*, ela resolveu montar um grupo de apoio, só de mulheres, onde uma pudesse vigiar e apoiar a outra. O grupo ficou conhecido como *Weight Watchers* – em português, "Vigilantes do Peso". Elas se reuniam em uma sala que ficava, ironia do destino, em cima de uma pizzaria. No primeiro mês, quarenta mulheres se juntaram ao grupo. Dois anos depois, Jean achou melhor padronizar a dieta, já que grupos das Vigilantes do Peso estavam começando a aparecer em diversos lugares dos Estados Unidos. Para isso, ela desenvolveu o sistema de pontos. Nessa dieta cada alimento é classificado com uma pontuação que equivale a suas propriedades calóricas. Para segui-la, é preciso não ultrapassar um limite de pontos de calorias. Em 1978, a organização foi vendida para a empresa H. J. Heinz, famosa por seu *ketchup*. Chegou ao Brasil em 1975.

ETIQUETA DO MUNDO DOS NEGÓCIOS

APERTO DE MÃO
Segundo diversos hieroglifos egípcios, de 2800 a.C., o aperto de mão era a forma pela qual um deus concedia seu poder a um dirigente terrestre. O verbo *dar* era representado pela mão estendida. Os historiadores acreditam que o aperto de mão seria um gesto de boa vontade. O homem primitivo, que andava sempre armado, estendia a mão, vazia, para mostrar que não portava armas e desejava a paz.

CARTÃO DE VISITA
No século XVIII, a tradição mandava que as pessoas visitassem amigos e conhecidos para dar-lhes votos de feliz Ano-Novo. Mas essas visitas, em geral, eram chatas. Por isso, muita gente procurava aparecer numa hora em que não houvesse ninguém em casa. Para marcar sua passagem, os espertalhões deixavam uma carta de baralho na qual escreviam algumas palavras. Pouco a pouco, fizeram-se imprimir cartas de baralho com o próprio nome – isso era ainda mais rápido que rabiscar uma fórmula com votos e uma assinatura. Em 1844, elas foram definitivamente abandonadas, passando-se a adotar o cartão de visita que conhecemos hoje.

MATERIAL DE ESCRITÓRIO

CLIPE
O pequeno artefato de metal para prender papel foi inventado pelo norueguês Johann Waaler, que o patenteou na Alemanha, em 1900.

ELÁSTICO
Os primeiros elásticos, feitos de borracha vulcanizada, foram patenteados em 17 de março de 1845 por Stephen Perry, um fabricante de Londres. A produção de rodelas de elástico (para papéis, cartas, dinheiro) foi iniciada por sua empresa na mesma época.

GRAMPEADOR
O primeiro grampeador foi patenteado pelo inglês C. H. Gould em 1868 e era usado pelos sapateiros para pregar solas e saltos. O grampeador de papel só apareceu em 1890.

DRIBLANDO A NATUREZA

ARADO
Em sua forma mais simples, o arado era uma vara com dentes que era arrastada pelo solo, deixando um sulco onde as sementes eram plantadas. Isso apressou grandemente o período da semeadura. O arado foi usado pela primeira vez na Suméria, aproximadamente 3500 a.C.

 Inventores brasileiros

COLETOR DE ÁGUA PLUVIAL
O inventor Elair Antônio Padin garante que o sistema acabaria com as enchentes na cidade. O processo é simples: um coletor armazena a água da chuva que escorre dos telhados. Ela pode ser usada para serviços de limpeza ou lançada ao subsolo.

ESCALA RICHTER
Em 1935, o geofísico americano Charles Francis Richter (1900-1985) estabeleceu uma escala para medir a intensidade dos terremotos, e a extensão

dos movimentos terrestres por meio de uma série de números de um a nove, cada um representando um movimento dez vezes maior que o antecedente. Os terremotos mais fortes até hoje classificados alcançaram 8.9 na escala Richter.

 Inventor tem cada uma

VASO INTELIGENTE
Luc Dessane não teve mesmo muito jeito com "coisas vivas". Suas plantas sempre morriam por falta de sol. Para remediar esse problema, Luc inventou um vaso que tem um microcomputador dentro, três rodinhas e um sensor de intensidade solar. Com isso, seus vasinhos inteligentes agora se locomovem sozinhos até encontrar o sol.

ESPANTALHO
O espantalho é descendente do deus grego Príapo. A estátua do protetor da agricultura costumava ser usada na Grécia antiga para manter os pássaros longe das videiras.

SISMÓGRAFO
A China é uma das regiões do mundo mais sujeitas a terremotos. Registros de 780 a.C. indicam que naquele ano um tremor mudou o curso de três rios; outro, em 1303, matou mais de oitocentas mil pessoas. Era natural que ali surgissem os primeiros aparelhos destinados a registrar e medir a intensidade dos terremotos. Foi o sábio Chang Heng quem construiu o que pode ser considerado o primeiro sismógrafo, no século II. Seu aparelho obedecia ao princípio observado nos sismógrafos modernos: um pêndulo muito pesado, que não é afetado por pequenos distúrbios superficiais, mas responde aos abalos profundos do solo. O instrumento de Chang era um jarro de bronze, com 2 metros de diâmetro. Em torno dele havia oito cabeças de dragão, cada qual com uma bola. Na base, oito sapos com as bocas abertas. Durante o tremor, uma das bocas de dragão se abria e a bola caía na boca do sapo correspondente. A localização do dragão que soltava a bola indicava de onde vinha o abalo. O aparelho, depois de soltar a bola, fechava-se para que nenhuma outra bola caísse. Assim, obtinha-se uma indicação permanente da origem do terremoto.

💡 Inventor tem cada uma 💡

GRAMADO INFINITO

Sabe aquela rodinha usada em gaiolas de hamster? O estudante de arquitetura David Gallaugher inventou uma coisa parecida, só que para seres humanos. É o gramado infinito para caminhar. Trata-se de uma grande roda, forrada de grama por dentro.

10

A vida passa tão depressa. Pare um momento e dê uma olhada nela.

Slogan da máquina fotográfica Polaroid

Marcas famosas

@ (ARROBA)

No início dos anos 1970 foi criada a Arpanet, primeira versão do que viria a se tornar a internet. Essa rede conectava apenas alguns poucos computadores, pontos em universidades e áreas especiais do Exército norte-americano. Mas não havia nenhuma utilidade prática até 1972, quando o cientista Roy Tomlinson criou a linguagem do e-mail. A escolha do símbolo da arroba como peça-chave de programação aconteceu por causa do significado original do símbolo em língua inglesa. A arroba começou a ser usada na Idade Média, mas com o advento da imprensa, o símbolo deixou de ser apenas uma unidade de medida e passou a significar uma abreviação de *at*, que em português significa "para". Então, quando mandamos um e-mail, significa que estamos mandando "para" alguém.

O símbolo tem nomes diferentes em diversos idiomas, porque cada cultura associa o nome à aparência do símbolo "@". Na Itália, é conhecida como *chiocciola* (caracol); na Suécia, *snabel* (tromba de elefante); na Holanda, *apestaart* (rabo de macaco); na Áustria, *strudel* (nome de um doce enrolado).

AÇÚCAR UNIÃO

Prejudicado nos negócios pela guerra comercial entre Itália e França, o italiano Domenico Puglisi Carbone resolveu mandar os filhos Nicola e Giuseppe para o Brasil. A missão dos dois era abrir uma representação comercial para vender o vinho que o pai produzia. O começo não foi fácil. Era preciso enfrentar a concorrência dos donos do mercado de vinhos no Brasil, na época controlado por portugueses e franceses. Os irmãos criaram a Companhia Puglisi em 1888 e tiveram alguma sorte. A imigração italiana cresceu a partir de 1880, o que significava um aumento de consumidores já habituados ao vinho italiano. Dessa época até 1910, os negócios dos irmãos Puglisi progrediram tanto que eles acharam que era hora de diversificar as atividades.

É aí que começa a história do Açúcar União. Além do vinho, os irmãos Puglisi já operavam no mercado de açúcar e acompanhavam a concorrência quase suicida que as pequenas refinarias faziam entre si. A proposta de Nicola e Giuseppe foi criar uma empresa mais forte, reunindo várias pequenas. Fundaram em 4 de outubro de 1910 a Companhia União dos Refinadores. A empresa, presidida por Nicola Puglisi Carbone, iniciou suas atividades com 150 operários, em uma área de 6.300 metros quadrados, na rua Barão do Rio Branco, na cidade de São Paulo.

ADIDAS

A marca Adidas foi criada em 1949, mas a história teve início bem antes disso, quando os irmãos Adolph e Rudolf Dassler começaram a produzir calçados e bolsas militares. A empresa chamava-se Dassler Brother Shoe Factory. Em 1920, os irmãos resolveram investir em calçados especiais para jogar futebol. Adolph era apaixonado pelo esporte e usou seu conhecimento para produzir chuteiras com cravos para dar mais sustentação na grama. Em 1928, os sapatos esportivos dos irmãos Dassler foram utilizados pela Alemanha nas Olimpíadas de Amsterdã. Durante a Segunda Guerra, a fábrica foi tomada pelas tropas de Hitler, e só foi devolvida ao final da disputa, quando já não existia nada. Os irmãos tiveram de começar tudo praticamente do zero. Eles pegavam lonas e borrachas deixadas em campos de batalha para produzir novos calçados, já que quase não havia matéria-prima. Em 1948, depois que os problemas de material foram resolvidos, os irmãos decidiram se separar. Adolph fundou a Adidas e Rudolf abriu a Puma. O nome Adidas é uma mistura de "Adi", apelido alemão para Adolph, e "das", iniciais do sobrenome Dassler.

ÁGUA DE COLÔNIA

Na cidade de Colônia, na Alemanha, o alemão Ferdinand Mülhens recebeu de um monge que hospedara, em 1792, a receita secreta de uma certa *Acqua mirabilis* (água milagrosa, em latim). Era um líquido aromático usado por monges suíços, e com poderes curativos. Mülhens gostou tanto do presente, que montou um pequeno laboratório em sua casa para produzir a água milagrosa. Dois anos depois, durante a Revolução Francesa, tropas francesas invadiram Colônia e o comandante ordenou que todas as casas da cidade fossem numeradas. Na rua Glockengasse, a porta da residência de Mülhens foi pintada com o número 4.711. Napoleão ficou sabendo da tal água e fez de tudo para roubar a fórmula. Precavido, Mülhens passou a vender o produto como um perfume unissex – aliás, o primeiro a ser usado tanto pelas mulheres quanto pelos homens. O segredo da Água de Colônia 4711 é até hoje guardado pelos descendentes de Mülhens.

Água de Colônia 4711

ALKA-SELTZER

O inverno de 1928 ficou marcado por uma fortíssima epidemia de gripe. O americano Hub Beardsley, presidente dos Laboratórios Doutor Miles, foi visitar a redação de um jornal e percebeu que nenhum funcionário faltava, ao contrário do que ocorrera em sua empresa. O editor do jornal explicou que, aos primeiros sinais do vírus, eles tinham experimentado uma combinação de aspirina e *baking* soda (soda para cozimento). Beardsley ficou impressionado com a mistura e pediu a seus químicos que testassem a nova fórmula. O químico-chefe Maurice Treneer foi além, e criou o Alka-Seltzer três anos depois. Em um cruzeiro no Mediterrâneo, Beardsley levou algumas amostras e o novo remédio fez muito sucesso entre os passageiros, que elogiaram seu poder de cura contra dor de cabeça, enjoo e azia.

ALL STAR

O ano de 1917 foi marcante para o basquete norte-americano. Surgia o primeiro tênis de cano alto, o All Star, criado por Marquis Converse, que nasceu em New Hampshire (Estados Unidos), em 1861. A Empresa de Calçados de Borracha Converse, inaugurada em 1908, começava a desencantar. Estrelas do basquete, como Charles "Chuck" Taylor, entravam na quadra calçando um tênis robusto, de aparência forte e confortável. Um marketing esportivo que rendeu frutos. Em 1930, o tênis estava nos pés dos jogadores da seleção olímpica dos Estados Unidos. Três anos depois, Converse caiu numa rua de Boston vítima de um ataque fulminante do coração.

AMAZON.COM

A maior livraria virtual do mundo foi criada pelo americano Jeff Bezos, em 1994. Ex-executivo financeiro em Wall Street, Bezos resolveu transferir-se de Nova York para Seattle, onde desenvolveu seu próprio negócio em uma casa do bairro de Bellevue, na época pagando aluguel de 890 dólares por mês. O raciocínio era simples: apesar de estar engatinhando, o comércio pela internet parecia um bom investimento, até com livros, que são baratos, não têm data de validade e não quebram. Com o auxílio de vinte amigos, Bezos conseguiu reunir um milhão de dólares para abrir em julho de 1995 a Amazon.com. "Escolhi o maior rio em volume de água para representar o maior número possível de escolhas", disse o empresário, a respeito do nome de seu novo empreendimento.

AMERICAN EXPRESS

Em 1850, os americanos Henry Wells, William G. Fargo, John Butterfield, William John Livingstone e James Wasson fundaram a American Express, que se dedicava ao serviço de ordens de pagamento. O instrumento, então utilizado por quem se deslocasse ao estrangeiro, era a carta de crédito, documento em que os bancos designados adiantavam fundos ao portador, embora isso nem sempre funcionasse tão bem assim. O primeiro passo foi a criação dos cheques de viagem, em 1891. Inicialmente, os cheques eram vendidos apenas em escritórios da American Express, só que se expandiram a bancos, hotéis e outros estabelecimentos. O surgimento do primeiro cartão de crédito, o Diners Club, em 1950, afetou os negócios. Por isso, a American Express lançou também o seu cartão de crédito, em outubro de 1958.

ANTARCTICA

No dia 9 de fevereiro de 1891, 61 acionistas fundaram a Companhia Antarctica Paulista. Sua fábrica ficava na avenida Água Branca, em São Paulo, na época com 55 mil habitantes. Dois desses acionistas eram João Carlos Antônio Frederico Zerrener e Adam Ditrik von Bullow, alemães havia pouco naturalizados brasileiros pelo jovem governo republicano que se implantara no país. Os dois eram sócios em uma firma de importação, o que facilitava a compra no exterior de máquinas e matéria-prima para a cervejaria. Em 1893, mesmo com sua cerveja já fazendo sucesso entre os paulistas, a Antarctica sofreu as consequências do Encilhamento, conjunto de medidas econômicas adotados pelo governo para sanear as finanças e combater a inflação. Esteve à beira da falência. Isso só não aconteceu porque a firma de Zerrener e Bullow, a principal credora, assumiu o controle acionário. Os negócios voltaram a melhorar em 1899. Depois de cinco anos, eles compraram uma concorrente, a Cervejaria Bavária. Em 1908, a Antarctica resolveu fabricar bebidas gasosas sem álcool. Lançou sucessivamente os refrigerantes Si-Si e Nectar, e Club Soda e Paulotaris. O Guaraná Champagne Antarctica apareceu em 1921. Os laboratórios da Antarctica levaram anos para conseguir um resultado satisfatório. Em um inteligente lance de marketing, a empresa apresentou uma bebida com características espumantes (pela adição do ácido carbônico líquido), o que contribuiu para associá-la ao champanhe.

Cartaz de 1928

APPLE, IBM E MICROSOFT

Em 1976, depois de vender tudo o que tinham, dois jovens funcionários da Hewlett Packard e da Atari fundaram sua própria empresa para fabricar computadores que pudessem ser usados por pessoas comuns, dentro de casa. Essa ideia já havia sido analisada pelas grandes empresas, que tinham concluído que ninguém se interessaria por computadores pessoais e nunca haveria mercado para eles. Os dois não tinham dinheiro nem para alugar uma sede para a nova empresa. Ela passou a funcionar na garagem da casa de um deles, já que sua perua fora vendida para levantar dinheiro para a empreitada. Eles eram Steven Wosniak e Steve Jobs, então com 26 e 21 anos, respectivamente, e a empresa que fundaram se chamava Apple Computer.

A Apple foi a empresa que cresceu mais rápido na história dos Estados Unidos, até que a IBM, em 1981, lançou seu computador para uso doméstico, o PC. Devido à força da IBM, o PC logo se tornou o padrão de microcomputadores no mundo todo. Então entrou em cena uma nova dupla de garotos prodígio, Paul Allen e Bill Gates, dois ex-funcionários da Mits, que incrementaram o Basic, linguagem eletrônica que simplificou a utilização dos micros. Os dois haviam fundado a Microsoft. Para um computador funcionar é preciso que haja um programa controlando tudo (recebendo dados do teclado e enviando para o monitor, por exemplo). Antes, isso era feito por meio de fios e conexões manuais, e depois passou a ser feito por programas armazenados na memória. A IBM, que já estava atrasada na questão dos microcomputadores, decidiu se concentrar no *hardware* (a parte física, o computador em si) e fez um contrato com a Microsoft para fornecimento dos softwares (os programas que controlam a máquina). Assim surgiu o MS-DOS, um sistema operacional (o primeiro programa a ser instalado em qualquer computador, aquele que controla todas as suas operações), que fez que a Microsoft vendesse milhões de cópias e se tornasse a maior empresa de software do mundo.

Para competir com a IBM, a Apple lançou, em fevereiro de 1984, o Macintosh. Além de possibilitar o uso de gráficos e fórmulas, sua grande novidade era o mouse, um pequeno equipamento adicional para simplificar o trabalho de comandar o computador.

ARBY'S

Nos anos 1950, os irmãos Forrest e Leroy Raffel fundaram a Raffel Brothers Inc., que fornecia máquinas para cozinhas industriais em Ohio (Estados Unidos). A ideia de abrir uma rede nasceu ao visitarem uma lanchonete famosa pelo sanduíche de rosbife. O nome Arby's é formado pelo som das iniciais de "Raffel" e "Brothers", embora muita gente pense ser a abreviação de *roast beef*. A primeira loja foi inaugurada em Boardman, Ohio, em 1964. Hoje a empresa tem mais de três mil restaurantes no mundo todo. No Brasil, existiu de 1992 a 1999.

ARCOR

A Arcor foi fundada em 5 de julho de 1951, em Arroyito, na província de Córdoba, Argentina. O nome vem justamente da junção do *Ar* (de Arroyito) e do *Cor* (de Córdoba). Fulvio Salvador Pagani estava à frente de um grupo de empreendedores que instalou uma fábrica com capacidade para produzir dez toneladas diárias de caramelos. Esta meta ficou rapidamente para trás. Em 1958, a Arcor já produzia seis vezes mais. A empresa chegou ao Brasil em 1981, ao adquirir uma fábrica de balas em Rio das Pedras (SP). O produto mais tradicional da Arcor é a paçoquinha de amendoim Amor. Ela existe desde 1957 e a marca foi comprada pela Arcor em 1997.

AREZZO

A marca de sapatos foi criada em 1972 pelos irmãos Anderson e Jefferson Birman. Tudo começou quando os dois compraram um par de sapatos durante uma viagem ao Rio de Janeiro. O modelo era diferente dos que eles costumavam ver nas lojas de Minas Gerais, onde moravam. O sapato era tão bonito que um fabricante de calçados amigo deles pediu o par emprestado para fazer uma cópia. A cópia nunca foi feita – nem os sapatos foram devolvidos. Em uma das vezes em que os irmãos Birman foram cobrar, eles conheceram um vendedor de máquinas de fazer sapatos que os convenceu a iniciar um negócio, e claro, vendeu-lhes uma máquina. Dessa máquina surgiu a empresa, que ganhou o nome de uma cidade italiana, que fica na região da Toscana.

ARISCO

Primogênito de nove irmãos, o paulista João Alves de Queiroz trabalhava duro para sustentar a família, com a qual se mudara para o interior de Goiás. Trabalhou nos mais diversos ramos, desde cultivar mandioca no quintal de casa, vender leite, carne, até descarregar trem. Com suas primeiras economias, João comprou um caminhão e, com os irmãos, passou a percorrer o país vendendo produtos como querosene e sal. Os negócios prosperaram e a família abriu o atacado "Irmãos Alves" na cidade de Ipameri, em Goiás, e outra em Goiânia. Mas a tradicional receita que faria de João Alves de Queiroz um grande homem de negócios estava para surgir. No começo da década de 1970, ele era dono da empresa Cometa, que fornecia sal para o preparo de um copinho com tempero, sem marca registrada, vendido nas feiras livres de Goiânia por um cliente. O distribuidor, em dificuldades financeiras, propôs entregar-lhe a fórmula e duas máquinas em troca do perdão das dívidas. Negócio fechado: apesar de ser vendido dez vezes mais caro que o sal, o tempero era basicamente constituído pela substância. Agora, faltava colocar o produto em lugares estratégicos. Para descobrir como funcionava a distribuição, a Cometa destacou um funcionário para fazer espionagem comercial na empresa Vanil, que vendia pacotes de alho em mercearias. A Cometa contratou perueiros para distribuir amostras do produto em veículos pintados com as cores da sua embalagem e rebatizou a empresa de Arisco. Em seguida, entrou no ramo de molho de tomate, lançando marca própria depois da concordata da Cica, para quem fornecia matéria-prima. Em 2000, a Arisco foi vendida por quinhentos milhões de dólares para a empresa americana Bestfoods, que foi incorporada pela anglo-holandesa Unilever.

ARMANI

Giorgio Armani é um dos mais bem-sucedidos estilistas da história. Nasceu na cidade de Piacenza, Norte da Itália, em 1934. O estilista chegou a estudar medicina por dois anos, mas abandonou o curso em 1957 para trabalhar como comprador em uma loja de departamentos. Em 1975, em parceria com Sergio Galeotti, ele fundou a Giorgio Armani S.P.A. e lançou as linhas *prêt-à-porter* masculina e feminina. Suas roupas são marcadas pelo pioneirismo de formas desestruturadas, nunca antes vistas no mundo da moda. O império Armani foi dividido em diversas marcas: Giorgio Armani, Armani Collezioni, Emporio Armani, Armani Jeans, A/X Armani Exchange e Armani Casa (além de assinar roupas e acessórios de moda, Armani passou a colocar sua marca em móveis e acessórios para decoração).

ASPIRINA

O uso da casca do salgueiro – árvore mais conhecida no Brasil como "chorão" –, de onde vem o princípio ativo da Aspirina, tem sua origem na Antiguidade. A salicina, extraída do salgueiro, e seu sal (o salicilato) já eram empregados três mil anos antes de Cristo, na Mesopotâmia, contra cefaleia. A Aspirina, no entanto, foi patenteada pela indústria alemã Bayer, em 10 de outubro de 1897. O químico Felix Hoffmann (1868-1946), com a ajuda de seu chefe, o professor Heinrich Dreser, sintetizou o ácido acetilsalicílico com um único objetivo: aliviar as dores reumáticas de seu pai. O ácido salicílico, remédio recomendado pelos médicos da época, chegava a aliviar seu sofrimento, mas, ao mesmo tempo, causava-lhe graves irritações no estômago – e tinha um gosto insuportável. A princípio, a Aspirina era vendida em pó em frascos de vidro.

O nome do remédio mais popular do século foi formado assim: o *a* vem de *acetil*; *spir* é a raiz do *ácido espírico* (substância quimicamente idêntica ao ácido acetilsalicílico); e o *ina* é um sufixo que se adicionava ao nome de todo medicamento no final do século passado.

ATARI

Existe um jogo de tabuleiro de origem chinesa, muito praticado no Japão e parecido com o xadrez, chamado Go. Quando um dos jogadores ameaça a peça do adversário é preciso informá-lo com a palavra "Atari". Foi justamente essa palavra usada pelo engenheiro elétrico americano Nolan K. Bushnell para batizar a empresa de videogames que criou com o amigo Ted Dabney (na verdade, o nome imaginado por ele, Syzygy, já tinha sido registrado por uma fábrica de velas). O primeiro jogo lançado pela Atari, desenvolvido pelo engenheiro Al Alcorn, foi o "Pong" em 1972.

ATKINSONS

Na Londres de 1799 era comum andar pelas ruas e esbarrar com um vendedor de perfumes ao lado de um assistente belo e assustador: um grande e peludo urso branco. James Atkinsons usava esse artifício para vender seus produtos artesanais – à base de óleo de urso – desenvolvidos pela recém-criada J & E Atkinsons. Em 1826, Atkinsons abandonou seu método excêntrico de venda para ganhar o *status* de perfumista real da corte do rei George IV. A marca foi difundida em 1878 pelos sucessores de Atkinsons, que abriram em 1878 uma loja em Paris. A empresa foi comprada pela Unilever no início do século XX. Os cariocas foram os primeiros a sentir os aromas dos produtos em 1929. Destaque para o Royal Briar, "o perfume que deixa saudade", e para o English Lavender, cujos garotos-propaganda eram representantes dos Orleans e Bragança, a família real brasileira.

AVEIA QUAKER

Diz-se que a aveia era uma das sete dádivas de Demétria, indicando que sua origem pudesse ter sido na Atlântida. Na verdade, não se sabe exatamente quando nem onde esse cereal apareceu. Para os romanos, não passava de alimento de bárbaros germanos que se abasteciam dela para ganhar força e coragem. A mais famosa marca de aveia do mundo nasceu em Chicago, nos Estados Unidos. A Quaker Oats Company foi registrada em 1877 por três moleiros naturais da cidade de Ravenna, no estado de Ohio. Seus nomes eram Ferdinand Schumacher, Henry Parsons Crowell e Robert Stuart. Escolheram como símbolo do produto a figura de um quaker com seu traje típico. Os quakers eram membros de uma seita protestante fundada pelo sapateiro George Fox na Inglaterra, no século XVII. Perseguidos em seu país pela intolerância religiosa, grandes grupos de quakers mudaram-se para os Estados Unidos. Criaram comunidades novas, regidas por princípios de justiça, moralidade e fraternidade.

O produto chegou ao Brasil no início do século, mas a Quaker só iniciou suas operações aqui em 1952. Inaugurou a primeira fábrica de aveia em Porto Alegre, no ano seguinte.

AVON

AVON

O americano David McConnell (1858-1937) vendia livros de porta em porta em Nova York, mas não era bem recebido nas casas. McConnell teve a ideia de oferecer um brinde para quem aceitasse ouvir sua apresentação. Imaginou que um vidrinho de perfume seria o presente ideal, e criou uma fragrância com a ajuda de um farmacêutico. Não demorou para perceber que o perfume estava fazendo mais sucesso que os livros. Em 1886, fundou a Perfumes Califórnia para venda de cosméticos em domicílio. Sua primeira vendedora, Florence Albee, era uma viúva de New Hampshire, que começou a recrutar outras mulheres.

O nome Avon só foi adotado em 1939, numa homenagem à terra natal do dramaturgo inglês William Shakespeare, Stratford on Avon, Inglaterra.

AZEITE CARBONELL

O espanhol Antonio Carbonell y Llácer (1826-1878) abandonou em 1866 o seu alto cargo de arrecadador de impostos e iniciou a produção de óleo de oliva nas férteis terras da província de Córdoba. Logo ganhou projeção no mercado internacional, passando a vender 1.500 toneladas de óleo ao ano. Hoje a Espanha é o país que mais produz óleo de oliva, seguida da Itália e da Grécia.

BACARDI

Incomodado com o gosto áspero do rum cubano, o imigrante espanhol Don Facundo Bacardi (1814-1887) começou a realizar experimentos. Tudo para fazer o rum ficar mais suave. Gastou 3.500 dólares em uma destilaria com teto de zinco em Santiago de Cuba. Em 4 de fevereiro de 1862, começou a vender o rum Bacardi cujo rótulo tinha a insígnia de um morcego, que virou uma marca registrada. Até hoje o modo de preparo do rum mais popular do mundo é guardado em segredo.

BALANTINE'S

Criado com a mistura de 42 maltes escoceses, o Ballantine's surgiu em 1827 num armazém de secos e molhados na cidade de Cowgate, Edimburgo, Escócia. George Ballantine dividia a receita apenas com os filhos. Com a sua morte, em 1919, a família resolveu vender a marca para os sócios da empresa: J. Barclay e R. MacKinlay, que decidiram manter o já tradicional nome do uísque.

BALAS JUQUINHA

O português Carlos Maia fundou em 1945 a empresa Salvador Pescuma Russo & Cia. para produzir refresco em pó. Para diversificar os negócios, ele começou a preparar balas mastigáveis na cozinha de sua casa. Ele aprendeu a fazer as balas com um amigo que havia trabalhado na fábrica das Balas Chita. As balas eram do sabor *tutti frutti*. Faltava apenas um nome para sua criação. Pediu sugestões a um compadre chamado Juca, também português, que não pensou duas vezes: "Coloque o meu nome, ó pá!". Maia achou que o nome não era apropriado a um produto infantil, mas achou que o diminutivo poderia funcionar. As balas foram batizadas, assim, de Juquinha. Para modernizar sua linha de produção, o empresário comprou máquinas de última geração em 1979 e acabou se afundando em dívidas. Três anos depois, vendeu a fábrica para uma empresa italiana, que ampliou a linha com novos sabores de balas e pirulitos.

BALAS PEZ

As balas Pez foram criadas em 1927, na Áustria, por Eduard Haas. O nome deriva da palavra alemã *pfefeerminz*, que em português significa hortelã, o sabor dos primeiros doces. O formato lembrava pequenas barras de sabão. Na década de 1950, personagens de desenho animado começaram a divulgar os produtos. O primeiro garoto-propaganda foi o Popeye. Na lista estão mais de 250 personalidades, entre a Mulher Maravilha, o elefante Dumbo e o Papai Noel.

Anúncio na revista *Justice League America*, nº 186

BANCO IMOBILIÁRIO

Com o nome de Monopoly (monopólio em inglês), o jogo de tabuleiro Banco Imobiliário foi inventado pelo americano Charles B. Darrow (1889-1967). Ele desenhou a primeira versão em uma toalha de mesa para a diversão de amigos e da família. O panorama era de tempos difíceis: os Estados Unidos ainda atravessavam a Grande Depressão, originada em 1929 pela quebra da Bolsa de Nova York. Em 1935, Darrow apresentou o Banco Imobiliário à fabricante de brinquedos Parker Brothers, recém-saída da crise. A princípio, a empresa rejeitou o jogo por considerá-lo demorado, com regras complicadas.

Darrow não desistiu e apostou no empreendimento em parceria com um amigo gráfico. Produziu artesanalmente e vendeu cinco mil jogos à loja de departamentos John Wannamaker, da Filadélfia.

Ao perceber a potencialidade do jogo, a Parker Brothers reconsiderou sua decisão e fez um acordo com o inventor. Começou produzindo no mesmo ano vinte mil unidades por semana. Em 1936, embora se temesse nova recessão, as vendas explodiram. A fantasia proporcionada pelo Monopoly – adquirir bens imobiliários e ficar rico rapidamente – foi a principal causa do sucesso imediato do jogo, que conquistou americanos já cansados de um dos períodos econômicos mais sombrios da história. No Brasil, o Banco Imobiliário começou a ser produzido pela Estrela em 1944.

BAND-AID

A recém-casada Josephine Dickson era um desastre na cozinha. De tão inexperiente, ela vivia se cortando ou se queimando. Seu marido, Earl Dickson, trabalhava para a Johnson & Johnson, na época o maior fabricante de esparadrapos cirúrgicos dos Estados Unidos. Ele já estava prático em enfaixar as mãos da esposa com gaze e esparadrapo. Um dia, Dickson pensou em deixar curativos preparados para que a mulher pudesse colocá-los sozinha. Desse modo, não teria de se preocupar quando ela se cortasse e não houvesse ninguém para ajudá-la. Então, Dickson começou a fazer experimentos. Se a gaze e o esparadrapo fossem combinados, sua esposa conseguiria colocar o curativo com uma só mão. Esticou um pedaço de esparadrapo sobre a mesa com o lado adesivo para cima. Depois, dobrou um pedaço de gaze em forma de curativo e o colocou no meio do esparadrapo. Mas havia um problema: para deixar o curativo preparado, teria de desenrolar o esparadrapo, expondo a superfície adesiva, que secaria se ficasse assim por muito tempo. Dickson experimentou vários tipos de tecido para recobrir a fita adesiva, tentando encontrar um que não fosse muito difícil de remover. A crinolina, tecido semelhante ao cetim, funcionou perfeitamente.

Quando a desastrada senhora Dickson se cortou de novo, ela simplesmente retirou a crinolina e recobriu seu corte com a invenção do marido.

Os executivos da companhia gostaram tanto da ideia que fizeram dos curativos adesivos prontos para usar um novo produto. Os curativos foram vendidos sem um nome comercial até 1920, quando W. Johnson Kenyon, o superintendente da fábrica, sugeriu *bandaid* – *band* (faixa em inglês), por causa do pedaço de esparadrapo, e *aid* (socorro, ajuda), por causa de *first-aid* (primeiros socorros). Earl Dickson foi recompensado por seus esforços com várias promoções e, na época de sua aposentadoria, em 1957, era o vice-presidente da Johnson & Johnson. Com a vinda da empresa para o Brasil, em 1933, entre a variedade de produtos que começava a ser produzida e comercializada estavam a atadura adesiva Band-Aid e o Band-Aid líquido, vendidos principalmente para hospitais. O sucesso do curativo Band-Aid foi crescendo gradativamente, e a Johnson resolveu, em novembro de 1947, lançá-lo diretamente ao consumidor.

BANHEIRA JACUZZI

A Jacuzzi foi fundada no início do século XX, por sete irmãos italianos que emigraram para os Estados Unidos. Era uma empresa que fazia certo sucesso fabricando hélices de avião e bombas de irrigação para agricultura. Em 1948, um dos filhos de um membro da família precisou realizar um tratamento à base de hidroterapia. Os engenheiros da Jacuzzi adaptaram uma dessas bombas para ser usada numa banheira. Foi Candido Jacuzzi quem viu aí um bom negócio e colocou as banheiras de hidromassagem no mercado em 1968.

BARALHO COPAG

Fundada em 1908, pelo gráfico Albino Gonçalves, a Companhia Paulista de Papéis e Artes Gráficas (Copag) começou importando baralhos e materiais para escritório. Naquela época, os únicos brasileiros que possuíam um baralho eram os que viajavam de navio para a Europa e traziam as cartas na bagagem. Quando o carteado se tornou passatempo mais frequente entre os brasileiros, no início da década de 1920, Gonçalves resolveu produzir um baralho com marca própria.

BARBIE
A boneca mais famosa do mundo, lançada em 9 de março de 1959, foi inspirada em Barbie Handler (e ganhou seu nome), filha da americana Ruth Handler, fabricante de brinquedos. Ruth achava a cara das bonecas da época infantil demais. Por isso, ela desenhou sua Barbie com um ar mais adulto. Ao lado do marido, Elliot, fabricante de casas de bonecas, ela fundou a fábrica de brinquedos Mattel, em 1945. A cada dez segundos, uma boneca Barbie é vendida no mundo.

➜ Ken, o namorado de Barbie, de 1961, também foi inspirado no filho do casal Handler.

➜ Susi, boneca lançada pela Estrela, foi a coqueluche das meninas nos anos 1960 e 1970. Também loirinha, Susi foi inspirada em uma boneca americana chamada Tammy. Ela deu seu lugar à Barbie em 1985, mas voltou ao mercado em 1998.

BARDAHL
Em 1939, o imigrante norueguês Olé Bardahl (1902-1989) fundou uma empresa química. Ele chegou aos Estados Unidos com apenas 32 dólares nos bolsos no ano de 1922. A pequena fábrica estava localizada em Ballard, numa comunidade de imigrantes nórdicos na cidade de Seattle. Como era apaixonado por carros, Bardahl percebeu que o mercado tinha potencial para a criação de um óleo aditivo, pois os óleos utilizados no carter eram insuficientes para atender às necessidades do motor. Surgiu, assim, o aditivo Bardahl. Os personagens Bardahl foram criados nos anos de 1950, em preto e branco, como desenho animado, pela produtora norte-americana Miller, Mackay, Hoeck & Hartung. A marca desembarcou em terras brasileiras em 1954. Por aqui, o Detetive Bardahl enfrentou Chico Válvula Presa, Zé dos Anéis Presos, Antônio Sujo, Carvãozinho e a sensual Clarimunda. Já na década de 1980, um novo elemento integrou a turma, o Kidsgaste, que atacava os motores a álcool.

BATAVO
A empresa foi fundada por três famílias holandesas na cidade de Carambeí (PR) em 1911. Batavo era o nome de uma tribo do início da Era Cristã que habitava o delta do rio Reno, terra natal dos imigrantes holandeses. Em 2000, 51% do controle acionário da Batavo passou para as mãos da Perdigão.

BAUSCH & LOMB

John Jacob Bausch nasceu em 1830 na Alemanha e desde pequeno ajudava um de seus sete irmãos a fazer óculos. Em 1848 foi mostrar suas habilidades numa ótica em Berne, na Suíça. Começou ganhando 36 centavos por dia. Atrás de novas conquistas, decidiu ir para a América. Em Nova York, tornou-se ajudante de cozinha e cortador de madeira. Neste segundo trabalho cortou dois dedos da mão em uma serra. Enquanto se recuperava do acidente, Henry Lomb, filho de seu patrão, trazia-lhe comida. Tornaram-se amigos e, em 1853, Bausch pediu sessenta dólares emprestados para abrir uma ótica. Os negócios começaram a crescer em 1868, com a Ótica Bausch & Lomb. Uma parceria que deu certo: Baush dominava a parte técnica e Lomb era bom administrador.

BAYER

O piche grudento borbulhando numa panela não lembra em nada a famosa Aspirina Bayer. É que antes do surgimento do comprimido, Friedrich Bayer notabilizou-se pela produção de corantes naturais. Em 1862, criou um tom vermelho-azulado. Em 7 de agosto de 1863 uniu-se a Johann Friedrich Weskott, um tintureiro-mestre, e começou a produzir corantes de anilina, numa casa no vale do rio Wupper, na Alemanha. Bayer faleceu em 6 de maio de 1880. Dezessete anos depois, Felix Hoffmann, químico da empresa, inventaria a Aspirina. A empresa chegou ao Brasil em 1896 com a abertura de um escritório no Rio de Janeiro. O *slogan* "Se é Bayer, é bom" foi criado pelo publicitário Bastos Tigre em 1922.

BELL'S

"Muitos uísques misturados agradam mais ao paladar das pessoas do que um puro", costumava dizer Arthur Bell. Em 1860, uma lei escocesa permitiu a fabricação de uísques com misturas, os chamados *blended*. Bell não perdeu tempo e começou uma verdadeira peregrinação pelas destilarias da Escócia. De gole em gole, criou nesse mesmo ano a marca Bell's, que se tornou conhecida por volta do ano de 1863, quando conquistou o mercado inglês. Na década de 1880, a empresa passou a produzir diferentes variedades de uísque. Com a expansão dos negócios, o velho Bell perdeu a modéstia: "A qualidade dos meus produtos fala por si", disse pouco antes de morrer, em 1900.

BENETTON

UNITED COLORS OF BENETTON.

O Grupo Benetton foi fundado em 1965 na cidade de Ponzano Veneto, próximo a Treviso, na Itália. Giuliana Benetton teceu uma blusa bem colorida e passou a receber os maiores elogios dos vizinhos. Alguns gostaram tanto que encomendaram um modelo igual a ela. O irmão de Giuliana, Luciano, começou a vender também as roupas coloridas e logo percebeu que a demanda era maior que a oferta, já que Giuliana só fazia isso nas horas vagas. Com a venda de uma bicicleta e um acordeão, os quatro irmãos Benetton – além de Giuliana e Luciano, havia também Gilberto e Carlo – adquiriram uma máquina de fazer malhas, aumentando a produção. O primeiro nome da empresa foi Maglificio di Ponzano Veneto dei Fratelli. Luciano acertou em cheio ao apostar em estratégias agressivas de marketing e na diversidade das cores – o *slogan* "United Colours of Benetton" ficou mundialmente conhecido. As marcas Sisley, 012 e Zerotondo também pertencem ao grupo italiano.

BICICLETA CALOI

Luiz Caloi trocou a Itália pelo Brasil em 1898. Trouxe junto seu cunhado Agenor Poletti, um mecânico de muitas habilidades. Os dois abriram a Casa Poletti & Caloi, bem no centro de São Paulo, explorando o aluguel, o conserto e a reforma das bicicletas de corrida do Clube Atlético Paulistano, importadas diretamente pelos barões do café. Corridas de bicicleta eram moda naquele tempo. Quatro anos depois, Caloi fechou um acordo com a fábrica de bicicletas Bianchi, da Itália, e tornou-se seu representante exclusivo no Brasil. Foi, assim, a primeira casa brasileira especializada na importação de bicicletas, principalmente de passeio.

Em 1924, Luiz Caloi morreu. Uma nova sociedade formada por seus três filhos, Henrique, Guido e José Pedro, durou pouco. Guido ficou sozinho com a Casa Irmãos Caloi e logo mudou seu nome para Casa Luiz Caloi. Adotou o crediário em suas vendas na década de 1930, época em que vender a prazo era visto como uma aventura, e expandiu seus negócios. Durante a Segunda Guerra Mundial, a dificuldade de importar peças e acessórios obrigou Guido a produzir as primeiras peças de reposição, em 1942: bombas para encher pneus, pedais e eixos. A Caloi montou uma fábrica, no então afastado bairro do Brooklin, com oito empregados. As bicicletas só começaram a ser feitas totalmente no Brasil em 1948.

BIOTÔNICO FONTOURA

Foi criado pelo farmacêutico Cândido Fontoura, em 1910, na cidade de Bragança Paulista (SP), como um antianêmico ("ferro para o sangue e fósforo para os músculos e nervos"). Para popularizá-lo, Cândido contou com a ajuda do escritor Monteiro Lobato, que escrevia histórias do personagem Jeca Tatu para o livrinho que acompanhava a embalagem do Biotônico Fontoura.

BISNAGUINHAS SEVEN BOYS

A origem da Seven Boys está na cidade paulista de Santos. Em 1950, dois imigrantes japoneses – Jinko e Kiyotero Yonamine – começaram a atuar no ramo da panificação. Inicialmente, adotaram os nomes Fornecebar e Turteli. A marca surgiu alguns anos depois, inspirada no número sete, considerado cabalístico no Japão, e na popularidade que começava a ganhar a palavra *boy*. Desde sua fundação, a famosa bisnaguinha foi o produto de maior sucesso. Em 1985, os irmãos decidiram dividir os negócios. Jinko ficou com a marca Seven Boys, enquanto Kiyotero adotou o nome Panco.

BLACK & DECKER

Em 1910, Samuel Duncan Black e Alonzo Decker juntaram 1.200 dólares e, no quintal de casa, construíram três engenhocas inovadoras para a época: uma que colocava bolsos em coletes, um tampador de garrafas e um coletor de algodão. No mesmo ano abriram uma pequena loja de ferramentas em Baltimore (Estados Unidos) e fundaram a Black & Decker. Em 1918, os produtos eram encontrados na Europa, no Japão e na Austrália. No final daquele ano, a empresa faturou um milhão de dólares. Uma perfuradora de superfície lunar da Black & Decker foi criada em 1971 para coletar amostras das profundezas do solo lunar. A empresa chegou ao Brasil em 1946, com a abertura de um pequeno escritório de vendas. Em 1979, a Black & Decker inaugurou uma fábrica no município de Diadema, em São Paulo.

BMW

Duas fábricas da cidade alemã de Munique se fundiram em 1916. A Rapp Motorenwerke e a Gustav Otto Flugmaschinenfabrik deram origem à Bayerische Flugzeugwerke, que produzia apenas motores de avião, projetados pelo engenheiro Max Fritz. No ano seguinte, a fábrica mudou seu nome para Bayerische Motoren Werke, ou simplesmente BMW. Em julho de 1919, o Tratado de Versalhes proibiu a construção de aviões na Alemanha. Obrigada a modificar toda sua produção, a BMW passou a fabricar motores para caminhões e barcos. No ano de 1923, Fritz construiu o primeiro motor para motocicletas e os bons resultados obtidos pela BMW nas competições contribuíram para reerguer a empresa. Cinco anos depois, a BMW adquiriu as instalações da Dixi de Eisenach, que construía carros Austin-Seven, sob licença da fábrica inglesa. O primeiro automóvel BMW era um Austin-Seven com poucas modificações. Era um carro pequeno, numa época em que os consumidores preferiam carros imponentes. Mas as vitórias da equipe BMW na Copa dos Alpes, em 1929, começaram a tornar a marca uma das mais respeitadas do mundo.

BOB´S

A primeira lanchonete de *fast food* no Brasil foi criada em 1952 pelo americano Robert Falkenburg. Em 1951, Bob abriu a Falkenburg Sorvetes Ltda. Encorajado pelos amigos, ele inaugurou a primeira loja Bob's no bairro de Copacabana, no Rio de Janeiro. Na época, o Bob's servia *hotdog*, hambúrguer, *sundae* e *milk-shake*. O sanduíche carro-chefe Big Bob foi lançado em 1976. Hoje a rede tem trezentos pontos de venda em todo o país.
No final dos anos 1950, o compositor Villa-Lobos encontrava-se com o músico de jazz norte-americano Booker Pittman no Bob's de Copacabana para tomar sorvete.

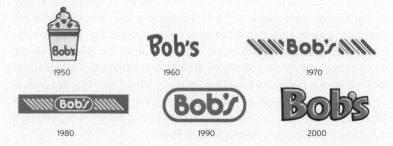

320. MARCAS FAMOSAS

BOEING

William Boeing (1881-1956) e George Conrad Westervelt (1879-1956) se conheceram em 1912 e logo descobriram que tinham duas paixões em comum: aviões e *bridge*. Os dois eram engenheiros e começaram a projetar hidroaviões como diversão. Em 15 de junho de 1916, Boeing sobrevoou o lago Union a bordo do modelo *Bluebill*. Foi o primeiro voo de sucesso da dupla. A façanha rendeu a Boeing o cargo de presidente da Pacific Aero Products, que, em 9 de maio de 1917, passou a se chamar Boeing Airplane Company. Em julho do mesmo ano, o avião *C-model* foi testado pela marinha dos Estados Unidos, que entraria na Primeira Guerra Mundial. No dia da prova final, o tempo parecia estar contra Boeing: o vento chegava a 21 quilômetros por hora e as ondas do mar atingiam 2 metros de altura. Mas os aviadores elogiaram o modelo e cinquenta unidades foram vendidas. William Boeing se aposentou aos 53 anos de idade, após dirigir a empresa líder no setor de aviação. Morreu em Seattle a bordo de seu iate, meses antes do lançamento do Boeing 707, o primeiro avião a jato comercial.

BOHEMIA

O alemão Henrique Kraimer era especialista em telhados de madeira na região de Petrópolis, no Rio de Janeiro. Em 1853, usando os métodos tradicionais da Alemanha, ele deu início à fabricação de cerveja. Surgia, assim, a Bohemia, a primeira cerveja produzida em escala industrial no Brasil. Henrique Kraimer morreu em 1965 e a família continuou tocando o negócio, mudando apenas o nome da empresa para Augusto Kraimer & Cia. Quando os sócios se separaram, na década seguinte, Frederico Guilherme Lindsheid ficou com o comando da cervejaria pioneira, que passou a ser chamada de Imperial Fábrica de Cerveja Nacional. O nome Bohemia surgiria da parceria entre Henrique Kreimer, neto do fundador e casado com a filha de Frederico, e Guilherme Bradac. Eles batizaram a empresa de Cia. Cervejaria Bohemia, em 1898. A Cia. Antarctica Paulista comprou a cervejaria em 1960, mantendo o mesmo padrão de sabor e rótulo. Por muito tempo, a cerveja só era vendida em garrafas. Atualmente, a Bohemia pode ser encontrada também nas versões lata e longneck.

BOMBRIL

Em 1948, o empresário Roberto Sampaio Ferreira, dono de uma laminação no bairro do Brooklin, em São Paulo, recebeu como pagamento de uma dívida uma máquina de extração de esponjas de lã de aço, até então um produto importado, caro e pouco acessível.

Depois de quatro anos, Ferreira decidiu substituir os métodos artesanais de produção por duas novas máquinas compradas nos Estados Unidos, onde nasceu e se desenvolveu a ideia das esponjas de aço. Instalou, dessa forma, a primeira fábrica de esponjas de aço no país, comercializadas com o nome Bombril.

→ Assolan, principal concorrente da Bombril, nasceu em 1930. Fabricante de sabão em pedra, a família Pardelli passou a importar esponjas de aço para o Brasil. Em 1956, Bruno Ferri e Nicola Pardelli compraram na Itália a primeira máquina própria para a fabricação de lã de aço. Dois anos depois, a Pardelli lançou as esponjas de lã de aço Assolan, cujo nome é formado pela inversão das palavras "lã" e "aço". A grande arrancada do produto aconteceu em 1996, quando ele foi comprado pelo Grupo Arisco.

BONZO

A empresa americana Ralston Purina produz alimentos para cães desde 1937. Chegou ao Brasil em 1967, atuando no ramo de rações agropecuárias. Em 1973, lançou a Kanina, seu primeiro alimento para cães. Inicialmente, o produto atingiu fazendeiros e criadores. Somente em 1977, a Purina decidiu ampliar sua distribuição, procurando um contato mais direto com o consumidor. Bonzo, sua ração mais conhecida, chegou às lojas em 1978.

BOSCH

Nascido em 1861, o engenheiro alemão Robert Bosch foi companheiro de Thomas Alva Edison, inventor da lâmpada. Em 1886, ele fundou a Bosch, com sede em Stuttgart, na Alemanha, para consertar equipamentos elétricos. No começo de 1900, Bosch passou a fazer peças para carros nos Estados Unidos. Em 1918, grande parte dos bens da Bosch americana foi expropriada e a empresa só voltaria a abrir uma fábrica no território em 1974.

BRAHMA

O imigrante suíço Joseph Villiger era um apaixonado por cerveja. Mas não conseguia encontrar nenhuma cerveja de qualidade no Brasil, país que ainda engatinhava na produção da bebida. Em 1888, Joseph resolveu abrir uma pequena cervejaria nos fundos da sua casa, onde pudesse fabricar sua própria receita. O nome escolhido para a empresa foi Manufactura de Cerveja Brahma Villiger & Companhia e o primeiro produto a ser lançado foi a cerveja Brahma. O nome Brahma foi tirado da religião hindu. Ele é um dos deuses da trindade hinduísta, composta por Shiva, responsável pela destruição, Vishnu, responsável pela manutenção do universo, e Brahma, responsável pela criação. A garrafa de Brahma surgiu em 1934. A latinha de 350 ml apareceu em 1972, e a longneck, em 1993. A frase publicitária "A número um" foi usada a partir de 1991 nos comerciais da cerveja. Em 1999, o *slogan* mudou para "Refresca até pensamento". Neste mesmo ano, a Brahma fez uma fusão com a Antarctica, o que fez nascer a Companhia de Bebidas das Américas, ou apenas AmBev. Nem por isso as duas deixaram de vender seus produtos com a mesma fórmula e os mesmos nomes.

BRASTEMP

A empresa Brasmotor, que fabricava peças para a indústria automotiva, estava em crise. Por isso, precisava diversificar sua atividade. Foi a senha para o início da produção de eletrodomésticos da chamada linha branca. Em 1954 instituíram a marca Brastemp, que surgiu da fusão das palavras "Brasil" e "temperatura". No princípio, ela dizia respeito a uma linha de "lavadoras domésticas" arredondadas, produzidas em um pequeno galpão de São Bernardo do Campo (SP). Sua primeira linha continha os modelos Príncipe, Imperador e Conquistador, feitos com chapas de aço e isolamento térmico em lã mineral. Em 1990, a campanha do publicitário Ricardo Freire, estrelada por Arthur Kohl e Wandi Doratiotto, transformou o *slogan* "Não é assim nenhuma Brastemp" em sinônimo de qualidade.

BUDWEISER

A região de St. Louis já era líder no ramo de cerveja no Oeste dos Estados Unidos quando o alemão Georg Schneider fundou a Bavarian Brewery, em 1852. Dono de uma taverna até então, ele teve dificuldades de fazer o novo negócio engrenar, até que, em 1860, Eberhard Anheuser comprou a cervejaria em sociedade com William D'Oench. Pouco tempo depois, D'Oench voltou a trabalhar com produtos químicos, e Anheuser, também fabricante de sabão e velas, não podia tocar os dois empreendimentos ao mesmo tempo. Mas Adolphus Busch, casado com a filha de Anheuser, tinha uma loja de suprimentos para cervejaria, mesmo ramo que sua família dirigia na Alemanha, e fundiu seu negócio com o sogro em 1865. A cervejaria começava a crescer. Entusiasmado, Busch trabalhava as vendas nos bares locais e se empenhava na descoberta da cerveja perfeita. Usando arroz como grão suplementar, ele conseguiu produzir uma bebida mais leve em 1876. A cerveja foi batizada de Budweiser em homenagem a um cervejeiro chamado Budweis. Busch foi o primeiro produtor a pasteurizar a bebida para que ela suportasse alterações climáticas. Sua cerveja engarrafada St. Louis Lager Beer começou a aparecer nos bares de Denver. A empresa foi expandida em 1878 e passou a chamar Anheuser-Busch Brewing Association. Eberhard Anheuser morreu em 1880. Adolphus Busch continuou buscando novas tecnologias para tornar a fabricação de malte mais rápida e econômica. Em 1913, Busch morreu e seu filho Augustus assumiu o negócio.

BURGER KING

James McLamore e David Edgerton tinham, cada um, sua própria lanchonete em Miami. Decidiram juntar forças e, em 1954, fizeram nascer o Burger King. Em 1957, a rede foi pioneira em ter um salão para que os clientes comessem no próprio local. O Whopper, mais famoso sanduíche do Burger King, foi lançado em 1957. A segunda maior rede de *fast food* do mundo chegou ao Brasil no final de 2004. A primeira loja foi inaugurada no Shopping Ibirapuera, em São Paulo.

O primeiro

1969

1994

1999

C&A

Na cidade de Mettingen, na fronteira da Alemanha com a Holanda, os Brenninkmeyer tinham uma pequena fazenda onde plantavam e criavam algumas vacas. O dinheiro era escasso e os irmãos Clemens e August começaram a ajudar no ordenado doméstico vendendo tecidos. Os garotos mostraram jeito para o negócio. Em 1841 abriram uma loja em Sneek, na Holanda, à qual deram o nome de C&A, as iniciais de seus nomes. Aos poucos, parentes levaram a marca para outras cidades holandesas. Em 1910, a C&A foi parar na Alemanha. Em 1957, com lojas em diversos países, surgiu a linha de roupas masculinas. Na década seguinte, a empresa entrou na moda feminina e liderou o mercado de minissaias. No Brasil, a primeira C&A foi inaugurada em 1976 no Shopping Ibirapuera, em São Paulo.

CADILLAC

A fábrica de carros Cadillac foi criada em 1902. Seu nome é uma homenagem ao explorador francês Antoine Launet Lamothe du Cadillac, fundador da cidade de Detroit (Estados Unidos). Ele nasceu na vila francesa de Cadillac, localizada em Bordeaux.

O norte-americano Henry Martyn Leland idealizou o modelo. O primeiro Cadillac chegou ao mercado em 17 de outubro de 1902. Tratava-se de um monocilindro. A carroceria ficava bem distante do chão porque, na época, as estradas norte-americanas eram muito ruins. Foi o primeiro automóvel a usar um sistema de instalação elétrica e motor de arranque em vez das manivelas de partidas. A inovação apareceu no modelo lançado em 1912.

Os Cadillacs lançados entre as décadas de 1950 e 1960 ficaram famosos por terem uma traseira bem comprida. Essa característica lhes rendeu o apelido de "rabo de peixe".

CAFÉ PELÉ

A Companhia Cacique de Café Solúvel nasceu em 17 de outubro de 1959 pelas mãos de Horácio Sabino Coimbra. Em 1970, a empresa criou a marca Café Pelé. O nome foi uma homenagem ao jogador de futebol Edson Arantes do Nascimento, o Pelé. Inicialmente comercializado na forma de torrado e moído, anos mais tarde, o Café Pelé ganhou a versão solúvel.

CALENDÁRIO PIRELLI

O famoso calendário foi lançado em 1964 com fotos de Robert Freeman na ilha espanhola de Palma de Maiorca mostrando mulheres vestidas com discretos maiôs. Com o passar dos anos, os ensaios temáticos começaram a ficar mais picantes. Em 1972 apareceram as primeiras modelos com os seios totalmente à mostra. Os homens conquistaram uma edição especial em 1998, com fotos do *bluesman* B. B. King, do cantor Bono Vox, da banda U2, e do ator Robert Mitchum. O Calendário Pirelli é disputado por colecionadores do mundo todo. A cultuada edição não foi publicada em 1967 e entre os anos de 1975 e 1983.

CALVIN KLEIN

Calvin Klein adorava acompanhar sua mãe na hora de comprar roupas. Era ele quem escolhia os modelos oferecidos nas lojas do Bronx, em Nova York. Não deu outra: Calvin foi fazer curso de moda e em 1962 já ganhava 25 dólares por semana trabalhando em uma fábrica local.

Em 1968, um velho amigo de infância, Barry Schwartz, convidou Klein para ajudá-lo a tocar a mercearia herdada de seu pai. O movimento era fraco e as habilidades de Calvin estavam escondidas. Num repente, largaram tudo e investiram 12 mil dólares na Calvin Klein Limited. Calvin desenhava e Barry vendia. Inauguraram uma loja no Harlem, que, em abril de 1968, foi saqueada durante os protestos contra o assassinato de Martin Luther King.

O primeiro grande sucesso foi um casaco feminino. Surgiram depois as roupas esportivas. Em 1975, Klein lançou a calça jeans, considerada na época um vestuário rude. Logo a peça ganhou cortes requintados, passou a custar cinquenta dólares – o dobro de um jeans tradicional. Foi um sucesso.

CAMPARI

O Campari, uma das bebidas mais célebres do mundo, nasceu em 1867 no Caffè Campari, instalado na galeria Vittorio Emmanuele, defronte da Catedral de Milão, na Itália. Trata-se de um *bitter*, à base de álcool, água destilada, açúcar e mais cinquenta ingredientes (folhas, caules, raízes, frutos e flores), numa receita guardada em segredo absoluto. Quando completou 14 anos, Gaspare Campari, décimo filho de uma abastada família camponesa de Novara, viajou a Turim disposto a aprender a preparação de licores e outras bebidas finas. Trabalhou como garçom e depois *barman*, aproveitando sempre as horas livres para misturar bebidas e experimentar novas receitas. Em 1860, de volta à sua terra natal, Gaspare inaugurou a Fabrica di Campari Gaspare Liquorista, que produzia o Elixir Lunga-Vita, o Olio di Rhum e o Liquore Soprafino Rosa.

Mas o *bitter* Campari só apareceria depois que Gaspare se mudou para Milão e abriu o Caffè Campari, em 1867. O primeiro nome era Bitter uso Olanda, com a intenção de estabelecer proximidade com as bebidas holandesas, então na moda. Acontece que os clientes sempre pediam "o bitter do Campari".

CAMPBELL'S
Latas de sopas, legumes e geleias saíam todas as manhãs da pequena fábrica Anderson & Campbell, em Camden, New Jersey, Estados Unidos. Os sócios Joseph Campbell e Abraham Anderson iniciaram a sociedade em 1860 e já obtinham bons lucros. Em 1876, Campbell comprou as ações do sócio e convidou o genro Arthur Dorrance para entrar no negócio. Em 1896, construíram uma grande fábrica e começaram a produzir molhos, *ketchup*, frutas enlatadas e pudim de ameixas. John Dorrance, sobrinho de Arthur, criou em 1899 um novo método de enlatar sopa. O produto era um terço mais barato que o dos concorrentes. Um ano mais tarde, Joseph Campbell faleceu. Dorrance comprou o controle total da empresa em 1915.

CANETA BIC
Natural de Turim, na Itália, Marcel Bich (1914-1994) naturalizou-se francês em 1931. Abandonou os estudos para se dedicar à venda de lâmpadas elétricas. Depois de dirigir a produção de uma empresa de tintas durante a Segunda Guerra Mundial, Bich comprou uma pequena fábrica de canetas esferográficas em 1949, com um sócio, Edouard Bouffart. Acontece que a tinta vazava e sujava os dedos. Mesmo assim fazia sucesso, o que motivou Bich a investir no produto. Ele foi atrás de seu inventor, Ladislao "Laszlo" Biro (veja mais na p. 230), um húngaro refugiado na Argentina. Bich comprou a patente e iniciou a fabricação de um produto descartável e barato – a caneta Bic. O modelo é praticamente o mesmo até hoje: corpo de plástico transparente e sextavado, com esfera de tungstênio. Quando a novidade chegou ao Brasil, em 1956, todos estavam acostumados com canetas-tinteiro e olharam desconfiados para a invenção. Embora durante algum tempo fosse proibido usar esferográfica em assinaturas de documentos e cheques, a Bic vendeu 3,6 milhões de unidades em seu primeiro ano no país. Hoje são vendidos 20 milhões de canetas diariamente ao redor do mundo. Bich também inventou o isqueiro e o aparelho de barbear descartáveis.

CANIVETE VICTORINOX

Sabendo que o Exército de seu país importava canivetes alemães, Karl Elsener abriu sua fábrica em 1884. Sete anos depois, em outubro de 1891, ele fez a primeira entrega de seus canivetes Victorinox para os soldados suíços. Colocou o brasão do país para diferenciá-los dos alemães. O nome era uma homenagem a seus pais, Victor e Victoria. Para ampliar o negócio e atrair consumidores mais refinados, Elsener decidiu aperfeiçoar o robusto e ainda pesado canivete dos recrutas. Surgia, assim, o primeiro modelo com ferramentas embutidas ao lado das lâminas. Era um canivete para oficiais, mais leve e elegante, com abridor de latas, chave de fenda, punção e saca-rolha. Foi o início de uma série com os mais diversos utilitários: serrotinho, alicate, abridor de garrafas unido à chave de fenda, palito de dentes, pinça, gancho de pesca, lente de aumento e até mesmo uma pequena bússola. A popularização, no entanto, aconteceria após o fim da Segunda Guerra Mundial, quando os canivetes passaram a ser vendidos nas unidades militares americanas, espalhadas pelos quatro cantos do planeta. Hoje, a linha para oficiais tem cem diferentes combinações.

CARREFOUR

Os franceses Marcel Fournier e Louis Defforey criaram uma sociedade em 1959, com o nome de Carrefour. Ela ganhou esse nome porque ficava num entroncamento de cinco ruas, local do imóvel que abrigaria a primeira loja. Carrefour, em francês, significa "cruzamento". O primeiro supermercado do grupo, com 700 metros quadrados, foi inaugurado em 3 de junho, em Parmelan, perto de Annecy. A ideia desse tipo de comércio nasceu depois que Fournier abriu no subsolo de sua mercearia, em Annecy, um espaço em que as pessoas se serviam das mercadorias nas próprias prateleiras e, por isso, pagavam preços mais baixos.

Mas a grande revolução se deu em 15 de junho de 1963, quando foi inaugurado o primeiro hipermercado do grupo, com 2.500 metros quadrados e quatrocentas vagas de estacionamento, em Sainte-Geneviève-des-Bois, na periferia de Paris. O Brasil recebeu o primeiro hipermercado Carrefour na América do Sul em 1975.

CASAS BAHIA

O polonês Samuel Klein (1923-) chegou ao Brasil em 1952, depois de uma passagem pela Bolívia, que vivia um período de turbulência. Na verdade, Samuel foi mais uma das vítimas da Segunda Guerra Mundial. O ex-marceneiro chegou a ser levado para um campo de concentração e conseguiu escapar. No Brasil, Klein se instalou em São Caetano do Sul, na Grande São Paulo, e passou a vender roupa de cama, lençóis e toalhas de porta em porta. A mercadoria era levada em cima de uma charrete. Em 1957, Klein havia conseguido economizar um bom dinheiro e abriu sua primeira loja. Ele a batizou de "Casas Bahia" em homenagem aos migrantes nordestinos, que formavam sua melhor clientela.

CASAS PERNAMBUCANAS

Descendente de uma família de comerciantes, industriais e navegantes suecos, Herman Theodor Lundgren (1835-1907) se estabeleceu em 1855 na cidade de Recife para fornecer provisões e equipamentos aos navios que passavam pelo movimentado porto. Como também falava alemão e inglês, Lundgren servia de intérprete para comandantes, tripulantes e passageiros que ali chegavam, fazendo seu negócio prosperar demais. Foi aí que começou a diversificar suas atividades. Abriu fábricas de pólvora e fertilizantes, exportou cera de carnaúba e sal para a Europa e assumiu o controle de uma deficitária indústria têxtil chamada Paulista, em Olinda.

Em 1906, Lundgren fundou a primeira loja de varejo, para vender os tecidos que fabricava. Tinha o nome de Loja Paulista, em homenagem à fábrica. Com sua morte em 1907, seus negócios passaram a ser tocados pelos cinco filhos, principalmente por Frederico João e Arthur. Em 1913 foi aberta a primeira filial do Rio de Janeiro, na antiga rua Larga (hoje avenida Presidente Vargas), com o nome de Casas Pernambucanas, lembrando o estado onde o grupo nasceu.

CASHMERE BOUQUET

A tradicional linha de desodorantes, talcos e sabonetes Cashmere Bouquet foi criada em 1872, quando a Colgate Palmolive já tinha 65 anos de funcionamento nos Estados Unidos. A linha chegou ao Brasil em 1946. Nos anos 1950, a ainda desconhecida atriz Wilza Carla protagonizava o principal anúncio dos produtos, que se tornaram famosos com o patrocínio de novelas de rádio.

CATUPIRY

O Catupiry é uma criação brasileira. Ele foi inventado em 1911 pelo casal de imigrantes italianos Mário e Isaíra Silvestrini, na estância hidromineral de Lambari (MG). Muitos visitantes sofriam de problemas digestivos e adoravam aquele queijo cremoso. A palavra *catupiry*, em tupi-guarani, quer dizer "excelente".

CEPACOL

O conhecido antisséptico bucal chegou ao mercado brasileiro em 1961. Vinte anos depois, o Cepacol começou a se popularizar com marcantes campanhas publicitárias na televisão e no rádio. Surgiram os vilões Bafo-Bafo (que representa o mau hálito), Gargantão (a irritação na garganta), Plaquita (a placa bacteriana) e Zé Cariado (a cárie). Os personagens eram combatidos pelos heróis Bond Boca (o do topetão) e o seu filho Bond Boquinha (o do topetinho). Desde o início as propagandas da marca traziam a frase: "Consulte seu dentista regularmente e use Cepacol diariamente". Em 1995 foram criados novos sabores para o produto e surgiu o Fio Dental Cepacol.

CERA SC JOHNSON

As brilhantes ceras Johnson foram criadas pelo ex-carpinteiro Samuel Curtis Johnson em 1886. Ele costumava colocar assoalhos nas casas de Wisconsin (Estados Unidos). Os tacos perdiam a beleza com o passar do tempo; daí a ideia de uma cera especial. A pasta foi um sucesso e Johnson começou a fazer cera para móveis, sapatos e automóveis. Os produtos ganharam prestígio em outros países, apesar dos imprevistos: o barco que levava a primeira remessa para a Inglaterra, em 1914, foi torpedeado por navios alemães e afundou. Na Segunda Guerra, as exportações aumentaram consideravelmente. A União Soviética comprou muitas caixas de cera Johnson para esqui. Era a arma secreta dos soldados do Exército Vermelho, que podiam assim deslizar melhor sobre a neve durante o ataque a Leningrado.

CERATTI
A mais famosa marca de mortadela do país foi criada pelos imigrantes italianos Giovanni Ceratti e Gina Tosi. No começo dos anos 1930, o casal comprou um terreno na vila Heliópolis, em São Paulo, e construiu sua casa e um pequeno açougue. Mas o negócio não andava nada bem. O pai de Gina, então, aconselhou o genro: "Por que você não fabrica no seu açougue alguns frios italianos que a gente não encontra aqui?". E foi assim que nasceu a Ceratti, em 1932. Giovanni começou a fabricar tradicionais frios italianos como o codeguim, a panceta, o zampone e a mortadela. A colônia italiana que morava em São Paulo, saudosa dos produtos de seu país de origem, tornou-se cliente. A procura por estes frios foi tão grande que, em pouco tempo, Giovanni abandonava a venda de carne fresca e se dedicava exclusivamente à fabricação de frios e embutidos de primeira linha.

CHÁ TWINING
Mais famosa marca de chás no mundo, a R. Twining and Company Limited surgiu na Inglaterra, no século XVIII. Tudo começou em 1706, quando Thomaz Twining abriu a pequena cafeteria no centro de Londres. O diferencial da Thomaz Twining Coffee House era o chá, importado da China. A bebida "pecaminosa", como era considerada pela Igreja Católica na época, conquistou o paladar inglês e possibilitou a Twining abrir mais duas lojas. O negócio dava tão certo que as mulheres, proibidas de frequentar cafés, esperavam na porta do estabelecimento enquanto um criado buscava a novidade. A consagração veio em 1830, quando a coroa inglesa deu aos chás Twining o selo de excelência e recomendação.

CHAMPANHE VEUVE CLICQUOT

Barbe Nicole Clicquot-Ponsardin, uma sisuda dama do século XIX, foi a responsável pelo sucesso de um dos mais célebres champanhes do planeta. Seu pai, Nicolas Ponsardin, foi proprietário de vinhas na região de Reims, na França, e teve de esconder a família durante a Revolução Francesa. A pequena Barbe, então com 12 anos, foi refugiada na casa do costureiro da família. Dez anos depois, ao se casar com François Clicquot, recebeu como presente de núpcias uma cópia do testamento de Dom Pérignon, criador do champanhe, com a receita e os segredos da bebida. O monge da Abadia de Hautvillers, que celebrou a união e os presenteou com a relíquia, nem podia imaginar a utilidade que ela teria. Envolvidos no negócio de champanhe, Barbe e François começaram a ganhar dinheiro com a marca Clicquot-Ponsardin. Em 1803, com a França novamente em guerra e a morte de François, Barbe estava sozinha na empreitada. Depois da boa colheita de 1811, ela revolucionaria a indústria com uma ideia simples: colocar as garrafas com o gargalo para baixo, apoiadas em prateleiras de madeira. A revolução tecnológica permitia que todo o resíduo formado durante a fermentação da bebida fosse expelido antes da colocação da rolha. Em 1814, Barbe recebeu Napoleão em seus salões após uma vitória contra a Rússia. Ao mesmo tempo, ela mandou um emissário para São Petersburgo, interessada na retomada das vendas nas cortes do czar russo. O único retrato da viúva Clicquot, aos 78 anos de idade, foi pintado em 1856.

Barbe Nicole Clicquot-Ponsardin

CHANEL

Gabrielle Coco Chanel nasceu na França em 1883. Sua mãe morreu de tuberculose quando Coco tinha 11 anos, e seu pai a deixou em um orfanato. A história no mundo da moda começou a ser traçada quando ela se casou com o milionário norte-americano Arthur Capel e abriu sua primeira *maison* em 1910, na época especializada apenas em chapéus. Coco foi responsável por uma das maiores revoluções da maneira de se vestir da mulher moderna, deixando para trás o conceito de roupas desconfortáveis. Foi ela também que iniciou o costume de mulheres usarem cabelo curto depois que, por acidente, chamuscou seu cabelo e teve de cortá-lo. Foi ela quem inventou em 1926 o modelo "pretinho básico", considerado até hoje infalível para qualquer ocasião por mulheres do mundo todo.

Mas o grande sucesso de sua carreira e responsável pela consolidação de seu império foi o perfume Chanel nº 5, lançado em 1921. Coco rompeu com os aromas florais que imperavam nos perfumes da época. O Chanel nº 5 foi criado por Ernest Beaux, um dos maiores perfumistas de todos os tempos, a pedido dela. Mademoiselle Chanel queria um "perfume de mulher, com cheiro de mulher, mas diferente de todos os outros". Ele é elaborado com uma mistura de sessenta fragrâncias. O cinco era seu número de sorte. Tanto que Coco apresentou o produto no dia 5 de maio de 1921 (outra versão diz que, das diversas composições feitas pelo perfumista, ela escolheu a quinta). Mas foi Marilyn Monroe quem levou o perfume ao sucesso. Ao ser perguntada numa entrevista o que vestia para dormir, Marilyn respondeu: "Apenas duas gotas de Chanel nº 5". Em 1959, o *design* do frasco entrou para o Museu de Arte Moderna de Nova York, como símbolo de vanguarda. Coco Chanel morreu em janeiro de 1971, na sua suíte do hotel Ritz, onde morou nos últimos dias de sua vida.

1921   1924   1950   1970

CHICLETES ADAMS

Quando os conquistadores espanhóis invadiram o Império Asteca, na América Central, em 1518, encontraram prostitutas que mascavam um tipo de goma, descoberta centenas de anos antes pelos maias, no Sul do México. Eles perceberam que o chicle — um líquido grosso e leitoso que saía de cortes feitos na árvore sapodilha e depois endurecia em forma de goma — era extremamente saboroso. A goma de mascar foi preservada pelos habitantes das florestas do México e da América Central até ser descoberta nos Estados Unidos pelo fotógrafo Thomas Adams Jr., em 1870. Ele era vizinho do ditador mexicano Antonio López de Santa Anna, exilado em Nova York um ano antes, com seu secretário, Rudolf Napegy. López aliviava as tensões de seu exílio forçado mascando pedaços de chicle. Napegy apresentou a novidade para seu amigo Adams. Alguns dias depois, Adams estava numa farmácia e ouviu uma moça pedir um tablete de cera parafinada para mascar. Foi aí que teve um estalo.
Depois de inúmeras tentativas, Adams adicionou alcaçuz ao produto e o batizou de Black Jack. Fez o chicle em forma de pequenas bolas, embalou-o em caixas e passou a oferecê-lo em estabelecimentos de New Jersey em 1872. Oito anos depois, uma indústria de Cleveland lançou um chiclete que se transformou em um dos sabores preferidos: hortelã. Na mesma década, Adams criou máquinas automáticas para vender chiclete em plataformas de estações de trem, e surgiu aí o sabor *tutti frutti*.

Em 1899, o gerente de uma farmácia em Nova York, Franklin V. Canning, apresentou o chiclete Dentyne, criado em parceria com seu dentista. O diferencial era que a goma de mascar ajudava a limpeza bucal. Por isso, o nome veio da junção das palavras "Dental" e "Hygiene". O sabor original, de canela, era feito de óleo de Cassia, conhecido pelo seu alto poder antisséptico.
O Ping-Pong, a primeira goma de mascar brasileira, foi lançado pela Kibon em 1945.

CHOCOLATES GAROTO

O imigrante alemão Henrique Meyerfreund (1901-1973) fundou a Garoto em 16 de agosto de 1929, na cidade de Vila Velha (ES). Filho de agricultores, Meyerfreund deixou a cidade de Rehme e veio tentar a sorte no Brasil em 1921. Ao chegar aqui, contraiu uma malária, que mudaria sua vida. Internado em Vitória, ele conheceu um empresário, também alemão, dono de uma torrefação de café. Meyerfreund começou a trabalhar com ele. Em 1925, os dois compraram máquinas na Alemanha para fabricar balas e caramelos. Mas os novos sócios se desentenderam e o maquinário ficou todo com Meyerfreund. Dois anos depois, ele retornaria para a Alemanha para fazer cursos de fabricação de balas e doces. Em 1929, as primeiras balas de Meyerfreund saíram das máquinas e foram vendidas para a colônia alemã no interior do estado. Os primeiros produtos foram as balas Tapir, Azedinha, Austríaca, Garotine, Chic-Fruit, Chic-Mint Negrita. Havia também as balas ovais com recheio de goiaba, coco, gengibre, abacaxi, morango e amendoim. Os caramelos eram o Coco Ouro e o Castanha Ouro.
Em 1934, Meyerfreund recebeu a herança do pai e investiu todo o dinheiro na compra de máquinas para a fabricação de chocolate. A produção começou em 1936, com o cacau da região do rio Doce, norte do Espírito Santo. Um dos maiores sucessos da Garoto, o bombom Serenata de Amor, foi lançado em 1949.
Como a empresa começou a crescer, ele associou-se a Günther Zennig. Com a entrada do Brasil na Segunda Guerra, Henrique Meyerfreund foi substituído no comando por um interventor federal. Zennig morreu em um acidente aéreo em 1962, mesmo ano em que a H. Meyerfreund e Cia. passou a se

chamar Chocolates Garoto. A ideia de Meyerfreund era homenagear seus principais clientes.

CHOCOLATES M&M
Os pequenos e coloridos chocolates M&M surgiram nos campos de batalha da Guerra Civil Espanhola. Em uma viagem pelo Sul da Espanha, o americano Forrest Mars, fundador da empresa alimentícia Mars, viu soldados comendo um chocolate que, apesar do calor, não derretia. Quando voltou para os Estados Unidos, Mars uniu-se a Bruce Murie, filho do presidente da Hershey's Chocolate, e criou a M&M (Mars e Murie). Abriram em 1941 uma loja na cidade de Newark, em New Jersey. Na Segunda Guerra Mundial, soldados norte-americanos carregavam os pequenos chocolates na mochila.

CHOCOLATES PAN
Oswaldo Falchero e Aldo Albierti fundaram a fábrica de chocolates Pan em 1935. A empresa só ganhou nome no mercado em 1937, com o lançamento de uma linha de bombons em formato de peixes, corações e outras formas geométricas.
Criado em 1952, a grande vedete da Pan foi o cigarrinho de chocolate, que passou por uma releitura em 1996. Tudo por causa da foto que, desde 1959, ilustrava a caixinha do produto, com um menino segurando um doce como se fumasse um cigarro. Por insistência de consumidores e, principalmente, da Liga das Senhoras Católicas, o garoto largou o chocolate e passou a fazer o sinal de positivo. O produto também mudou de nome, chamando-se Rolinhos de Chocolate. Isso porque se acreditava que o nome e a foto induziriam a criança ao tabagismo. Até 2001, o menino da fotografia era o mesmo. Na época com 11 anos, o ator Paulinho Pompéia trabalhava no Circo Garcia, em São Paulo, como o palhaço Berinjela. Um funcionário da Pan gostou de sua apresentação e o convidou para fazer as fotos. Paulinho trabalhou na novela *Malhação*, da TV Globo. Detalhe: o ator nunca fumou cigarro de verdade.

CHUPA CHUPS

A marca de pirulito mais conhecida do mundo foi criada pelo espanhol Enrique Bernat Fontlados em 1958. Seu invólucro é uma criação de Salvador Dalí.

CICA

A Cica (Companhia Industrial de Conservas Alimentícias) foi fundada em 1941 pela associação de quatro famílias do interior de São Paulo : Bonfiglioli, Messina, Guerrazzi e Guzzo. A cidade escolhida foi Jundiaí, principal centro de distribuição do país, pois dispunha de três ferrovias de grande importância (Companhia Paulista, Santos-Jundiaí e Sorocaba). O extrato de tomate Elefante foi o primeiro produto a ser industrializado pela empresa. O filho de um dos sócios, Rodolfo « Rudi » Bonfiglioli, escolheu o animal porque era fã de caçadas.

O elefante Jotalhão, personagem de Mauricio de Sousa, passou a ilustrar a embalagem do produto em 1979. Mauricio havia criado o personagem para uma campanha publicitária do caderno de anúncios do Jornal do Brasil, que fora recusada.

Em janeiro de 1993, a Cica foi incorporada pelas Indústrias Gessy Lever, fazendo parte do grupo Unilever.

Revista O cruzeiro (RJ), 15/9/1951

COCA-COLA

John Styth Pemberton (1831-1888), um farmacêutico de Atlanta, nos Estados Unidos, já tinha inventado um tônico à base de álcool e folhas de coca chamado French Wine Coca. O elixir era uma variação do vinho Mariani, bastante apreciado na Europa. Um de seus ingredientes, o vinho de Bordeaux, ficou caro demais nos Estados Unidos, e Pemberton decidiu tirá-lo da fórmula.

Foi então que ele preparou um xarope de folhas de coca e extrato da noz de cola, que os escravos vindos da África usavam como antídoto contra ressaca e cansaço. Mas a combinação entre a coca e a cola dava à bebida um gosto amargo. Durante meses, Pemberton misturou diversos ingredientes até obter um xarope de cor escura e gosto agradável. No dia 8 de maio de 1886, começou a vendê-lo por cinco centavos o copo em sua própria farmácia como medicamento contra ânsia de vômito. Depois, experimentou adicionar água carbonatada (inventada pelo médico inglês William Brownrigg, em 1741) ao xarope e expandiu sua distribuição. Frank Robinson, sócio e contador do farmacêutico, batizou o produto de Coca-Cola. Desenhou em letras ondulantes o nome que se transformaria numa das marcas mais famosas do mundo. No início, como a fabricação da Coca-Cola ainda era um negócio pequeno, o concentrado era embalado em pequenos barris de madeira, pintados de vermelho, cor do grão da cola.

Em 1891, outro farmacêutico, Asa B. Candler, que havia tomado o elixir para dor de cabeça, adquiriu os direitos da fórmula de Pemberton pela quantia de 2.300 dólares. Oito anos depois, ele iniciou um sistema de franquia e engarrafou o produto. O *design* da garrafa foi criado por Earl Dean em 1915. Até esse ano, o refrigerante tinha como um de seus ingredientes uma pequena quantidade de cocaína. No ano de 1919, The Coca-Cola Company foi vendida a um grupo presidido por Ernest Woodruff pela quantia de 25 milhões de dólares.

O lançamento mundial da Diet Coke aconteceu nos Estados Unidos em 1982. Depois vieram a Coca-Cola Light (1983), a Cherry Coke (1985) e a Coca-Cola Zero (2006).

A Coca-Cola chegou ao Brasil em 1942. Vinha em barris e era engarrafada aqui. Em 1955, a Coca-Cola estava com problemas para mandar o refrigerante em garrafas de vidro para as tropas americanas que serviam na Ásia. Decidiu enviar a bebida em latinhas. A novidade deu tão certo que, cinco anos depois, ela começou a ser oferecida no mercado dos Estados Unidos. As latinhas foram lançadas no Brasil, inicialmente no Rio de Janeiro, em 1981. As folhas de flandres passaram a ser substituídas pelas latinhas de alumínio nos Estados Unidos em 1963, e no Brasil, em 1989.

1894   1900   1910   1915   1916   1923

COINTREAU

O famoso licor de laranja foi criado pelos irmãos franceses Adolphe e Édouard-Jean Cointreau, em 1875. A empresa foi fundada em 1849, e começou com a produção do Guignolet, uma bebida à base de cereja. A receita do Cointreau é um segredo de família. As laranjas são importadas do Brasil, da Espanha e do Haiti. O sucesso da bebida deve-se ao doce-amargo da laranja que permanece na boca durante exatos 38,072 segundos.

COLA PRITT

Químicos, engenheiros e pesquisadores da Henkel estavam participando de uma reunião na sede da empresa, na Alemanha, em 1967. Ao final do encontro, um participante deixou uma questão no ar: "Será que poderíamos lançar no mercado uma cola em estado sólido?". Todos foram para casa com essa dúvida na cabeça. Um dos executivos estava esperando a mulher acabar de se vestir para irem ao teatro. Quando ela falou "só falta passar o batom", ele teve um estalo. Sim, era possível oferecer uma cola na forma sólida, usando o mesmo sistema de um batom. O produto recebeu o nome Pritt em novembro de 1968 e foi lançado em 17 de setembro de 1969. A cola em bastão chegaria ao Brasil apenas dez anos depois.

CONCHA Y TORO

Uma das maiores vinícolas do Chile começou a florescer no Vale de Pirque, bem perto da capital Santiago. Em 1883, Don Melchor de Santiago Concha y Toro, fundador da marca com o cunhado Don Ramón Subercaseaux Vicuña, foi um dos primeiros chilenos a chegar na França. O objetivo da viagem era adquirir as cepas de uvas Cabernet Sauvignon, com as quais daria início à produção de vinho chileno. Duas gerações mais tarde, a família decidiu que era hora de contratar especialistas de fora e a empresa passou a ser administrada por Héctor Marchand Blanlot e Eduardo Guilisasti Tagle. Na década de 1930, a Concha y Toro consolidava-se como exportadora e passava a ser uma sociedade anônima.

CONCORDE

Em novembro de 1962, França e Inglaterra decidiram desenvolver o projeto do avião supersônico Concorde. Depois de sete anos de estudos e testes, o Concorde decolou no dia 2 de março de 1969, na cidade francesa de Toulouse. O voo de batismo, comandado pelo piloto André Turcat, durou 28 minutos. As medidas do Concorde impressionavam: 62,10 metros de comprimento, 11,40 metros de altura e 25,56 metros de envergadura. Voava a 18 mil metros de altitude a 2.200 quilômetros por hora (quase duas vezes a velocidade do som), com autonomia de 6.580 quilômetros. Pesava 185 toneladas ao decolar. Levava oito tripulantes e até 144 passageiros. Os primeiros voos comerciais do Concorde foram realizados em 21 de janeiro de 1976. O Concorde da Air France fez a linha Paris-Rio de Janeiro, e o da British Airways, Londres-Bahrein. De 1976 a 1982, o Concorde operou a linha Paris-Rio de Janeiro. A viagem durava seis horas e meia, enquanto um Jumbo 747 demorava aproximadamente 12 horas.

O primeiro avião supersônico civil decolou pouco antes do Concorde, em 31 de dezembro de 1968. O soviético Tupolev Tu-144 permaneceu, no entanto, em fase de experiência por vários anos e só foi usado em linha aérea regular entre 1975 e 1978, fazendo o trajeto entre Moscou e Alma-Ata (Casaquistão).

CONSUL

"Põe na Consul" foi um dos mais famosos *slogans* da história da publicidade brasileira. Rudolfo Stutzer queria começar a fabricar produtos de uso doméstico, mas não tinha dinheiro para iniciar o negócio. Pediu um empréstimo para o amigo Carlos Renaux, bem-sucedido empresário do ramo de tecelagem. Renaux tinha acabado de receber o título de cônsul honorário do Brasil em Arnheim, na Holanda. Por causa disso, passou a ser chamado pelo apelido de "Cônsul". Em retribuição à ajuda de Renaux, Stutzer batizou o novo negócio com o apelido.

Stutzer só começou a pensar em fabricar geladeiras quando recebeu uma quebrada em sua oficina. O conserto era difícil, pois os refrigeradores eram importados. Depois de desmontar e esmiuçar as peças do aparelho, Stutzer e outros dois amigos – Guilherme Holderegger e Wittich Freitag – perceberam que eram capazes de fazer um igual.

O nome "Consul" não tem acento circunflexo. Depois que a primeira geladeira ficou pronta, os três tentaram esculpir o nome "Cônsul" em madeira para que fosse colado na porta do refrigerador. Eles usaram uma serra tico-tico no trabalho, que se mostrou perfeito, exceto pela dificuldade de esculpir o acento circunflexo da palavra. Diante do problema, ficou decidido que a marca não teria acento.

COPO DESCARTÁVEL DIXIE

Em 1908, o jovem empresário americano Hugh Moore inventou uma máquina automática que vendia um copo de água por um centavo. Colocou suas máquinas de porcelana branca do lado de fora de lojas e em paradas de bondes. Mas as vendas eram pequenas, porque era difícil convencer as pessoas a comprar o que elas podiam obter de graça. Na maioria das cidades havia bebedouros públicos e canecas de lata para beber água. Nessa mesma época, porém, o sanitarista Samuel Crumbine iniciou uma cruzada nacional contra os riscos das canecas comunitárias para a saúde. Quando leu sobre a campanha de Crumbine, Hugh Moore se deu conta de que estava vendendo o produto errado. Ele deveria vender o copo de papel, e não a água dentro dele!

Hugh Moore e seu parceiro no negócio, Lawrence Luellen, levantaram um empréstimo e ampliaram a produção em 1909, mesmo ano em que Crumbine conseguiu convencer as autoridades do Kansas a decretar uma lei que abolia as canecas de lata. Outros estados começaram a considerar medidas semelhantes. Acreditando que a publicidade a favor de "copos individuais" poderia contribuir para seu negócio, Moore batizou a firma Companhia de Copos Individuais. Em 1912, ele trocou o nome para Health Kup ("copo de saúde"). À medida que um número cada vez maior de estados abolia o uso de canecas comunitárias, Moore vendia uma quantidade cada vez maior de seus copos de papel. A última mudança de nome aconteceu em 1919. Moore decidiu que Health Kup era muito clínico e científico. Ele admirava o nome de uma fábrica de bonecas que ficava na vizinhança e era de um amigo. O nome dela era Dixie – fácil de lembrar e pronunciar, curto e atraente. Perguntou ao fabricante de bonecas se podia emprestá-lo à sua empresa. Este não se opôs, e assim surgiu a marca de copos descartáveis Dixie.

COPPERTONE

Até o final da década de 1930, o banhista que quisesse se proteger do sol tinha uma única saída: ir para baixo do guarda-sol ou vestir suas roupas. Uma das primeiras loções bronzeadoras e bloqueadoras do sol foi apresentada por Eugène Schueller, da L'Oréal, em 1936. Durante a Segunda Guerra Mundial, o governo americano precisou de um creme para proteger a pele dos soldados que estavam lutando no Pacífico. O médico que ajudou os militares a desenvolver o protetor solar foi o doutor Benjamin Green. Ele acreditava que havia ainda um vasto e pouco explorado mercado comercial para produtos solares. Depois da guerra, ele deu palestras sobre a tecnologia de proteção solar que havia ajudado a preparar na forma de uma loção solar branca e cremosa com perfume de jasmim. O produto possibilitava a quem o usasse adquirir um tom de pele cobreado, o que, para Green, o ajudou a sugerir um nome para sua linha de produtos – Coppertone (cor de cobre).

CREME DENTAL CLOSE UP
A tradicional marca de pasta de dentes da Gessy Lever surgiu em 1967 nos Estados Unidos. Foi o primeiro produto de higiene bucal voltado para o público jovem. Destacava-se pela cor vermelha da pasta. No Brasil, chegou às prateleiras em 1971. Ganhou novas cores, como o azul, o verde e o amarelo.

CREME DENTAL COLGATE
A industrialização do creme dental começou em 1890 nos Estados Unidos. Mas a Colgate, fundada em 1806 pelo imigrante William Colgate (1783-1857), iniciou seus negócios com a fabricação de sabonetes, cola e velas na cidade de Baltimore. Inicialmente, Colgate era sócio de Francis Smith. Mas a sociedade foi desfeita e, em 1813, seu irmão Bowles passou a ser o novo sócio. A empresa, então, ganhou o nome de William Colgate & Company. No ano de 1866, a empresa lançou no mercado o sabonete perfumado, além de produzir perfumes e essências. O sabonete Cashmere Bouquet surgiu em 1872. O creme dental Colgate começou, na verdade, como um pó vendido em latas. Depois, em 1876, se transformou em uma pasta cremosa e aromática, embalada em tubos flexíveis de estanho. A caixinha explicava que, "saindo em tiras", o produto era mais econômico, pois ele não cairia da escova. As laterais da caixa traziam instruções de como ir dobrando o tubo para que a pasta saísse.
Em 1928, a Colgate se associou à Palmolive-Peet Company, que se dedicava à fabricação de sabonetes. Em 1947, a nova empresa lançou o Ajax, um novo produto na categoria de limpeza doméstica.

No ano de 1927, a Colgate passou a vender seu creme dental no Brasil, seguida anos depois pela Gessy e pela Kolynos. Em 1995, a empresa comprou a marca de pasta Kolynos na América do Sul.

CREME DENTAL KOLYNOS

A fórmula do creme dental Kolynos foi apresentada pela primeira vez em 1908 num encontro entre dentistas norte-americanos. Criado por Neal S. Jenkins, o produto passou a ser fabricado pela The Kolynos Company e chegou ao Brasil em 1917 por intermédio da Casa Círio, uma importadora do Rio de Janeiro. O creme dental começou a ser produzido no país em 1929. A Colgate-Palmolive adquiriu a marca em janeiro 1995. Com a compra, 56% do mercado brasileiro de creme dental estava na mão de uma só empresa. Por isso, a marca foi obrigada a mudar de nome, passando a se chamar Sorriso. O último lote de Kolynos foi fabricado em maio de 1997. O produto trazia na embalagem a frase "Kolynos vai sair de férias mas a gente vai continuar a cuidar do seu sorriso".

CREME NIVEA

Carl Paul Beiersdorf tinha uma pequena farmácia de manipulação, a Merkeur Apotheke, em Hamburgo, na Alemanha. Ele lançou, em 1882, sua primeira patente: um tipo de emplastro medicinal, então inédito no mercado. A farmácia foi adquirida em 1890 pelo doutor Oskar Troplowitz, que lhe deu características de empresa. Troplowitz criou outros produtos e marcas famosas. O mais famoso deles foi o Creme Nivea, lançado em dezembro de 1911.

Para se manter hidratada, a pele utiliza dois elementos básicos, suor e gordura, que equivalem a água e óleo. O grande desafio no início do século era descobrir uma forma de unir os dois elementos. Troplowitz descobriu um ingrediente ativo para unir água e óleo, e formar um unguento estável. Esse ingrediente é o Eucerit, substância retirada da lanolina, extraída de carneiros da Nova Zelândia. "Branco como a neve", o produto foi batizado de Nivea. Começou a ser comercializado numa latinha amarela, com ornamentos verdes e vermelhos, inspirados no estilo *art nouveau*. A embalagem ganhou a cor azul com letras brancas em 1925. As brasileiras conhecem o Creme Nivea desde a década de 1920. As condições impostas à Alemanha depois da Segunda Guerra Mundial resultaram na expropriação da marca Nivea. A partir de 1952, a empresa Beiersdorf iniciou uma longa jornada, de país em país, para readquirir os direitos sobre a marca. No Brasil, o Creme Nivea voltou ao controle do grupo em 1959.

CREME POND'S

Theron T. Pond era dono de uma farmácia em Utica, Nova York. Quando o último cliente saía da loja, ele corria para o pequeno laboratório nos fundos e se dedicava a suas experiências. Em um barril de carvalho guardava havia cinco anos um creme próprio para a limpeza e hidratação do rosto. Em 1849, Pond deu por encerrado o processo de aperfeiçoamento do produto e abriu a T. T. Pond Company. Ele morreu três anos depois e não chegou a presenciar o sucesso de seu invento.

CRUSH

O refrigerante de laranja Crush surgiu em 1906, em Chicago (Estados Unidos). No Brasil, ele começou a ser fabricado pela Indústria de Bebidas Pakera e ganhou fama após patrocinar astros da Jovem Guarda. Entre 1959 e 1961, fazia muito sucesso o programa TV Crush em Hi-Fi, apresentado pelos irmãos Celly e Tony Campello. Com o tempo, o Crush perdeu gradualmente terreno no Brasil para as "colas". Em 1989, o grupo inglês Cadbury Schweppes comprou a marca da Procter & Gamble. No ano seguinte, a Crush foi relançada no mercado brasileiro.

DANONE

Logo depois da Primeira Guerra Mundial, o espanhol Isaac Carasso andava preocupado com as doenças intestinais que atacavam as crianças de Barcelona, devido às más condições de higiene e ao clima quente da região. Até que ouviu falar dos benefícios do iogurte. Carasso resolveu lançar o produto na Espanha em 1919. Em um pequeno galpão em Barcelona, ele começou a fabricar o iogurte com leite fresco, inspirando-se nos métodos utilizados na região dos Bálcãs. Mas ainda faltava uma marca. Isaac usou as três primeiras letras do nome do filho, Daniel, unidas à palavra inglesa *one*, já que se tratava de seu primogênito. Surgia assim a marca Danone.

O negócio prosperou por toda a Espanha e, em 1932, chegou à França, levado por Daniel Carasso. O filho de Isaac queria se estabelecer naquele país, onde estudara biologia e farmácia na conceituada Universidade Sorbonne. Montou uma fábrica e utilizou recursos inovadores como propaganda e embalagens decoradas para chamar a atenção dos consumidores. Quando estourou a Segunda Guerra Mundial, Daniel Carasso foi obrigado a se exilar nos Estados Unidos, por ser judeu espanhol. Em terras americanas, fundou a Dannon Company, que foi a primeira a adicionar geleia de morango ao iogurte natural. Daniel tinha deixado a fábrica francesa e a espanhola nas mãos de pessoas de confiança e, quando voltou à Europa em 1952, reassumiu seu controle. A Danone entrou no Brasil em junho de 1970, numa associação com a Laticínios Poços de Caldas (LPC). Os dois primeiros produtos foram o iogurte com polpa de fruta e o iogurte natural, com ou sem açúcar.

DICIONÁRIO AURÉLIO
O *Novo Dicionário da Língua Portuguesa*, mais conhecido como *Aurélio*, foi criado em 1975 pelo alagoano Aurélio Buarque de Hollanda Ferreira (1910--1989). O autor sempre teve muito interesse pela língua portuguesa. Começou a lecionar Português quando tinha 15 anos. Apesar de ter se formado em direito pela universidade de Recife, Aurélio nunca deixou as aulas de português de lado. Em 1942 lançou seu primeiro livro de contos, *Dois mundos*, que recebeu dois prêmios da Academia Brasileira de Letras. O escritor foi convidado a ocupar a cadeira número 30 da instituição em 1961.

DICIONÁRIO HOUAISS
Com mais de 228 mil palavras e três mil páginas, o famoso dicionário de capa laranja foi lançado oficialmente em agosto de 2001. Idealizado pelo filólogo Antônio Houaiss, levou 15 anos para ser publicado. A pesquisa começou em fevereiro de 1986 e, por falta de financiamento, parou em 1992. Cinco anos depois, as atividades recomeçaram e ao longo dos anos contou com 36 redatores, 42 revisores e 66 pesquisadores. Descendente de libaneses,

Houaiss nasceu em 15 de outubro de 1915, no Rio de Janeiro. Em 1º de abril de 1971, passou a ocupar a cadeira 17 da Academia Brasileira de Letras. Foi professor, diplomata e ministro da Cultura no governo Itamar Franco (1993). Morreu em 7 de março de 1999, sem ver sua obra acabada. O dicionário foi concluído em dezembro de 2000.

DIOR

Christian Dior nasceu em Granville, França, em 1905. Começou a desenhar e a vender seus modelos, ainda no papel, em 1935. Mas eles só foram produzidos três anos mais tarde. O estilista criava modelos glamorosos e elegantes, como vestidos de saias longas, babados e fitas, cintura e busto bem marcados, criando um novo modelo de vestir muito usado na década de 1950. Em 1946, com a ajuda financeira de Marcel Boussac, um empresário da indústria de tecidos, Christian abriu sua primeira *maison* em Paris. Foi ele que inventou o *tailleur*, um casaquinho acinturado, com ombros bem marcados e saia até o joelho, sinônimo de elegância e seriedade, muito usado por executivas, primeiras-damas e chefes de estado. Quando morreu, em 1957, deixou seu império para o estilista Yves Saint Laurent, que acabaria fundando sua própria marca anos depois.

DKW

A fábrica – fundada por Jörgen Skafte Rasmussen, dinamarquês radicado na Alemanha, na cidade de Zschopau, na Saxônia – iniciou suas atividades construindo motores e motocicletas. Em 1918, Rasmussen fabricou seu primeiro protótipo, equipado com um motor de 25 cilindradas, que recebeu o nome de *Das Kleine Wunder* (em alemão, "a pequena maravilha"). As iniciais desse nome formaram a sigla DKW, pela qual a empresa se tornou conhecida. Rasmussen utilizou o sistema de motor de dois tempos também em automóveis. Os primeiros protótipos ficaram prontos em 1926. Seis anos depois, a Auto Union absorveu todas as fábricas da DKW, que continuaram a produzir carros. Após a Segunda Guerra, todo o grupo Auto Union foi nacionalizado. Em 1950, reconstituiu-se em Düsseldorf, iniciando nova produção baseada nos velhos sistemas da DKW, com a marca DKW-Auto Union. No ano de 1958, a Daimler-Benz e, em 1965, a Volkswagen absorveram a fábrica, que acabou encerrando suas atividades em 1966. No Brasil, a Vemag produziu os carros da marca DKW entre 1956 e 1967.

DODGE

Os americanos John e Horace Dodge deixaram a empresa do pai, em 1889, e transferiram-se de Niles, no Michigan, para Windsor, em Ontario, onde se tornaram sócios de uma fábrica de bicicletas, a E & D (Evans & Dodge). Em pouco tempo, a E & D passou a produzir componentes para automóveis, atividade que acabou suplantando a produção de bicicletas. Em 1901, eles se transferiram para Detroit, cidade em que já operavam os pioneiros Olds, Leland e Ford. A Dodge passou a vender componentes à Olds e depois à Ford (a esta fornecia motores com exclusividade em troca de pequena participação acionária na empresa).
Rapidamente a Dodge passou a ser um grande conjunto industrial. Tanto que, em julho de 1914, os irmãos Dodge, que possuíam 10% das ações da Ford, fizeram uma oferta para comprar o negócio de Henry Ford, mas ele não vendeu. A Dodge partiu, então, para construir automóveis completos com sua própria marca. Em novembro do mesmo ano saía da nova fábrica, em Hamtramck, o primeiro Dodge. Em fins de 1915, a produção chegou a 45 mil unidades.
A entrada dos Estados Unidos na guerra, em 1917, obrigou a Dodge a fabricar, além de carros de passeio, caminhões, veículos militares e peças de artilharia para o exército. No mesmo período, a Dodge apresentou o primeiro carro fechado da história, com carroceria totalmente de aço. John e Horace morreram em 1920 e Frederick J. Haynes assumiu o comando da empresa, vendida a um consórcio bancário cinco anos depois. Em 1928, a Walter Chrysler adquiriu a Dodge.

DORIANA

Primeira margarina cremosa do Brasil, a Doriana foi lançada em 1970. Naquela época, poucos supermercados tinham refrigerador. Para evitar o fracasso, a fabricante Gessy Lever fazia entregas diárias do produto em uma Kombi com revestimento térmico. Eram distribuídos todos os dias 800 quilos do produto em 25 lojas diferentes. Cinco anos depois, a Doriana tornava-se a margarina mais vendida do país. Em 1973, a logomarca era uma flor sorridente. O sol nascente, que até hoje ilustra a embalagem da margarina, surgiu em 1999. A Doriana Light apareceu em 1991.
A empresa norte-americana Anderson Clayton, que estava no Brasil desde 1934, lança a margarinha Claybom em 1950.
Outra margarina de sucesso é a Becel, que surgiu na Holanda em 1960. Como foi criada a pedido de médicos, ela era vendida inicialmente em farmácias. No mercado inglês, a margarina light foi lançada em 1964 com o nome de Flora. O novo nome vem de uma adaptação da sigla BCL em inglês – *Blood Cholesterol Lowering*, ou Redução do Colesterol no Sangue. O produto da Unilever chegou ao Brasil em 1973.

DR. SCHOLL
Um dos primeiros inventores das palmilhas para calos, calosidades e joanetes começou sua carreira como sapateiro. Ainda adolescente, na fazenda de seus pais no meio-oeste dos Estados Unidos, William Mathias Scholl (1882-1968) passava horas fazendo sapatos para seus 12 irmãos, costurando com uma linha fortemente encerada que ele mesmo inventara. Scholl demonstrava tanta destreza que, aos 16 anos, seus pais o colocaram como aprendiz de um sapateiro. Um ano depois, mudou-se para Chicago e foi trabalhar numa loja, enquanto estudava medicina. Ajustando e vendendo sapatos, Scholl percebeu a quantidade de joanetes, calos e peitos de pés baixos que importunava seus clientes.

Em 1904, ano em que recebeu seu diploma de médico, ele patenteou seu primeiro suporte para peitos de pés, o Foot-Eazer. A popularidade do produto fez Scholl investir em sua indústria de produtos para cuidados com os pés.

William Mathias Scholl

DUNKIN' DONUTS
Tudo começou em 1946, com o americano William Rosenberg e seu caminhãozinho. Ele servia lanches aos operários das indústrias da região da Nova Inglaterra. Seus donuts faziam o maior sucesso. Tanto que o horário de lanche das indústrias da região passou a ser ajustado a seu itinerário. Para ficar mais fácil comer, o Donut já vinha envolto em açúcar, e o café simples, sem açúcar, era servido em uma caneca. Todos os clientes mergulhavam o doce no café antes de saboreá-lo (*mergulhar*, em inglês, é *to dunk... dunkin'... dunkin'... dunkin' donuts*). Clientes satisfeitos insistiram para que ele abrisse uma loja. E assim foi até se transformar numa grande rede.

Todo esse sucesso levou à abertura da primeira loja de café e Donuts, chamada Open Kettle, no ano de 1948. Dois anos depois, foi aberta a primeira loja com o nome Dunkin' Donuts na cidade de Quincy, em Massachusetts.

As rosquinhas foram criadas no século XVI por padeiros holandeses. Mas elas não tinham ainda o tradicional furo no meio. O furo só foi aparecer em 1847, bolado pelo marinheiro americano Hanson Gregory. Essa criação lhe valeu uma placa de bronze em sua cidade natal, Rockport.

DUPONT

No inverno de 1801, o francês Eleuthere Irenee Du Pont saiu para uma caçada nas colinas da Filadélfia, nos Estados Unidos. Sua pólvora estragou por causa da umidade do ar e ele perdeu todos os tiros. Apesar das mãos vazias, Du Pont voltou para casa com uma ideia na cabeça: fabricar o pó preto. Aos 31 anos, ele chegara a New Jersey registrado profissionalmente como botânico, quando sua família pretendia trabalhar na especulação de terras. Os negócios não prosperavam e Du Pont via na pólvora um mercado promissor. Ex-colega de Antoinne Lavoisier, o químico francês responsável pela produção de pólvora, Du Pont foi à França buscar tecnologia e começar sua produção. Instalou sua fábrica no mesmo lugar onde a ideia havia nascido: as colinas arborizadas da Filadélfia. Com a força das águas do rio Brandywine e as florestas virgens, a E. I. Du Pont de Nemours Company deu início à produção de carvão vegetal, um dos ingredientes da pólvora. A falta de capital gerava constantes crises na empresa, que recebeu a ajuda do presidente Thomas Jefferson, antigo amigo da família. Com o tempo, a pólvora de Du Pont ganhou mercado e passou a abastecer o governo americano durante a guerra de 1812. Em 1834, o industrial, que mensalmente andava trinta milhas para pagar dívidas da família, caiu morto perto do banco ao quitar a última promissória. Seus filhos assumiram a empresa, que vendeu seu último pó negro em 1972.

ENCICLOPÉDIA BRITÂNICA

A primeira *Enciclopédia Britânica* foi publicada em 1768. Tinha 2.659 páginas, divididas em três volumes. Definia, por exemplo, mulher como "a fêmea do homem". Seus autores chamavam-se Andrew Bell, Collin Macfarquhar e William Smellie. Por volta de 1910, foi salva da falência por um americano, Horace Hooper. Na década de 1940, a Britânica quase quebrou de novo e foi encampada pela Universidade de Chicago. Em 1995, a enciclopédia foi comprada pelo empresário americano Jacob Safra, que interrompeu a tradição da venda porta a porta. Atualmente, ela conta com 32 volumes, trinta mil páginas e cerca de 44 milhões de palavras. A versão da Enciclopédia Britânica em CD-ROM foi lançada apenas em maio de 1994.

Em 1940, Dorita Barret de Sá Putch, brasileira nascida na Califórnia, conseguiu a exclusividade da Enciclopédia Britânica para a América Latina. Seu pai era um alto executivo da editora americana. No ano de 1964, ela lançou a Enciclopédia Barsa. Seu primeiro editor foi o escritor e jornalista Antônio Callado. O nome era uma combinação de seu primeiro sobrenome com o do marido, o diplomata Alfredo Almeida de Sá. Dorita morreu em 1973, quando preparava a Enciclopédia Mirador, também uma combinação de uma parte de seu nome com uma parte do nome de seu segundo marido, Waldemiro Putch.

ELMA CHIPS

Em 1974, a Pepsi comprou duas empresas brasileiras para criar uma outra. A American Potato Chips, de São Paulo, e a Elma Produtos Alimentícios, de Curitiba, deram origem à Elma Chips, que se tornaria logo líder no setor de salgadinhos. A marca ficou conhecida pelo seu *slogan*: "É impossível comer um só". Os produtos mais conhecidos da empresa são: Baconzitos (lançado no Brasil em 1974), Stiksy (1974), Cheetos (1976), Cebolitos (1978), Fandangos (1980) e Batata Ruffles (1986).

ERICSSON

A empresa foi fundada em 1876 pelos suecos Lars Magnuns Ericsson e Carl Johan Anderson. A LM Ericsson fabricava e consertava equipamentos telegráficos. Mas a Ericsson só se tornaria mundialmente conhecida quando iniciou pesquisas na área de telefonia e começou a fazer instalações de redes de telecomunicações. A Ericsson construiu uma das primeiras mesas manuais para telefonistas usadas em São Paulo, no ano de 1884. A empresa chegou ao Brasil em 1924 no Rio de Janeiro, mas a primeira fábrica no Brasil seria instalada em São José dos Campos (SP) em 1955, depois que a empresa sueca fechou um acordo com a Companhia Telefônica da Borda do Campo, para a instalação de trinta mil linhas.

ESSO

Foi a primeira empresa de petróleo a chegar no país, em 1912, com o nome de Standard Oil Company of Brazil.
O nome "Esso" vem da pronúncia em inglês das iniciais "S" e "O", da matriz Standard Oil, fundada em 1870 nos Estados Unidos. Instalou seu depósito em São Paulo para distribuir em tambores e latas a *"gazolina"* e o *"kerozene"* importados e, em 1919, construiu um terminal oceânico no Rio de

Janeiro, que recebeu também o primeiro navio carregado com gasolina. Em 1925, os produtos passaram a ser distribuídos em caminhões-tanque e, em 1921, a Esso instalou as primeiras bombas de rua. Em 2000, houve uma fusão entre a Exxon, como a Esso é conhecida nos Estados Unidos, e a Mobil Corporation e foi criada a Exxon Mobil Corporation, que administra a rede de 2.600 postos em todo o Brasil.

O símbolo mais conhecido da Esso é o tigre, de autor desconhecido e que nasceu na Noruega. Nos anos 1950, a outra mascote era o "Gotinha", criado na Dinamarca para explicar sobre o racionamento de combustíveis. No Brasil, ele se casou com a gotinha "Gasolina", que também foi adotada em outros países.

ESTRELA

A mais tradicional fábrica de brinquedos brasileira, a Estrela, foi fundada em 1937. O imigrante alemão Siegfried Adler, acompanhado da mulher Lieselotte, chegou ao Brasil e investiu 11 contos de réis na compra de uma oficina de bonecas de pano no bairro do Belenzinho, em São Paulo. A Estrella (no começo, se escrevia mesmo com dois eles) passou a fabricar também carrinhos de madeira e fez sua primeira venda para as Lojas Americanas. Não demorou para a empresa se automatizar e começar a produzir brinquedos de plástico, metal e outros materiais. Na década de 1940 apresentou o primeiro brinquedo de madeira com movimento e som, fabricado no país, o cachorro Mimoso.

Na década de 1960, a Estrela inovou com o lançamento de brinquedos elétricos. O mais famoso de todos foi o <u>Autorama</u>, uma pista de corrida que se transformou em sinônimo para brinquedos de velocidade. O nome Autorama entrou até para o dicionário. As pistas eram assinadas por grandes pilotos brasileiros de Fórmula 1, como Emerson Fittipaldi, José Carlos Pacce, Nelson Piquet e Ayrton Senna.

Outro brinquedo de muito sucesso lançado pela Estrela foi o <u>Falcon</u>, o primeiro boneco feito para meninos, em 1978. Sim, para meninos: o boneco tinha até uma cicatriz no rosto. No início, havia apenas dois modelos: um com barba e outro sem barba. O grande sucesso dessa coleção foi o Falcon Olhos-de-Água, que movimentava os olhos quando se apertava um botão na sua nuca.

EXPRESSO DO ORIENTE

Em 1864, o inglês George Mortimer Pullman construiu o trem mais moderno de toda a Europa. Seis anos mais tarde, os trens ingleses teriam serviço de bordo com refeições e entrariam em circulação os primeiros trens leito. A empresa Pullman Limited Express passou a operar em 1881 com a nova tecnologia de iluminação elétrica. Pouco tempo depois, o percurso entre Londres e Paris se tornava realidade com a conexão por balsas. O jovem belga Georges Nagelmackers, um entusiasta da viação ferroviária, introduziu o primeiro restaurante em um vagão em 1881. Ele foi o responsável pela inauguração da linha Expresso do Oriente, em 4 de outubro de 1883. A rota inicial começava em Paris e terminava na Romênia, passando por Estrasburgo, Viena, Budapeste e Bucareste. No começo do século XX, o percurso entre Paris e Veneza se tornou mais curto com a construção do túnel Simplon. Foi por causa dele que, em 1921, a rota do Expresso do Oriente foi estendida até Istambul. A companhia começaria um período difícil depois da Segunda Guerra Mundial, já que viajar de avião saía mais barato e mais rápido do que de trem. James Sherwood comprou dois vagões de luxo num leilão em Monte Carlo, realizado em 1977. O lendário Expresso do Oriente renasceu em 25 de maio de 1982, com a inauguração da rota Londres-Veneza.

FABER-CASTELL

"Se eu pudesse vender um lápis para cada americano, estaria rico." Palavras do alemão Eberhard Faber, que chegou em Nova York por volta de 1850 com um certo *know-how*: em 1765, seu bisavô Casper Faber já fabricava lápis. O invento ganhou popularidade durante a Guerra Civil dos Estados Unidos. Soldados entrincheirados precisavam de algo prático para escrever cartas à família. Naquele tempo, usava-se muito a caneta bico de pena. As vendas do lápis amarelo estouraram. Uma pesquisa mostrou que o lápis Faber-Castell tradicional, o amarelo, conquistou a confiança do consumidor. Mil lápis foram produzidos com o mesmo material. Só que metade foi pintada de verde. Estes foram devolvidos com reclamações de que quebravam e duravam menos que os amarelos. Hoje, 75% dos dois bilhões de lápis produzidos pela empresa são amarelos.

FAIXA AZUL VIGOR

Deixe o queijo parmesão descansar por 12 meses, aos poucos adicione óleo de milho e de dendê; o mofo natural trate com álcool. Essa é a receita básica do queijo Faixa Azul, vendido desde 1918, quando foi fundada em São Paulo a Oliva da Fonseca Indústria e Comércio Ltda., considerada a primeira empresa a distribuir leite no país. Era uma fábrica com estrutura pequena, usada apenas para embalar leite pasteurizado. Na cidade de Itanhanduva, Minas Gerais, havia uma outra fabriqueta responsável pelo processamento de leite condensado. Em 1926, a empresa passou a se chamar Vigor. Em tempo: o queijo parmesão foi criado pelos italianos da região de Parma no século XIV.

FANTA

No ano de 1941, em plena Segunda Guerra Mundial, a fábrica da Coca-Cola na Alemanha deixou de receber o xarope concentrado para preparar o refrigerante. O jeito foi inventar um produto com os ingredientes disponíveis. Por isso ele teve diversos sabores. Esta é a história do surgimento da Fanta. O nome foi escolhido pelos próprios funcionários da empresa, tirado da palavra "fantástica", que é parecida em muitas línguas. Entre o final da guerra e 1955, usou-se a marca Fanta apenas o suficiente para não perder o registro. Ela só foi ressuscitada no lançamento de um refrigerante sabor laranja criado pela Coca-Cola italiana em abril de 1955. Fez tanto sucesso que foi conquistando o mundo e chegou aos Estados Unidos em 1959. No Brasil, a Fanta Laranja foi lançada em dezembro de 1964 e a Fanta Uva, em julho de 1970.

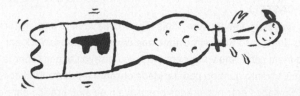

FARINHA DONA BENTA

Em 1940, o grupo J. Macedo era uma empresa familiar que administrava um pequeno estabelecimento comercial. Depois da Segunda Guerra Mundial, a empresa foi nomeada distribuidora da Willys-Overland, dos Estados Unidos, ganhando terreno no Nordeste brasileiro. O grupo J. Macedo começou no ramo de moagem e industrialização de trigo em 1955, com a fundação do Moinho Fortaleza, no Ceará. Apesar de ser um conglomerado de sete unidades moageiras e distribuir farinhas de marcas variadas, até 1980 o grupo não tinha uma marca nacional. A farinha de trigo especial Dona Benta seria criada em seguida. Ela revolucionaria o mercado ao ser vendida em embalagem plástica, diferentemente dos sacos de papel como era costume no mercado.

FARINHA LÁCTEA NESTLÉ

Em 1867, Henri Nestlé (1814-1890), um químico alemão que morava em Vevey, na Suíça, descobriu um mercado emergente: o de alimentos infantis. Começou a fabricar uma farinha nutritiva para crianças, à base de cereais e leite, a Farinha Láctea Nestlé. A Nestlé, a maior indústria alimentícia do mundo, passou a atuar no Brasil em 1876. Nesse mesmo ano, publicou nos jornais uma carta que informava aos consumidores brasileiros que só existiam no país dois representantes autorizados a comercializar seu produto: o senhor D. Filipone, no Rio de Janeiro, e o senhor Henrique Levi, em São Paulo.

O nome Nestlé, em alemão, significa "pequeno ninho". Foi justamente o ninho escolhido como símbolo da empresa, por traduzir o carinho da mãe para com os filhos.

FERMENTO EM PÓ ROYAL

As latinhas cilíndricas do fermento em pó Royal são praticamente as mesmas que desembarcaram no Brasil em 1923, importadas dos Estados Unidos. Naquela época, o produto se chamava Real Fermento Inglez. O produto só começou a ser produzido no Brasil em 1934. A primeira fábrica foi instalada em Petrópolis, no Rio de Janeiro. A marca foi comprada pela multinacional Kraft em 2000. A mais significativa mudança aconteceu em 2003. As donas de casa reclamavam que era difícil colocar a colher dentro do recipiente, que acabou ficando mais larguinha.

FERRARI

Enzo Ferrari (1898-1988) começou como mecânico e aos vinte anos era piloto de provas. Abandonou as pistas em 1933 para chefiar a fantástica equipe de pilotos da Alfa Romeo. Em 1940, Ferrari fabricou seu primeiro protótipo. O carro não tinha nome, pois, por força do contrato com a Alfa, ele só poderia batizá-lo quatro anos após deixar a antiga equipe. A data oficial de fundação da Ferrari, no entanto, é 25 de maio de 1947. Bombardeada e destruída duas vezes, durante a Segunda Guerra Mundial, a fábrica de Maranello foi reconstruída graças à sua obstinação. No ano de 1969, 50% das ações da Ferrari foram vendidas para a Fiat.

O símbolo do cavalinho rampante, um potro empinado, foi copiado do amuleto usado no avião do herói italiano da Primeira Guerra Mundial Francesco Barraca.

Ferrari, 1940

FILIZOLA
Tudo começou com um desafio: consertar uma balança quebrada. Vicente Filizola, um jovem serralheiro italiano que chegou ao Brasil no século XIX, recebeu o pedido de um amigo e, o final do trabalho, se impôs uma nova meta, construir uma nova balança. No dia 5 de abril de 1886, então com 16 anos, ele apresentava o equipamento todo feito à mão, a Pedro Gaetano, seu futuro sogro. As balanças passaram a ser fabricadas em uma pequena oficina, a Vicente Filizola e Gaetano, primeira empresa do gênero no país. Seguindo o modelo Roberval, dois braços equilibrados por pesos, o produto teve boa aceitação no mercado paulistano porque tinha qualidade e era mais barato do que o importado. O nome da empresa mudaria para V. Filizola e Cia., e, mais tarde, para Filizola & Co., com a entrada de familiares como sócios. Em 1920, uma fábrica maior foi aberta em São Vicente, no mesmo dia 5 de abril, dia de São Vicente, data que passou a marcar as etapas da fábrica em homenagem ao seu fundador. Em 1923, o engenheiro Nicolau Filizola, filho de Vicente, embarcou para França e Alemanha com o intuito de conhecer novos métodos de fabricação de balanças trabalhando nas fábricas como operário. Assim, trouxe para o Brasil os planos de um equipamento automático, lançado pela empresa em 1930.

FILTRO DE PAPEL MELITTA
A dona de casa Melitta Bentz não estava nada feliz com o sabor de seu café. O coador de pano deixava passar partículas de pó e retinha resíduos de cafés feitos anteriormente. Foi por essa razão que ela resolveu coar o café em uma caneca de latão com fundo perfurado e recoberto por um pedaço redondo de mata-borrão. Ficou ótimo, e ela acabava de inventar o filtro de papel. Tudo isso aconteceu em Dresden, cidade do interior da Alemanha, em 1908. Dona Melitta patenteou seu invento e deu início à empresa em uma pequena loja de artigos domésticos de 8 metros quadrados. A primeira grande venda ocorreu na feira de Amostras de Leipzig, no começo do século: 1.250 porta-filtros de alumínio com filtros de papel foram comercializados.

Em 1929, tendo à frente Hortz Bentz, filho de dona Melitta, a empresa mudou-se para a cidade de Minden e iniciou suas exportações. Após três anos, era fundada sua primeira subsidiária estrangeira, na Suíça. Hortz Bentz criou a Melitta do Brasil, na cidade de São Paulo, em 1968.

FIRESTONE

Filho de fazendeiros de Ohio (Estados Unidos), o jovem Harvey Firestone, de 22 anos, começou a vender carroças em 1890. Cinco anos depois trabalhava em uma loja em Detroit e vendeu um jogo de pneus de borracha para a carroça de um maquinista chamado Henry Ford. Dez anos depois, os dois se reencontraram e Ford encomendou oito mil pneus de ar comprimido para equipar seu novo carro. Foi o maior pedido feito até então para a Empresa de Borracha e Pneus Firestone, fundada em 1900. Com o dinheiro recebido de Ford, Firestone desenvolveu a empresa, onde produziu o primeiro aro desmontável, que facilitava a troca de pneus, o primeiro pneu a ar e o primeiro pneu para caminhões.

Corrida de Indianápolis, 1932:
Henry Ford, Harvey Firestone,
Preston Tucker, Henry Ford II,
Benson Ford e Edsel Ford

FITA SCOTCH

Quatro homens de negócios de Minnesota, nos Estados Unidos, fundaram em 1902 a Companhia de Mineração e Manufatura de Minnesota, também chamada de 3M. A ideia era extrair um minério abrasivo de nome *coríndon* e vendê-lo a fabricantes de lixas. No período dos vários anos necessários para colocar a operação em funcionamento, outra companhia inventou um material abrasivo artificial, mais eficiente. Para piorar as coisas, logo se descobriu que o que a 3M estava extraindo não era coríndon, mas um material de baixa qualidade, a anortita, que não servia para abrasivos. A companhia quase quebrou. Depois de levantar algum dinheiro para se manter em funcionamento, a 3M decidiu que ela própria tentaria manufaturar lixas. Só que o produto não era muito bom, e a companhia estava novamente prestes a fechar.

A virada ocorreu em 1910, quando o principal investidor da 3M, Lucius P. Ordway, conseguiu que a companhia se mudasse para a cidade em que morava, St. Paul, no estado de Minnesota, onde ele construiu uma fábrica. A empresa não apenas se lançou no aperfeiçoamento de suas lixas como também na criação de uma maneira de vendê-las. Em vez de procurar executivos de empresas, os vendedores da 3M tentavam entrar em oficinas de fábricas para conversar diretamente com as pessoas que utilizavam suas lixas. Os resultados compensaram. Já em 1916, a companhia havia pago suas dívidas e estava tendo lucro.

Em 1925, os carros de duas cores eram a última moda nos Estados Unidos. O problema enfrentado pelos fabricantes era conseguir uma linha precisa entre as cores. Já haviam tentado utilizar jornais e papéis de embrulho com laterais bem retas para cobrir uma cor enquanto se borrifava a outra. A ideia era boa, mas o adesivo que segurava o papel no lugar colava muito e às vezes tinha de ser raspado, tirando um pouco da tinta. Eles haviam até tentado utilizar esparadrapo cirúrgico. E sempre perguntavam ao vendedor de lixa da 3M se ele conhecia algum produto que funcionasse melhor naquele caso. O que os fabricantes de carro queriam era uma fita que colasse com um simples toque e saísse facilmente, sem danificar o acabamento.

Richard G. Drew, do laboratório da 3M, começou a trabalhar na invenção de um papel sensível ao toque para servir como máscara, e acabou produzindo uma fita de papel levemente escurecida, com um adesivo à base de borracha, que grudava bem, mas podia ser removido sem dificuldade, como os fabricantes de automóveis haviam pedido. Drew imaginou que seria necessário colocar adesivo apenas nas bordas da fita, uma vez que um lado seguraria o papel e o outro seria grudado no carro – e optou por não colocar adesivo no meio, o que faria a 3M economizar um pouco. Quando uma das oficinas experimentou a nova "fita para máscara", ela imediatamente caiu, e o recado para o vendedor da 3M foi o seguinte: "Leve esta fita de volta a seus patrões escoceses (*Scotch*) e diga-lhes para colocar adesivo sobre toda a fita, e não apenas nas bordas". A 3M imediatamente corrigiu o produto. Quando os vendedores voltaram com uma fita melhor, os operários já tinham apelidado o produto de "fita escocesa" (*Scotch tape*). A empresa decidiu manter o nome, e Scotch tem sido a marca registrada de todas as fitas adesivas da companhia.

A 3M iniciou suas atividades no Brasil em 9 de abril de 1946, com uma fábrica em Campinas. A razão social era Durex, Lixas e Fitas Adesivas Ltda. A fita adesiva transparente era o único produto fabricado no país, e o sucesso foi tão grande que Durex virou sinônimo do produto.

FOGÃO CONTINENTAL

O italiano Giuseppe Giaffone colocou as primeiras máquinas da Fundição Brasil para funcionar na Mooca, em São Paulo, em 1926. A pequena indústria fazia torneiras, válvulas, pias e banheiras de ferro fundido. Catorze anos mais tarde, a Fundição Brasil passou a fabricar fogões a gás canalizado, tornando obsoletos os tradicionais modelos a lenha, carvão e querosene. Em 1954 surgiram os fogões a gás engarrafado e a empresa abandonou a produção de artigos sanitários. As marcas Brasil e Colúmbia foram as primeiras lançadas pela indústria. Em 1969, a linha Continental 2001 revolucionou o mercado. Ao completar sessenta anos de existência, a Fundição Brasil teve seu nome mudado para Continental 2001 S/A – Utilidades Domésticas.

FOKKER

Anthony Fokker nasceu na ilha de Java, na Indonésia, e sempre teve muito interesse por engenharia. Em 1890, aos vinte anos, foi para a Alemanha estudar mecânica de automóveis. Seu primeiro avião foi o "Spin", em 1910. Depois da Primeira Guerra Mundial, Fokker mudou-se para a Holanda, onde abriu a fábrica de aviões *Netherlands Aircraft Factory*. Logo no primeiro ano foi lançado o F-2, um modelo que inaugurou o estilo "executivo" de viajar de avião. Eram aeronaves velozes que comportavam menos passageiros com mais luxo. Mas Fokker ficou conhecido mesmo por ter sido o primeiro a produzir aviões de combate em série. Os projetos eram vendidos para a Alemanha no início da Segunda Guerra Mundial. A Fokker Aircraft Corporation foi fundada em 1939, poucos meses antes da morte de Anthony Fokker, em 23 de dezembro, por causa de uma meningite. A empresa pediu falência em 1996, depois de uma crise financeira iniciada em 1991, e fechou as portas de suas fábricas.

"Spin", em 1910

FOTOPTICA

O húngaro Desidério Farkas era dono de uma empresa de fotografia chamada Hafa em sua terra natal. Em 1920, pouco tempo depois do fim da Primeira Grande Guerra, que deixou a Europa destruída, ele chegou ao Brasil em busca de novas oportunidades. Nessa época, a fotografia começava a se popularizar no Brasil e ele abriu a primeira loja da marca Fotoptica, na rua São Bento, no centro de São Paulo. A fachada, desenhada por Desidério, tinha uma máquina fotográfica, um olho e um galo, que representavam sua disposição de criar uma empresa "boa de briga".

FRANGELICO

Um dos mais famosos licores do mundo, o Frangelico começou a ser produzido na Itália em 1697. Os primeiros monges cristãos moravam no Piemonte e ali, no silêncio dos claustros, se aperfeiçoavam nos mistérios da destilação dos licores. No começo, eles aproveitavam as avelãs silvestres da região como ingrediente principal da bebida. As figuras dos monges inspiraram o desenho da garrafa do Frangelico.

FUSCA

Foi projetado em 1934 pelo engenheiro alemão Ferdinand Porsche (1875--1951). O ditador Adolf Hitler entendia que o *Volkswagen* ("carro do povo" em alemão) seria o objeto de consumo mais desejado pela classe operária e sua posse ajudaria a abafar outras queixas dos trabalhadores. Em outubro de 1936, três protótipos do Fusca foram para as ruas enfrentar a primeira série de testes. Cada um andou 48 mil quilômetros pelos mais diferentes tipos de estrada. No ano seguinte, outros trinta carros invadiram as estradas, mas o início da Segunda Guerra interrompeu a produção. De Wolfsburg, o complexo industrial criado em 1938 para fabricar o Fusca, passaram a sair jipes e carros anfíbios, aproveitando para fins militares a mecânica criada por Porsche. Apenas em 1948, a fábrica que fora semidestruída durante a guerra pôde ser reativada.

A chegada do Fusca ao Brasil aconteceu em novembro de 1950. O carro foi importado da Alemanha por um certo Rodolfo Maerz. Já o primeiro Fusca fabricado aqui acabou sendo lançado em 7 de janeiro de 1959. Em agosto de 1986, a Volkswagen apresentou sua 5.459.079ª unidade e fechou a linha de montagem. Ressuscitou o carrinho em 1993, por sugestão do então presidente Itamar Franco.

A Volkswagen investiu um bilhão de dólares no projeto do New Beetle (Novo Fusca). Fabricado em Puebla, no México, o carro foi lançado no mercado depois do salão do automóvel de Detroit, realizado em janeiro de 1998. As formas do Novo Fusca foram redesenhadas por projetistas californianos.

Revista *Quatro Rodas*, setembro/1960

GATORADE

No início de 1960, a equipe de pesquisadores da Universidade da Flórida, nos Estados Unidos, começou a desenvolver uma bebida que pudesse hidratar rapidamente o corpo e ajudasse a prevenir a desidratação, muito comum por causa do clima quente e dos exercícios fortes. Sob a supervisão do doutor Robert Cade, em 1965 os pesquisadores testaram a fórmula em dez jogadores do time de futebol da universidade, os Gators. A bebida ainda em teste ficou conhecida como Gatorade.

Naquela temporada, os Gators experimentaram um recorde de vitórias. O time ficou famoso por seu crescimento no final do jogo, quando os adversários já davam mostras de exaustão. Em 1º de janeiro de 1967, os Gators venceram o Georgia Tech. O técnico adversário, Bobby Dodd, declarou a uma revista: "Meu time perdeu porque não tinha Gatorade. Isso fez a diferença". A bebida logo foi conquistando os esportistas. No mesmo ano, a empresa Stokely-Van Camp – grande negociante de frutas e verduras – comprou os direitos para produzir e vender o Gatorade. A Quaker adquiriu a marca em 1983.

GILETTE

Muitas vezes o inventor fica tão famoso que seu nome vira sinônimo do próprio invento. É o caso da lâmina de barbear, que também ficou conhecida como "gilette", nome de seu inventor, o americano King Camp Gillette (1855-1932), um vendedor de rolhas. Ele tinha quarenta anos quando ouviu um conselho de um amigo, William Painter, inventor da <u>tampinha de garrafa descartável</u>: "Por que você não faz como eu e vende uma coisa que o freguês use e depois jogue fora? Assim ele voltará para pedir mais".

Em 1895, Gillette estava no banheiro de sua casa, fazendo a barba diante do espelho, como todos os dias. Reparou que só uma parte da navalha era realmente necessária: a ponta da lâmina. Aí ele pensou: "Por que precisamos de uma navalha deste tamanho, se apenas usamos seu gume? Por que não fabricar uma pequena lâmina de aço para usar e depois jogar fora?". Foi o que começou a fazer, embora os industriais achassem impossível produzir uma lâmina pequena, de bom corte e tão barata, que pudesse ser jogada fora depois de usada. Gillette cansou de ser ironizado.

Com a ajuda de um mecânico chamado William Nickerson, inventor do sistema de botões para elevadores, todos os problemas técnicos foram superados e surgia a Gillette Safety Company, em 28 de setembro de 1901. A produção começou em 1903, mas seu sucesso não foi imediato. No primeiro ano, foram vendidos apenas 51 aparelhos e 168 lâminas. A partir de 1905, os negócios dispararam. Durante a Primeira Guerra Mundial, o governo americano encomendou 3,5 milhões de aparelhos e 36 milhões de lâminas para seus soldados. Nessa época, a empresa já vendia um milhão de aparelhos e 120 milhões de lâminas por ano.

GIRAFFAS

A rede de *fast-food* nasceu em Brasília, em 1981. Foi fundada pelos empresários Carlos Guerra e Ivan Aragão. Os dois apostaram na união entre a padronização das empresas de comida rápida com a oferta de refeições clássicas, que acertavam em cheio no gosto dos brasileiros: arroz, feijão, ovo e bife. Durante a implantação do plano real, a rede passou por uma forte crise, e seus fundadores a venderam para os amigos Felipe Barreto, Luciana Morais e Luciana Vasconcelos, que não tinham experiência nenhuma no ramo de lanchonetes. Os novos donos implantaram de vez o sistema de franquias e venderam todas as lojas que ainda pertenciam ao grupo. O novo sistema tirou a empresa do vermelho. O "f" duplicado no nome "Giraffas" simbolizava os dois fundadores do negócio, Carlos Guerra e Ivan Aragão.

GOL

O primeiro voo da Gol Transportes Aéreos aconteceu no dia 15 de janeiro de 2001, mas a empresa surgiu no dia 1º de agosto de 2000. O nome Gol foi escolhido, entre outras opções sugeridas por marqueteiros, por ser curto, de fácil memorização e por ter um forte apelo junto à população brasileira, apaixonada por futebol. A empresa iniciou suas operações com seis aeronaves. Foi a pioneira a desenvolver e implantar no Brasil o conceito *low cost, low fare* (baixo custo, baixa tarifa). O empresário Constantino de Oliveira, conhecido como Nenê, investiu 26 milhões de dólares na criação da empresa. A história dele é típica dos empreendedores: começou como motorista de caminhão e virou dono da maior frota de ônibus da América do Sul. O negócio é tocado pelo filho de Nenê, Constantino de Oliveira Júnior. Em março de 2007, a Gol anunciou a compra da Varig.

GOODYEAR

Frank A. Seibering era um empresário polivalente. Sua família gerenciava diversas empresas em Akron (Estados Unidos): usina de farinha, banco, imobiliária, academia de música e uma fábrica de borracha. Na crise financeira de 1893, os negócios quebraram e Frank ficou endividado até o pescoço. Em 1898, deu sua última cartada: comprou uma pequena e decadente fábrica em Chicago. O antigo dono do terreno estava tão desesperado que baixou o preço do imóvel de 50 mil dólares para 13.500 dólares. O próximo passo: o que fazer com a velha indústria.

Na lista de negócios da família, Frank optou pelo ramo de borracha. Em 29 de agosto de 1898 fundou a Empresa de Borracha e Pneus Goodyear. O nome é uma homenagem a Charles Goodyear (1800-1860), que em 1839 descobriu o processo de vulcanização da borracha. Em 1860, ele deixou cair acidentalmente borracha e enxofre sobre seu fogão.

GOOGLE

Sergey Brin e Larry Page começaram a desenvolver o site de buscas Google em 1995 quando ainda eram alunos da universidade de Standford. Em setembro de 1998, já recebiam dez mil acessos diários. O lançamento oficial da página ocorreu em 1999, com três milhões de visitantes por dia. Em 2007, a empresa colecionou números robustos. São 4 bilhões de páginas na internet, 88 línguas diferentes, 200 milhões de usuários. No Brasil, 2,2 milhões de internautas acessam o site diariamente. A palavra *google* é um trocadilho de "googol", que na matemática representa o número 1 seguido por cem zeros.

GROSELHA MILANI

Celeste Milani produzia vinhos em tonéis na cidade gaúcha de Bento Gonçalves. Em 1965, ela conheceu um químico alemão que lhe apresentou uma bebida de grande aceitação na Europa: o xarope. Os dois resolveram elaborar uma versão que caísse nas graças do brasileiro. Acabaram fazendo o xarope de groselha. Mas a groselha se tornou popular depois que a Milani começou a vender saquinhos redondos com suco feito com a groselha no Salão da Criança. A feira ocorria todo dia 12 de outubro no Pavilhão do Anhembi, em São Paulo. A primeira fábrica da Milani ficava na rua da Mooca, também em São Paulo.

GUARANÁ JESUS

Jesus Norberto Gomes era um farmacêutico igual a John Pemberton, inventor da Coca-Cola. Em 1920, ele importou uma máquina de gaseificação e tentou fazer um remédio para combater a acidez estomacal. Só que suas experiências fracassaram. Ou melhor, ele não conseguiu fazer o remédio, mas transformou o xarope em uma bebida para os netos, com 17 ingredientes, entre eles ervas e produtos que descobria em suas viagens pela Amazônia. O gostinho de canela adocicada e a cor diferente agradaram a molecada. Batizou a novidade com seu nome: "Guaraná Jesus". O refrigerante cor-de-rosa só é distribuído no estado do Maranhão. Em 2001, a Coca-Cola comprou os direitos de produção do Guaraná Jesus. Em tempo: Jesus sempre se declarou ateu e diz a lenda que ele foi excomungado pela Igreja Católica ao agredir um padre.

GUINNESS – O LIVRO DOS RECORDES

Não foi o monte Everest ou a mulher mais gorda do mundo que teve a honra de inspirar o *Guinness* – foi uma ave chamada tarambola que começou tudo. Em 1954, durante uma caçada na Irlanda, *sir* Hugh Beaver acertou em patos e gansos, mas um bando de tarambolas conseguiu escapar. De volta para casa, ele se perguntava o que havia saído errado. Os pássaros deviam ter sido extremamente rápidos – e, de fato, naquela noite ele disse a seus amigos que a tarambola era a "ave de caça mais rápida que temos". *Sir* Hugh pode ter recuperado sua reputação de perito caçador, mas não chegou a um consenso quanto à questão da ave de caça mais rápida. E nenhuma enciclopédia trazia a resposta. *Sir* Hugh, que era diretor executivo da Arthur Guinness, Son and Company, fabricante da cerveja Guinness, voltou para o trabalho em Londres, mas seus pensamentos estavam em um livro – e não na cerveja – no qual as pessoas pudessem encontrar todos os tipos de recorde.

A tarefa, no entanto, parecia grande demais, até que um de seus empregados na cervejaria apareceu exatamente com as pessoas certas para executá-la. Durante toda a sua vida, os gêmeos Norris e Ross McWhirter haviam sido ávidos devoradores de trivialidades. Os dois eram jornalistas esportivos e tinham acumulado, de jornais e revistas, uma imensidão de fatos e números. Em 1951, os dois haviam iniciado um negócio para organizar os recordes e suprir jornais e enciclopédias com fatos e números sobre uma enorme variedade de assuntos. Houve uma entrevista (que *sir* Hugh achou bastante informativa) e, quatro meses mais tarde, os McWhirter haviam compilado e publicado o primeiro volume do *Guinness*, que contava então com 198 páginas. Quatro meses depois, ele era o número um na lista dos livros de não ficção mais vendidos na Inglaterra.

H. STERN

A história da H. Stern, que tem hoje lojas espalhadas em diversos países do mundo, começou no Brasil. Quando tinha 16 anos, Hans Stern fugiu da Alemanha nazista e veio para o Brasil. Em 1945, depois de ter trabalhado como datilógrafo em uma empresa de exportação de pedras, fundou a empresa. Inicialmente a H. Stern vendia apenas pedras e, em 1949, montou a primeira joalheria no porto do Rio de Janeiro. A jogada de marketing naquele tempo era mostrar aos turistas como as joias eram produzidas.

HÄAGEN-DAZS

O nome, que não significa coisa alguma, foi inventado pela esposa do imigrante polonês Reuben Mattus, que vendia sorvetes em Nova York. No começo da década de 1920, ele percebeu que as pessoas pagariam mais caro por um produto de melhor qualidade. O segredo estava em rebatizar o sorvete com um nome especial. Quando a moda pegou, em 1983, a gigante alimentícia Pillsbury comprou o negócio.

HABIB'S

Antônio Alberto Saraiva nasceu em Aldeia de Velosa, em Portugal, no ano de 1953, mas mudou-se com a família para o interior do Paraná, ainda pequeno. A família Saraiva entrou para o ramo de padarias e, mais tarde, mudou-se para São Paulo. Antônio Alberto prestou vestibular e entrou em medicina na Santa Casa de Misericórdia. O garoto mal tinha começado a faculdade quando seu pai foi assassinado durante um assalto à padaria da família, em 1973. Antônio decidiu, então, cuidar dos negócios. A padaria, que ficava no bairro do Brás, passou a render muito lucro depois que Saraiva adotou uma política de preços baixos. Em 1987, ele conheceu o libanês Paulo Abud, que lhe ensinou como preparar pratos árabes. Com as receitas na mão, Antônio teve a ideia de abrir uma rede que oferecesse comida árabe, até então só encontrada em restaurantes caros, a um preço bem popular. Hoje a rede é a maior franquia brasileira, e tem lojas até no México, onde é servido também o Taco Habib's. O nome Habib's vem da palavra árabe *habib*, que significa amado ou querido.

HALLS

A fórmula da bala com gosto refrescante foi desenvolvida na Inglaterra pelos irmãos Halls, em 1893. Ela chegaria ao mercado americano em 1930. Com o sucesso do produto, em 1964 a empresa Warner-Lambert, que já era proprietária da Adams, comprou a marca. O Halls chegou ao Brasil em 1971.

HARD ROCK CAFE

O primeiro Hard Rock Cafe foi inaugurado no dia 14 de julho de 1971. A ideia dos donos, os americanos Isaac Tigretti e Peter Morton, era servir a comida típica dos Estados Unidos, num ambiente com muito *rock'n'roll*. Certa ocasião, Eric Clapton deu sua guitarra autografada de presente para o restaurante de Londres. Os donos, sem saber direito o que fazer com aquilo, a penduraram na parede como enfeite. Na semana seguinte, o guitarrista Pete Townshead, da banda The Who, também resolveu doar a sua. E escreveu: "A minha é tão legal quanto a dele". Em pouco tempo, o Hard Rock Cafe também se transformou numa espécie de museu. A arquitetura do local lembra uma guitarra. O sucesso foi tão grande que foram abertas outras casas pelo mundo. O *slogan* do Hard Rock Cafe é *"Save the Planet"* (Salve o planeta).

→ O Planet Hollywood foi inaugurado em 1991, em Nova York, com a presença de seiscentos ilustres convidados. Existem roupas e objetos de inúmeros filmes espalhados por todas as paredes. Enquanto isso, telões passam cenas de filmes, videoclipes, *trailers* de futuros lançamentos e cenas de inaugurações de novas filiais. A ideia foi de Keith Barish e Roberto Earl, produtores de *O fugitivo*. Logo depois, três estrelas do cinema − Arnold Schwarzenegger, Silvester Stallone e Bruce Willis − entraram na sociedade. Demi Moore também entrou no negócio. Eles não são os únicos donos, mas todos os sócios são ligados ao cinema.

HARLEM GLOBETROTTERS

O mais famoso time de basquete do mundo foi criado por Abe Saperstein em 1926 no estado americano de Illinois. As primeiras partidas foram disputadas no Savoy Ballroom, de Chicago. Quando o lugar se transformou em um rinque de patinação, a única saída de Saperstein foi colocar seu time na estrada. O time era tão fantástico que começou a ser procurado por adversários que queriam enfrentá-lo. Por isso, decidiu transformar o jogo num espetáculo, adicionando doses de comédia. A equipe adversária e os juízes fazem parte do elenco. Saperstein morreu em 1966 e seus herdeiros venderam o time por três milhões de dólares.

HARLEY-DAVIDSON

A Harley-Davidson inspirou vários filmes, como *Sem destino* (1969), com Peter Fonda e Dennis Hopper, e *O exterminador do futuro 2* (1991), com Arnold Schwarzenegger *"Hasta la vista, baby"*. No Brasil, a pioneira série de TV *Vigilante rodoviário*, do final da década de 1950, tinha como coadjuvante uma Harley-Davidson de 1.200 cilindradas.

Foi de um barracão na cidade de Milwaukee, em Wisconsin, nos Estados Unidos, em 1903, que saiu a primeira moto batizada com o sobrenome de seus criadores: o desenhista William Harley e o engenheiro Arthur Davidson. Parecia uma bicicleta motorizada: era preciso pedalar para dar partida. Na época da Primeira Guerra Mundial (1914-1918), a empresa já produzia em larga escala. Recebeu a encomenda de fazer vinte mil unidades, algumas com metralhadoras, para o Exército americano. Aliás, foi o fornecimento às Forças Armadas e à polícia que garantiu a sobrevivência da Harley na crise dos anos 1930, época em que também começou a marcar presença no Brasil, nas mãos dos batedores que escoltavam autoridades. Na Segunda Guerra Mundial (1939-1945), voltou à luta: noventa mil motocicletas de 750 cilindradas serviram às forças americanas.

HEINEKEN

Em 1863, Gerard Adriaan Heineken convenceu sua mãe de que o alcoolismo diminuiria na Holanda se o povo consumisse cerveja no lugar de gim. Aos 22 anos, ele ganhou de presente De Hooiberg (o palheiro, em português), fundada em 1592, a maior cervejaria de Amsterdã. Empresário astuto, Heineken multiplicou as vendas, aumentou a cervejaria em 1867 e começou os trabalhos de uma nova cervejaria em Roterdã, seis anos mais tarde. Com uma nova técnica de esfriamento do malte, o que eliminava a dependência de um produtor de gelo, em 1873, Heineken passou a produzir cerveja o ano inteiro. O principal ingrediente da marca seria desenvolvido por Elion, formado no Instituto Louis Pasteur. Contratado pelo laboratório da cervejaria em 1879, ele desenvolveu uma célula de fermentação que produz o álcool na cerveja e ainda hoje é o selo da Heineken. Quatro anos antes de morrer, Gerard Heineken foi homenageado com uma medalha de ouro pela produção de cerveja na Feira Mundial de Paris de 1889. Na época, ele vendia 200 mil hectolitros anuais da bebida. Os demais fabricantes vendiam em média 3 mil hectolitros por ano. Henri Heineken, filho do fundador, assumiu o controle da empresa em 1914. Em uma viagem de navio para Nova York, ele conheceu Leo van Munching, um *barman* holandês, e o contratou como importador nos Estados Unidos. Em 1933, quando acabou a lei seca, a Heineken foi a primeira cerveja estrangeira a ser vendida no país.

HELLMANN'S

Richard Hellmann, que nasceu na Alemanha e era proprietário de uma *delicatessen* em Nova York, percebeu que havia um interesse muito grande pela maionese já misturada. Em 1912, ele começou a vender sua própria versão, uma receita caseira preparada pela mulher, em pequenos barris de madeira com 450 gramas. Um ano mais tarde, acondicionou o produto em grandes potes de vidro. No Brasil, a maionese Hellmann's foi lançada pela Refinações de Milho Brasil em 1962.

HELLO KITTY
A famosa gatinha japonesa foi criada em 1º de novembro de 1974 por um desenhista da empresa Sanrio, que na época produzia brindes. Mas a Hello Kitty só ganhou este nome em 1975, quando já era bastante conhecida no mercado. Ela tem uma irmã gêmea. Mimi usa um lacinho na orelha direita, ao contrário de Kitty, que o coloca no lado esquerdo.
A Sanrio justifica o fato de a gatinha não ter boca dizendo que ela "fala pelo coração".

HERING

Logo antigo da Hering

Hermann Hering ouviu com muito interesse as histórias de um patrício recém-chegado do Brasil. O calendário marcava o ano de 1878. Hermann e seu irmão Bruno enfrentavam dificuldades na fábrica artesanal de meias que tinham em Dresden, na Alemanha. No final daquele ano, Hermann embarcou sozinho para o Brasil, com destino a Blumenau (SC), cidade fundada por imigrantes alemães em 1850. Ao chegar, o assunto mais comentado era a morte de um colono devorado por uma onça. Nada, portanto, das maravilhas descritas pelo amigo. Na colônia, havia 15 mil pessoas. A agricultura e a pequena indústria começavam a prosperar. Hermann percebeu que não havia ainda nenhuma tecelagem ali. As roupas e os tecidos estavam entre os mais caros produtos que a população importava.
No início de 1879, Hermann comprou de um francês um tear circular de madeira, movido à mão, e um caixote de fios de algodão. Mandou vir o filho e a filha mais velhos, Paul e Elise, e começou uma pequena produção de meias. Um ano depois, quando a fábrica exigiu mais gente, Hermann trouxe o resto da família. Bruno Hering, irmão de Hermann, veio apenas acompanhar a cunhada e os sobrinhos, mas se entusiasmou e entrou como sócio no negócio. Nascia, então, a fábrica Gebrueder Hering e o símbolo dos dois peixinhos. *Hering*, em alemão, significa arenque, nome de um peixe. O símbolo da empresa, portanto, representa a união dos dois irmãos. Quando Hermann morreu, em 1915, a Hering já era a maior malharia brasileira.

HEWLETT-PACKARD
No intervalo do curso de engenharia elétrica da Universidade de Stanford, William Hewlett e David Packard costumavam refletir sobre o futuro. Após a formatura, em 1934, Packard foi trabalhar na General Electric e Hewlett

prosseguiu na carreira acadêmica. Passaram-se três anos e os dois decidiram investir no sonho comum. Improvisaram uma oficina na garagem de Packard. Inventaram uma máquina para diminuir peso, um sintonizador eletrônico de harmônica e um indicador de luz para obstrução de caminhos nas curvas. Surgiu o primeiro grande cliente. Nada mais nada menos que Walt Disney, que comprou oito osciladores por 71,50 dólares cada. A invenção foi utilizada na trilha sonora do desenho animado *Fantasia*.

Em 1972, a dupla lançou no mercado um produto revolucionário: a HP-35, uma calculadora de mão científica. Foi um sucesso, apesar do preço: 795 dólares.

HIPOGLÓS

A pomada Hipoglós, famosa por proteger os bumbuns infantis de assaduras e brotoejas, foi criada em 1930 pelo médico espanhol Raul Rovirata, do Laboratório Andromaco. Inicialmente, o nome do produto era Halibut. Seu principal componente é o óleo de fígado de bacalhau. Com o tempo, foram acrescentados alguns complementos: vitaminas A e D, ácido bórico e óxido de zinco. Sua característica oleosa forma uma barreira que previne assaduras. A Hipoglós chegou ao Brasil em 1938.

HONDA

O pai de Soichiro Honda trabalhava como forjador especializado em armas e máquinas agrícolas na cidade de Hamamatsu, no Japão. Quando o garoto tinha nove anos, porém, ele mudou de profissão e montou uma oficina de conserto e venda de bicicletas. Tão preocupado com motores e hélices, Soichiro não era um aluno brilhante na escola. Em compensação, nessa época, já tinha construído sua primeira bicicleta. Era um modelo rudimentar, mas avançado para alguém de tão pouca idade. Aos 13 anos, finalmente, Soichiro produziu uma bicicleta. Com ela, pedalou 25 quilômetros para ver um avião. Apaixonou-se pela novidade. Dois anos depois, a família se mudou para Tóquio. O primeiro emprego foi conseguido com a ajuda da revista *O Mundo das Rodas*, da qual Soichiro era assíduo leitor. Foi trabalhar na Art Shokai – Companhia Técnica de Automóveis de Tóquio como aprendiz de mecânico.

O primeiro negócio de Soichiro Honda foi uma filial da Art Shokai na sua cidadezinha. A oficina vai bem e Honda abre uma nova empresa para produção de anéis de pistão. Em junho de 1945, suas fábricas são destruídas por ataques aéreos. Durante o período de reconstrução do país, todos necessitavam de meios de locomoção. Soichiro criou o Honda Technical Institute. Seu primeiro projeto, em novembro de 1946, foi um motor simples e leve, que qualquer um poderia comprar e fixar em sua bicicleta. Em setembro de 1948 surgia a Honda Motor Co. Ltd., e em agosto de 1949 era fabricado o primeiro protótipo Honda, o modelo Dream D, de 98 cm³. Foi quando começou a trabalhar na companhia aquele que seria seu principal companheiro, Takeo Fujisawa, que cuidou da administração e do desempenho financeiro da empresa, liberando o fundador para o desenvolvimento mecânico, como o silencioso motor de quatro tempos que passou a equipar suas motos.

Dream D

INTEL
O nome da famosa empresa de microprocessadores vem de Integrated Eletronics. Ela foi fundada em 1968 em Santa Clara, Califórnia, Estados Unidos, por Roberto Noyce (1927-1990) e Gordon Moore (1929-). O mais famoso microprocessador da Intel deveria se chamar 80586 ou i586. Mas a Intel não consegiu o registro de um número como marca. Contratou um escritório para desenvolvimento de uma marca, que recebeu o nome de Pentium.

IPOD
O inventor do iPod foi o norte-americano Tony Fadell, em 2001. Quando Fadelll criou o tocador, ninguém deu muita bola para a novidade. Ele chegou a oferecer sua criação para a Phillips e para a RealNetworks, mas nenhuma das duas viu muita vantagem no produto. O aparelho, um tocador de música, armazena canções baixadas pela internet em um disco rígido bem fino e a memória *flash* proporciona uma troca de arquivos rápida. Fadell estava esquiando quando recebeu a resposta da Apple. Eles gostaram da ideia e pretendiam lançar o produto no Natal daquele mesmo ano. O nome foi criado por Vinnie Chieco, um especialista em marketing contratado pela Apple para encontrar meios de inserir o produto no mercado. Existem duas versões sobre a origem do nome: uma é de que Chieco se inspirou nas cápsulas de resgate de astronautas, os Pods. A outra, mais aceita, é de que o nome foi "reciclado" de outro projeto, nunca colocado em prática pela Apple. Os iPod seriam ilhas de acesso à internet. *Pod*, em português, significa vagem ou casulo e o *I*, é de internet.

JACK DANIEL'S

Jasper Newton Daniel (1850-1911), ou apenas Jack Daniel, nasceu em Lynchburg, cidade com uma população de 361 pessoas no estado americano do Tennessee. Arrumou seu primeiro emprego aos sete anos. Ele foi contratado por Dan Call, um ministro luterano muito amigo da família. Como tinha 12 irmãos, Jack acabou também sendo criado por Dan Call, dono de uma pequena destilaria. Dan utilizava um sistema de destilação que levava alguns dias a mais para adocicar o uísque fresco de milho por meio do carvão vegetal de uma árvore chamada maple. O processo era bastante usado pelas destilarias do Tennessee e, até hoje, o processo dá ao uísque Jack Daniel's seu sabor característico.

Em setembro de 1860, a congregação de Dan achou melhor que ele cuidasse apenas dos fiéis e largasse o ramo de bebidas. Desse modo, ele decidiu vender o negócio para seu jovem pupilo, então com 13 anos. A Jack Daniel foi a primeira destilaria localizada nos Estados Unidos, em 1866. Seu uísque, Old nº 7 Tennessee, ganhou a medalha de ouro na Feira Mundial de Saint Louis, em 1904, competindo com outros vinte uísques do mundo inteiro. Ninguém sabe explicar a origem do número 7.

Em 1905, Jack chegou ao trabalho mais cedo e tentou abrir seu cofre. Ele não conseguia lembrar a combinação e, com raiva, chutou o cofre. Acabou quebrando o dedão do pé e a infecção se alastrou. Jack Daniel morreu de septicemia em 1911. Como não era casado nem tinha filhos, a destilaria passou para seu sobrinho, Lem Motlow.

Cartaz do uísque Old nº 7, ganhador da medalha de ouro

JACK IN THE BOX

O primeiro Jack In The Box foi inaugurado em 1951, em San Diego, Califórnia, pelo empresário Robert O. Peterson. O restaurante *fast-food* era decorado com uma caixa enorme que ficava sobre o telhado, de onde saía um palhaço de mola – o tal Jack. A lanchonete já tinha intercomunicadores no *drive-thru* e cobrava 18 centavos de dólar (1,24 dólar de hoje) por seus hambúrgueres. Os americanos acreditam que o bonequinho símbolo da rede dá sorte. Já teve lojas no Brasil na década de 1970.

JOHNNIE WALKER

Na cidade escocesa de Kilmarnock, um pequeno armazém abastecia o mercado local com frutas, manteiga, bolachas, além de vinho e uísque. O comércio, bem localizado, era propriedade de John Walker desde 1820. A região atraía compradores ingleses que procuravam tapetes, sapatos e bebidas. Atacadista de uísque, Walker lançou o *blend* Kilmarnock, precursor da marca que conhecemos hoje. Quando Walker morreu, em 1857, seus herdeiros continuaram investindo na bebida. Alexander Walker assumiu a empresa em 1865 e criou Johnnie Walker's Old Highland Whisky dois anos mais tarde.

Em 1909, os irmãos que ficaram no lugar de Alexander após a sua morte substituíram o Extra Special Old Highland Whisky pela marca Johnnie Walker Black Label. Para seu lançamento, o cartunista Tom Browne criou o símbolo até hoje usado de um homem com cartola, monóculo, enérgico, andar altivo, chamado em inglês *Striding Man Figure*. Ele carrega a frase "nascido em 1820, ainda com força total".

JOHNSON & JOHNSON

Uma sociedade fundada em New Jersey, em 1885, uniu os irmãos Robert, James Wood Johnson e Edward Mead Johnson. Com 14 funcionários, a empresa foi registrada como Johnson & Johnson dois anos mais tarde. Os curativos cirúrgicos que a fábrica produzia foram os primeiros a chegar ao mercado já esterilizados. Os irmãos seguiam os princípios defendidos pelo desacreditado cirurgião inglês Joseph Lister. Segundo ele, o ar transportava germes que causavam infecções em pacientes internados em hospitais. Certa vez, um médico escreveu para a empresa dizendo que alguns pacientes sofriam irritação na pele por causa de emplastros medicinais. A Johnson & Johnson mandou potes de talco italiano para conter as dermatites.

Em seguida, uma pequena lata de talco era vendida com os pacotes de emplastros. Os clientes pediram mais e, em 1890, a empresa lançou um talco para bebês. Mantendo relações com os criadores da Coca-cola, em 1894 apresentou um preparado de "kola", indicado para aliviar a náusea, regular os batimentos cardíacos e até curar ressaca. Promovendo intensamente o uso de materiais esterilizados, a empresa publicou o livreto educativo "Métodos Modernos para o Tratamento Antisséptico de Ferimentos". No mesmo ano, a Johnson lançou o kit de primeiros socorros para os trabalhadores de ferrovias. O conceito do atendimento tornou-se popular e foi amplamente adotado. Os produtos da empresa, como gaze de algodão esterilizado, estavam presentes no cuidados de soldados feridos em batalhas. Após o terremoto de São Francisco, a Johnson cancelou os pedidos inferiores a cem dólares para despachar mercadorias para o tratamento dos sobreviventes. Robert Johnson morreu em 1910, vítima de uma doença renal aguda. James Johnson tomou a dianteira do negócio.

KAISER

O criador da marca Kaiser foi o empresário Luiz Otávio Possas Gonçalves, distribuidor e engarrafador da Coca-Cola desde 1958. Mas foi o português Manuel Barros que, em 1982, cuidou de inovar tecnologicamente o mercado de cervejas no Brasil como responsável pela primeira fábrica da Kaiser em Divinópolis, Minas Gerais. Ex-funcionário da holandesa Heineken, Manuel passou a fermentar e maturar a cerveja em tanques fechados e refrigerados, para evitar a interferência da levedura selvagem. Esse processo era, até então, inédito no país. A cerveja foi pioneira na comercialização da embalagem de vidro sem retorno. Em 1993, foi lançada a versão Bock, outra novidade no país. Kaiser, em alemão, significa "imperador".

KELLOGG'S

Em 1860, um grupo de religiosos da Igreja Adventista do Sétimo Dia se estabeleceu em Battle Creek, em Michigan (Estados Unidos), trazendo consigo um código restrito de dieta alimentar que proibia o uso de tabaco, bebidas alcoólicas, chá, café ou medicamentos patenteados. Os adventistas eram também vegetarianos e se alimentavam de legumes, verduras e grãos. Sua dieta baseada num "modo de vida biológico" e seus métodos de ginástica foram úteis na promoção da vida saudável, fazendo que se espalhasse a reputação de Battle Creek como um centro de saúde. Uma das famílias de adventistas que viviam em Battle Creek tinha o sobrenome Kellogg. Depois de completar seus estudos em medicina, John Harvey Kellogg retornou a Battle Creek para trabalhar como médico. O doutor Kellogg misturava cereais com frutas e avaliava seus efeitos sobre sua capacidade de "se sentir saudável e pensar de maneira clara". Nomeado diretor do instituto de saúde, John Kellogg começou a utilizar algumas de suas novas fórmulas dietéticas em seus pacientes. Mas as leves e monótonas refeições vegetarianas geralmente faziam os pacientes de Battle Creek saírem após uma curta estada (ou escapassem sorrateiramente para um restaurante nas redondezas).

Observando que apenas os pacientes adventistas estavam acostumados a uma dieta tão limitada, o doutor Kellogg, auxiliado por seu irmão, Will Keith, montou um laboratório de alimentos na cozinha da instituição e tentou criar processos mais saborosos de preparar trigo, milho, aveia, arroz e outros grãos saudáveis. À noite, os irmãos Kellogg se encontravam no laboratório para ferver, assar, cozinhar no vapor e na pressão vários tipos de grãos, tentando obter melhores sabores ou texturas diferentes. Em pouco tempo, o menu vegetariano da clínica incluía substitutos para carne de vaca, vitela, porco, galinha e café, todos preparados com grãos, legumes e verduras.

Faltava apenas inventar um pão com pouco amido e grãos integrais. Uma noite de 1894, em meio a um experimento em que cozinhavam trigo, os dois irmãos foram chamados para resolver um importante negócio. E se passaram quase dois dias até que eles retornassem ao experimento. Encontraram uma panela cheia de trigo empapado que havia cozinhado demais. Contudo, eles continuaram do ponto em que haviam parado e processaram a papa de trigo através de rolos de abrir massa. E ficaram estupefatos com o resultado. Em vez das folhas grudentas que eles vinham obtendo havia semanas, cada um dos grãos de trigo se transformara individualmente em um pequeno floco. Quando os flocos foram torrados, o resultado não foi um novo tipo de pão, mas um novo tipo de cereal preparado e pronto para comer. Os flocos de trigo torrado se tornaram outro alimento inovador na clínica, e a eles logo se seguiram flocos de arroz e o preferido dos pacientes: os flocos de milho (*corn flakes*). O doutor Kellogg não tinha nenhuma intenção de vender seu novo alimento, mas os pacientes que deixavam a clínica com frequência pediam para levar para casa um estoque dele.

O tigre Tony, símbolo dos Sucrilhos Kellogg's, foi criado em 1952 pela agência de publicidade americana Leo Burnett. Entre outros personagens cogitados na época para mascote do cereal, estavam a canguru Katy, o elefante Elmo e o gnu Newt.

KFC

A sigla quer dizer *Kentucky Fried Chicken* (frango frito de Kentucky) e a rede foi fundada por Harland Sanders. Em 1930, aos quarenta anos, ele começou a cozinhar para os viajantes que paravam no posto de gasolina em que trabalhava. Sua receita secreta para preparar o frango – que leva 11 temperos – fez tanto sucesso que ele abriu um restaurante. Em 1952, negociou a primeira franquia e, 12 anos depois, vendeu a marca por dois milhões de dólares a um grupo de investidores.

Pela sua contribuição à culinária local, ganhou o título de coronel em 1935. A KFC chegou ao Brasil em 1977, desapareceu anos depois e voltou a operar aqui em 1994.

KIBON
Em 1938, na cidade de Xangai, na China, uma próspera indústria de sorvetes, ovos desidratados e chocolates, a Hazelwood Ice Cream Company, foi atingida pela guerra entre China e Japão. Seu proprietário, o americano Ulysses Severin Harkson, incumbiu o gerente comercial, John Kent Lutey, de procurar um outro país para implantar a empresa. Ele comprou uma fábrica de sorvetes quase falida no Rio de Janeiro, a Gato Preto. No dia 24 de julho de 1941, era fundada a primeira indústria brasileira de sorvetes, a U. S. Harkson do Brasil, com cinquenta carrinhos, quatro conservadoras e um quadro de sete funcionários. O começo foi difícil. A Segunda Guerra Mundial obrigou o Brasil a racionar açúcar e leite, além de impossibilitar a importação de máquinas adequadas para a produção de sorvete (naquele tempo, o produto era chamado de "sorvex"). O primeiro sorvete que a Kibon lançou foi o Eskibon, seguido pelo Chicabon. Diz a lenda que o nome Chicabon foi uma homenagem de Lutey à mulata Francisca, a Chica, cuja beleza o empolgava.

KICHUTE
O Kichute foi (e ainda é) a primeira chuteira de muitos meninos. O calçado todo preto, de lona, é um misto de tênis e chuteira, mas com cravos de borracha. O Kichute foi idealizado em 1965, por causa do entusiasmo crescente pelo futebol, então bicampeão do mundo. O produto chegou às lojas em 1970, usando como modelo calçados parecidos que já eram vendidos no exterior. A São Paulo Alpargatas tinha em seu catálogo sucessos como os tênis Conga (1959) e Bamba (1961). O auge das vendas aconteceu no período de 1978 a 1985: nove milhões de pares vendidos ao ano.
Os meninos que usavam Kichute se dividiam em duas categorias: aqueles que amarravam o longo cadarço pela canela e aqueles que amarravam o tênis dando várias voltas pelo solado. O Kichute é fabricado até hoje, mas por causa da popularização das chuteiras de outras marcas, não faz o mesmo sucesso.

KINDER OVO
Fundada em 1944 na cidade de Alba, no Norte da Itália, a Ferrero é o terceiro maior fabricante de chocolates do mundo, atrás da suíça Nestlé e da americana Mars. O carro-chefe da Ferrero é o Kinder Ovo, lançado em 1975. Os ovinhos são recheados com cápsulas de plástico que guardam pequenos brinquedos desmontáveis. O produto foi lançado no Brasil em 1994.

→ A balinha Tic Tac foi criada por Michele Ferrero, do Grupo Ferrero, em 1969.

KITANO
A marca Kitano nasceu em 1964, no bairro de Pinheiros, em São Paulo. O nome da empresa foi emprestado do sobrenome de seu fundador, Yoshizo Kitano. Kitano em japonês significa "campos do Norte". Atuando inicialmente no mercado de cereais e farináceos, a Kitano revolucionou costumes, criando o hábito de compra de produtos embalados, no lugar das compras a granel. Em 1989, a marca foi vendida para a Refinações de Milho Brasil, que batizou com este nome uma ampla linha de chás, sobremesas, especiarias e artigos para festas.
Yoshizo Kitano montou um novo negócio e criou outra marca, chamada Yoki (que junta a primeira sílaba do seu primeiro nome à primeira do sobrenome). Para os japoneses, o termo significa "esperança e expectativa". Em 1996, a Refinações de Milho Brasil pôs à venda a marca Kitano, que foi comprada pela Yoki.

KLEENEX
A empresa americana Kimberly-Clark fabricava, desde 1872, vários produtos de papel. Quando houve falta de algodão no mercado, em 1914, a Kimberly-Clark inventou um material substituto. Macio e absorvente, ele era feito de celulose de polpa de madeira e de uma pequena quantidade de algodão. Foi batizado de *cellucotton*. Durante a Primeira Guerra Mundial, o novo material foi bastante usado em hospitais e prontos-socorros dos Estados Unidos e da Europa para suprir a falta de ataduras de algodão e como filtros para máscaras de gás.
Com o fim da guerra e da escassez do algodão, a Kimberly-Clark começou a procurar outras maneiras de vender seu *cellucotton*. Apresentou o produto

como um tecido descartável para remover creme e maquiagem do rosto. Em 1924, o novo produto — cem folhas em uma caixa — foi colocado no mercado. Mas os lenços de papel eram considerados uma extravagância. Cinco anos depois, com o novo nome Kleenex, a empresa inventou a caixa pop up (ao puxar uma folha, parte da próxima imediatamente saía da caixa) e ofereceu os lenços em várias cores. Ainda assim, as vendas continuaram baixas. Em 1930, o departamento de marketing fez uma pesquisa para saber como os consumidores estavam utilizando os lenços. O resultado foi surpreendente: a maioria das pessoas não o usava como removedor de cremes, mas sim como lenço de nariz. Havia evidências de que os japoneses utilizavam "papel para espirrar" já no século XVII. Eram chamados de *hanagami*. Os japoneses pegavam pequenos pedaços de papel e os amarrotavam para torná-los macios. Depois da pesquisa, toda a publicidade do Kleenex foi modificada para enfatizar seu novo uso. O *slogan* dizia agora: "Não ponha um resfriado em seu bolso".

KNORR
Em 1873, o industrial Carl Heinrich Knorr, dono de uma fábrica na pequena cidade de Heilbroun, Alemanha, criou uma fórmula capaz de ajudar a mulher a simplicar sua vida na cozinha. Ele lançou a sopa desidradata em pacotes. Preparada com vegetais desidratados e temperos, a sopa em pacote mantinha todas as qualidades nutritivas da caseira. Alguns anos depois, em 1886, Knorr apresentou mais uma inovação: o caldo em cubinhos. No Brasil, os produtos Knorr foram lançados em maio de 1961.

KODAK
Ao sair para uma viagem, o americano George Eastman (1854-1932) foi instigado por amigos a trazer algumas fotografias. Foi aí que ele percebeu que fotografar era um *hobby* trabalhoso demais. Voltou do passeio sem as fotos, mas com uma ideia para simplificar a difícil tarefa de fotografar. Primeiro veio a ideia do filme em rolo. Mas Eastman revolucionaria mesmo o mercado fotográfico em junho de 1888. Ele criou uma máquina fotográfica simples, leve e barata. Ela foi batizada de "kodak", um nome curto e fácil de ser pronunciado em qualquer língua. Ao terminar o filme, o cliente deveria levar a máquina até o local em que havia comprado para que ele fosse retirado, revelado e

ampliado. Ali mesmo, o funcionário colocava um novo filme na máquina. Em pouco tempo, porém, não era mais necessário levar a máquina e os filmes podiam ser comprados em qualquer lugar.

→ A primeira fábrica da Fujifilm foi aberta em 1934, numa pequena cidade localizada na base do mais famoso cartão-postal do Japão, o monte Fuji. Criada para produzir filmes cinematográficos, dois anos depois, passou a fazer também filmes para raios X. Em 1948, a Fuji colocou no mercado o filme colorido e começou a produzir câmeras fotográficas. A empresa chegou ao Brasil em 1958. No ano de 1986 lançou a primeira câmera descartável, a QuickSnap. Dois anos depois apresentou a primeira câmera digital do mundo.

KOMBI
O carro, criado pelo holandês Bem Pon, foi lançado em 8 março de 1950. No início, o veículo só era produzido na fábrica da Volkswagen de Wolfsburg, na Alemanha. Até que, em 1953, o modelo começou a ser fabricado em diversas fábricas pelo mundo, até no Brasil. Seu nome é uma abreviação da palavra "kombinationfahzeug", que significa "veículo para uso combinado". A Kombi foi o primeiro veículo da Volkswagen fabricado no Brasil.

KOPENHAGEN
O casal de imigrantes Anna e David Kopenhagen trouxeram da Letônia uma receita de marzipã, muito popular na Europa. Anna passava as noites fabricando o doce e David saía cedo de casa para fazer as entregas para outros imigrantes. A primeira loja Kopenhagen foi aberta em 1928, no centro de São Paulo. Bonecos, bichinhos e outras figuras feitas de marzipã ficavam expostas na vitrine. Quando o casal comprou uma fábrica no bairro do Itaim Bibi, a empresa passou a produzir também chocolates finos, bombons, balas, confeitos, biscoitos, ovos de Páscoa e panetones. O Nhá Benta, um dos maiores sucessos da Kopenhagen, surgiu em 1950 com o nome Pão de Açúcar. Em 1952, passou a ser chamado de Sinhá Moça, e, dois anos depois, recebeu o nome definitivo.

O casal Anna e
David Kopenhagen

KUAT
Kuat significa "Irmão Gêmeo da Lua" em tupi-guarani. Pouco antes do lançamento do produto, em 1997, a empresa fez uma pesquisa entre os consumidores. Apresentou uma lista enorme e o mais votado foi Kuat. A ideia de colocar um nome em tupi-guarani foi uma forma de fazer referência ao guaraná, fruto cultivado exclusivamente na região amazônica. A Coca-Cola já tinha tido outras marcas de guaraná. A Fanta Guaraná chegou ao mercado em 1972 e ficou até 1975. Quatro anos depois, a Coca-Cola voltou a atacar, com o lançamento do guaraná Taí, substituído pelo Kuat.

LACOSTE
Em 1927, o tenista francês René Lacoste (1904-1996) era um terror nas quadras. Foi o principal responsável pela primeira vitória francesa na Copa Davis e colecionou títulos nos famosos torneios de Roland Garros, Wimbledon e Forrest Hills. "Tenaz como um crocodilo", segundo os amigos, ele usou a figura do réptil como brasão em um blazer azul-marinho e depois em uma camisa de mangas curtas, com gola e botõezinhos que iam do pescoço ao peito, que ele mesmo desenhou. O uniforme inusitado (os jogadores vestiam calça de linho e camisa de mangas compridas) apareceu pela primeira vez no Torneio Aberto dos Estados Unidos. Dois anos depois, ele abandonou as quadras por causa de uma tuberculose e se dedicou totalmente aos negócios de sua grife.

Publicidade de 1926, com René Lacoste

LACTA
Em 21 de janeiro de 1912, o cônsul suíço Achilles Izella fundou a Societé Anonyme de Chocolats Suisses, que produziria chocolates para o mercado brasileiro. O empreendimento ganhou novo vigor quatro anos mais tarde, quando a indústria foi assumida por Zanotta, Lozenzi e Cia., importadora de chocolates franceses.

Um dos mais antigos chocolates da Lacta é o Diamante Negro. Quando ele foi lançado, em 1938, seu nome era simplesmente "Chocolate Lacta". Era ano da Copa do Mundo, e Leônidas da Silva, jogador da Seleção Brasileira e do São Paulo, foi uma das sensações daquele Mundial. Leônidas tinha sido apelidado pela imprensa de "Diamante Negro" por seu excelente desempenho. Inspirada neste episódio, a Lacta colocou o nome de "Diamante Negro" no seu primeiro chocolate com crocante em 1940. O chocolate Bis, outro campeão de vendas da empresa, foi lançado em 1942.

O mercado de chocolates cresceu muito na década de 1950, impulsionando a ampliação do parque industrial da empresa. A palavra Lacta vem do grego *lactis*, que significa leite.

➜ Leia também a história do Sonho de Valsa na página 425.

LAMBRETTA

O italiano Ferdinando Innocenti possuía uma fábrica de tubos de aço em Lambrette (Itália). Seu negócio foi totalmente destruído durante a Segunda Guerra. Ao retornar à ativa, Innocenti resolveu desenvolver um veículo de custo mais acessível à população, que passava por dificuldades financeiras. Com o engenheiro Pierluigi Torre, criou um novo tipo de motocicleta, mais resistente, batizada com o nome de sua cidade natal.

A produção de Lambrettas teve início em 1947. O primeiro modelo tinha um motor com um único cilindro e fazia 33 quilômetros com 1 litro de gasolina. Seu chassi tinha uma plataforma para o motorista apoiar os pés. Foi a primeira fábrica automobilística montada no Brasil, em 1955. Ela foi instalada no bairro da Lapa, em São Paulo (SP).

LEE

Aos 62 anos, Henry David Lee (1849-1928) dirigia um movimentado armazém em Salinas, Kansas. Vendia de panela a tecidos. Em 1911, a demora na entrega de roupas irritava o comerciante, que via seus antigos clientes frequentarem outras lojas. Lee resolveu construir uma fábrica de vestuários.

Em 1913 criou um macacão costurado a uma jaqueta, o "Union-All", seu primeiro sucesso de venda. A peça foi usada como uniforme do Exército norte-americano na Primeira Guerra Mundial. Em 1916, Lee tinha quatro fábricas. As famosas calças caubói surgiram em 1924.

Fábrica de Lego de Ole Kirk Christiansen

LEGO

O carpinteiro dinamarquês Ole Kirk Christiansen perdeu seu emprego em 1930. Para ganhar dinheiro, passou a fabricar e vender brinquedos de madeira – ioiôs, bichinhos e carrinhos – como os que costumava fazer para seu filho, Godtfred. Em pouco tempo, cinquenta pessoas já estavam trabalhando para ele. Depois passou a fazer brinquedos desmontáveis até criar, em 1942, as primeiras pecinhas de plástico para encaixar. A marca Lego foi registrada em 1955 e vem da expressão *leg godt*, que significa "bem jogado".

LEITE DE MAGNÉSIA DE PHILLIPS

Criado em 1873 pelo farmacêutico inglês Charles Henry Phillips, radicado nos Estados Unidos, o remédio tinha dupla ação: antiácido e laxante suave. Passou a ser fabricado no Brasil em 1930. Os consumidores brasileiros foram cortejados durante anos com a distribuição de amostras grátis do produto de porta em porta.

LEITE DE ROSAS

Aos 52 anos, o seringalista amazonense Francisco Olympio de Oliveira desembarcou no Rio de Janeiro com a mulher e um amigo farmacêutico. Isso aconteceu em 1929. Os três iniciaram a produção do Leite de Rosas nos fundos da casa em que moravam, no bairro de Laranjeiras. Para divulgar o lançamento, Francisco bolava cartazes e os colava na calada da madrugada, já que a panfletagem era proibida por lei. O produto foi o primeiro a usar mulheres trajando biquínis em seus anúncios. A marca começou a despontar com a criação do *slogan* "O preparado que dá *it*". A gíria "*it*" foi popularizada pelo Leite de Rosas na década de 1930. Significava elegância, charme ou *glamour*. O conceito fez tanto sucesso, que deu origem até a um programa de rádio, "O Quarto de Hora do *It*", com dicas culturais e de beleza. A famosa embalagem rosa de plástico e letras brancas foi lançada em 1967.

LEITE LECO, PAULISTA E VIGOR

Em 1925, a empresa Oliva da Fonseca e Cia. Ltda., fundada sete anos antes para fabricar leite em pó e atender a fábricas de chocolate, maisena e glicose, passa a distribuir leite na cidade de São Paulo. Dois anos depois, com o novo nome Sociedade Anônima Fábrica de Produtos Alimentícios Vigor, inaugura uma nova e moderna usina em São Paulo, com capacidade para processar 20 mil litros de leite por dia.

A Cooperativa Central de Laticínios do Estado de São Paulo, tradicionalmente conhecida como Leite Paulista, foi fundada em 17 de setembro de 1933, com a união de produtores de leite em cooperativas regionais associadas. O primeiro produto colocado no mercado foi o leite integral, que, na época, era envasado e distribuído em garrafas de vidro.

No ano de 1945, a Leco iniciou suas atividades através da empresa Laticínios Campinas. Somente três anos depois é que ela adotou o novo nome. Foi a Leco que lançou com grande promoção o leite tipo B na década de 1950. Até 1954, a distribuição ficou restrita apenas às cidades de São Paulo e Campinas.

Até 1961, o leite era distribuído em garrafas de vidro. Para comprar um litro de leite, o cliente entregava ao vendedor o frasco e recebia outro cheio. O vendedor devolvia o frasco às usinas distribuidoras para ser higienizado e reaproveitado. Nesse ano, a Vigor e a Leco importaram tecnologia da Suécia e lançaram a embalagem tetraedro no mercado de São Paulo. Em 1968, a Laticínios Poços de Caldas passou a embalar o leite tipo C em sacos plásticos de polietileno, cujo custo era mais baixo. A embalagem plástica foi uma solução de seus problemas de quebras de vidro e retorno, já que a usina ficava em Poços de Caldas, a 254 quilômetros de São Paulo. Nos anos 1970, a embalagem de plástico se disseminaria por todos os principais mercados do país.

LEITE MOÇA

Inicialmente utilizado apenas como bebida (reconstituído com água), o leite condensado era um produto que podia ser armazenado por muito tempo, característica importante nos períodos de escassez do produto. Somente durante a Segunda Guerra Mundial o leite condensado foi usado, por iniciativa das donas de casa, como ingrediente para doces e sobremesas.

O leite condensado, com e sem açúcar, começou a ser importado pelo Brasil em 1890, oferecendo uma alternativa ao leite fresco, cujo abastecimento era problemático na época. O produto da The Nestlé and Anglo Swiss Condensed Milk Company era vendido nas drogarias. A jovem que aparece no rótulo da embalagem é uma camponesa suíça do século passado. Naquela época, o leite condensado mais popular da Suíça tinha a marca La Laitière, que significa "vendedora de leite". Quando o produto foi exportado, procurou-se o nome equivalente na língua de cada país, sempre associado à figura da camponesa típica, com seus baldes de leite. No Brasil, usou-se inicialmente o nome inglês Milkmaid. Mas os compradores tinham dificuldade em pronunciar a marca e chamavam o produto de "esse leite da moça". Quando abriu sua primeira fábrica no país, em 1921, na cidade de Araras (SP) e começou a produzi-lo, a Nestlé optou pela solução de utilizar o nome criado espontaneamente pelos clientes.

Os brigadeiros foram criados no Brasil logo depois da Segunda Guerra Mundial. Na época, era quase impossível arranjar leite fresco, ovos, amêndoas e açúcar para os doces. Aí as quituteiras descobriram que a mistura de leite condensado e chocolate dava um doce gostoso. O nome foi uma homenagem ao brigadeiro Eduardo Gomes, político e candidato à Presidência.

LEITE NINHO

O produto começou a ser comercializado no Brasil com o nome de Molíco (com i acentuado) em 1923. Era um leite em pó fabricado na Argentina e envasado nas fábricas de Araras (SP) e Barra Mansa (RJ). O leite só ganharia o nome de Leite em Pó Integral Ninho em 1944. Nessa época, por causa da Segunda Guerra, havia uma escassez de leite no mercado. O *slogan* do produto se aproveitou dessa situação: "Não entre na fila! Para quem usa Ninho, não existe o problema do leite". Com 4% a mais de gordura que o Molíco, o Ninho Integral teve excelente aceitação pelo mercado e sua demanda passou a crescer a cada ano. Passado mais algum tempo, a Nestlé desenvolveu o processo de obtenção do leite em pó instantâneo e, em 1965, lançou o Ninho Instantâneo. Em muitos países, o Leite Ninho é comercializado com o nome Nido.

Anúncio do Leite Ninho de 1958

LEVI'S

Levi Strauss (1829-1902) deixou a Baviera, na Alemanha, em direção aos Estados Unidos em junho de 1847. Ele não falava inglês, mas foi trabalhar para seus dois irmãos mais velhos, vendendo tecidos e quinquilharias domésticas em cidades no estado de Kentucky. Dois anos depois, Levi ouviu falar da Corrida do Ouro na Califórnia e da possibilidade de grandes fortunas. Colocou sua mercadoria na mala e rumou para São Francisco. Para comprar terras e o equipamento de mineração, Levi vendeu suas mercadorias e roupas aos companheiros de viagem. Quando o barco chegou em São Francisco, não conseguira se desfazer apenas de alguns rolos de lona. Ele pensou que seria fácil vendê-la como material para tendas ou para cobrir carroças, mas seus clientes em potencial tinham outros pedidos: "Você deveria ter trazido calças... Calças não duram nada na mineração".

O homem de negócios Levi Strauss percebeu que ali havia provavelmente um bom mercado de calças de lona para garimpeiros. Era 1850. Contratou um alfaiate local e transformou sua lona em "macacões cinturados". As calças vendiam à medida que eram feitas. Logo, todos os garimpeiros e empregados da ferrovia queriam calças de lona de Levi, que escreveu a seus irmãos pedindo-lhes que enviassem mais lona. Em pouco tempo, ele abandonou seus planos de garimpar e abriu uma pequena confecção de calças em São Francisco. Levi conhecia um tecido ainda mais resistente e durável, produzido na cidade francesa de Nîmes (pronuncia-se *nim*). Os franceses chamavam o material de *serge de Nîmes* – o que significa "tecido de Nîmes" –, mas, na época em que chegou aos Estados Unidos, as pessoas o chamavam apenas de *denim*. Quando Levi Strauss decidiu passar da lona para o denim, ele também tingiu o material com índigo (um azul-anil escuro), pois aparentemente este produzia uma tintura mais consistente, fazendo que os vários pedaços de tecido combinassem ao ser costurados. Quando o novo produto aperfeiçoado de Levi começou a vender (ao preço de 13,50 dólares a dúzia), as pessoas ainda chamavam as calças de Levi's, mas em geral adicionavam *blue denim* ou *blue jeans*. Jeans era uma americanização da palavra Gênova, cidade da Itália que também produzia este tecido de sarja de algodão resistente.

As calças Levi's foram aperfeiçoadas na década de 1860, mas não por seu inventor. O garimpeiro Alkali Ike tinha o hábito de encher os bolsos de suas calças Levi's com amostras de minério de ouro – em tal quantidade que os bolsos com frequência se furavam. Por isso, Ike constantemente levava suas Levi's para seu alfaiate, Jacob Davis, para que fossem costuradas novamente. Após costurá-las várias vezes, Davis levou as calças rasgadas de Ike para o ferreiro local e colocou rebites nos cantos dos bolsos. E isto funcionou! Os bolsos de Ike não se rasgaram mais, e Davis logo teve muitos fregueses querendo que fizesse a mesma coisa em suas calças. Jacob Davis levou sua ideia a Levi Strauss e eles decidiram tornar-se sócios em uma patente de calças Levi's com bolsos rebitados. A Levi's utilizou esse modelo até 1937, quando os rebites de cobre nos bolsos de trás foram substituídos por costuras mais grossas porque os professores reclamavam que eles estavam arranhando os móveis da escola.

O número 501 marcava o lote de tecido que se transformou na primeira calça jeans de que o mundo teve notícia. Por isso, o modelo foi chamado de Levi's 501.

➜ A US Top, a primeira calça jeans brasileira a ser feita com índigo *blue*, foi lançada em 1972 pela Alpargatas.

LG

Vamos voltar ao passado, mais exatamente à Coreia do Sul em 1947. Nesse ano as famílias Koo e Heo juntaram forças para abrir a primeira indústria química de seu país. Supersticiosos que eram, os fundadores procuraram um nome que pudesse dar sorte ao novo empreendimento. O escolhido foi *Lucky*, palavra em inglês que significa afortunado. O desenvolvimento econômico da Coreia do Sul foi ótimo para os negócios, que prosperaram rapidamente. Sendo assim, poucos anos depois, os Koo e os Heo abriam a Goldstar (estrela dourada), uma nova empresa voltada especificamente para o mercado de eletrônicos. Surgia a Lucky Goldstar, transformada em 1995 na sigla LG, hoje tão conhecida por todos nós.

Apesar de usar os dois nomes juntos, a empresa sempre manteve o Lucky para produtos de limpeza e o Goldstar para eletrônicos. As famílias Koo e Heo sempre fizeram questão de deixar claro que sua empresa era formada por duas partes. Com as letras L e G estilizadas, o logotipo forma um rosto sorridente. Às vezes vem acompanhado do *slogan Life´s Good* (a vida é boa), o que faz muita gente pensar que a frase é a origem do nome da marca.

LIPTON

Antes de inventar a moda de tomar chá no Reino Unido, o escocês Thomas Lipton trabalhava em plantações de tabaco em Virginia, nos Estados Unidos. Em 1869, quando já tinha conseguido juntar algum dinheiro, Thomas voltou à sua terra natal, Glasgow, e abriu sua própria loja. A mercearia "Lipton" vendia ingredientes frescos e ervas. O negócio foi crescendo, e o jovem comerciante continuava sempre em busca de novos produtos. Em 1890, numa dessas viagens em busca de novidades, Thomas encontrou uma plantação de uma erva usada para fazer chá no Ceilão, atualmente conhecido como Sri Lanka. Ele tratou de comprar a plantação toda no mesmo momento e começou a importar o produto. O chá fez tanto sucesso que, em 1893, Thomas foi aos Estados Unidos para abrir quatro lojas em Chicago. Em 1895, a Lipton já era a fornecedora oficial de chá da rainha Vitória. Em 1910 revolucionou o mercado novamente, sendo o primeiro a vender chá em caixas; os saquinhos só vieram em 1920. A Unilever comprou a Lipton em 1972, e no mesmo ano foi lançado o Lipton Iced Tea, um dos produtos mais populares hoje em dia. O chá original ainda é vendido, mas passou a se chamar Lipton Yellow Label.

LIQUID PAPER
A secretária americana Bette Nesmith Graham não estava satisfeita com os métodos de correção de ortografia e datilografia utilizados na década de 1950. Em 1951, na cozinha de sua casa, em Dallas, ela inventou um líquido para corrigir esses erros sem rasura ou sujeira. O produto foi batizado inicialmente de Mistake Out. A ideia acabou sendo tão bem-aceita, que outras secretárias começaram a pedir e a usar o produto. No ano de 1956, Bette fundou a Mistake Out Company, na qual todo o processo de mistura das substâncias, colocação no frasco e selagem do rótulo era feito manualmente. Nesse mesmo ano, ela trocou o nome do produto para Liquid Paper. Apenas em 1961 a empresa mudou-se da cozinha de Bette para um pequeno escritório construído nos fundos de sua casa. Ela adquiriu sua primeira fábrica em 1968, com o nome de Liquid Paper Corporation. Em outubro de 1977, o negócio foi vendido para a Gillette por 38 milhões de dólares.
Michael Nesmith, um dos integrantes do grupo de rock The Monkees, é filho de Bette.

LOJAS AMERICANAS
As lojas de produtos com preços baixos, chamadas de *"five and ten cents"*, já eram um sucesso nos Estados Unidos e na Europa (elas equivaliam às atuais lojas de 1,99 real). Mas havia ainda um mercado muito promissor do lado de baixo do Equador. Os americanos John Lee, Glen Matson, James Marshall e Batson Borger partiram em direção a Buenos Aires, Argentina, para abrir a primeira delas na América do Sul. Durante a viagem de navio, os quatro ficaram amigos dos brasileiros Aquino Sales e Max Landesman, que os convidaram para conhecer o Rio de Janeiro. Eles desceram e se encantaram com a cidade. Mais: perceberam que havia muitos funcionários públicos e militares com baixos salários, mas com um emprego estável. Só que a maioria das

lojas estava de olho na elite endinheirada, e não nesse público ávido para consumir. Por isso, desistiram de Buenos Aires e abriram a primeira Lojas Americanas (em homenagem ao país de origem), na cidade de Niterói (RJ), em 1929. Era uma mistura de supermercado, armazém e casa de ferragens, que vendia de bombons até artigos de cozinha. Uma grande faixa foi colocada na frente da loja: "Nada além de dois mil réis" (em valores atuais, algo como meio dólar). Na primeira hora de funcionamento, ninguém se entusiasmou a visitar a loja. Até que uma menininha se encantou com uma boneca, entrou e comprou. No final do primeiro ano, já eram quatro lojas: três no Rio de Janeiro e uma em São Paulo.

LOJAS CEM
A sigla CEM, que significa Centro de Eletrodomésticos e Móveis, foi escolhida em 1976 num concurso na região de Salto, no interior de São Paulo. Foi lá que a empresa nasceu, em 1952, como uma loja de conserto e venda de bicicletas comandada por Remígio Dalla Vecchia. Para abrir o empreendimento, ele usou a indenização que sua mulher recebeu da indústria têxtil em que trabalhava. Em 1959, a empresa passou a vender eletrodomésticos, e, sete anos mais tarde, já comercializava móveis. O fundador Remígio aposentou-se em 1968, quando o negócio passou a ser dirigido por um conselho.

LOJAS PARAÍSO
Paulo Fernandes nasceu no Piauí e aos 14 anos já trabalhava como mensageiro de uma loja de eletrodomésticos. Aos 16 já era gerente de loja no Maranhão. Mas ele acreditava mesmo era no potencial do mercado cearense. Com um projeto na cabeça, mudou-se para o estado, conseguiu um emprego na Philips e começou a rabiscar ideias para sua própria loja. Em 1986, depois de quatro anos de planejamento, era fundada a Lojas Paraíso, apenas uma, que daria início à rede conhecida no Nordeste do país. Um dos amuletos da sorte de Paulo Fernandes é uma antiga TV Philips preto e branco, a primeira a ser vendida na loja. Ela foi comprada por dona Nair Queirós, na época da inauguração, que viu a porta entreaberta e entrou.

LORENZETTI

O engenheiro Alessandro Lorenzetti morava em Gênova, na Itália, e ficou surpreso com uma carta que recebeu do Brasil. Ele, que já tinha trabalhado no país, poderia perder os terrenos que comprara. Foi assim que, em 1922, Lorenzetti chegava ao Brasil, onde logo se associaria ao industrial Carlo Tonanni numa fábrica de parafusos de precisão, a Tonanni Lorenzetti. Mas a indústria paulista ainda não estava preparada para receber os produtos da fábrica. Em 1924, Lorenzetti chamaria ao Brasil os filhos Eugenio e Lorenzo para participar do negócio. Lorenzo chegou primeiro e seria responsável pelo setor administrativo, enquanto Eugenio cuidaria da produção. A revolução de 1924 fez a família abandonar a fábrica e transferir-se temporariamente para Jaú. Dois anos mais tarde, Tonanni deixava a sociedade, que passaria a chamar Lorenzetti e Cia. A família tentou, sem muito sucesso, a fabricação de muitos produtos. Porque não quisessem a naturalização brasileira, os Lorenzetti foram até incluídos na lista negra do governo durante a Segunda Guerra Mundial. Terminada a guerra e já trabalhando com eletrobombas e motores elétricos, Lorenzo registrou a patente do chuveiro que traria consagração à marca.

LOUIS VUITTON

Em 1851, para cada viagem do imperador francês Napoleão III, era trazido ao Palais des Tuilleries um jovem aprendiz de cofreiro para embalar a bagagem da imperatriz Eugénie. O jovem francês chamava-se Louis Vuitton (1821-1892). Três anos depois, ele abriu sua própria *maison* no centro de Paris. Quase ao mesmo tempo, ele lançou as primeiras *malles plates* – um novo formato de malas, que facilitava a arrumação nos porões dos navios e o empilhamento nos trens. Louis Vuitton tornou-se o inventor da bagagem moderna, aliando os lados funcional e prático ao estético. O artesão conseguia atender qualquer tipo de encomenda. Para o explorador Savorgnan de Brazza, por exemplo, Vuitton fez um baú que, aberto, se transformava em cama. Existe ainda uma lenda sobre os baús de viagem da Louis Vuitton. Diz-se que muitos deles estavam a bordo do *Titanic* e foram encontrados intactos, preservando inclusive seu conteúdo.
O anagrama com as letras LV e as flores estilizadas, que hoje são marca registrada da grife, foram usados pela primeira vez em 1896, quando George Vuitton, filho de Louis, tentava diferenciar seus produtos das inúmeras imitações que eram produzidas.

LUPO
O começo da história é igual à de tantos outros imigrantes italianos que chegaram ao Brasil ao final do século XIX. O relojoeiro Teodoro Lupo desembarcou do navio *Buenos Aires* com a família no porto de Santos (SP) em 12 de maio de 1888. Seu filho, Henrique, tinha 11 anos. A família se estabeleceu em Araraquara, no interior de São Paulo. Em 1902, seguindo os ensinamentos do pai, Henrique abriu uma relojoaria no centro da cidade. Mudou de ramo em 21 de março de 1921, ao abrir a Fábrica de Meias Araraquara, especializada em meias masculinas de algodão. A empresa ganhou o nome Lupo apenas em 1937. As meias femininas foram incorporadas ao catálogo da Lupo na década de 1960. Duas décadas depois, os filhos mais velhos de Henrique Lupo, Rômulo e Rolando, assumiram o negócio.

LUX LUXO
William Hesket Lever começou trabalhando com o pai aos 16 anos, num pequeno mercado de Lancashire, Inglaterra. Uma de suas ocupações era cortar pedaços da barra de sabão para vender aos clientes. Em 1884, uma campanha nacional em favor da higiene pública acendeu uma lâmpada na cabeça de William. Com seu irmão, James, eles criaram uma empresa, a Lever-Brothers, e uma marca de sabonete, a Sunlight (raio de sol). O novo sabonete estrelou o primeiro filme publicitário da história. Foram apenas 15 segundos no cinema, que acabara de ser criado pelos irmãos franceses Lumière. Também foram eles que criaram a primeira promoção do mundo, dando prêmios aos maiores consumidores do produto. No ano de 1899, William lançou um segundo produto, o Lux Flakes, próprio para lavagem de tecidos delicados. O nome foi criado por um funcionário chamado W. P. Thompson. A marca caiu no gosto dos irmãos. Em 1925, eles lançaram um novo sabonete na cor branca para se distinguir dos concorrentes. Resolveram usar o nome Lux. Como o cinema estava em alta, a agência de publicidade J. Walter Thompson usou estrelas da tela para divulgar o produto. As primeiras foram Louise Brooks, Judy Garland e Bette Davis, seguidas por Rita Hayworth, Grace Kelly e Elizabeth Taylor, entre tantas outras. O Lux ficou conhecido como "o sabonete das estrelas".

No Brasil, lindas mulheres também marcam a história do sabonete Lux Luxo. Na ponta da árvore genealógica aparece o sabonete Lever, lançado no Brasil em 1932 pela Gessy Lever com os requintes da marca inglesa Lux. As peças publicitárias traziam a frase "Nove entre dez estrelas de cinema usam o sabonete Lever". Em 1956, a atriz Tonia Carrero quebrou o ciclo hollywoodiano e assumiu o posto de primeira brasileira a divulgar o sabonete. No ano de 1973, o nome da marca mudou para Lux e depois, em 1980, para Lux Luxo.

MAGAZINE LUIZA

Luiza Helena Trajano Donato adquiriu em novembro de 1957 uma pequena loja no centro da cidade de Franca (SP). O ponto, conhecido como A Cristaleira, foi imediatamente rebatizado de Magazine Luiza. Com o passar dos anos, a marca tornou-se uma conhecida rede de comércio de eletrodomésticos e móveis, com força principalmente no interior de São Paulo.

MAGGI

Ainda na segunda metade do século XIX, o suíço Julius Michael Johannes Maggi (1846-1912), filho de um dono de moinho, percebeu que as mulheres estavam entrando com força total no mercado de trabalho. Por causa disso, as atividades domésticas precisavam ser resolvidas com praticidade. Em 1863, Maggi criou uma sopa de preparo rápido, nutritivo e que poderia ser guardada por mais tempo. O alimento chegou ao mercado dois anos depois, inicialmente nos sabores ervilha e feijão, fabricado pela Sociedade Pública Suíça Do Bem-estar (SPSB). O produto mais conhecido da marca, o caldo de galinha, foi criado em 1908. Depois da Segunda Guerra, a Maggi se uniu à Nestlé.

Maguary   Jandaia

MAGUARY

Arthur Tavares de Melo, seu sogro Samuel Hardman e um cunhado, José Hardman, começaram seus negócios com uma usina de açúcar, em 1920, no município de Camutanga (PE). Eles só entrariam no ramo de sucos concentrados em 1953. A empresa foi fundada no município de Pedras de Fogo (PB) e o primeiro suco era do sabor abacaxi. O nome "Maguary" vem de um pássaro da família dos ciconiídeos (*Ciconia maguari*), que gosta muito do sumo de frutas. Ele pode ser encontrado em grande parte da América do Sul. Tem plumagem branca, cauda negra e base do bico vermelha. A Maguary foi vendida em 1984 para a multinacional Kraft, mas a família Tavares de Melo não saiu do negócio. Desde o mesmo ano de 1984, ela é dona da marca concorrente Dafruta.

Outra ave que batizou uma famosa fábrica de sucos foi a Jandaia, que tem 30 centímetros de comprimento, bico negro e plumagem laranja, verde e amarela. A Jandaia aprecia muito o caju. A empresa de Filomeno Figueiredo, criada no Ceará em 1941, começou fazendo justamente suco de caju engarrafado.

MAIZENA

A Maizena foi criada nos Estados Unidos em 1856 por Wright Duryea e seus seis irmãos. O produto chegou ao Brasil em 1889 pela Refinações de Milho Brasil, subsidiária da norte-americana CPC International, detentora mundial da marca. Até a instalação da primeira fábrica, em 1930, o amido de milho Maizena comercializado no país era importado dos Estados Unidos e empacotado aqui. A embalagem amarela é a sua principal característica. O Analista de Bagé, personagem do escritor gaúcho Luis Fernando Verissimo, costuma dizer que é "freudiano de carregar bandeirinha, mais ortodoxo do que rótulo de Maizena".

Publicidade da Maizena, 1945

MAPPIN

O famosíssimo *jingle* "Mappin, venha correndo, Mappin/Chegou a hora Mappin, é a liquidação!" não toca mais no rádio nem na TV. A loja de departamentos pediu falência em 1999. Foi o triste fim de uma história iniciada na Inglaterra em 1774. As famílias de comerciantes Mappin e Webb abriram uma loja de prataria e artigos finos na cidade de Sheffield. Mudaram-se para Londres e depois para Buenos Aires. Em 29 de novembro de 1913, os irmãos ingleses Walter e Hebert Mappin fundaram a Mappin Stores na rua XV de Novembro, no centro de São Paulo, quando a cidade possuía apenas 320 mil habitantes. O Mappin foi a primeira loja a colocar vitrines de vidro na fachada para atrair a atenção da aristocracia cafeeira, potenciais clientes. Em 1919, a loja mudou-se para a praça do Patriarca e, vinte anos depois, para a praça Ramos de Azevedo. O Mappin foi a primeira loja a oferecer o crediário para pagamento das compras. A rede de magazines passou a ser comandada por Cosette Alves em 1982. Em 1996, o empresário Ricardo Mansur assumiu o controle do Mappin até a falência.

Mappin Stores, 1937

→ A empresa Mesbla nasceu em 1912, como filial da francesa Établissements Mestre et Blatgé, que vendia automóveis e acessórios. Quatro anos mais tarde, Luiz La Saigne, um dos mais importantes executivos da empresa, foi nomeado diretor da filial brasileira. Em 1924, ele adquiriu parte do controle acionário da Mesbla – assim conhecida pelos seus consumidores. Pouco tempo depois ele compraria da matriz francesa as ações que restavam e se tornaria independente. Com sede no Rio de Janeiro, a Mesbla tornava-se uma das maiores varejistas do país, abrindo filiais em São Paulo, em Porto Alegre e no Recife. Luiz La Saigne morreu em 1961, depois de ter liderado a empresa por 45 anos. Para o seu lugar foi eleito Silvano dos Santos Cardoso, que seria substituído por Henrique De Botton sete anos mais tarde, logo após sua morte. Em 1997, o empresário Ricardo Mansur comprou a Mesbla e o Mappin, que se encontravam em concordata. Ele esperava unir as duas empresas e aumentar os lucros. Mas as duas tiveram falência decretada em 1999.

MARS
Em 1902, aos 19 anos, Franklin C. Mars era um dedicado vendedor de bombons. Dezoito anos depois, ele e sua esposa Ethel faziam cremes amanteigados e os forneciam para lojas de Minneapolis. A Empresa Mar-O-Bar foi fundada dois anos depois para fabricar produtos de confeitaria. Em 1924, Mars lançou a barra de chocolate *milk way*, conhecida como Barra MARS, fora dos Estados Unidos.

MATTE LEÃO
Os índios guaranis foram os primeiros brasileiros a fazer uso de folhas e talos de uma planta chamada *Ilex paraguariensis*, ou erva-mate, nativa das florestas dos estados da região Sul do Brasil. Eles costumavam mascá-las antes de ir à caça ou à pesca ou antes de qualquer grande empreitada. As propriedades da planta se tornaram conhecidas pelos colonizadores, que logo iniciaram sua distribuição em várias partes do mundo. Depois do século XVII, o mate começou a ser comercializado em escala industrial. Em 8 de maio de 1901, Agostinho Ermelino de Leão Júnior fundou uma indústria de erva-mate chamada Fábrica Santo Agostinho, em Ponta Grossa (PR). Seis anos depois, Leão Júnior faleceu e sua mulher, Maria Clara, assumiu os negócios. Um incêndio, em 1912, destruiu a fábrica e obrigou a empresa a se mudar para Curitiba. Agostinho Ermelino de Leão Júnior, homônimo de seu pai, passou ao comando em 1916. As exportações chegaram a cinco mil toneladas por ano no começo da década

de 1920. Em 1930, outro incêndio atingiu a nova fábrica, inaugurada quatro anos antes, com geração própria de energia elétrica, terminal ferroviário exclusivo e uma vila de casas para os operários. No final da década de 1930, a agora denominada Leão Júnior e Cia. colocou no mercado brasileiro o mate na forma tostada, que ainda hoje é o carro-chefe da empresa.

MAX FACTOR

O polonês Max Factor chegou a Nova York em 1904, depois de ter sido chefe de maquiagem artística no Teatro de Arte de Moscou. A empresa Max Factor & Co. foi fundada em 2 de janeiro de 1909, em Los Angeles. Na época, a indústria de filmes começava a se expandir em Hollywood, mas enfrentava problemas com a maquiagem dos atores. Depois de muita pesquisa, Max desenvolveu um produto específico para uso em filmagens. Foi ele quem adotou o termo *make-up* (maquiagem, em inglês) para a linha de cosméticos comuns. Em 1916, Max abriu a venda de seus produtos para o mercado feminino. Ele também desenvolveu o "Colour harmony", exclusivo para tingir os cabelos.

MCDONALD'S

Por dezessete anos, o ex-pianista Ray Kroc vendeu copos de papel. Aí começou a trabalhar com multimixers, maquininhas que podiam bater seis *milk-shakes* de uma só vez. Certo dia, em 1954, Kroc foi a San Bernardino, no Sul da Califórnia, para sondar um pequeno *drive-in* de hambúrgueres que precisara comprar oito de seus multimixers de uma só vez. Ao chegar, Kroc ficou impressionado com o volume de vendas. As pessoas faziam fila (embora os clientes conseguissem entrar e sair em menos de um minuto) para comprar um hambúrguer de 15 centavos ou uma porção de batatas fritas de dez centavos, entregues num saquinho de papel. E nada de grandes preocupações com pratos e talheres. Foi aí que Kroc teve um lampejo de genialidade: se os irmãos Dick e Maurice McDonald, donos do negócio, abrissem mais dez estabelecimentos, ele poderia vender oitenta multimixers.

Os irmãos McDonald já haviam sido contatados por empreendedores que queriam ampliar seu negócio. Na verdade, eles já estavam vendendo franquias para algumas pessoas ao norte do estado e no Arizona. Mas muitos deles não mantiveram os altos padrões dos McDonald e isso, por sua vez, refletiu em seu próprio estabelecimento. Além disso, os McDonald estavam tendo um lucro líquido de 75 mil dólares, o que era suficiente para viverem bem. Mesmo assim, Kroc os convenceu a abrir novas lojas com um plano que lhes daria o mínimo possível de problemas e trabalho. No dia seguinte, Kroc partiu para Chicago com uma planta do restaurante *drive-in* dos McDonald, uma receita para suas crocantes batatas fritas e um contrato que lhe dava permissão para encontrar novos locais para filiais do McDonald's. Uma das únicas restrições era a de que todos os restaurantes deveriam ter a aparência exata daquele de San Bernardino. Pelo contrato, Kroc receberia apenas 1,9% dos rendimentos dos proprietários dos estabelecimentos e, dessa parte, 0,5% iria para os McDonald. Ainda por alguns anos Kroc teria de depender de seus multimixers. O local da primeira experiência de Kroc foi em Des Plaines, Illinois. Toda manhã, às 5h30, podia-se encontrar aquele homem supervisionando a construção, aprovando cada detalhe, antes de correr para pegar o trem para o trabalho. Este primeiro restaurante, aberto em abril de 1955, foi um grande sucesso. O único problema aconteceu com as batatas fritas. Em Illinois, elas não tinham o mesmo sabor daquelas do oeste. Eram moles e sem gosto. Experimentou-se a receita diversas vezes. Um amigo cientista finalmente solucionou o mistério: enquanto Kroc armazenava suas batatas no porão, os McDonald mantinham as deles em recipientes feitos de tela de arame, expostas ao vento do deserto, o que produzia um efeito secante. Daí em diante, as batatas de Kroc passaram a ser resfriadas e secas por enormes ventiladores no porão.

Seguiram-se mais três restaurantes na Califórnia. A partir de então, a taxa de crescimento começou a subir. Eram 37 estabelecimentos em 1957. A dedicação de Kroc aos estabelecimentos era total. Ele colocou tudo o que tinha na expansão do negócio, fazendo empréstimos a crédito. Rapidamente, foi ficando cansado da letargia dos irmãos McDonald. Mesmo não tendo muito dinheiro em mãos, Kroc decidiu comprar a companhia deles. O preço pedido era de 2,7 milhões de dólares. Conseguiu a quantia com um investidor.

Na década de 1960, as lanchonetes ganharam lugares para sentar. O sistema *drive thru* apareceu no início dos anos 1970. <u>Ronald McDonald</u>, símbolo da rede, foi bolado em 1963. A rede chegou ao Brasil em 1979, no Rio de Janeiro. No ano seguinte, instalou-se em São Paulo.

Os irmãos McDonald

MELISSA

A Grendene, fundada em 1971 na cidade de Farroupilha (RS), fabricava embalagens plásticas para garrafões de vinho – mercado até então dominado pelo vime. O passo seguinte foi fazer peças de plástico para máquinas agrícolas e componentes para calçados, como saltos, solas e cepas de náilon. Aí os irmãos Alexandre e Pedro Grendene perceberam que poderiam produzir seus próprios sapatos. As primeiras experiências, em 1977, com a sandália Júlia e o chinelo Pioneer, inspirados em modelos italianos, foram desastrosas. No ano seguinte, depois de uma viagem à Europa, os irmãos Grendene decidiriam fazer uma sandália de plástico, batizada de Nuar. Mas a explosão do sapato plástico aconteceu em 1980, com o lançamento da Melissa, que chegou a vender 25 milhões de pares num único ano. O chinelo plástico Rider, outro carro-chefe da empresa, apareceu em 1986.

MILLER

O alemão Frederick Miller chegou aos Estados Unidos como um fabricante de cervejas experiente, mas com poucos recursos. Por causa do abundante suprimento de água, grãos finos e artesãos habilidosos, ele estabeleceu sua fábrica em Milwaukee em 1855. O pequeno estabelecimento ficava no vale do rio Manomonee e foi rebatizado de Fred Miller's Plank Road Brewery. No primeiro ano, a cervejaria produziu três mil barris de cerveja, tornando-se popular. Com novo nome, em 1883 a Menomonee Valley Brewery vendia oitenta mil barris por ano. A operação de engarrafamento já era maior do que a de algumas cervejarias mais antigas. Frederick Miller morreu aos 63 anos, em 1888. Seus filhos assumiram o controle da fábrica e mudaram seu nome de novo: Frederick Miller Brewing Company.

MINANCORA

"Pomada Milagrosa Aprovada pela Exma. Junta de Hygiene do Rio de Janeiro." A frase vinha estampada na latinha original, lançada em 1915. O farmacêutico português Eduardo Augusto Gonçalves desembarcou em Manaus no início do século para pesquisar a fauna e flora brasileiras. No ano de 1913, Gonçalves partiu para Joinville (SC), onde se estabeleceu definitivamente. Foi ali que criou uma pomada, produzida artesanalmente, para proteção da pele que ficaria famosa no Brasil inteiro. Seu nome: Minancora. O nome é uma mistura de Minerva, deusa grega da sabedoria, com uma âncora, que reflete segurança e estabilidade, e também pelo fato de Gonçalves ter decidido ficar no Brasil.

MITSUBISHI

O fundador da Mitsubishi foi o japonês Yatora Iwasaki. No início, Yatora era apenas um camponês que se mudou para a grande cidade de Osaka e conseguiu sucesso como negociante de arroz. Em 1970, Yatora fundou a Tsukumo Shokai Shipping Company, uma empresa de transportes marítimos que tinha só três navios a vapor. Ele logo se tornou o líder do transporte marítimo no Japão e, com o crescente sucesso nos negócios, veio a chance de investir em outros segmentos: mineração e construção naval, entre outras coisas. Em 1917, Yatora finalmente entrou no ramo de automóveis e mudou o nome de sua empresa para Mitsubishi Heavy-Industries. Nesse ano foi lançado o primeiro veículo produzido em série pela empresa, o Mitsubishi Model-A. A divisão de veículos automotivos da Mitsubishi tornou-se independente em 1970 e passou a se chamar Mitsubishi Motors.

Mitsubishi é a união de duas palavras japonesas: "Mitsu" (três) e "Bishi" (diamante). O logotipo da empresa são três diamantes formando uma flor. Yatora escolheu esse nome, pois os diamantes remetem a qualidade e durabilidade.

O Model-A, de 1917, da Mitsubishi

MODESS

Por milhares de anos, os métodos de proteção menstrual ficaram limitados a uma faixa de algum material macio e absorvente que era preso por cordões, cintas e outros dispositivos para mantê-lo no lugar. Até que, na época da Primeira Guerra Mundial, surgiram as chamadas "toalhinhas higiênicas", faixas de tecido atoalhado que, depois de utilizadas, eram lavadas. Apesar de relativamente seguras e econômicas, elas eram um terror para as mulheres. Incômodas por serem grossas e largas, ainda ficavam ásperas e desconfortáveis depois de algumas lavadas. Onde secá-las fora do alcance de vistas indiscretas? Nessa época, o tema menstruação ainda era tabu no Brasil. Na década de 1930, a Johnson & Johnson lançou o Modess, o primeiro absorvente descartável do mercado, que começou a ser importado dos Estados Unidos em 1933.

Só a partir de 1945 ele passaria a ser fabricado aqui. As propagandas eram muito discretas, como exigia a época, mas o produto fez bastante sucesso. A empresa criou uma conselheira feminina, conhecida como Anita Galvão, que respondia a milhares de cartas de mulheres que, em sigilo, pediam conselhos íntimos, livretos educativos e orientação sobre questões sexuais. A marca virou sinônimo de absorvente íntimo feminino.

Propaganda do Modess da década de 1940

MOËT & CHANDON

É a marca de champanhe mais vendida do mundo. Em 1801, ao ser eleito prefeito de Epernay, Jean-Rémy Möet decidiu que as pessoas importantes que eventualmente cruzassem a região de Champagne, a 150 quilômetros de Paris, deveriam se hospedar em sua propriedade. Com isso, o consumo da bebida aumentou significativamente. A marca atual nasceu em 1833, quando Victor Möet e seu genro, Pierre-Gabriel Chandon de Brialles, formaram uma sociedade.

MONTBLANC

A Montblanc foi criada em 1906, na Alemanha, por um trio de apaixonados por canetas: Claus-Johannes Voss, dono de uma papelaria, Christian Lausen, banqueiro, e Wilhelm Dziambor, engenheiro. Eles lançaram as primeiras canetas com tinta nas cores preto e vermelho. Inicialmente a empresa chamava-se Simplo Filler Pen Company. Mas o nome foi mudado para MontBlanc, em 1913, em homenagem ao monte de 4.810 metros que fica na divisa entre a França e a Suíça. No mesmo ano surgiu a estrela branca em sua ponta, que é símbolo das neves eternas do monte. Todas as canetas são artesanais, torneadas uma a uma. Em 1995, a empresa começou a produzir pastas, agendas e outros acessórios de escritório e, no ano seguinte, entrou para o mercado de joias e relógios.

MOTOROLA

Fundada em 1928 pelos irmãos norte-americanos Paul e Joseph Galvin, a Galvin Manufacturing Corporation fabricava baterias para rádios. Dois anos depois, a empresa conquistou o mercado com seu rádio para carro, o modelo Motorola. Paul deu este nome ao produto porque queria unir as palavras Motocar e Vitrola. Nas décadas seguintes, os rádios dos irmãos Galvin ganharam cada vez mais fama. Por isso, em 1947, a Galvin Manufacturing Corporation mudou definitivamente de nome para Motorola. Uma das grandes inovações da empresa foi a invenção do pager, em 1955. Mas o sucesso mundial chegou mesmo com o lançamento do telefone celular Star Tak, em 1996. O Star Tak era o menor e mais leve celular disponível no mercado na época.

Rádio para carro, modelo Motorola

MP3

O MP3 existe desde 1987 e foi invenção de um instituto de tecnologia alemão, o Fraunhofer Institut Integriert Schaltungen. Para começar, o seu nome é uma abreviação de MPEG audio Layer-3, uma homenagem ao grupo do instituto que padronizou a compressão de arquivos digitais, o Moving Picture Experts Group (MPEG). Usando a tecnologia desenvolvida pelo MPEG, foi possível "encolher" o tamanho do som de um CD comum de forma que, sem perder a qualidade, ele coubesse em um espaço menor. Basicamente, isso é feito através de técnicas de codificação. O três, do nome MP3, significa que existiram duas outras tentativas de reproduzir arquivos de som comprimido, o MP1 e o MP2, mas nenhuma das duas foi tão eficiente.

MSN

O Microsoft Service Network, ou simplesmente MSN, é o provedor de internet da Microsoft. Na época em que foi lançado, em 1996, o provedor não teve muito sucesso, pois o número de assinantes era pequeno. Quando surgiu o serviço de mensagem instantânea, em 2001, a situação mudou. O MSN Messenger era uma cópia bem-acabada de outra ferramenta já conhecida pelos internautas, o ICQ, criado pela empresa de softwares Mirabilis, mas o MSN teve uma campanha de marketing mais agressiva e rapidamente conquistou o mercado. Em 2003 já era a líder de usuários. No ano de 2007, o serviço passou a se chamar Windows Live Messenger.

MUPY

O japonês Mikio Uchinaka chegou ao Brasil em 1960 com a ideia de ficar apenas alguns meses, mas logo mandou chamar a família e iniciou uma plantação de feijão na garagem de sua casa, no bairro Jardim Saúde, em São Paulo. Em dez anos a produção cresceu e surgiu a Agro Nippo. O leite de soja com suco de frutas Mupy foi criado por acaso em 1974. Mikio soube que estava com diabetes e ouviu de amigos que a soja era um remédio natural para a doença. Começou a pesquisar sobre o produto e o lançou no mercado com muito sucesso.

NABISCO

Três empresas do ramo da panificação de Chicago, Estados Unidos, resolveram se unir no final do século XIX: a American Biscuit and Manufacturing Company, a New York Biscuit Company e a United States Baking Company. Depois da fusão, a nova empresa passou a se chamar National Biscuit Company, ou simplesmente Nabisco a partir de 1971. Líder mundial na produção de bolachas e *snacks*, a Nabisco é dona da famosa marca Oreo (lançada em 1912).

Desde 2000, a Nabisco é outra empresa que faz parte agora do conglomerado Kraft Foods, empresa que começou a ser criada em 1903 pelo canadense James Lewis Kraft (1874-1953). Usando uma carroça, ele vendia queijo por atacado em Chicago, nos Estados Unidos. No ano de 1914, ao lado de seus irmãos, Kraft inaugurou sua primeira fábrica de queijo na cidade de Stockton, Illinois. A empresa foi a primeira produtora de queijo a colocar anúncios em revistas. Para expandir os negócios, comprou em 1928 a Phoenix Cheese Corporation, produtora do famoso Philadelphia Brand Cream Cheese, criado em 1880. Continuou lançando novos produtos e não parou mais de crescer. Em 1988, a Kraft foi comprada pela Philip Morris e, no ano seguinte, foi unificada com a General Foods (dona de marcas como Tang e Kool-Aid), formando a Kraft General Foods. Em 1995, o nome foi enxugado para Kraft Foods.

NADIR FIGUEIREDO

Nadir Dias de Figueiredo tinha vinte anos quando decidiu largar seu primeiro emprego, na Casa Guinle, em São Paulo. Ele tinha sido encarregado da seção de eletricidade, de mecânica e do setor de máquinas de escrever. Foi a esse último item que ele resolveu se dedicar quando deixou a empresa, em 1912. A empresa foi montada no centro de São Paulo, e Morvan Dias Figueiredo, irmão de Nadir, entraria como sócio no ano seguinte. Além de vender e consertar máquinas de escrever, somar e registradoras, a Nadir Figueiredo possuía uma pequena fundição de artigos de iluminação. Em 1925, uma segunda fundição foi comprada por Nadir para produzir apenas ferro fundido. Depois de dificuldades causadas pela Primeira Guerra Mundial, o caçula Zely entraria como sócio na empresa e ela teria sua razão social mudada para Nadir Figueiredo Cia. Ltda. Mas a empresa seria lançada no ramo que a consagrou durante a crise de 1929 e a Revolução Constitucionalista de 1932. Para não parar sua produção de lustres, a Nadir Figueiredo comprou a massa falida da vidraria que fornecia mais de 50% das peças. Em 1936, com a compra da Cristaleira Baroni, a empresa se solidificaria no setor. A Segunda Guerra Mundial obrigou a Nadir Figueiredo a interromper as importações de louças inglesas. Para não perder sua fatia de mercado, a decisão foi adquirir, em 1943, a Fábrica de Louças Santa Rita, a primeira do ramo a se instalar no Brasil.

NATURA
Ex-executivo da multinacional Remington, Antonio Seabra foi trabalhar na administração de um pequeno laboratório do empresário francês Pierre Berjeaut, em São Paulo, no final da década de 1960. Paralelamente ao trabalho no escritório, ele começou a se interessar por cosméticos e bioestética. Em 1969, Seabra recebeu o convite do filho de Berjeaut, Jean Pierre, para montar um novo laboratório. Era a Natura, que nascia com um punhado de formulações de cosméticos herdadas – por Jean Pierre – do pai. A Natura dos primeiros tempos não passava de uma fábrica com quatro funcionários, instalada precariamente no bairro de Vila Mariana.

NESCAFÉ
Nos anos 1930, houve uma superprodução de café, e os preços do produto no mercado internacional despencaram. O Brasil, o maior produtor na época, entrou numa séria crise. Entre os anos de 1931 e 1938, foram destruídos 65 milhões de sacas de café. Foi por isso que as autoridades brasileiras entraram em contato com a Nestlé e sugeriram que a empresa suíça, que já fabricava leite em pó, desenvolvesse também um café solúvel. As pesquisas, comandadas por Hans Morgenthales, tomaram sete anos. Seu grande mérito foi descobrir que devia acrescentar hidratos de carbono à matéria-prima para manter o aroma do café. A produção de Nescafé foi iniciada em 1939, mas o produto só chegaria ao Brasil em 1953.

NEUHAUS

A doceria Neuhaus foi fundada em Bruxelas, Bélgica, em 1857. Era uma casa conhecida pelos saborosos bombons recheados com avelã ou musse de chocolate. Não há nenhum ingrediente artificial na receita. O suíço Jean Neuhaus mudou-se para Bruxelas, e abriu uma farmácia, em sociedade com um cunhado. Os produtos misturavam confeitos aos remédios para deixá-los mais aceitáveis, principalmente para as crianças. Aos poucos, os medicamentos foram saindo das prateleiras e a farmácia se transformou numa confeitaria, em 1895. Um neto de Neuhaus, também chamado Jean, desenvolveu uma nova técnica que deixava o chocolate com a casca dura e permitia rechear barras e bombons. O Praline, o primeiro chocolate recheado, nasceu em 1912.

NIKE

Bill Bowerman, treinador de atletismo da Universidade de Oregon, nos Estados Unidos, não conseguia o rendimento esperado de seus atletas velocistas na década de 1960. O culpado, segundo ele, era o material esportivo disponível na época. Os calçados esportivos não tinham uma boa aderência nem absorção de impacto. O treinador e seu amigo, Phil Knight, começaram um plano de importar calçados esportivos para depois incrementá-los em casa mesmo. A empresa japonesa Onitsuka Tiger forneceu o primeiro lote de sapatos em 1962, e os dois começaram a fazer testes com diversos materiais, usando uma máquina de *waffle* para moldar os solados. Em 1967, eles finalmente conseguiram o resultado desejado e o calçado passou a ser produzido em larga escala pela Onitsuka. Em 1972, Bill começou a trabalhar em um novo projeto. Uma borracha mais leve e mais resistente. Aí nasceu o Moon Shoe, primeiro modelo da Blue Ribbon Sports, nome original da Nike. Esse nome foi escolhido às pressas, numa reunião em que Phil tentava oficializar as negociações com a Onitsuka Tiger. O nome Nike só seria adotado em 1974, data oficial da fundação da empresa. É uma referência à deusa grega da vitória (mas o nome da deusa tem uma pronúncia diferente, "niqué"). O logotipo da marca foi criado pela *designer* Carolyn Davidson em 1971 e custou 35 dólares.

NINTENDO E SEGA

São os dois maiores fabricantes de videogames do mundo. A mais antiga é a Nintendo. Fusajiro Yamauchi fundou em 1889 a Nintendo Koppai, fabricante do hanafuda – espécie de baralho japonês. No alfabeto kanji, o nome significa "deixe o destino para o céu". Em 1959, a Nintendo passou a comercializar baralhos com os personagens Disney. Também nessa época tentou diversificar suas atividades, lançando uma porção de arroz instantâneo. Foi um desastre. A Nintendo criou uma divisão para cuidar de games em 1969. O primeiro video-game, no entanto, só entrou no mercado em 1977. Era o TV Game 6.
O Game Boy, videogame portátil da Nintendo, foi lançado em 1989.
A Sega foi fundada pelo americano David Rosen, no Japão, em 1954, para atuar inicialmente no mercado de fliperamas. O nome Sega vem de Service Games.

Game Boy

TV Game 6

NOKIA

A Nokia surgiu em 1865. O engenheiro Fredrik Idestam abriu uma fábrica no Sul da Finlândia ao lado do rio Nokia. Naquela época, o nome da empresa era Finnish Rubber Works. Ela não produzia eletrônicos, mas papel, celulose, borracha e fios. A fábrica de Fredrik cresceu, e com ela nasceu uma nova cidade, batizada com o nome do rio. Em 1960 foi inaugurada a divisão de eletrônicos, criada para pesquisar a tecnologia de radiotransmissão. O radiotelefone, um precursor do celular, foi lançado pela empresa em 1963. Quatro anos depois, a Finnish Rubber Works mudou seu nome para Nokia Corporation, e passou a investir pesado na área de telecomunicações. A Nokia apresentou, em 1987, o telefone portátil.

NUTELLA

Pietro e Giovanni Ferrero eram confeiteiros conceituados na região italiana de Alba. Durante a Segunda Guerra, houve falta de cacau e o chocolate se tornou um produto de luxo. Para resolver esse problema, os Ferrero começaram a fazer várias experiências. Em uma delas, misturaram bastante avelã, abundante na região do Piemonte, com cacau torrado, leite, açúcar e óleo vegetal. Criaram uma pasta barata e com alto teor nutricional, que tinha um sabor bem parecido ao do chocolate. A mistura, criada em 1946, recebeu o nome "The Smearing" ("smear" significa untar), pois as crianças podiam ir às lojas com um pedaço de pão e pedir apenas uma colherada do doce. Só que, com o calor, o creme de avelã derretia facilmente e o produto teve de ser vendido em potes. Aí, em 1949, ganhou o nome de Supercrema. Logo depois acabou rebatizado de Supercrema Gianduia — incorporando o nome de um personagem do Carnaval italiano, que aparecia nas peças publicitárias. No ano de 1964, o Supercrema Gianduia finalmente passou a se chamar Nutella (derivada da palavra inglesa *nut*, que significa noz), uma sugestão de Michele, filho do fundador da empresa.

O.B.

O.B. corresponde às iniciais de duas palavras alemãs — *ohne* e *binden* e quer dizer "sem absorvente". Ele foi criado em 1950 pela ginecologista Judith Esser, na Alemanha, e chegou ao Brasil em 1974, lançado pela Johnson & Johnson. Mas o absorvente interno surgiu muito antes. Existem referências sobre o uso de tampões no século XIX a.C. e o médico e filósofo grego Hipócrates (430-370 a.C.) cita em seus manuscritos uma proteção menstrual para ser usada dentro da vagina. No século XIX, médicos europeus propunham o uso de rolos de linho embebidos em vinagre para controlar a hemorragia vaginal ou bastões de gaze com iodo para a higiene.

O BOTICÁRIO

O bioquímico boliviano Miguel Gellert Krigsner abriu em 1977 uma pequena farmácia de manipulação na rua Saldanha Marinho, no centro de Curitiba. Conta a lenda que nas horas vagas ele fazia experimentos com novas fórmulas de cremes e xampus, que eram oferecidos aos clientes mais conhecidos. No boca a boca, a venda dos produtos ganhou impulso, sobretudo o perfume Boticário, lançado também em 1977. Cinco anos depois, a primeira fábrica seria construída no município vizinho de São José dos Pinhais.

OLD EIGHT

A família de Fabrizio Fasano (1935-) trabalhava no ramo de restaurante desde 1903. Ele tinha, portanto, grande conhecimento do mercado de bebidas. Percebeu que existia uma lacuna entre os uísques importados e o Drury's, com malte envelhecido quatro ou cinco anos, o principal nacional. Em 1966, Fasano lançou o Old Eight, com malte envelhecido oito anos (daí seu nome). O malte era importado e a bebida, engarrafada pela própria Drury's. Por dois anos, o produto foi vendido apenas a bares e boates. Não estava disponível em supermercados e distribuidores. Seus vinte vendedores saíam com garrafas e copinhos de plástico, e vendiam vinte caixas por dia. As caixas, com 12 unidades, eram entregues pelas duas Kombis da empresa. Somente em 1968 o Old Eight passou a ser vendido no comércio. A produção saltou para duzentas mil caixas por ano. Para essa arrancada, Fasano se associou aos empresários Mario Amato, Emídio Dias Carvalho e Albert Bildener, que tinham lançado o Drury's em 1960. Nove anos depois, eles apresentaram o Bell's, primeiro *scotch* engarrafado no Brasil. A multinacional Heublein comprou as marcas em 1973.

ÓLEO LIZA
Até a década de 1970, as empresas não dispunham de equipamentos capazes de refinar o óleo de soja adequadamente. Alguns resíduos de grãos oxidavam dentro das latas e exalavam um cheiro bem desagradável. Outro problema era a fumaceira que se formava quando o óleo era usado para frituras. Em 1974, a Cargil, que já produzia o óleo Veleiro, resolveu investir em pesquisas para desenvolver um óleo de soja de cor clara, sem cheiro, que não fizesse fumaça e que não interferisse no sabor dos alimentos. O nome Liza foi escolhido por ser curto, feminino e de fácil pronúncia.

ÓLEO MARIA
Composto de soja e oliva, o produto existe desde 1944. Na época, foi lançado como óleo para saladas, uma alternativa mais econômica para o caro azeite. A marca passou a ser popular nos anos de 1950, com a criação de *jingles* para o rádio. Ficou famosa a frase "Maria, sai da lata". Um dos primeiros comerciais era cantado em ritmo de fado e dizia: "Não se contente com menos/ seja sempre exigente/ para ter mais alegria/ use todos os dias óleo Maria". A marca pertence hoje à Granosul.

OMEGA

Em uma pequena oficina em La Chaux-de-Fonds, Suíça, o jovem Louis Brandt, de 23 anos, fazia relógios em estojo de prata e os vendia para boa parte da Europa. Em 1877, Louis e seu irmão mais velho Louis Paul fundaram a Louis Brandt and Fils. Em 1889, eles já eram os maiores fabricantes de relógios suíços, produzindo cem mil unidades ao ano. O nome Omega surgiu em 1894. A palavra é grega e significa "grande O". Em 1932, os relógios foram utilizados pela primeira vez em Jogos Olímpicos. Nas Olimpíadas de Helsinque, em

1952, vinham com cronômetro. Neil Armstrong, o primeiro homem a pisar na lua em 20 de julho de 1969, usava um relógio Omega.

OMO

O sabão em pó Omo foi criado pelo grupo inglês Unilever na década de 1930. Seu nome é a abreviatura de *Old Mother Owl* (velha mãe coruja). Na primeira embalagem, havia até uma coruja estilizada. As letras *OO* eram seus olhos, enquanto o *m* formava o nariz e o bico. O Omo foi lançado no Brasil em 1957. Antes do Omo, a Irmãos Lever lançou em 1953 o Rinso, o primeiro sabão em pó brasileiro. Fundada em 1929 no Brasil, pela Lever Brothers, a Sociedade Anônima Irmãos Lever, com escritório na cidade de São Paulo, iniciou suas atividades com a venda do sabão Sunlight e dos Flocos Lux, ambos importados da Inglaterra. No ano seguinte, a empresa inaugurou sua primeira fábrica na capital paulista, no bairro de vila Anastácio, e passou a produzir o sabão Sunlight no país.

OREO

Os biscoitos recheados Oreo, da Nabisco, surgiram em 1912. Ninguém sabe a origem exata do nome. Dizem que é uma derivação da palavra francesa *or*, que significa ouro. Os biscoitos têm uma figura oval sobreposta com uma cruz. É o símbolo da Nabisco que representa o triunfo do bem contra o mal. Até hoje foram consumidos mais de duzentos bilhões de biscoitos Oreo em todo o mundo. Empilhados, fariam três vezes o caminho até a lua.

OVOMALTINE

O químico suíço Georges Wander pesquisava um complemento alimentar nutritivo e forte. Interessou-se pelo efeito nutritivo do extrato de malte, obtido da cevada, e queria fabricá-lo na forma concentrada. A morte de Wander fez seu filho, Alberto, continuar com as pesquisas. Em 1904, Alberto Wander criou a fórmula do Ovomaltine, uma combinação balanceada de extrato de malte, ovos, leite integral, cacau, vitaminas e sais minerais. Dois anos depois, ele começou a produzi-lo na cidade de Berna, estimulado pela boa receptividade da bebida. O Ovomaltine é vendido no Brasil desde 1930. Naquela época, o produto era importado da matriz, na Suíça. Em 1956, a Wander inaugurou sua fábrica em Resende (RJ) e começou a produção nacional.

PALITOS GINA

Giacomo e Antonieta Quilicci Rela deixaram a Itália e vieram tentar a sorte no Brasil. Giacomo era marceneiro. Outro casal de italianos, Vicente e Giacomina Carreri Del Nero, fizeram o mesmo percurso. Vicente trabalhava como alfaiate. Eles se instalaram em Itatiba, no interior de São Paulo. Quis o destino que os filhos dos dois – Alfredo Rela e Rosa Del Nero – se conhecessem e se casassem em 1919. Em 24 de julho de 1947, três dos cinco filhos de Alfredo e Rosa montaram uma oficina mecânica para conserto de máquinas. Chamava-se A. Rela & Cia. Nos anos de 1950, eles montaram uma torrefação e passaram a vender máquinas e motores. A fabricação de palitos de madeira começou no final da década de 1950, inicialmente com palitos para sorvete. Depois vieram os palitos de dente, roliços, de duas pontas, com 2,5 milímetros de diâmetro. A marca ganhou o nome "Gina", que era o apelido de Rosa, por iniciativa do filho Giácomo. Em 1963, a A. Rela já tinha em seu catálogo sete produtos: palitos e pazinhas para sorvetes, palitos para pirulitos, palitos roliços para dentes, palitos retangulares para dentes, abaixadores de língua e garfinhos para festas. A partir de 1973, o produto teve um grande salto com o desenvolvimento da embalagem-paliteiro, que substituiu os maços de celofane transparente. A figura de uma mulher sorridente na embalagem apareceu em 1976, numa criação da agência Diagrama, de Roberto Muylaert. Foi chamada a então Zofia Burk, uma polonesa que na época era uma das modelos mais requisitadas do país. Burk aceitou, fez a foto e seu rosto até hoje é associado a esse trabalho. Quando foi fazer a foto para a embalagem, Burk precisou de maquiagem para parecer mais velha. Numa entrevista, Zofia Burk afirmou que não palita os dentes. Usa fio dental.

Zofia Burk

PALMPILOT

O pequeno computador que cabe no bolso da camisa e armazena milhares de endereços foi criado em junho de 1994 pelo engenheiro elétrico americano Jeff Hawkins. Vinte e oito pessoas trabalharam no desenvolvimento do produto, que exigiu um investimento de três milhões de dólares. Em 18 meses foi vendido um milhão de PalmPilots. Marca que deixou para trás as primeiras vendas de celulares, *pagers* e televisores em cores. A Palm Computing surgiu em janeiro de 1992.

PAMPERS

A mais famosa fralda descartável, projetada por Victor Mills, foi lançada pela Procter & Gamble em 1961. Nascido em Nebraska no ano de 1897, Mills pertenceu à Marinha americana e trabalhou no Havaí antes de se formar em engenharia química na Universidade de Washington. O método de estudo que Victor Mills usava era simples: desenvolvia um produto e usava os familiares como cobaias. No caso das fraldas, os netos do engenheiro é que foram submetidos aos testes durante uma viagem com o avô. Mills já era aposentado quando a empresa testou a primeira versão da fralda descartável em Peoria, Illinois, no ano em que foi lançada.

PANASONIC

O grupo Matsushita começou suas atividades em 1918, em Osaka, no Japão. Konosuke Matsushita abriu uma pequena oficina, com apenas dois funcionários, para produzir um *plugue* para tomada elétrica que ele mesmo inventou. Em 1958, surgiu a Panasonic Mobile Communications, divisão que ficaria responsável pelo desenvolvimento de equipamentos eletrônicos de áudio, imagem e telecomunicações. O nome "Panasonic" foi usado pela primeira vez em 1955 num modelo de rádio lançado pela empresa. Panasonic é a união da palavras em inglês *Pan*, que significa tudo, e *Sonic*, que significa som ou ruído. A empresa foi a primeira a lançar o toca-fitas autorreverse estéreo no Japão, no ano de 1967. Mas a Panasonic tornou-se popular no mercado ao lançar, em 1982, o primeiro aparelho tocador de CD. A Matsushita Electric Industrial Brasileira Indústria e Comércio foi inaugurada em 1967. Em 1969 iniciou a construção de sua unidade industrial no país, às margens da via Dutra, em São José dos Campos (SP). Os primeiros produtos lançados pela fábrica brasileira foram as pilhas do tipo Hyper e Hi-Top.

PÃO PULLMAN

Inaugurada em julho de 1950, a Pão Americano era a mais moderna panificadora de toda a América Latina. Foi a primeira com produção contínua de pães, tecnologia importada dos Estados Unidos. A Pão Americano foi inicialmente instalada na rua Augusta, na capital paulista, empregando 25 funcionários para fazer o que uma padaria comum só conseguiria com 250 homens. Além da produção de mais pães em menos tempo, a higiene era muito maior, uma vez que o sistema era todo automatizado, sem contato manual. Com o novo e revolucionário processo de panificação mecanizada, em 1953, pela primeira vez no Brasil, surgia o pão de forma: o Pão Pullman.

Em 1957, foi necessária a abertura de uma filial no Rio de Janeiro, com uma fábrica para atender a região. Quatro anos depois, em 1961, a empresa de São Paulo deixava de ser uma panificadora para se transformar em indústria.

PÃO WICKBOLD

Em abril de 1938, o imigrante alemão Henrique Wickbold (1905-1968) resolveu deixar o trabalho no campo para trás. Mudou-se de Presidente Venceslau para a capital paulista e comprou uma padaria chamada Allemanha, na região do Brooklin, logo rebatizada de Wickbold. Os pães de centeio e de trigo integral eram feitos artesanalmente, assados em forno a lenha e tinham apenas uma tira de papel com o nome da padaria. Os produtos eram entregues em mercearias e casas de frios. Alguns padeiros autônomos vendiam, em carroças, os pães Wickbold direto ao consumidor. A partir daí, a empresa foi se expandindo.

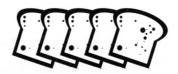

PARKER

Um jovem professor de telegrafia do estado americano de Wisconsin chamado George Parker (1863-1937) criou um modelo diferente de caneta em 1888. A revolucionária Parker 51, com a pena embutida, que fazia a tinta secar no instante em que tocava o papel, foi uma das canetas mais populares de todos os tempos no Brasil. Durante o ano de 1940, a Parker americana decidiu testá-la no mercado brasileiro antes de soltá-la para o resto do mundo. Cinco anos depois, seria com uma delas que o general Eisenhower assinaria a aceitação da rendição alemã na Segunda Guerra Mundial. Foi também com uma Parker 51 que o presidente brasileiro Getúlio Vargas assinou sua carta-testamento, antes de se suicidar com um tiro, em 1954.

Publicidade de 1946, da caneta Parker 51

PARMALAT

O italiano Calisto Tanzi tinha 21 anos quando seu pai morreu. Ele foi obrigado a tomar conta da fábrica de presunto da família, na cidade de Collechio, a 100 quilômetros de Milão. Até que resolveu inovar e investir no leite. Criou a marca Parmalat em 1962. Juntou o nome de sua cidade natal (Parma) com a palavra *latte*, "leite" em italiano. Tanzi logo percebeu a praticidade das embalagens Tetrapak, inventadas na Suécia. Foi o primeiro estrangeiro a adotar a novidade. Em 1977, a Parmalat passou a operar de forma independente no Brasil, depois de quatro anos de associação com a empresa nacional Mococa.

PASTILHAS VALDA

As pastilhas Valda nasceram em 1902, época em que as doenças pulmonares estavam na moda. O francês Henri Canonne, dono de uma farmácia em Paris, lançou uma pequena goma verde que aliviava a tosse.

Propaganda das Pastilhas Valda publicada em cadernos e agendas

PEPSI

O americano Caleb Bradham, farmacêutico de New Bern, na Carolina do Norte, criou um refrigerante chamado Brad's Drink, em 1898. Segundo anunciava seu criador, a bebida era revigorante, rejuvenescedora e ajudava na digestão. O novo nome, Pepsi-Cola, veio de dois de seus principais ingredientes (pepsina e nozes de cola). Foi usado pela primeira vez no dia 28 de agosto, mas Bradham só registrou a marca em 1902. A primeira fábrica no Brasil foi aberta em 1953 na cidade de Porto Alegre.

→ Charles Grigg começou a produzir o refrigerante Seven Up apenas duas semanas antes da quebra da Bolsa de Nova York, em 1929. A bebida também tinha uma proposta medicinal. Até 1950, ele possuía em sua fórmula o citrato de lítio, uma droga capaz de deixar o organismo mais relaxado, para cima (*up* em inglês). A respeito do nome, existem duas versões: uma diz que o refrigerante era feito da combinação de sete sabores. Outra versão sustenta que Grigg, frequentador de cassinos, teve o estalo ao tirar um sete da sorte nos dados. Hoje o Seven Up faz parte da família Pepsi.

PERDIGÃO
A Perdigão começou como um armazém de secos e molhados, em 1934, no distrito catarinense de vila das Perdizes (hoje chamada de Videira). O nome do negócio era Ponzoni, Brandalise e Cia. porque foi criado pelos irmãos Saul e André Brandalise, e pelos também irmãos Ângelo e Pedro Ponzoni, todos descendentes de imigrantes italianos.

A empresa começou a crescer com a aquisição de um abatedouro de porcos (1939) e de um curtume (1945). Depois foram comprando um moinho de trigo, uma serraria e uma fábrica de caixas. A empresa ganhou o nome de Perdigão em 1958. Perdigão é o macho da perdiz. A primeira logomarca com o casal de perdizes apareceu em 1941.

→ No começo dos anos de 1980, o cientista norte-americano Adam Chester testou seleções genéticas a partir da espécie *Gallus gallus*, resultando em uma ave com 70% de carne concentrada no peito e nas cochas (em inglês *chest* significa "peito"). O Chester chegou ao mercado brasileiro em julho de 1982, lançado pela Perdigão.

PERRIER
A nascente de onde brota a mais famosa água mineral do mundo é conhecida desde os tempos do Império Romano. Ela fica em Vergèze, no Sudoeste da França. O imperador Napoleão III deu a concessão dos direitos de exploração

da nascente em 1863 ao presidente da Câmara Municipal local. Trinta anos depois, esses direitos passaram a um médico de Vergèze, Louis Perrier, que se dedicava à terapia termal. O doutor Perrier apresentou aquela água a um abastado cidadão inglês, John Harms Worth. Mais tarde, Harmsworth compraria a nascente, com a promessa de que a água seria conhecida sempre com o nome Perrier. Foi o inglês quem teve a ideia de envasá-la nas garrafas verdes que viriam a se tornar uma de suas marcas registradas. Sua forma era inspirada nas clavas indianas que Harmsworth utilizava para fazer exercícios desde que ficara paralítico, depois de um acidente de carro.

PHILCO
Philco é a junção das iniciais das palavras "Philadelphia" e "Company". A empresa nasceu na cidade de Filadélfia, nos Estados Unidos, em 1892, como fabricante de lâmpadas arcocarbônicas. Ela começou com o nome de Hélios Electric Company. Os negócios prosperaram. Quando começou a fabricar baterias, em 1906, o nome passou a ser Philadelphia Storage Battery Company, e depois Philco.
O primeiro produto vendido no Brasil foi o rádio "capelinha", em 1934, importado dos Estados Unidos. As vendas foram tão grandes que a Philco decidiu montar um escritório no Rio de Janeiro em 1948. A primeira fábrica foi inaugurada em São Paulo dois anos depois.

PIANO STEINWAY
Em 5 de março de 1853, o alemão Heinrich Engelhardt Steinweg (1797-1871) começou a construir pianos no sótão de sua casa, na rua Varick, em Nova York. Por causa do preconceito contra os alemães, a fábrica foi batizada de Henry Steinway & Filhos. O primeiro instrumento de cauda foi vendido em 1856. Três anos depois, comercializava um piano por dia.
Filho caçula de 12 irmãos, Heinrich teve uma infância trágica. Vários irmãos morreram lutando nas guerras napoleônicas; apenas o pai retornou dos combates. Sua mãe faleceu em uma tempestade do rigoroso inverno alemão. Aos 15 anos, uma tempestade pegou desprevenidos seu pai e três irmãos. Eles se abrigaram numa pequena e frágil construção, destruída por um raio. Apenas Heinrich sobreviveu. Construiu seu primeiro instrumento quando tinha 22 anos. Era uma espécie de cítara, com trinta cordas esticadas sobre uma caixa.

PIERRE CARDIN

Pierre Cardin

Pierre nasceu em um pequeno vilarejo nas imediações de Veneza, na Itália. Ele começou como cortador de tecido na fábrica de Dior, e disse ter passado fome na época para poder manter sua carreira. O estilista apresentou sua primeira coleção em 1953, sem a ajuda de ninguém. Ele juntou dinheiro e financiou o próprio desfile. Cardin inventou modelos futuristas, como o "cosmo-corpo", que consistia em um vestido bem solto, sobre pulôver e meias colados ao corpo. O estilista nunca gostou de publicidade e também se diz avesso a computadores. Pierre Cardin anunciou que sua marca está disponível para venda, com um valor estipulado em 490 milhões de dólares.

PIRASSUNUNGA 51

A 51 começou a ser fabricada em – adivinhe – 1951 em um minúsculo alambique de Pirassununga, cidade do interior de São Paulo. Oito anos depois, a marca foi comprada pela família Müller, que transformou o negócio em uma grande empresa. Hoje, a pinga é produzida por quarenta alambiques pertencentes a usineiros independentes da região. Na refinaria central, todas as aguardentes são misturadas, recebem um leve xarope para dar sabor de cana e um pouco de água para diminuir o teor alcoólico.
O *slogan* "Uma boa ideia" foi criado em 1978 pela agência de publicidade Lage & Magy.

→ O português Dário Telles de Menezes trouxe de Trás-os-Montes para Maranguape, a 20 quilômetros de Fortaleza, um alambique de cerâmica e a técnica da produção de aguardente. Comprou um pequeno engenho e passou a produzir, em 1846, uma das mais tradicionais cachaças do país, a Ypióca. Ela era vendida em pequenos tonéis, chamados ancoretas. No ano de 1900, a empresa lançou no Brasil a cachaça em garrafa de um litro.
A Pitu foi criada em 1939 por Joel Carneiro e Severino Ferrer de Morais. A princípio era um modesto alambique, que fabricava a bebida artesanalmente para ser vendida na cidade de Vitória de Santo Antão, a 56 quilômetros do Recife. A Havana, a mais famosa aguardente mineira, começou a ser produzida em 1945. O fazendeiro Anísio Santiago preparava artesanalmente o produto para com ele presentear os amigos.

PIRELLI

Giovanni Battista Pirelli (1848-1932), então um jovem engenheiro, começou seu negócio em Milão, Itália, no ano de 1872. Produzia todos os tipos de produtos de borracha para os setores técnicos, industriais e científicos. Em 1879, a Pirelli começou a produzir cabos para instalações elétricas. Seis anos depois, a empresa lançou um item um tanto curioso para os dias de hoje: rédeas de borracha para carruagens. O pneu Pirelli só foi aparecer em 1890, quando o departamento de borracha desenvolveu inicialmente pneus para bicicletas. O ano de 1899 foi um dos mais pródigos para a Pirelli, pois marcou o início da produção de fios para telecomunicações e a produção de pneus para carros e motocicletas. Em 1891, pesquisas levaram ao desenvolvimento do "Recoil", um pneu para carro com grande aderência.

A Pirelli chegou ao Brasil em 1929, com a compra da Conac, uma fábrica de condutores elétricos, instalada em Santo André, na grande São Paulo.

Giovanni Battista Pirelli

PIREX

Em uma manhã de 1913, o americano Jesse Littleton chegou a seu laboratório, na Fábrica de Vidros Corning, em Nova York, trazendo um bolo de chocolate, que ofereceu a seus colegas de trabalho. Todos estranharam a gentileza e ele explicou: "Vocês riram de mim quando falei que se poderia assar em vidro, não foi? Então, eu trouxe a prova". Na tarde anterior, Littleton havia serrado o fundo de uma jarra de vidro em forma de travessa e pediu à sua esposa que assasse um bolo nela. O vidro não corrosivo, de alta temperatura, desenvolvido na Alemanha por Otto Schott no fim do século XIX, já tinha encontrado vários usos industriais. Mas ninguém antes de Littleton tinha pensado em assar nele. Corning lançou a primeira linha de utensílios Pirex para forno em 1916.

Por mais de uma década, os técnicos fizeram experiências tentando fortalecer o vidro. Depois de numerosas falhas, chegaram à técnica de alterar levemente a própria composição do vidro. Foram meses de testes, nos quais os cientistas da Corning ferveram e fritaram mais de 8 mil quilos de batatas nos recipientes de vidro. Finalmente, em 1936, Corning anunciou uma linha de Pirex resistente à chama. A partir dali, os utensílios em vidro poderiam ser utilizados tanto para cozinhar quanto para assar.

PIZZA HUT

A cadeia americana de pizzarias foi criada pelos irmãos Dan e Frank Carney, no estado de Kansas, em 1958. A primeira loja parecia uma cabana – ou, em bom inglês, *hut*. Grande parte dos restaurantes segue o padrão do "telhado vermelho", o símbolo da empresa que faz lembrar a cabana dos velhos tempos. A Pepsi comprou o negócio em 1978. No Brasil, a primeira filial foi inaugurada na cidade de Santo André, na Grande São Paulo, em novembro de 1990.

➔ Os irmãos Tom e James Monaghan investiram quinhentos dólares na compra de uma pizzaria chamada DomiNicks, em Ypsilanti, no estado americano de Michigan. Em 1961, Tom tornou-se o único proprietário e mudou o nome para Domino's Pizza. Comprou um fusquinha e criou um sistema de entrega, que prometia entregar a pizza quente e crocante. Em 1970, o grupo estabeleceu seu principal diferencial, usado até hoje: se a pizza não for entregue em menos de trinta minutos, o cliente não paga.

PLAYBOY

O americano Hugh Hefner era diretor de circulação de uma revista chamada *Children's Activities* em 1953. Ele tinha 27 anos e acreditava que havia mercado para uma revista de jovens adultos como ele. Para Hefner, as revistas masculinas da época ignoravam o que parecia ser a principal preocupação da maioria dos homens: as mulheres. Preferiam se concentrar em caçadas, armas, carros antigos ou como dirigir um trator. Comprou por quinhentos dólares os direitos de fotos que Marilyn Monroe tirara para um calendário no início da carreira e foi atrás de dinheiro. Pegou emprestado com amigos e parentes (a mãe lhe emprestou mil dólares, embora não aprovasse a ideia da revista).

O nome da revista deveria ser Stag Party (algo como "farra"). O símbolo seria um veado (*stag*), fumando de piteira e esperando uma companhia feminina. Às vésperas do lançamento, porém, Hefner descobriu que já existia uma publicação com esse nome. Vários nomes foram pensados – *Top Hat*, *Bachelor*, *Gentlemen* – até que um amigo sugeriu *Playboy*, nome de uma fábrica de carros que faliu. Com o nome, Hefner encomendou ao desenhista Arthur Paul uma nova mascote. O coelho foi adotado e hoje é uma marca mundialmente conhecida. Em outubro de 1953, dos 69.500 exemplares do primeiro número que foram para as bancas, 54.175 acabaram vendidos.

PLAYMOBIL

Hans Beck, chefe de criação da Geobra-Brandstatter, da Alemanha, recebeu em 1970 a missão de criar um brinquedo totalmente inovador. Depois de quatro anos, Beck apresentou os pequenos personagens da família Playmobil, produzidos em um plástico bastante resistente, que transformaram a empresa na maior fabricante de brinquedos do país.

POLAROID

O físico americano Edwin Land (1910-1991) estava fazendo fotos de sua filha de cinco anos no jardim de casa quando ela lhe perguntou: "Papai, por que não podemos ver essas fotos agora?". Ele percebeu que ela estava manifestando o mesmo desejo de muitos fotógrafos amadores. Desse modo, em 1948, ele criou a máquina Polaroid, capaz de produzir fotos instantâneas sem o negativo sair do aparelho. O negativo é revelado com produtos químicos liberados logo que se tira a foto. Eles transportam sais de prata para uma folha de papel dez segundos depois do clique.

Polaroid de 1948

POLVILHO GRANADO

A Casa Granado foi criada pelo português José Coxito Granado, em 1870. Ele chegou como mais um imigrante pobre e, 12 anos depois de ter desembarcado no Rio de Janeiro, conseguiu comprar por sete contos de réis uma botica. Ali, ele acabaria criando em 1903 o famoso Polvilho Antisséptico Granado. Em seu auge, a Casa Granado lançou outros produtos: os sabonetes de enxofre e glicerina, e a curiosa Água Inglesa Granado, fortificante para anêmicos e convalescentes.

Primeira embalagem do Polvilho Granado

POST-IT

Em 1968, um dos cientistas da 3M, Spencer Silver, estava trabalhando na pesquisa de um adesivo forte, de alto poder de aderência, quando alguma coisa deu errado. O resultado foi um adesivo mais fraco, que aderia levemente à superfície em que era colocado. Sem saber o que fazer com aquele aparente fracasso, Silver espalhou a notícia do novo adesivo, na esperança de encontrar alguém que pudesse utilizar seu invento. Enquanto isso, em outra parte da cidade de St. Paul, em Minnesota, nos Estados Unidos, o químico da 3M e também membro do coro da igreja Art Fry estava se debatendo com um probleminha. As pequenas tiras de papel utilizadas para marcação das páginas das músicas caíam constantemente no chão. Foi aí que ele imaginou: "E se um dos lados da tira de papel fosse coberto com um adesivo de baixa intensidade, de modo que o papel aderisse de leve à superfície e pudesse ser removido facilmente?". Lembrou-se do adesivo descoberto pelo colega. De volta ao laboratório, os dois perceberam que haviam descoberto algo mais importante do que um simples marcador de livros. Era um conceito totalmente novo em blocos de recados.

Enquanto o adesivo era aperfeiçoado, Art Fry enviava amostras às secretárias e aos executivos da 3M. Todos solicitavam mais. Em 1980, os blocos de recados Post-it chegaram ao mercado.

PRADA
A marca foi criada pelo italiano Mario Prada, em 1913. A grife era especializada em malas de viagens e artigos de couro muito luxuosos. A história mudou quando, em 1978, a sobrinha de Mario assumiu os negócios. A estilista Miuccia Prada, que na juventude fez parte do Partido Comunista italiano, sugeria uma moda feita para mulheres inteligentes e refinadas. Nesse ano ela lançou uma linha de bolsas feitas de náilon que acabou caindo no gosto de modelos que faziam muito sucesso na época, como Jerry Hall e Marie Helvin. Em 1989, Miuccia lança sua primeira coleção, marcada por linhas retas que proporcionavam às criações um ar intelectual e elegante esquecido pela moda da época.

PROCTER & GAMBLE
A família Norris, de Cincinatti (Estados Unidos), estava em festa naquele ano de 1834. Elizabeth Ann iria se casar com um fabricante de sabão chamado James Gamble. Olívia se casaria com William Procter, um inglês viúvo de 31 anos, fabricante de velas. Os novos cunhados fundaram em 1837 a Procter & Gamble. Em 1878, Harley Procter decidiu que a fábrica deveria produzir um

sabão novo, branco, cremoso e delicadamente perfumado para competir com os mais finos sabões corrosivos importados daquela época.

Como fornecedores de sabão para o Exército durante a Guerra Civil, a empresa era apropriada para enfrentar tal desafio. O químico James Gamble logo chegou à fórmula desejada. Chamado simplesmente de "sabão branco", ele produzia uma rica espuma, mesmo em contato com a água fria, e tinha uma consistência homogênea e suave.

Certo dia, um trabalhador da fábrica que examinava os tanques de sabão parou para almoçar, esquecendo-se de desligar a máquina misturadora principal. Ao voltar, descobriu que havia sido injetado ar demais na solução de sabão. Em vez de jogar a substância fora, ele despejou-a em formas de endurecimento e corte. Pedaços do primeiro sabão cheio de ar foram entregues a lojas da região. Os consumidores adoraram. A fábrica ficou abarrotada de cartas solicitando mais daquele extraordinário sabão que não ficava perdido dentro da água escurecida porque flutuava em sua superfície. Ao perceber que se beneficiaram com o mero acidente, Harley Procter e James Gamble pediram que, a partir de então, fosse dada uma injeção extra de ar em todo sabonete. Os primeiros pedaços do "sabão mármore", como foi batizado o novo produto, apareceram em outubro de 1879, no mesmo mês em que Thomas Edison testou com sucesso a lâmpada elétrica. Harley Procter previu que a luz elétrica poderia acabar de vez com seu lucrativo negócio de velas, e, assim, decidiu investir no seu sabonete.

Publicidade de 1898, do sabão mármore

PROSDÓCIMO

O embrião do grupo Prosdócimo foi a Casa Indian, fundada por João Prosdócimo, em Curitiba, no ano de 1913. Filho de imigrantes italianos, João chegou ao Brasil com oito anos. O garoto ajudava o pai nos canteiros de obras da Estrada de Ferro Curitiba-Paranaguá. Fascinado pela eletricidade e mais crescido, João foi trabalhar na Companhia de Força e Luz do Paraná. Com os conhecimentos adquiridos na área, ele abriu a primeira galvanoplastia do Sul do país e uma loja de bicicletas e armas. Nascia, assim, a Casa Indian, que daria origem ao Grupo Empresarial Prosdócimo. Os filhos Pedro e Joanim acabaram entrando no negócio, que já se expandia na importação de rádios e geladeiras. No fundo do quintal, Pedro instalou uma oficina produtora de geladeiras que se transformaria na empresa Refrigeração Paraná. Em 1955, o Grupo Prosdócimo assumiu a pequena empresa e passou a expandir seus negócios.

Ralph Lauren

RALPH LAUREN

Descendente de russos, Ralph Lipschitz tinha vontade de mudar de vida e sair do Bronx, um bairro pobre de Nova York. Seu esforço foi tanto que ele virou Ralph Lauren, um dos estilistas mais famosos do mundo. De vendedor de gravatas, ele passou a desenhar suas próprias criações. Enquanto os homens, nos anos 1960, usavam gravatas de 3,5 centímetros, Ralph inventou a de 10 centímetros e começou a impor seu estilo. Não demorou para ele perceber que criar roupas masculinas era um grande negócio. Para se firmar, Ralph procurou uma ideia sofisticada: um esporte chique, o polo, virou a sua marca. O cavalinho com um homem de taco na mão tornou-se um dos logotipos mais imitados do mundo. A marca americana chegou ao Brasil em 1989.

RAY-BAN

Conta-se que os óculos escuros foram inventados pelos chineses no século XIII. A Bausch & Lomb, a primeira empresa óptica americana, foi fundada em 1850 por dois amigos, J. J. Bausch e H. Lomb. Em 1920, a Força Aérea dos Estados Unidos lhes fez uma encomenda: produzir uma proteção ocular para seus pilotos de caça, que viviam enfrentando sérios problemas de visibilidade. Depois de dez anos de pesquisa, a empresa apresentou óculos com lentes verdes, que refletiam os raios solares. Somente em 1936 a novidade foi batizada de Ray-Ban e começou a ser vendida ao grande público.

REEBOK

O corredor Joseph Willian Foster inventou em 1895 um par de tênis com "cravos" no solado. O sapato era ideal para o atletismo, pois proporcionava mais segurança nas passadas. A ideia deu tão certo, que Foster passou de atleta a fabricante de sapatos esportivos. Os modelos "Foster de Luxo com Cravos" eram feitos à mão por ele mesmo. Em 1958, Joseph morreu e os filhos assumiram o negócio. O nome da empresa "J. Foster & Filhos" só passou a ser Reebok, quando estava nas mãos dos netos do fundador, Jeffrey e Joseph Foster, em 1959. Reebok é o nome de uma gazela africana. Este antílope é capaz de atingir altas velocidades. Em 2005 a Adidas comprou a Reebok.

RELÓGIO SWATCH

Os engenheiros Elmar Mock e Jacques Muller entraram na sala de Ernst Thomke, diretor-gerente da companhia de relógios ETA, da cidade de Grenchen, na Suíça, para apresentar o primeiro protótipo de um relógio de plástico. Era 1º de julho de 1980. Naquela época, a indústria de relógios suíça atravessava uma séria crise. Ela perdera a hegemonia para os fabricantes asiáticos, que ofereciam relógios a preços baixos. Em 1º de março de 1983, o Swatch (abreviatura de *Swiss watch*, relógio suíço) foi lançado no mercado para revitalizar a indústria relojoeira do país. Tratava-se de um relógio de alta precisão e qualidade, à prova de água e choque, por um preço bastante acessível. Para ter uma ideia, Muller reduziu o número de componentes do relógio de 91 para 51. A ETA se uniu a outras empresas, e o grupo passou a ser comandado por Nicolas Hayek, que conseguiu um vultoso investimento dos principais bancos suíços para o negócio deslanchar. O produto chegou ao Brasil em 1991.

RENNER

A fábrica de tecidos A. J. Renner & Cia. foi inaugurada em 1912 na cidade de São Sebastião do Caí, no Rio Grande do Sul. Seu fundador, Antônio Jacob Renner, estava tentando salvar a Frederico Engel & Cia, da qual participava como sócio minoritário. Sua primeira atitude foi substituir os teares manuais por modernos equipamentos importados. O negócio prosperaria dois anos mais tarde, com o lançamento da capa Ideal. A ideia surgiu das viagens que fazia pelo interior do estado. Era comum o gaúcho se proteger da chuva e do frio com um poncho-pala, um pedaço de tecido com um buraco para a cabeça. Ele mesmo não gostava do recurso. A solução estaria em uma capa de abotoar na frente e com duas aberturas laterais para os braços. As capas Ideal ficaram conhecidas em todo o Rio Grande do Sul e impulsionaram o negócio de Renner. A fábrica já funcionava regularmente em Porto Alegre quando, em 1919, a empresa lançou modelos de capa visando atingir o público que andava a cavalo e determinou sua expansão. De olho no mercado de automóveis, em 1920, foi a vez de criar trajes esportes para automobilistas. Em 1921 foi inaugurado o primeiro ponto de venda da marca. A empresa resolveu aumentar seu leque de produtos em 1940, passando a vender todo o tipo de vestuário feminino, masculino e infantil. Em 1964, a empresa passou a se chamar Lojas Renner.

ROB ROY

O nome do *scotch* é uma homenagem ao personagem Rob Roy McGregor. Segundo a lenda, a família McGregor foi considerada fora da lei pelo rei James IV, da Escócia. Tudo por causa de uma disputa sanguinária contra os Colquhoun, no fim do século XVI. Afastados da sociedade, os McGregor passaram a viver nas montanhas, conhecidos como o Povo da Neblina, e sobreviveram praticando roubos até sua reabilitação, em 1755. Rob Roy foi um dos mais destemidos e ilustres integrantes da família McGregor.

ROLEX

Em 1905, depois de um estágio em relojoarias da Suíça, o alemão Hans Wilsdorf funda com seu cunhado a Wilsdorf & Davis. Sediada em Londres, a empresa montava e distribuía relógios com mecanismos suíços. Menos de um ano depois, a Wilsdorf & Davis ingressou na então arriscada aventura dos relógios de pulso. No ano de 1908, Wilsdorf colocou o nome Rolex em seus relógios, facilmente pronunciável em todas as línguas europeias. Somente em 1925, depois de uma grande campanha publicitária, ele lançou a "coroinha", logotipo do Rolex.

O Rolex Datejust, de 1945, foi o primeiro relógio de pulso a exibir datas no mostrador.

Rolex Datejust

ROLLS-ROYCE

O nome Rolls-Royce representa o carro mais cobiçado do mundo e a união de um mecânico de Manchester, chamado Henry Royce (1863-1933), com o aristocrata Charles Stewart Rolls (1877-1910), importante vendedor de automóveis de Londres. Henry havia projetado um carro revolucionário. Meio a contragosto, Charles acabou sendo convencido a conhecê-lo. Era maio de 1904. Entrou emburrado na modesta oficina de Henry Royce e seu humor piorou quando lhe contaram que o carro tinha um motor de dois cilindros, que ele desprezava. Até que Henry ligou o carro, e Charles descobriu que era silencioso. Ao final do passeio, Charles fez a proposta: criariam a Rolls-Royce, assegurando o direito de exclusividade na venda de toda a produção da pequena indústria. A parceria, embora eternizada pelos carros, duraria apenas seis anos. Charles morreu em um acidente de avião em 1910. Henry morreu em 1933, e, a partir de então, a plaqueta com as letras RR que identifica a marca passou a ter fundo preto, em vez do vermelho original. A estatueta "A dama voadora", que fica na frente do carro, foi criada em 1910 pelo escultor inglês Charles Sykes.

ROMANNÉ-CONTI

A história de um dos vinhos tintos mais apreciados, e caros, do mundo, começa por volta do século XI, quando a vinha pertencia aos religiosos do mosteiro Saint-Vivant de Veregy. Produzido na Côte d'Or, região da Borgonha, sua propriedade mudou diversas vezes até chegar à família do empresário Aubert de Villaine, em 1942. O nome Romanné é uma homenagem ao imperador romano Marco Aurélio Probo (232-282), que anulou a decisão de impedir novos vinhedos de se instalarem na região. Em 1760, as terras foram compradas pelo príncipe de Conti, conselheiro do rei Luís XV, e o vinho passou a ser chamado pelo nome atual. A propriedade foi desapropriada e leiloada durante a Revolução Francesa. Mudou várias vezes de dono, até ser definitivamente adquirida por Villaine, que fundou a empresa Domaine de La Romanné Conti.

ROMISETTA

Esse pequeno carro de três rodas e com porta frontal chegou ao Brasil pelas mãos do comendador Américo Emílio Romi. Em 7 de fevereiro de 1956, ele assinou um contrato para a fabricação do carro Isetta, desenvolvido pela empresa italiana ISO Automoveicoli-Spa desde 1953. Dono de uma empresa de materiais agrícolas em Santa Bárbara d'Oeste, interior de São Paulo, Romi apostava que o futuro da indústria automotiva estava nos veículos pequenos e ágeis. O modelo atingia velocidade máxima de 70 km/h, considerada alta para a época, e também era econômico, fazendo uma média de 25 litros de gasolina por quilômetro rodado. O primeiro motor era de 250 cm^3, o mesmo utilizado em motocicletas. A produção nacional começou oficialmente em 5 de setembro de 1956 e, em dez dias, foram vendidas 540 unidades. Na verdade, o carro se chama Isetta, mas ele ficou conhecido pelo apelido, uma junção com o nome do fabricante de Santa Bárbara. Três mil Romisettas desfilaram pelo país até 1961, um ano antes de o último modelo sair da fábrica.

SABONETE PHEBO

Até 1910, quando a exploração da borracha ainda distribuía muito dinheiro pela Amazônia, as requintadas famílias de Belém e Manaus importavam um caríssimo e perfumado sabonete da Inglaterra, o Pearsoap. Com a crise que veio logo depois, as delicadas essências britânicas desapareceram das luxuosas residências do Norte brasileiro. Na década de 1930, a firma A. L. Silva & Cia., dos imigrantes portugueses Antônio Lourenço da Silva, João da Silva Santiago e Antônio Gouveia Santiago, fabricava brilhantinas, loções e talcos. Mas resolveu ocupar o lugar deixado pelo Pearsoap, lançando um sabonete de características semelhantes – perfume de rosas, vítreo e transparente. Em 1936, surgiu o sabonete Phebo Odor de Rosas.

Em 1941, a Phebo lançou a colônia Seiva de Alfazema, um produto fundamental para a conquista dos mercados do Sul do país.

SADIA

Filho de imigrantes italianos, Attilio Fontana nasceu em Silveira Martins, no Rio Grande do Sul, em agosto de 1900. Chegou a Santa Catarina em 1921, abrindo sua primeira casa comercial quatro anos mais tarde. A história da grande empresa frigorífica começa com a S. A. Indústria e Comércio Concórdia, fundada por Attilio em 1944. O nome Sadia é uma junção de S. A. às letras finais de Concórdia. No início, a indústria possuía apenas um moinho de trigo e um abatedouro de suínos. Mas o comércio da farinha, da banha, das carnes salgadas e dos embutidos produzidos em Concórdia se espalharia por Santa Catarina e conquistaria outras regiões do Brasil.

SAMSUNG

O coreano Byung-Chull Lee, fundador da Samsung, começou seu negócio exportando peixe seco, verduras e frutas para a China, em 1938. A exportadora de Lee teve bastante lucro, e ele resolveu abrir uma fábrica para produzir televisores. Isso aconteceu em 1969. No ano seguinte, a empresa já estava produzindo geladeiras, micro-ondas e máquinas de lavar. A Samsung foi a primeira a lançar a TV de cristal líquido (LCD), em 1995. Samsung significa "três estrelas" em coreano.

SANDÁLIAS HAVAIANAS

Por volta de 1960, começaram a chegar do Oriente as chamadas "sandálias tipo japonesa", que logo fizeram bastante sucesso no Brasil. Para concorrer com elas, depois de dois anos de estudos, a São Paulo Alpargatas lançou em

14 de junho de 1962 seu modelo de sandálias de borracha. Elas foram batizadas de Havaianas.

SCHINCARIOL
A Schincariol foi fundada em 1939 por Primo Schincariol. O empresário montou uma fábrica em Itu, cidade do interior de São Paulo, para produzir um refrigerante sabor *tutti frutti*, a Tubaína. Para não copiar o nome do produto original, Primo colocou o nome da cidade no início da palavra para diferenciar. Começou a vender o refrigerante Itubaína por todo o estado de São Paulo. Em 1989, a empresa lançou no mercado a primeira cerveja tipo Pilsen produzida no Brasil. Em outubro de 2003, a cerveja Schincariol ganhou sabor e rótulo diferentes, dando origem à Nova Schin.

SCHWEPPES
O alemão Jacob Schweppe descobriu uma maneira de produzir água carbonatada (refrigerante) em escala comercial e fundou a J. Schweppe & Co em 1783. A empresa produzia a Schwepps Soda, que tinha um "toque" de quinino – e, por causa disso, era chamada também de "água tônica indiana". Deram-lhe esse apelido, porque a ideia de colocar quinino na bebida nasceu dentro das fileiras do Exército indiano como forma de combater a malária. Em 1999, a empresa foi comprada pela Coca-Cola.

1978

1940

1946

1960

SHELL
Em 1833, o inglês Marcus Samuel abriu uma lojinha de objetos exóticos em Londres, mas nem imaginava que as conchas orientais que vendia acabariam servindo como a marca da empresa criada por seu filho, que tinha o mesmo nome. Em visita à costa do mar Cáspio, ele viu vários navios-tanque e teve a ideia de vender óleo para a Ásia. Em 1892, levou uma embarcação com quatro mil toneladas de querosene russo para Cingapura e Tailândia. Em 1907, já como Shell (concha, em inglês), a empresa associou-se à holandesa Royal Dutch e veio para o Brasil em 1913, sob o nome de The Anglo

Mexican Petroleum Products Company. No ano seguinte, abriu um depósito na ilha do Governador (RJ) e passou a distribuir, em lombo de burro, o querosene Aurora e a gasolina Energina. Hoje a Shell tem mais de três mil postos e 1.700 funcionários.

A gasolina Shell abasteceu o avião dos pilotos britânicos John Alcock e Arthur Whitten Brown, os primeiros a cruzar o oceano Atlântico sem escalas, em 1919.

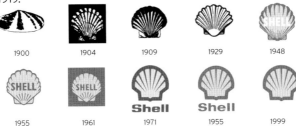

| 1900 | 1904 | 1909 | 1929 | 1948 |
| 1955 | 1961 | 1971 | 1955 | 1999 |

SHERWIN-WILLIAMS

Henry Alden Sherwin (1842-1916) já tinha sua fábrica de tintas quando foi apresentado a Edward Porter Williams em 1870. Sherwin nasceu em 1842, abandonou a escola aos 13 anos e foi trabalhar numa loja em Vermont (Estados Unidos). Williams era um fanfarrão que adorava contar piadas e tinha larga experiência em vendas. Eles se tornaram sócios e, em 1880, a Sherwin-Williams lançou sua primeira tinta pré-misturada.

O grande desafio dos dois era fazer que os clientes abandonassem os potes de óleo onde misturavam e faziam suas próprias tintas. Para convencer o consumidor, os produtos Sherwin-Williams traziam um comunicado ousado: "Garantimos que esta tinta, quando usada adequadamente, não terá rachaduras, lascas ou ficará gredosa, que cobrirá maior superfície, é melhor para trabalhar, terá maior duração e permanentemente parecerá melhor do que outras tintas. Nós garantimos aqui ressarcir o valor da tinta e o custo de sua aplicação caso em qualquer momento ela não corresponda ao especificado acima". Logo os produtos tornaram-se populares e a empresa tornou-se uma das maiores do ramo.

SIEMENS

A empresa alemã Siemens foi fundada em 1847 por Werner Siemens, Johann George Siemens e Johann Georg Halske. A Siemens and Halske Telegrapg Building Company fabricava aparelhos de telégrafo. O primeiro produto foi o "Pointer Telegraph", um telégrafo que vinha com um apontador acoplado. Em 1848, a empresa construiu a primeira linha elétrica de telégrafo de longa distância entre Berlim e Frankfurt, duas cidades da Alemanha. A rede tinha 500 quilômetros. A Siemens passou pelas duas guerras mundiais. Apesar de ter sofrido grandes perdas em ambas, conseguiu resistir à falência por oferecer produtos de necessidade na época, como a lâmpada elétrica em 1919. A partir de 1957, a empresa abriu uma nova divisão especializada em equipamentos eletrônicos, a Siemens-Electrogeräte AG, responsável pela pesquisa e produção de computadores, celulares e outros aparelhos.

Máquina de costura Singer, de 1852

SINGER

O americano Isaac Merritt Singer (1811-1875) entrou para a história em Boston em 1852: foi o primeiro a produzir e comercializar uma máquina de costura de uso doméstico. Ao observar algumas máquinas em ação, Singer propôs substituir a agulha curva por uma reta e fazer a laçadeira mover-se em vaivém (e não em círculos). A grande vantagem da máquina de Singer era permitir costuras em qualquer sentido, não só em linha reta. Em 1858, Singer já vendia suas máquinas no Brasil.

SKYPE

O programa foi criado em 2003 pelo sueco Niklas Zennström e pelo dinamarquês Janus Friis. Alguns anos antes, eles haviam lançado o programa Kazaa, que permitia a troca de arquivos de músicas entre usuários de internet e que se tornaria o programa mais baixado da história da internet. O Kazaa foi uma revolução e deixou os dois inventores bastante populares entre os internautas. Depois de inúmeros processos em todo o mundo, movidos por indústrias fonográficas, a dupla começou a pensar em uma nova maneira de utilizar a tecnologia P2P (*Peer to Peer*, que significa "pessoa para pessoa"). Os dois encontraram no VoIP (voz por protocolo de internet) um caminho. Essa era uma tecnologia que havia sido criada anos antes, mas que ainda não tinha muitas aplicações práticas. O Skype permite fazer ligações telefônicas entre computadores e chamadas do micro para um telefone fixo ou celular. O VoIP transforma a mensagem em pacotes de arquivos digitais como os e-mails. Quanto ao nome do produto, Friis explicou: "Tentamos escolher um nome que não tivesse qualquer significado, mas que fosse fácil memorizar".

SMILEY
Há duas versões sobre o verdadeiro "pai" do Smiley, essa carinha feliz. Uma delas diz que Harvey Ball, um artista gráfico americano, a teria criado no início da década de 1960 para encorajar os funcionários de uma companhia de seguros a sorrir mais para seus clientes. Ball teria desenhado Smiley em dez minutos e ganho 45 dólares pelo trabalho. O símbolo virou um ícone mundial nos anos 1970, em plena era *hippie*, quando aparecia em pôsteres, adesivos e até em um selo do correio americano. Nessa época, também entrou em cena o francês Franklin Loufrani, que registrou Smiley como marca em mais de oitenta países e diz tê-lo criado durante as passeatas estudantis de 1968, como um modo simples de dar boas notícias em qualquer idioma.

SMIRNOFF
De origem russa, a vodca foi chamada de "zhiznennia voda" (água da vida) porque era usada para curar pequenas indisposições e resfriados. Em 1818, às margens do rio Moskva, em Moscou, Ivan Smirnoff criava a Societé Pierre Smirnoff Fils. A bebida caiu no gosto dos líderes russos e, em 1886, o czar Alexander III anunciou a Smirnoff como fornecedora oficial da corte. O sucesso era tanto que, em 1900, um milhão de garrafas eram fabricadas por dia. Mas a revolução de 1917 obrigou a família a deixar o país, instalando-se na Polônia e, posteriormente, na França. Começava a expansão da vodca pelo continente europeu. Rudolph Kunett, um fornecedor de Smirnoff refugiado nos Estados Unidos, apresentou o produto ao mercado americano em 1934. Fracasso, a bebida não era consumida nem pelos russos que moravam no país. Com a morte de Vladimir Smirnoff, que controlava os negócios da família, Kunett passou a G. F. Heublein and Company o direito de comercializar a vodca. Um vendedor que anunciou o produto como "o uísque branco da Smirnoff, sem sabor e sem cheiro" vendeu todo o estoque encalhado. A vodca passou a ser servida como drinque misturada com outros ingredientes, como o Bloody Mary. A Heublein introduziu a bebida no mercado brasileiro em 1974.

Vladimir Smirnoff

SONHO DE VALSA
A história da Lacta começou em 1912 com a fundação da Societé Anonyme de Chocolats Suisses, sua antecessora, em São Paulo. O negócio depois foi comprado por Adhemar de Barros, ex-governador de São Paulo, e ganhou o novo nome.

Em 1938, a Lacta passou a fabricar um bombom pequeno e redondo, embrulhado em papel estanhado vermelho e recoberto por celofane transparente. Na parte mais visível ficava o selo preto, que continha a marca do produto e a gravura de uma viola. Nascia o Sonho de Valsa. Durante quatro anos, porém, o bombonzinho era coisa de mulher. Frequentar as finas *bonbonnières* era um hábito feminino. Os homens compravam bombons apenas para presentear as damas com eles. Em 1942, a empresa estendeu a venda de chocolates a bares e armazéns. Para isso, fez um bombom maior, a fim de vendê-lo por unidade e, consequentemente, torná-lo mais acessível.

Com o surgimento do primeiro fabricante de celofane em cores no Brasil, foi possível produzir rótulos coloridos em tinta transparente. Isso permitiu que o Sonho de Valsa ganhasse uma embalagem. A cor escolhida para o celofane foi inspirada em uma flor chamada Maravilha, de tonalidade forte e vibrante. O violão do antigo selo passou a acompanhar a imagem de um casal em traje de gala, incorporando a figura masculina ao produto. Para complementar, a escala musical de *Sonho de valsa* (1908), do compositor austríaco naturalizado francês, Oscar Strauss, foi posicionada nas laterais. De 1942 para cá, alguns detalhes foram alterados na embalagem, como os instrumentos, a roupa dos bailarinos e o formato das letras.

Em 1960, a empresa desenvolveu o Ouro Branco, primeiro bombom branco do mercado brasileiro. Dois anos depois, surgiu o Confeti, primeira marca do segmento de pastilhas confeitadas no Brasil, e o Laka, primeiro chocolate branco do mercado brasileiro. Em 1996, a americana Kraft Foods assumiu o controle acionário da Lacta. No ano de 2003, foi lançado o Sonho de Valsa branco.

Sonho de Valsa antigo

Sonho de Valsa novo

SPRITE

O termo, segundo a Coca-Cola, significa um toque mágico, capaz de trazer muita alegria, espontaneidade e prazer. A explicação vem de um conto de fadas e duendes, da literatura infantojuvenil americana. É comum os americanos, na linguagem informal, usarem o advérbio *spritely* ao se referirem a algo cheio de entusiasmo e felicidade.

STARBUCKS

A primeira Starbucks foi inaugurada em 1971, em Seattle, nos Estados Unidos. Inicialmente, os fundadores Jerry Baldwin, Zev Siegel e Gordon Bowker pretendiam manter uma loja que vendesse grãos de café torrado, chás e condimentos. O nome original da loja era Starbucks Coffee, Tea and Spices (café, chá e temperos) e o logotipo era uma sereia com duas caudas e com os seios à mostra (os seios foram escondidos na versão atual).

Em 1982, um quarto sócio entrou para a empresa, Howard Schultz. Ele viajou para Milão, na Itália, e voltou da Europa certo de que o negócio do momento seria vender o café expresso feito na hora, e não apenas os grãos. Ninguém concordou com a ideia, e Howard saiu da sociedade para abrir sua própria cafeteria, a Il Giornale. Em 1987, o mercado de grãos já não rendia muito dinheiro, e os antigos sócios aceitaram vender a Starbucks para Howard, que ia muito bem com seus cafés expressos. Howard abandonou o nome Il Giornale e passou a utilizar apenas Starbucks Coffee Company. Hoje em dia a empresa é a maior rede de cafeterias do mundo. Starbuck é o nome de um personagem do livro Moby Dick, de Herman Melville.

Logotipo antigo　　　　Logotipo novo

SUBWAY

Em 1965, Fred DeLuca trabalhava em uma loja de ferragens em Bridgesport, Connecticut. Como a grana era curta, seu amigo Peter Buck sugeriu que ele abrisse uma lanchonete de sanduíches submarine (compridos como um submarino). Assim, decidiu investir mil dólares e, juntos, abriram uma loja com o nome de Pete's Super Submarines. O negócio só começou a dar lucro com a terceira lanchonete, inaugurada em 1967, já com a marca Subway, que pode ser vista hoje em 75 países. A rede chegou ao Brasil em 1994.

O maior sanduíche leva peru, presunto, bacon, queijo derretido, queijo frio, tomate, alface, pimentão verde, cebolas, azeitonas, picles, óleo, vinagre, sal, pimenta e (ufa!) pão.

SUPER BONDER

A cola Super Bonder é um produto da Loctite, indústria química fundada em 1953 na cidade de Newington, nos Estados Unidos. A empresa chegou ao Brasil em 5 de abril de 1967 e ficaria conhecida no país com o primeiro adesivo instantâneo universal, a Super Bonder, lançada em 1976.

SUPERMERCADO PÃO DE AÇÚCAR

Em 7 de setembro de 1948, o imigrante português Valentim dos Santos Diniz abriu a doceria Pão de Açúcar, na avenida Brigadeiro Luís Antônio, em São Paulo. A primeira grande encomenda foi feita pelo então governador Adhemar de Barros, que queria organizar um banquete para 350 pessoas. No dia 14 de abril de 1959, Valentim inaugurou o primeiro supermercado com o mesmo nome, no terreno ao lado.

Primeira loja do
Pão de Açúcar – 1959

SUVINIL

A história da marca Suvinil começou em 1961, quando o empresário paulista Olócio Bueno, proprietário da Super, até então fabricante de tintas para automóveis, decidiu copiar uma tinta à base de látex sintético, chamada PVA. O composto, também conhecido popularmente como vinil, levou Bueno a mudar o nome de sua fábrica para Suvinil, formado por "Su ", de Super, e "Vinil". A empresa surgiu com a produção centralizada em São Bernardo do Campo e algumas estratégias inovadoras: o diretor de vendas Augusto Cretella ia atrás de pintores de parede que conhecia e levava-lhes latas de tinta com modificações para ver se eles as achavam melhores ou piores. Pegava as respostas dos pintores e repassava-as ao laboratório com a recomendação de que fizessem as alterações. Com isso, a Suvinil produzia a tinta que o pintor queria. A fábrica de São Bernardo crescia velozmente. No ano de 1969, a alemã Basf comprou a Suvinil.

TABASCO

A palavra Tabasco é de origem indígena-mexicana e significa "terra onde o solo é úmido". Desde 1878, tem sido usada exclusivamente como marca registrada do molho de pimentas feito pela Mc Ilhenny Company. O Tabasco entrou por acaso na vida da família Mc Ilhenny. Sua história tem início na ilha de Avery, uma imensa montanha de sal, situada na Louisiana, Estados Unidos. Por volta de 1810, um soldado americano trouxe do México algumas pimentas vermelhas de sabor especial. Entregou-as ao velho amigo Mc Ilhenny, que as experimentou e aprovou em várias receitas. Tanto que separou algumas e as plantou em seu quintal. Com a Guerra Civil, em 1863, Mc Ilhenny foi obrigado a fugir para o Texas. Ao voltar, anos depois, verificou que suas pimentas estavam viçosas. Recolheu-as e preparou um molho vermelho. Colocou-o em garrafas e distribuiu-as para os amigos. Estava criada a fórmula original do Tabasco.

TACO BELL

Em 1946, Glen Bell abriu uma banquinha de cachorros-quentes e hambúrgueres em San Bernardino, Califórnia. Mas partiu para um menu alternativo e criou um modo de preparo rápido para tacos, prato típico mexicano. Depois de brigas com sócios e algum prejuízo, Bell finalmente abriu o primeiro Taco Bell em 1962, em Downey, também na Califórnia.
O taco é uma tortilha – espécie de massa de farinha de milho, como um Doritos –, recheada com carne moída, queijo, alface, guacamole (pasta de abacate) e muita pimenta.

TAG HEUER
Apaixonado por precisão, Edouard Heuer abriu uma loja em 1860. Seu objetivo era desenvolver pesquisas de relógios voltados para medir performances esportivas. A patente do cronógrafo inventado por Heuer data de 1882. Primeira relojoaria a fabricar cronógrafos em série, em 1916 a Tag Heuer lançou o "micrograph", instrumento que mede intervalos de tempo próximos a 1/100 de segundo.

Micrograph

TAM
Criada por um grupo de pilotos em 1959, a Companhia Mariliense de Táxi Aéreo seria vendida no ano seguinte para uma empresa paranaense. Assim, Durvalino Trazzi propôs aos cinco pilotos que sobraram na cidade a criação da Transportes Aéreos Marília, a TAM. Apesar do crescimento da empresa, divergências entre os sócios dividiam seu futuro. Então passageiro da linha aérea, Orlando Chesini Ometto passou a comprar ações da TAM. Em 1962, aos vinte anos, Rolim Adolfo Amaro conquistava seu primeiro emprego na empresa. Ele nasceu em Pereira Barreto, interior de São Paulo, e se encantou com a aviação por causa de um tio piloto. Contrariando a mãe, que queria que ele fosse vendedor, e o pai, que sonhava em ver o filho como escriturário, Rolim tinha 17 anos quando vendeu uma lambreta para pagar as primeiras vinte horas de voo, das 45 exigidas para tirar o brevê. Em 1964, Ometto adquiria metade da TAM. Em 1970, já trabalhando na região

da Amazônia a pedido de Ometto, Rolim fundava a Araguaia Táxi Aéreo e, dois anos depois, adquiria 50% da TAM. Ele compraria a TAM de Ometto em 1977, com parte do dinheiro que o seguro pagou por um de seus aviões, um Learjet, que caiu na baía de Guanabara. O comandante Rolim morreu em 8 de julho de 2001, vítima de um acidente de helicóptero, nas proximidades de Pedro Juan Caballero, no Paraguai.

TAMPAX

Comandante Rolim

Nos anos 1930, o médico americano Earle C. Haas teve a ideia de utilizar o princípio do tampão cirúrgico para minorar os incômodos da toalha higiênica usada pelas mulheres menstruadas. Em 1937, ele tirou uma patente e lançou os tampões Tampax. Três outros americanos, Thomas F. Casey, Earle A. Griswold e Ellery W. Mann, aperfeiçoam a invenção. Uma campanha de informação sobre a menstruação começou a divulgar o princípio do tampão higiênico, até então pouco conhecido do público. Sua utilização se espalhou pelo resto do mundo depois da Segunda Guerra Mundial.

Propagandas americanas do Ki-Suco e Tang

TANG

O refresco, inicialmente no sabor laranja, foi criado por William A. Mitchell, da General Foods Corporation, em 1957. A versão do suco em pó, vendido como uma bebida para o café da manhã, chegou ao mercado dois anos depois, sem muito sucesso. As vendas só cresceram quando a Nasa encomendou o Tang para a tripulação da missão Gemini 4, em 1965. A nave produzia sua própria água, mas os astronautas reclamavam do gosto dela. Os técnicos da Nasa resolveram adicionar o refresco em pó para deixar a água com gosto melhor. Quando passou a ser conhecido como o "suco dos astronautas", o Tang viu suas vendas explodirem. O refresco passou a atender todas as viagens das missões Gemini e Apollo nos dez anos seguintes. Chegou ao Brasil em 1978.

→ O nosso Ki-Suco é conhecido mundialmente como Kool-Aid. O produto foi lançado pela Perkins Products Company, do estado americano de Nebraska, em 1927. A empresa já produzia uma bebida chamada Fruit Smack. A versão em pó, vendida em saquinhos, ganhou o nome de Kool-Ade (depois ele seria modificado para Kool-Aid). A novidade fez tanto sucesso que a empresa desistiu de todos os seus produtos para se concentrar apenas no refresco em pó. Em 1953, a empresa foi vendida para a General Foods Company (que se fundiu com a Kraft em 1989 formando a Kraft Foods). O sorridente "Jarrão" (ou *Pitcher* em inglês) apareceu em 1954, criado pela agência de publicidade Foot, Cone & Belding.

TEFLON

Um jovem químico americano de 28 anos, Roy Plunkett, trabalhava havia dois anos em uma fábrica de produtos químicos quando descobriu o teflon. Plunkett estava pesquisando o uso de gases na produção de refrigerantes. Ao abrir um tanque de metal que deveria estar cheio de gás, em 6 de abril de 1938, encontrou em seu lugar um pó branco. Depois de várias experiências, percebeu que o polímero, substância formada pela reunião de várias moléculas do gás original, era praticamente inerte, não reagia com quase nada. Mas o pó era também caro demais. A descoberta não teria dado em nada se o general Groves, comandante militar do projeto de construção da bomba atômica, não tivesse ouvido histórias sobre ela. O material serviu para fazer a bomba, ao vedar os tubos por onde passava um gás altamente corrosivo. Hoje, o teflon é usado na cozinha e na medicina, para revestir panelas ou trajes especiais.

TELEFUNKEN

A empresa foi fundada na Alemanha, em 1883, pelo industrial Emil Ratheneau e se tornaria responsável pela instalação do sistema elétrico no país a partir de 1887. Negócios feitos com outras empresas fariam a indústria mudar de nome muitas vezes, até chegar a AEG-Telefunken, em 1967. A partir de 1985, ela passou a ser chamada apenas de AEG.

TÊNIS CONGA

Os modelos de lona com solado de borracha existiam havia quarenta anos no mercado quando o Conga Esporte foi lançado, em 1959. Destinado às classes populares, o produto era mais flexível do que os outros. Característica da marca, a ponteira de borracha apareceu na linha infantil em 1965. Ela foi incorporada aos calçados adultos em 1972. A década de 1970 marcou o auge de vendas do tênis Conga, quando a marca vendeu vinte milhões de pares por ano. Em outubro de 2001, o Conga foi relançado com um *design* moderno e a proposta de conquistar o público feminino com seu jeito casual.

Publicidade de 1974

TETRA PAK

A companhia AB Tetra Pak lançou, em 1961, o uso comercial das caixinhas (embalagem cartonada asséptica) para conservação "longa vida" de bebidas, segundo o procedimento criado dez anos antes pelo industrial sueco Ruben Rausing. Especialista em embalagens, Rausing fez sua criação usando as tecnologias mais avançadas em papel, alumínio e plástico.

TEXACO

A Texas Fuel Company, fundada em 1901 nos Estados Unidos, tinha apenas 12 empregados, até que seus donos descobriram um poço de petróleo na costa leste e ficaram milionários.

A empresa passou a se chamar The Texas Company e veio para o Brasil em 1915. Sua matriz ficava na avenida Central (atual Rio Branco), no Rio de Janeiro, onde eram vendidas latas de gasolina e querosene. A companhia se expandiu após a Segunda Guerra Mundial e, em 1958, passou a chamar-se Texaco Brasil Inc., nome alterado novamente três anos depois para Texaco Brasil S.A. Produtos de Petróleo. Em 2001, a matriz norte-americana uniu-se à Chevron Corporation, dando origem à Chevron Texaco Corporation, que administra a filial brasileira e seus 2.800 postos.

O nome Texaco é a junção das sílabas iniciais de "Texas" e "Company". Sua marca registrada foi criada em 1903, em homenagem à bandeira do estado, que tem uma única estrela.

TIME

A primeira revista semanal do mundo nasceu em 3 de março de 1923, lançada por Henry R. Luce e Britton Hadden, que se conheceram na Universidade de Yale. Eles colocaram à venda 25 mil exemplares da revista *Time* número um, a um preço de 5 centavos cada um. Hadden morreu em 1929, mas Luce seguiu à frente do negócio até 1964. A conquista do mundo começou em 1941 com o lançamento da edição latino-americana.

Capa do primeiro número da revista *Time*

TOBLERONE

Em 1908, o confeiteiro Emil Baumann sugeriu a seu primo Theodor Tobler uma nova combinação: chocolate ao leite com o *nougat*, feito de amêndoas e mel puro. A receita ficou deliciosa, mas faltava um nome. Tobler lembrou-se de que os italianos chamavam o *nougat* de torrone. Juntou o sobrenome da família com o já conhecido nome do doce. Nasceu o Toblerone. Theodor era um dos três filhos do suíço Johann Jakob Tobler (1830-1905), que desde 1865 fazia chocolates caseiros e que em 1899 lançou os populares chocolates da marca J. Tobler.

TODDY

Em 1916, um violentíssimo tufão destruiu várias plantações de cacau de Porto Rico. Uma família de imigrantes espanhóis perdeu tudo. Um dos filhos, Pedro Santiago, então com 16 anos, partiu para os Estados Unidos e começou a vida lavando banheiros. Trabalhou como vendedor e comerciante até se transformar em empresário. Lançou o achocolatado Toddy em 1930 em Porto Rico. O Brasil foi o quarto país do mundo a receber o produto. O porto-riquenho Pedro Santiago (1900-1967) recebeu em 15 de março de 1933 a permissão do Governo Provisório de Getúlio Vargas para comercializar o Toddy.

"Toddy" era o nome de uma bebida escocesa, muito apreciada no inverno, à base de mel, creme de leite, gema de ovo e uísque. No Caribe, havia uma versão chamada "Rum Toddy", com melaço de cana, rum e cacau. Santiago apanhou a ideia, registrou a marca e bolou um produto que tivesse características de alimento. Nos anos 1930, fez campanhas publicitárias inovadoras, com marchinhas de Carnaval e até aviões para grafar com fumaça o nome do produto nos céus do Rio de Janeiro, onde ficava a fábrica. A empresa foi vendida em 1981 para a Quaker.

A história do principal concorrente do Toddy começou em 1932. O Nescáo foi lançado nesse ano no Brasil. É isso mesmo: Nescáo. O produto só ganhou o nome atual de Nescau em 1955.

TOSHIBA
A Toshiba nasceu da união de duas grandes empresas de eletrônicos do Japão, a Tanaka Seizo-Sho, primeira fábrica japonesa a produzir telégrafos, e a Hakunetsu-sha & Co, primeira fábrica japonesa a produzir lâmpadas incandescentes elétricas. As duas uniram forças em 1939, e assim nasceu a Tokyo Shibaura Denki. O nome foi simplificado para Toshiba em 1978, com a união das iniciais de "To", de Tokyo, e "Shiba", de Shibaura. A Toshiba foi a responsável pela aplicação de diversas tecnologias no Japão. Foi ela quem produziu o primeiro computador japonês e a primeira lâmpada fluorescente do país. A Toshiba também instalou o primeiro transístor para televisão do Japão, em 1952. A Toshiba entrou no mercado brasileiro em 1977, com o apoio da Sociedade Eletromercantil Paulista, mais conhecida como Semp. Por isso, só no Brasil a empresa é conhecida como Semp-Toshiba.

TRAMONTINA
Valentin Tramontina, filho de imigrantes italianos, abriu uma ferraria na vila de Carlos Barbosa (RS) em 1911. Ele vislumbrou bons negócios ali por causa da chegada da ferrovia à região. Mas, até 1930, a ferraria tinha uma produção bem modesta, incluindo facas e canivetes com cabo de chifre. Quando Valentin morreu, em 1939, aos 46 anos, a viúva Elisa assumiu os negócios. Embarcava nos trens à procura de novos mercados e a Tramontina começou a se expandir. A arrancada definitiva da empresa se deu em 1949 com a entrada de Ruy José Scomazzon, um jovem empreendedor de vinte anos, cursando a faculdade de Ciências Econômicas.

TUPPERWARE
Earl Silas Tupper era funcionário de uma indústria química americana, que realizava experiências com materiais plásticos. Ele estava interessado em fazer suas próprias experiências e pediu a seus patrões que lhe dessem sobras. Tudo o que ele conseguiu foram pedaços de polietano, sobra do processo de refinamento do petróleo. Parecia impossível trabalhar com aquele

material, de péssima aparência e muito duro, mas Tupper desenvolveu um novo processo de refinamento para purificá-lo e fez uma máquina para moldar o novo material. Criou, assim, um plástico versátil chamado poly-T. Com ele, fundou a Companhia de Plásticos Tupperware em 1938 e abriu a primeira fábrica, em Massachusetts, quatro anos depois. Os produtos foram para as lojas em 1945 e saíram das prateleiras em 1951. É que Tupper, seguindo a sugestão de um de seus diretores, Brownie Wise, descobriu a jogada de mestre de seu negócio: incrementar a propaganda boca a boca, fazendo das consumidoras suas únicas distribuidoras. É a "festa do Tupperware", em que a dona da casa, no papel de "anfitriã" da companhia, mostra e vende os produtos às suas amigas.

UNCLE BEN'S
Terminada a Segunda Guerra, o empresário Gordon Harwell estava jantando com seu sócio em um restaurante em Chicago, nos Estados Unidos. Eles foram fornecedores de arroz para o Exército americano. Queriam agora conquistar o consumidor comum. Lembraram, então, da história de um fazendeiro negro bastante conhecido pelos donos de moinhos das redondezas por sempre entregar o arroz de melhor qualidade. Seu arroz virou uma referência. Como não havia nenhuma foto do fazendeiro, Gordon pediu que o *maître* do restaurante, Frank Brown, posasse para a foto que aparece nas embalagens do arroz Uncle Ben's.

VAPORETTO
O italiano Franco Polti iniciou seu negócio com mil liras na carteira no início de 1980. A produção em larga escala, porém, só se deu dez anos depois. Vaporetto é um aparelho a vapor que limpa e desinfeta com um jato de vapor de água a 120 graus, em alta pressão. Nessas condições, o vapor é capaz de eliminar gorduras e manchas em paredes, azulejos, vidros, pisos, estofados e tapetes. Em uma banca em Treviso, na Itália, o engenheiro brasileiro João Zangrandi viu uma reportagem sobre o produto na revista *Millionaire* e o trouxe em 1993 para o país.

VARIG

Na manhã de 22 de junho de 1927, um hidroavião Dornier Do J Wal – batizado de Atlântico – saiu do rio Guaíba para as cidades de Rio Grande e Pelotas, sob aplausos de uma pequena multidão. Voou 50 metros acima da água. Dos nove lugares, apenas três estavam ocupados na primeira viagem. Sabe-se até os nomes dos três: João de Oliveira Goulart, Maria Echenique e Guilherme Gastal. Dono do negócio, o alemão Otto Ernst Meyer ficou no cais. Ex-observador de voo da Luftwaffe, Meyer desembarcou no Recife logo depois da Primeira Guerra Mundial. Entre 1890 e 1920, vários pioneiros fundaram empresas de transporte aéreo e se saíram mal. Meyer associou-se à Condor Sindikat, companhia alemã que vendia material aeronáutico. Ele tinha um único funcionário, o gaúcho Rubem Berta, que cuidava da administração, limpava a sala, vendia passagens e transportava os passageiros até a ilha do Guaíba.

A S. A. Empresa de Viação Aérea Rio-Grandense – Varig – nasceu oficialmente em uma assembleia em 7 de maio de 1927. O *Atlântico* foi substituído pelos *Junkers F-13*, em 1932, de pouso terrestre, o que permitiu à empresa inaugurar linhas para cidades que não fossem banhadas por águas tranquilas. Em 1941, Meyer preferiu se afastar da Varig para evitar qualquer suspeita de uma vinculação da empresa com o governo alemão. Foi assim que Rubem Berta assumiu a presidência até 1966, ano de sua morte.

Antes da Varig, a companhia aérea mais famosa do Brasil foi Panair. A empresa teve origem em 1929 sob o nome de Nyrba do Brasil (Nova York-Rio-Buenos Aires), de propriedade do militar americano Ralph O'Neil, que veio ao país negociar com o presidente Washington Luís a concessão de linhas para a América do Sul. Com a crise americana de 1929, a Nyrba foi comprada pela Pan American, que criou a Panair em 22 de outubro de 1930. O primeiro grande feito da Panair foi a conquista da Amazônia, que passou a ser ligada ao resto do país em outubro de 1933. No início da década de 1950, ocorreu a primeira grande venda de ações, marcando a entrada do capital brasileiro na companhia. A falência da Panair do Brasil foi decretada pelo governo militar em 11 de fevereiro de 1965.

Propaganda do primeiro voo para Nova York

VERSACE

Gianni Versace nasceu em 1946, na região de Calábria, na Itália. Com 25 anos mudou-se para Milão, pois sonhava em trabalhar com moda. Seis anos mais tarde, ele já fundava sua própria marca. O estilista conquistou muita fama devido aos amigos famosos que possuía como Sting, Elton John e Madonna, que o tornaram referência no mundo *pop*. O estilista era conhecido por criar uma moda jovem que conseguia aliar o *glamour* da alta costura à praticidade da vida moderna. A carreira meteórica do estilista foi interrompida em 15 de julho de 1997, quando Versace foi assassinado pelo ex-amante Andrew Cunanan com dois tiros na nuca na entrada de sua casa em Miami Beach, nos Estados Unidos. Após sua morte, sua irmã, Donatella ficou responsável pela administração dos negócios. Mas na verdade a maior herdeira do império Versace é a sobrinha do estilista, Allegra Versace, filha de Donatella. Apesar de bem nova, a menina sempre acompanhou o tio, que tinha na garota uma amiga e confidente de apenas 11 anos. Alguns meses antes de seu assassinato, Versace saiu diretamente do aeroporto para um cartório onde mudou o testamento que já estava escrito havia seis anos, colocando a menina como principal herdeira.

VESPA

Terminada a Segunda Guerra Mundial, em 1945, as fábricas de aviões militares de Pontedera, na região da Toscana (Itália), foram obrigadas a mudar de atividade. Por que não fabricar um veículo de rodas bem econômico e de simples manutenção? Em menos de dois meses, o engenheiro Corradino d'Ascanio, aproveitando o maquinário das fábricas, apresentou um novo modelo de motocicleta. O sucesso da Vespa foi impressionante. Já em 1959, 45 mil unidades tinham sido vendidas. Em 1956, ela ultrapassou a marca de um milhão.

Propaganda da década de 1950

VIAGRA

O princípio do Viagra foi descoberto em 1993. Os cientistas do laboratório Pfizer testavam uma substância chamada sildenafil para combater a hipertensão, sem resultados. Quando os estudos estavam sendo cancelados, alguns pacientes relataram um estranho, digamos, efeito colateral. Passaram a ter ereções por mais tempo e com mais frequência. Foi assim que nasceu o novo medicamento, utilizado por homens que têm dificuldades de alcançar e manter a ereção. Ele deve ser usado sempre sob orientação médica. Existem pessoas que não podem tomar o remédio, como, por exemplo, cardíacos que usam medicações vasodilatadoras (que dilatam as coronárias). Depois do Viagra, outros compostos têm chegado ao mercado para o tratamento dos problemas de ereção.

VICK VAPORUB

Os médicos recomendavam a inalação de um vapor de ervas para crianças com problemas respiratórios. Acontece que muitas acabavam se queimando com respingos da água extremamente quente. O americano Lunsford Richardson não se adaptou à vida de professor e começou a trabalhar como farmacêutico. No ano de 1890, ele e a família se mudaram para uma pequena cidade chamada Greensboro. Ali comprou uma pequena farmácia, que atendia basicamente pessoas humildes, sem condição financeira de consultar um médico. Para esses clientes, Richardson criou em 1898 um bálsamo chamado Ben-Gay, usado em casos de gota, reumatismo, artrites e também sinusites. A linha de produtos foi crescendo e, em pouco tempo, eram 21. Em 1905, Richardson criou uma nova pomada à base de mentol e outras essências naturais para atender seu filho mais velho que sofria de problemas respiratórios. O nome do produto foi uma homenagem a seu cunhado, o médico Joshua Vick, um de seus mentores. Vaporub é a palavra que ele criou para dizer "vapor que se esfrega", que é a forma de aplicação da pomada. O produto chegou ao Brasil em 1927.

VILLARES

Filho de brasileiros nascido em Portugal, o engenheiro Luiz Dumont Villares chegou ao Brasil em 1922 para comprar uma parte na empresa que seu irmão, falecido, ajudara a fundar. Com sede em São Paulo, a Pirie, Villares e Cia. montava um elevador por mês e precisava enfrentar a concorrência com os produtos importados. Tendo as poucas construtoras da cidade como clientes, a Villares fechou seu primeiro grande negócio em 1928: vendeu nove elevadores, alguns para prédios na região central e outros para o Banco Comércio e Indústria de São Paulo. Com a morte do sócio inglês Frederic Pirie, o setor de elevadores passou a chamar Elevadores Atlas S. A. A Revolução Constitucionalista de 1932 e a Segunda Guerra Mundial ajudaram no crescimento da empresa, que já se dedicava à produção de aços especiais. Assim, em agosto de 1944, era fundada a Aços Villares. No começo da década de 1950, quando a importação era suficiente no setor de automóveis e peças de reposição, foi criada a Ferropeças Villares, o terceiro apêndice do grupo. Nos anos seguintes, a demanda da indústria nacional continuaria a impulsionar o crescimento da Villares como fabricante de equipamentos pesados em geral.

VIOLÃO GIANNINI
O italiano Tranquillo Giannini tinha vinte anos quando chegou ao Brasil. Vivendo entre boêmios de São Paulo, Giannini iniciou seu futuro negócio consertando violões para os amigos. Até então, todos os modelos eram importados e o violão ainda era considerado um instrumento de marginais pelas famílias mais tradicionais. Mesmo assim, não restava dúvida de que havia aí um mercado promissor. Em 1900, Giannini montou uma pequena fábrica para atender ao mercado de São Paulo. A Grande Fábrica de Instrumentos de Cordas de Tranquillo Giannini – Ao Violão Moderno – ocupava uma área de apenas 150 metros quadrados no centro da cidade e empregava dez funcionários. Ele começou com uma produção anual de 2.500 violões.

WALKMAN
Masaru Ibuka, um dos sócios da Sony, entrou no escritório carregando um gravadorzão e fones de ouvido igualmente pesados. Disse a seu sócio, Akio Morita, que gostaria de ouvir música o tempo todo, mas aquilo era muito desconfortável. Morita experimentou o gravador e os fones. Andou pelo escritório e, realmente, percebeu que todo aquele trambolho não era nada agradável. Pensou então que muitos jovens gostariam de sair por aí levando o som estéreo com eles. Afinal, eles já possuíam um bom som em casa, no carro, mas não podiam escutar nada na rua. Assim, pediu a seu *staff* para construir um pequeno toca-fitas experimental, com fones de ouvidos leves e confortáveis.
Quando o primeiro *walkman* foi desenvolvido, em abril de 1979, um bocado de gente do departamento de vendas disse que um aparelho pequeno como aquele não venderia especialmente porque ele só reproduzia, sem gravar. Mas Morita tinha um palpite de que ele venderia. Tanto que disse: "O toca-fitas de carro também não grava". Os vendedores continuavam sem entusiasmo, até que Morita lançou um desafio: se a Sony não vendesse cem mil aparelhos até o final daquele ano, ele renunciaria à presidência da empresa, fundada em 1946. Morita ganhou a aposta.

WAL-MART
Inaugurada em Arkansas, em 1962, a primeira loja Wal-Mart entrava no mercado americano como concorrente da Kmart. Com o lançamento, Samuel Moore Walton punha em prática seu conceito de loja de descontos. Ele nasceu em

Oklahoma, nos Estados Unidos, e abriu sua primeira loja Ben Franklin em 1950. Sua segunda Ben Franklin foi rebatizada de Walton's Five & Dime. Mas foi no final da década de 1950, com as lojas Walton's Family Centers, que Sam Walton começou a pensar no sistema que seria implantado posteriormente no Wal-Mart. No dia 20 de novembro de 1995, os dois primeiros supermercados Wal-Mart foram inaugurados no Brasil, nas cidades paulistas de Osasco e Santo André.

WAR

Quatro ex-alunos da Escola Politécnica de São Paulo trabalhavam em empresas de mercado de capitais, que passavam por um momento de crise. Pensavam, então, em uma forma de abrir o próprio negócio e ganhar mais dinheiro. Várias oportunidades surgiram: uma confecção, uma corretora de valores, uma empresa de instrumentos de precisão. Nada disso os atraiu. Até que um deles, Gerald Dinus Reiss, voltou de uma temporada de estudos na Europa fascinado com um jogo de estratégia de guerra. Bolaram uma versão nacional, batizada de War, lançada em outubro de 1972. Assim nasceu também a Grow. O nome veio da junção das letras iniciais dos quatro sócios – o próprio Gerald, Roberto A. Schussel, Oded Grajew e Valdir Rovai. Embora o nome de Valdir seja com a letra V, na composição do nome foi usado o W por uma questão de sonoridade. A produção inicial do War foi de cinco mil unidades, vendidas de loja em loja pelos sócios. Em janeiro de 1973, a Grow lançou seu segundo produto, o jogo Diplomacia.

WARNER BROS

Jack Warner era o caçula de 12 irmãos, de uma família judia emigrada da Polônia. Nasceu no Canadá em 1892 e passou a infância mudando-se de uma cidade para outra. Em 1903, quando tinha 11 anos, sua família comprou um pequeno cinema em Newcastle, Pensilvânia. Jack passou a cantar nos intervalos das sessões. Dois anos depois, quatro dos irmãos Warner – Harry (1881-1958), Albert (1884-1967), Sam (1888-1927) e o próprio Jack – abriram uma empresa de distribuição cinematográfica, mas o negócio não prosperou. No ano de 1912, o quarteto criou uma produtora de filmes de curta-metragem. Era o começo da Warner Bros, formada em 1923, que viria a comprar uma série de cinemas nos Estados Unidos. Quatro anos depois, produziu o primeiro filme falado – *O cantor de jazz*.

WESTINGHOUSE

George Westinghouse era um rapaz criativo e com grande faro para os negócios. Aos 23 anos de idade deixou 950 concorrentes para trás e passou a ser o fornecedor exclusivo de freios de trem para as estradas de ferro dos Estados Unidos. Entre 1880 e 1890, ele recebia quase uma patente de produto eletrônico a cada vinte dias. Westinghouse também foi o pioneiro na distribuição de eletricidade a longa distância, criando em 1885 a Westinghouse Electric Company.

WIKIPEDIA

A Wikipedia entrou no ar em 15 de janeiro de 2001, nos Estados Unidos. A ideia foi do empresário Jimmy Wales e do analista Larry Sanger. Os dois estavam envolvidos no projeto de uma enciclopédia virtual chamada Nupedia. A ideia era basicamente a mesma da Wikipédia: fazer uma enciclopédia que fosse atualizada por leitores. O progresso era lento, pois todos os artigos tinham de ser revisados antes de serem colocados no ar, e isso demandava um grande número de editores.

A Wikipédia nasceu do conceito *wiki-wiki*, que em havaiano significa "rápido". Na linguagem da internet, uma página *wiki* é aquela interligada a várias outras e que pode ser editada por qualquer pessoa. Assim, a Wikipédia é uma enciclopédia que pode ser atualizada por qualquer pessoa. O formato foi proposto por Larry e deu muito certo. A versão em português entrou no ar no final de 2001.

XEROX

Chester Floyd Carlson (1906-1968) passou por tempos difíceis em sua infância. Seu pai tinha artrite e não podia trabalhar. Sua mãe morreu quando ele estava com 14 anos. Por isso, o jovem Carlson tornou-se arrimo de sua família, fazendo trabalhos temporários, lavando janelas, varrendo lojas e trabalhando como assistente de impressor. Carlson ainda emprestou dinheiro para estudar no Instituto de Tecnologia da Califórnia. Com o diploma de física na mão, ele imaginava conseguir um trabalho muito bem remunerado. Carlson enviou 82 pedidos de emprego, mas recebeu apenas duas respostas, pois era a década de 1930 e os Estados Unidos estavam em meio à Grande Depressão. Uma dessas respostas oferecia um trabalho como engenheiro de pesquisa e um salário de 35 dólares por semana no Laboratório de Telefones Bell, em Nova York. Carlson aceitou o emprego, mas seu imenso interesse por invenções o fez estudar a lei de patentes à noite.

Ele acabou sendo contratado por uma firma de advocacia para trabalhar em questões legais, tarefa na qual se frustrou com a dificuldade de fazer cópias de todos os documentos que ele tinha de revisar e passar para os outros. Naquela época, a única maneira de fazer uma cópia era através da fotografia ou do processo fotostático – ambos bastante demorados e caros. Carlson estava convencido de que um método mais barato de copiar documentos era possível. Então, com o dinheiro que emprestou da sogra, ele montou uma pequena oficina atrás de um salão de beleza no bairro de Queens. Por três anos, Carlson passou quase todo o tempo livre remexendo em sua oficina, e por três anos os vizinhos reclamaram do cheiro estranho das substâncias químicas que Carlson utilizava em seu trabalho.

Ele se aproximava cada vez mais de seu objetivo de produzir cópias rápidas e baratas, mas seu processo ainda era muito demorado. Então, em 1937, pediu ajuda ao amigo Otto Kornei, um físico alemão. Em 22 de outubro de 1938, Carlson e Kornei conseguiram produzir a primeira cópia por meio de imagem a seco. Para a experiência, Carlson escreveu a data (10-22-38) e a palavra *Astoria* numa lâmina de vidro. Depois, utilizando seu lenço, esfregou uma lâmina de metal recoberta com enxofre para produzir nela uma carga estática. Então, prendeu a lâmina de vidro com a inscrição à lâmina de metal e as expôs a um holofote. Quando jogou pó sobre a lâmina, a inscrição apareceu. Depois, pressionou a lâmina com a inscrição coberta por um pó chamado licopódio sobre uma folha de papel comum e a imagem foi transferida. Finalmente, a imagem exata copiada no papel foi "fixada", utilizando calor, para impedir que borrasse ou se apagasse. Seu processo teórico funcionava e ele lhe deu o nome de xerografia ("escrever a seco", em grego). Os dois continuaram seus experimentos e aperfeiçoaram o processo de transferir imagem para o papel. A primeira copiadora saiu em 1949. A empresa japonesa Canon apresentou a primeira copiadora colorida em 1973.

YAHOO!

Um marco na história da internet, o Yahoo foi o primeiro site realmente popular a catalogar endereços para consulta. Criada pelos estudantes David Filo e Jerry Yang, a marca surgiu de uma expressão inventada pelo escritor Jonathan Swift para definir alguém de maus modos. Por se considerarem *yahoos*, Filo e Yang adotaram o termo, visto por alguns publicitários como uma palavra difícil de ser lembrada e escrita.

Há ainda outra explicação sugerindo que a marca seja a sigla de Yet Another Hierarchical Officious Oracle, algo como "Mais um oráculo não oficial hierárquico". Essa versão é oficialmente negada pelos fundadores da empresa. O primeiro nome do site, ainda antes de Yahoo, foi Jerry´s Guide to the World Wide Web (Guia do Jerry para a Internet), uma referência direta a Jerry Yang. O livro de Jonathan Swift no qual o termo *yahoo* aparece se chama *As viagens de Gulliver*.

YAKULT

O doutor Minoru Shirota selecionou, em 1935, na cidade de Tóquio, um lactobacilo muito especial. Tão especial que conseguia atravessar a acidez do estômago e chegar vivo até o intestino para ajudar a dar mais equilíbrio às funções intestinais e na defesa natural do aparelho digestivo. Batizou-o de *Lactobacillus casei Shirota*. Nesse ano, começou a ser fabricado o leite fermentado com lactobacilos vivos Yakult. O nome vem do esperanto e significa "iogurte". Em cada frasquinho existem, no mínimo, quatrocentos milhões de lactobacilos vivos selecionados. O Yakult começou a ser produzido no Brasil em 1966.

YALE

O ex-pintor de quadros Linus Yale Jr. produziu em 1851 duas chaves inovadoras: a Fechadura Infalível para Bancos e a Fechadura Mágica para Bancos. Yale nasceu em 1821 na Filadélfia (Estados Unidos) e era filho de um fabricante de chaves. Em 1861, ele patenteou uma fechadura cilíndrica e fundou a Empresa de Manufatura de Fechaduras Yale, em Stanford. Yale morreu neste mesmo ano.

YOUTUBE

O site de compartilhamento de vídeos foi criado por Steve Chen e Chad Hurley, dois ex-funcionários do site eBay. Tudo começou em fevereiro de 2005, em uma garagem de São Francisco, nos Estados Unidos. Os dois haviam ido a um jantar alguns dias antes e gravado algumas imagens do encontro. Mas não conseguiam enviar as imagens por e-mail porque os arquivos eram muito grandes, e colocá-los na internet levava muito tempo. Daí veio a ideia de criar um meio mais fácil de dividir vídeos caseiros com os amigos. A ideia deu certo. O projeto se tornou muito lucrativo para seus inventores. Em 2006, o YouTube foi vendido para o Google pelo valor de 1,65 bilhão de dólares. O nome do serviço significa algo parecido como "Sua TV" (*tube* é uma gíria muito utilizada para televisão nos Estados Unidos).

YVES SAINT LAURENT

O argelino Yves Henri Donat Mathieu Saint Laurent nasceu em Orã em 1936. Foi para Paris, França, em 1954 para estudar moda. Em pouco tempo ele venceu um concurso internacional de moda e despertou o interesse de Christian Dior, que o tomou como pupilo. Após a morte de Dior, Yves ficou responsável pela *maison* e apresentou sua primeira coleção no ano seguinte, em 1958. Suas criações traziam muitas referências de Dior, com vestidos trapézio e saias evasê, por isso foi apelidado de "Dior II". Em 1960, cansado de suas criações, Yves resolveu dar uma guinada em sua vida e se alistou no Exército Argelino, onde foi mandado para o campo de batalha. Em seu retorno ele resolveu abrir sua própria marca, que ficou famosa pela criação do *smoking* feminino e do terninho pantalona, que introduziu o uso de calças por mulheres, até então impensável para qualquer ocasião. O sucesso mesmo veio com a venda de acessórios e perfumes. Um deles, o Opium, causou escândalo por ter o nome relacionado à droga de origem oriental. Yves se aposentou em 2002 dizendo-se descontente com o apelo comercial da alta-costura.

Yves Saint Laurent

ZIPPO

O novo isqueiro a gasolina – "que acende seu cigarro mesmo no vento" – inventado pelo americano George Grant Blaisdell, em 1932, deveria se chamar Clic-Clac. É que, cada vez que se acendesse um cigarro, ele deveria ser aberto. Acontece que esse nome já havia sido registrado. A solução foi batizá-lo de Zippo, um som onomatopaico que lembrava a palavra *zíper*.

ZORBA

Este é outro exemplo de marca que se tornou sinônimo para o produto. Zorba virou um sinônimo para a cueca tipo *slip* no Brasil. A empresa foi fundada em 1944 por Moisés Kalika e Beçalel Kaleka. A cueca *slip* veio enfrentar a samba-canção em 1964. Em 2000, a empresa foi comprada pela multinacional americana Sara Lee.

Gênio é 1% de inspiração e 99% de transpiração.

THOMAS ALVA EDISON
(1847-1931), inventor da lâmpada

ÍNDICE REMISSIVO

A
@ (Arroba) 302
Abano automático 82
Abreugrafia 109
Abridor de lata 69
Absinto 153
Acordeão 244
Açúcar União 302
Acupuntura 93
Adidas 303
Adoçante 143
Aeromoça 284
Aeroplano 183
Aerossol 52
Agência de viagens 284
Água de Colônia 303
Água mineral com gás 139
Agulha 201
Agulha para cegos 201
Air bag 174
Ajax 341
Alarme contra roubo 56
Alarme para porta de geladeira 77
Alcoólicos anônimos 293
Alfinete de segurança 201
Aliança de casamento 208
Alimentador automático de cães 282
Alimentos em conserva 120
Alka-Seltzer 304
All Star 304
Almanaque 226
Alto-falante 244
Amazon.com 305
Ambulância 95
American Express 305
Anágua 199
Anel 208
Anestesia 96
Animação 26
Antarctica 305
Antena 245
Antena parabólica 251
Antibiótico 112
Anticoncepcional 86
Antidepressivo 90
Aparelho tocador de CD 406
Aperto de mão 297
Aplauso 246
Aplicador de preservativo 89
Apontador de lápis 151
Apple 306
Aqualung 265
Aquavit 154
Arado 298
Arby's 307
Arco e flecha 272
Ar-condicionado 68
Arcor 308
Arezzo 308
Arisco 308
Armagnac 154
Armani 309
Armas de fogo 270
Arranque automático 171
Asfalto 176
Aspartame 143
Aspirador de pó 52
Aspirina 310
Associação Cristã de Moços 293
Assolan 322
Atari 310
Atkinsons 310
Atlas 265
Autorrádio 168
Automóvel 166
Autorama 350
Aveia Quaker 311
Avião 179
Avião a jato 182
Avião com banheiro 183
Avon 312
Azeite Carbonell 312

B
Baby-doll 197
Bacardi 312

Bagel 146
Balança 278
Balantine's 312
Balão 37
Balas Juquinha 313
Balas Pez 313
Balé 32
Bamba 374
Bambolê 41
Banco 278
Banco Imobiliário 314
Band-Aid 314
Bandeja flutuante 158
Banheira Jacuzzi 315
Banheira para cavalos 282
Banheiro inteligente 67
Baralho 37
Baralho Copag 315
Barbeador elétrico 12
Barbie 316
Barbitúrico 91
Barco 186
Bardahl 316
Barômetro de mercúrio 110
Barra de chocolate 133
Base 22
Batata *chips* 130
Batata frita 130
Batavo 316
Batedeira-lavadora 71
Batedeira portátil 70
Bateria 248
Bateria silenciosa 244
Batom 21
Batuta 245
Bauru 139
Bausch & Lomb 317
Bayer 317
Beaujolais nouveau 161
Becel 346
Bell's 317, 403
Benetton 318
Bermuda 192
Biblioteca 227
Bicicleta 168
Bicicleta Caloi 318
Bijuteria para olho 211

Bina 242
Bingo 38
Biotônico Fontoura 319
Biquíni 192
Biquíni fio dental 192
Bis 378
Biscoito 131
Biscoito da sorte 119
Bisnaguinhas Seven Boys 319
Bistrô 162
Black & Decker 319
Blazer 196
Blood Mary 149
Blusa 195
Blush 22
BMW 320
Bob's 320
Boeing 321
Bohemia 321
Boia bicicleta 187
Bola 32
Bolinha de gude 27
Bolsa 209
Bomba atômica 265
Bombril 322
Boné-exaustor 103
Boné-ventilador 210
Boneca 27
Bonzo 322
Borracha 214
Borracha acoplada ao lápis 230
Bosch 322
Botão 201
Botão de pressão 202
Bourbon e Tennessee whiskey 154
Braguilha 194
Brahma 323
Brastemp 323
Break-light para capacete 171
Brigadeiro 382
Broca de dentista 101
Budweiser 324
Bullshot 150
Bumerangue 27
Burger King 324
Bússola 264

447.

C

C&A 325
Cabeça de batata 42
Cabide 202
Cabine telefônica 241
Caça-níquel 38
Cadeira com toldo 82
Cadeira de rodas 95
Cadeira elétrica 275
Cadillac 325
Café expresso 70
Café Pelé 325
Café solúvel 140
Cafeteira 70
Cafezinho de bolso 140
Caipirinha 150
Caixa de ovos para um ovo 123
Caixa *pop up* 376
Caixa registradora 278
Caixão 96
Caixinha de desculpas 243
Calça 194
Calendário Pirelli 326
Calvin Klein 326
Cama 80
Cama elástica 33
Cama quebra-cabeça 81
Câmeras de vídeo 255
Câmera descartável 377
Câmera digital 377
Caminhão 169
Camisa 195
Camisola 197
Campari 326
Campbell's 327
Caneca de gelo 156
Caneta Bic 327
Caneta esferográfica 230
Caneta-lanterna 231
Caneta-tinteiro 231
Canhão 270, 271
Canivete 273
Canivete Victorinox 328
Canja 118
Canudinho 151
Canudinho automático 152
Capacete com retrovisor 169
Car toilet 168
Carpaccio 118
Carrefour 328
Carrinho de bebê 289
Carrinho de pipoqueiro 135
Carrinho de supermercado 288
Carro a álcool 167
Carro fantasma 173
Carro movido a água 172
Carro que estaciona sozinho 178
Carrossel 36
Carruagem a vapor 167
Cartão de crédito 279
Cartão de visita 297
Cartão-postal 285
Cartão telefônico 243
Carteira antirroubo 209
Casas Bahia 329
Casas Pernambucanas 329
Cashmere Bouquet 330, 341
Casquinha de sorvete 137
Cassino 39
Catapulta 266
Catupiry 330
CD-Rom 246
Cellu test 13
Celuloide 231, 258
Cepacol 330
Cera SC Johnson 330
Ceratti 331
Cerveja 155
Cerveja bock 155
Cerveja para cachorro 283
Cesariana 87
Chá 140
Chá Twining 331
Champanhe 156
Champanhe Veuve Clicquot 332
Chanel 332
Canel nº5 332
Chantili 131
Chapéu autolevantável 196
Chapéu-coco 209
Chapéu-panamá 209
Charuto 103
Chave 56
Chave de fenda 61

Cheesecake 127
Chega de pizza fria 136
Cheque 279
Cheques de viagem 285
Cherry Coke 337
Chester 409
Chicabon 374
Chicle de bola 132
Chicletes Adams 333
Chinelo-lanterna 213
Chip 218
Chocolate 132
Chocolate ao leite 133
Chocolate em pó 133
Chocolates Garoto 334
Chocolates M&M 335
Chocolates Pan 335
Chop suey 118
Chupa Chups 336
Chuteira 212
Chuteira de bico quadrado 212
Chuveiro 65
Cica 336
Ciclovias 169
Cidade flutuante 285
Cifrão 280
Cigarrinho de chocolate 335
Cigarro 103
Cigarro sem fumaça 104
Cinema 251
Cinta-liga 198
Cinto de segurança 167
Circo 28
Circuitos impressos 237
Cirurgia 97
Cirurgia plástica 98
Clarineta 247
Claybom 346
Clipe 297
Clonagem 92
Coca-Cola 336
Coca-Cola light 337
Coca-Cola zero 337
Cochila 172
Código de barras 288
Código Morse 223
Cofre 280

Cointreau 338
Cola Pritt 338
Colarinho destacável e engomado 195
Colchão-d'água 80
Coletor de água pluvial 298
Colher 70
Colher com ventilador 70
Colírio 105
Comida congelada 77
Comida enlatada 137
Compact Disc 246
Computador 219
Computador digital eletrônico 220
Concha Y Toro 338
Concorde 339
Confeti 426
Conga 374
Conhaque 157
Consul 339
Contador Geiger 266
Continência 269
Controle remoto 256
Cookies 134
Copiadora colorida 442
Copo descartável Dixie 340
Coppertone 340
Coq au vin 119
Coquetel de camarão 119
Coração artificial 99
Corda de relógio 263
Corpete 198
Corrente 56
Cortisona 114
Cosméticos 21
Cotonete 13
Couvert 163
Crash test 170
Cravo 247
Crème brûlée 119
Creme dental 14
Creme dental Close Up 341
Creme dental Colgate 341
Creme dental Kolynos 342
Creme Nivea 342
Creme Pond's 343
Crêpe Suzette 120
Croissant 141

Cronômetro 262
Crush 343
Cruz Vermelha 294
Cubo mágico 42
Cueca à prova de bala 200
Cueca descartável 199

D
Dafruta 389
Daiquiri 150
Danone 343
Dentadura 101
Dentyne 334
Depilatórios 12
Descascador de batatas a laser 71
Descascador de ovinhos de codorna 79
Desenho animado 26
Desodorante 14
Despertador 263
Detector de mentira 276
Detergente 54
Diafragma 86
Diamante Negro 378
Dicionário 227
Dicionário Aurélio 344
Dicionário Houaiss 344
Dieta 129
Dilatador nasal 115
Dinamite 267
Dior 345
Diplomacia 440
DIU 87
DKW 345
DNA 92
Dodge 346
Dominó 28
Domino's Pizza 413
Doriana 346
Doutores da alegria 295
Dr. Scholl 347
Drive Thru 393
Drive-in 39
Drury's 402
Dry Martini 151
Ducha 65
Dunkin' Donuts 347
Dupont 348

Durex 356
DVD 253

E
E-book 227
Elástico 298
Eletrodomésticos 70
Elevador 57
Elevadores Atlas 438
Elma Chips 349
Enciclopédia 228
Enciclopédia Barsa 348
Enciclopédia Brasileira 228
Enciclopédia Britânica 348
Enciclopédia Mirador 349
Envelope 224
Envelope cartão-postal 224
Ericsson 349
Escada 58
Escada rolante 58
Escafandro 189
Escala Richter 298
Escola 291
Escola pública 291
Escorredor de arroz 124
Escoteiro 34
Escova de dentes 15
Escudeto 33
Esfiha 134
Eskibon 374
Esmalte 22
Espada 273
Espaguete para piscina 36
Espantalho 299
Espelho 81
Espelho retrovisor 168
Espremedor de batata 71
Espremedor de frutas 70
Esso 349
Estepe 178
Estetoscópio 106
Estilingue 29
Estrada 175
Estrela 350
Estrogonofe 120
Exército da Salvação 295
Expresso do Oriente 351

Extintor de incêndio 274
Extrato de tomate Elefante 336

F
Faber-Castell 351
Faca 71
Faixa Azul Vigor 351
Falcon 350
Fanta 352
Fanta guaraná 378
Farinha Dona Benta 352
Farinha Láctea Nestlé 353
Farol 187
Fax 224
Fermento em pó Royal 353
Ferradura 282
Ferrari 353
Ferro de passar 202
Fibra ótica 239
Filizola 354
Filme colorido 258
Filme sonoro 252
Filtro de água 139
Filtro de papel Melitta 354
Fio dental 16
Firestone 355
Fita Scotch 355
Flash 260
Flash eletrônico 260
Flauta 247
Fogão 74
Fogão Continental 357
Fogos de artifício 275
Foguete-cinto 270
Foice 273
Fokker 357
Fondue 121
Fonógrafo 234
Fórmica 59
Forno de micro-ondas 74
Fósforo 272
Fotografia 257
Fotografia digital 261
Fotoptica 357
Fralda descartável 289
Fralda para periquitos 283
Frangelico 358

Frisbee 42
Fujifilm 377
Furo clean 62
Fusca 358

G
Galocha 215
Game Boy 401
Garfo 72
Garfo elétrico 72
Garrafa térmica 72
Gatorade 359
Geladeira 76
Geladeira com arremessador
  de cerveja 77
Gelatina em pó 127
Genius 42
Gilette 359
Gim 157
Ginásio 34
Giraffas 360
Giroplano 183
Globo terrestre 264
Gol 360
Goodyear 361
Google 361
Goulash 121
GPS 268
Gramado infinito 300
Grampeador 298
Grampo para cabelos 19
Granada 268
Granjas 118
Grappa 157
Gravador 234
Gravador de CD 246
Gravata 195
Gravata-borboleta 195
Groselha Milani 361
Guaraná Jesus 362
Guarda-chuva 210
Guarda-sol bronzeador 193
Guardanapo 73
Guidão 169
Guinness - O livro dos recordes 362
Guitarra 248
Guitarra elétrica 248

H
H. Stern 363
Häagen-Dazs 363
Habib's 364
Halls 364
Hambúrguer 141
Hangar 180
Hard Rock Cafe 364
Harlem Globetrotters 365
Harley-Davidson 365
Harpa 247
Hashi (pauzinhos) 72
Havana 411
Heineken 366
Hélice 183
Helicóptero 183
Hellmann's 366
Hello Kitty 367
Hering 367
Hewlett-Packard 367
Hidrovassoura 55
Hipódromo 39
Hipoglós 368
História em quadrinhos 26
Holografia 261
Homeopatia 94
Honda 368
Horóscopo diário 235
Hospital 107
Hotel 285

I
IBM 306
Ice tea 142
Imprensa 228
Inseticida 55
Instituto de pesquisa 291
Instrumentos musicais 247
Insulina 115
Intel 369
Internet 221
Interruptor de luz com controle remoto 61
Iogurte 143
Ioiô 29
Ipod 369
Isqueiro 104

J
Jack Daniel's 370
Jack In The Box 370
Jandaia 389
Jangada 187
Jangada de plástico 187
Jardim de infância 291
Jet ski 40
Jipe 170
Jogo de botão 35
Jogo de damas 29
Jogo do bicho 40
Jogo da velha 29
Johnnie Walker 370
Johnson & Johnson 371
Jornal 235
Jukebox 248

K
Kaiser 372
Kellogg's 372
Ken 316
Kentur 136
Ketchup 125
KFC 373
Kibon 374
Kichute 374
Kikos marinhos 42
Kinder Ovo 375
Ki-Suco 430
Kitano 375
Kleenex 375
Knorr 376
Kodak 376
Kombi 377
Kopenhagen 377
Kuat 378

L
Lacoste 378
Lacta 378
Lambretta 379
Lâmpada 59
Lápis 232
Lápis de cor 232
Lavadora de roupas 203
Lavagem de carro a seco 175

Lava-copos automático 151
Lava-louça 77
Lee 379
Lego 380
Leite condensado 127
Leite de Magnésia de Phillips 380
Leite de Rosas 380
Leite em pó 144
Leite Leco 381
Leite Moça 381
Leite Ninho 382
Leite Paulista 381
Leite tipo B 381
Leite Vigor 381
Lenço 210
Lençol com régua 80
Lentes bifocais 106
Lentes de contato 105
Levi's 382
Levi's 501 384
LG 384
Licor 158
Limpador de para-brisa 168
Limpador de viseira de capacete 172
Lipoaspiração 98
Lipton 384
Liquid Paper 385
Liquidificador 70
Lira 247
Lista telefônica 239
Livro 228
Livro de bolso 229
Locomotiva 185
Loja de departamentos 287
Lojas Americanas 385
Lojas Cem 386
Lojas Paraíso 386
Long-play 248
Lorenzetti 387
Louis Vuitton 387
Lupo 388
Luva 211
Luvas cirúrgicas 97
Lux Luxo 388
Luz estroboscópica 260
Luz neon 61

M
Macacão 290
Macarrão 121
Macadamização 176
Macintosh 307
Máfia 295
Magazine Luiza 389
Maggi 389
Maguary 389
Maionese 125
Maizena 390
Mala salva-vidas 189
Mamadeira 290
Mamadeira inteligente 290
Manequim móvel 204
Mangueira de borracha 274
Manhattan 152
Manjar branco 128
Manteiga 145
Mapa 265
Mappin 390
Máquina de calcular 281
Máquina de costura 203
Máquina de escrever 232
Máquina de fazer caipirinha 150
Máquina de fazer pipoca 135
Marca-passo 98
Margarina 145
Mars 391
Marzipã 137
Máscara de gás 268
Massa de modelar 30
Matchbox 43
Matte Leão 391
Max Factor 392
McDonald's 392
Meia 198
Meia-calça 198
Meia de náilon 205
Melão com presunto 122
Melissa 394
Menu 163
Mesa 82
Mesbla 391
Método braile 234
Metralhadora 270, 271
Metrô 185

Microcápsula para remédios 92
Microcomputador 222
Microfone 245
Microscópio 107
Microsoft 306
Mictório amigo 170
Mil-folhas 128
Milk-shake 145
Miller 394
Minancora 394
Miss Universo 194
Míssil 268
Mitsubishi 395
Modess 395
Moeda 280
Moët & Chandon 396
Mojito 152
Molho inglês 126
Montanha-russa 35
Montblanc 396
Mostarda 126
Motel 286
Motocicleta 171
Motor a diesel 174
Motor elétrico 54
Motorola 397
Mouse 221
Movimento bandeirante 34
MP3 397
MSN 397
Mug 43
Muleta com amortecimento 95
Multicopo 152
Muppets 44
Mupy 398
Mussarela 147

N
Nabisco 398
Nadir Figueiredo 398
Náilon 205
Natura 399
Navalha 273
Navio 186
Negroni 152
Nescafé 399
Nescau 434
Neuhaus 400
New Beetle (Novo Fusca) 358
Nhá Benta 377
Nhoque 122
Nike 400
Nintendo 401
Nitroglicerina 267
Nokia 401
Nougat 128
Nutella 401

O
O Boticário 402
O.B. 402
Obturação de prata 102
Óculos 106
Óculos para pingar colírio 105
Old Eight 402
Óleo Liza 403
Óleo Maria 403
Ombudsman 287
Omega 403
Omelete 122
Omo 404
Ônibus 172
Oreo 398, 404
Órgão 249
Origami 40
Ouro Branco 426
Ovo inteligente 123
Ovomaltine 404

P
Pager 239
Pai da aviação 182
Palavra cruzada 41
Palitos Gina 405
Palmilha antichulé 215
Palmpilot 406
Pampers 406
Panair 436
Panasonic 406
Panco 319
Panela com colher mecanizada 74
Panela de pressão 78
Panetone 138
Pão 146

Pão de queijo 146
Pão francês 147
Pão Pullman 407
Pão Wickbold 407
Papanicolaou 88
Papel 229
Papel de parede 82
Papel higiênico 16
Papel-carbono 229
Papel-moeda 280
Para-choque 168
Para-choque inflável 173
Parafuso 61
Paraquedas 184
Pararaios 253
Parker 407
Parmalat 408
Parquímetro 176
Pastel 134
Pasteurização 144
Pastilhas Valda 408
Patins 45
Peão 30
Pedais 169
Pedreiro mecânico 61
Pegador de alimento fatiado 147
Penicilina 112
Pente 19
Pente secador 20
Pepsi 408
Pera belle Hélène 128
Perdigão 409
Perfume 17
Perfume de gorgonzola 147
Periscópio 189
Perrier 409
Peruca 211
Pêssego Melba 129
Philadelphia Brand Cream Cheese 398
Philco 410
Piada 41
Piano 247
Piano Steinway 410
Pierre Cardin 411
Pijama 197
Pilha 237
Pilhas do tipo Hyper e Hi-Top 406

Pinga 158
Ping-Pong 334
Pipa 30
Pipoca 134
Pirassununga 51, 411
Pirelli 412
Pirex 412
Piscina 36
Pitu 411
Pizza 135
Pizza Hut 413
Placa luminosa para futebol 35
Planet Hollywood 365
Playboy 413
Playmobil 414
Pneu 176
Pó de arroz 23
Polaroid 414
Polenta 123
Polícia 292
Polvilho Granado 414
Pólvora 271
Ponte 178
Porcelana 78
Porta giratória 62
Post-it 414
Prada 415
Prego 62
Prêmio Nobel 267
Preservativo 88
Prisão 276
Privada aquário 67
Procter & Gamble 415
Projetor 253
Prosdócimo 416
Protec bag 286
Protetor de axilas 15
Protetor de bigode 12
Pulôver de cardigã 196
Pulseira antirronco 81

Q

Quebra-cabeça 31
Queijo 147
Quiche lorraine 123
Quociente de inteligência 93

R
Radar 269
Rádio 236
Rádio FM 237
Rádio-chuveiro 65
Raio *laser* 99
Raio X 108
Raios infravermelhos 100
Ralph Lauren 417
Raquete mata-pernilongo 55
Ravióli 121
Ray-Ban 417
Reebok 417
Régua 62
Relógio 262
Relógio contra enfartes 263
Relógio a quartzo 263
Relógio de bolso 262
Relógio de pêndulo 262
Relógio de pulso 263
Relógio Swatch 418
Removedor elétrico de escamas de peixe 124
Renner 418
Requeijão 148
Resta um 31
Restaurante 163
Revista 238
Revólveres 270
Rider 394
Rímel 23
Risoto 123
Rob Roy 419
Robe de chambre 197
Rock 250
Roda 173
Rolex 419
Rolha 161
Rolls-Royce 419
Romanné-Conti 420
Romisetta 420
Rosquinhas 347
Rotary 296
Roupa de baixo 198
Roupa de banho 193
Roupa flutuante 203

RPG 94
Rum 159

S
Sabão 18
Sabona 91
Sabonete vale quanto pesa 18
Sabonete Phebo 420
Saca-rolhas 161
Sacos plásticos de polietileno 381
Sadia 421
Saint-honoré 129
Salário-família 292
Saleiro antiumectante 126
Salsicha 148
Salto alto 213
Samsung 421
Sandálias Havaianas 421
Sanduíche 148
Sapato 213
Sapatos flutuantes 214
Saquê 159
Saquinho de chá 141
Sardinha em lata 69
Sauna 65
Saxofone 248
Schincariol 422
Schweppes 422
Secador de cabelos 20
Secador para os pés 19
Sega 401
Seguro 286
Seguro-desemprego 292
Seiva de Alfazema 421
Sela 282
Selo 224
Semáforo 178
Sensores para o bebê 289
Serenata de Amor 334
Seringa 112
Seringa autodestrutível 113
Seven Up 409
Shell 422
Sherwin-Williams 423
Shopping center 287
Side-car 153, 171

Siemens 423
Sindicato 292
Singer 424
Sino 250
Sismógrafo 299
Sistema de botões para elevadores 360
Skate 36
Skype 424
Smiley 425
Smirnoff 425
Smoking 196
Sociedade Protetora dos Animais 283
Sofá-cama 80
Solado e salto de sapato removíveis 216
Sombra 24
Sonar 89
Sonho de Valsa 425
Soro antiofídico em pó 111
Sorvete 136
Spray para jogo de futebol 33
Sprite 426
Starbucks 426
Steinhägen 159
Sterilair 68
Strip-tease 200
Submarino 188
Subway 427
Sudoku de banheiro 17
Sundae 129
Super Bonder 427
Supermercado 287
Supermercado Pão de Açúcar 428
Suporte de caneta-tinteiro 151
Suporte de fio dental 16
Sushi 124
Susi 316
Suspensório 196
Sutiã 200
Suvinil 428

T
Tabasco 428
Tabletes antiodor 19
Taco Bell 429
Tag Heuer 429
Talharim 121

Tam 429
Tamagotchi 45
Tampax 430
Tampinha de garrafa descartável 359
Tang 430
Tanga 192
Tanga anticoncepcional 87
Tanque de guerra 269
Tapete 83
Tarô 38
Tarte tatin 129
Tatuagem 13
Táxi 175
Taxímetro 175
Tazo 46
Tecido sintético 205
Teflon 431
Telefone 240
Telefone celular 242
Telefone de discagem direta automática 242
Telefone público 241
Telefunken 431
Telégrafo sem fio 225
Telescópio 254
Televisão 254
Televisão em cores 256
Tênis 214
Tênis computadorizado 215
Tênis Conga 374, 431
Tequila 159
Tequila sunrise 153
Termômetro 109
Terno 197
Tesoura 206
Tetra Pak 432
Texaco 432
Tigre Tony 373
Tic Tac 375
Tigre Tony 373
Tijolo 63
Time 433
Tinta 231
Tinta eleitoral 291
Tintura para cabelos 20

Toalha de mesa 83
Toalha de papel 79
Toblerone 433
Tocador de pandeiro e tamborim 249
Toca-fitas autorreverse 406
Toddy 433
Tomografia computadorizada 109
Topo Gigio 46
Torpedo 270
Torrada 149
Torradeira elétrica 70
Torta 149
Toshiba 434
Tournedos Rossini 125
Tradutor de latidos e miados 283
Tramontina 434
Transatlântico 286
Transfusão sanguínea 100
Transístor 236
Transplante de coração 100
Travesseiro inteligente 84
Trilhos para a mesa 164
Trio elétrico 250
Trono High-Tech 66
Túnel 179
Tupperware 434
Turbina 190
TV Game 6 401

U
Uísque 160
Ultrassom 89
Uncle Ben's 435
Urna eleitoral 293
Urna eletrônica 292
Urso de pelúcia 31
US Top 384

V
Vacinas 110
Vaporetto 435
Varig 436
Vaselina 94
Vaso inteligente 299
Vaso sanitário 66, 67
Vela 63
Velcro 206

Velinha sem micróbios 138
Ventilador elétrico 69
Versace 436
Vespa 437
Viagra 437
Vick Vaporub 438
Videocassete 256
Videogame 47
Vidro 64
Vidro à prova de bala 64
Vigilantes do peso 296
Villares 438
Vinho 160
Vinho do Porto 160
Violão Giannini 439
Viscose 206
Vitamina C 116
Vitrine 288
Vodca 162

W
Walkman 439
Wal-Mart 439
War 440
Warner Bros 440
Westinghouse 441
Wikipedia 441

X
Xadrez 32
Xampu 20
Xerez 162
Xerox 441

Y
Yahoo! 442
Yakult 443
Yale 443
Youtube 443
Ypióca 411
Yves Saint Laurent 444

Z
Zíper 206
Zippo 444
Zoológico 283
Zorba 444

REFERÊNCIAS BIBLIOGRÁFICAS

- ABRAMS, Malcolm & BERNSTEIN, Harriet. *Future sturf*. Nova York: Penguin Books, 1989.
- BAREN, Maurice. *How it all began*. West Yorkshire: Smith Settle, 1992.
- CANEY, Steven. *Invention book*. Nova York: Workman Publishing, 1985.
- CRYSTAL, David. *The Cambridge biographical encyclopedia*. Nova York: Cambridge University Press, 1994.
- DE BONO, Edward. *Eureka! Como e quando foram feitas as grandes invenções*. Londres: Thames and Hudson, 1974.
- D'ESTAING, Valérie-Anne Giscard. *Le livre mondial des inventions 97*. Paris: Compagnie Douze, 1996.
- GALIANA, Thomas de & RIVAL, Michel. *Dictionaire des inventeurs et inventions*. Paris: Larousse Bordas, 1996.
- GERMA, Pierre. *Depuis quand? Les origines des choses de la vie quotidienne*. Paris: Berger-Levrault, 1979.
- JAMES, Peter, & THORPE, Nick. *Ancient inventions*. Nova York: Ballantine Books, 1994.
- JOHNSON, Hugh. *Atlas mundial de vinhos e aguardentes*. São Paulo: Siciliano, 1971.
- MANOEL, Marcelo Gomes. *Culturiosidades*. São Paulo: Traço 1996.
- MEIRELES, Almir José. *Leite Paulista - História da formação de um sistema cooperativista no Brasil*. São Paulo: HRM Editores Associados, 1983.
- MESSADIÉ, Gerald. *Les grandes inventions de l'humanité*. Paris: Bordas, 1988.
- MEYERS, James. *Eggplants, elevators etc*. Nova York: Hart Publishing Company, 1978.
- _____. *O grande livro do maravilhoso e do fantástico*. Lisboa: Seleções do Reader's Digest, I977.
- MUILAERT, Roberto. *Honda 25 anos de Brasil*. São Paulo: DBA, 1997.
- O'HARA, Georgina. *Enciclopédia da moda*. São Paulo: Companhia das Letras, 1992.
- PANATI, Charles. *Panati's browser's book of beginnings*. Boston: Houghton Mifflin Company, 1984.
- _____. *Panati's extraordinary origins of everyday things*. Nova York: Perennial Library, 1987.
- PLATT, Richard. *Smithsonian visual timeline of inventions*. Londres: Dorling Kindersley, 1994.
- ROBERTSON, Patrick. *The shell book of firsts*. Londres: Eloury Press & Michael Joseph Limited, 1974.

- TULEJA, Tad. *Curious customs.* Nova York: Harmony Books, 1987.
- WATIN-AUGOUARD, Jean. *Petites histoires de marques.* Paris: Éditions d'Organisation e TM Ride, 2002.

Coleções
Enciclopédia Britânica, Nosso Século.

Jornais
Diário Popular, Folha de S.Paulo, Gazeta Mercantil, Jornal da Tarde, Jornal do Brasil, Meio e Mensagem, O Dia, O Estado de S.Paulo, O Globo, Zero Hora.

Revistas
Atrevida, Capricho, Claudia, Criativa, Drink, Exame, Globo Ciência, Gula, Interview, IstoÉ, Kalunga, Marie Claire, Meio & Mensagem, Muy Interessante, Newsweek, Nova, Placar, Playboy, Quatro Rodas, Realidade, Saúde!, Seleções do Reader's Digest, SuperInteressante, Time, Veja, Veja Rio, Veja São Paulo, Vip, Zá.

Almanaques
Almanaque Abril; Almanaque do Professor Pardal (Editora Abril); *O doce brasileiro* (Nestlé, 1990).

Sites
www.brinquedos.faroeste.com.br
http://dicionariodasmarcas.zip.net
www.enchantedlearning.com
www.iftk.com.br
www.loucosporbonecos.com.br
www.mundodasmarcas.blogspot.com
e todos os sites, nacionais e internacionais, das empresas citadas no capítulo "Marcas famosas".

AGRADECIMENTOS

Susana Camargo, Bizuka, Zulmira Costa Galvão e todo o pessoal do Dedoc da Editora Abril.
Bia de Cássia Mendes, Carlos Mazzei (Associação Nacional dos Inventores), Edimar Ferreira de Andrade, Kátia Maluf, Maria Cristina Di Pietro Aguiar e Silva, Mary Anne de Sá, Regina Célia A. Pereira, Ricardo Castilho e a todas as empresas que enviaram informações sobre seus produtos.
Agradeço também aos leitores Adilson R. Fontanetti, Jaime Aranha, Rodrigo Moura e David R. Garcia.

CRÉDITO DAS ILUSTRAÇÕES

Badari (www.badari.net)
Páginas: 12, 17, 22, 28, 30, 37, 57, 65, 66, 71, 75, 79, 83, 86, 90, 102, 108, 119, 123, 125, 130, 138, 140, 149, 155, 162, 172, 178, 179, 192, 197, 205, 211, 215, 223, 227, 230, 239, 243, 250, 260, 262, 265, 270, 274, 284, 290, 293, 296, 298, 308, 313, 317, 331, 352, 363, 376, 400, 415, 418.

Chris Borges (www.chrisborges.com.br)
Páginas: 14, 21, 29, 32, 39, 44, 52, 62, 69, 78, 81, 84, 89, 95, 103, 109, 115, 118, 122, 129, 133, 137, 148, 153, 157, 158, 166, 174, 187, 189, 193, 196, 199, 207, 210, 212, 222, 226, 243, 245, 251, 261, 264, 268, 273, 275, 282, 287, 291, 297, 302, 315, 321, 344, 356, 365, 386, 411, 421.

Stefan (www.stefanpastorek.blogspot.com)
Páginas: 13, 18, 20, 23, 26, 35, 36, 41, 53, 63, 70, 73, 74, 76, 80, 82, 89, 96, 101, 102, 104, 105, 106, 121, 127, 131, 136, 139, 142, 143, 145, 152, 154, 169, 175, 179, 185, 193, 194, 201, 203, 208, 213, 225, 234, 238, 242, 244, 255, 257, 266, 269, 271, 272, 275, 278, 281, 289, 293, 297, 299, 302, 304, 309, 328, 338, 349, 359, 374, 375, 386, 399, 407, 417, 440.

OBRAS DE MARCELO DUARTE

Coleção O guia dos curiosos
O guia das curiosas (Panda Books)
O guia dos curiosos (Panda Books)
O guia dos curiosos – Brasil (Panda Books)
O guia dos curiosos – Esportes (Panda Books)
O guia dos curiosos – Invenções (Panda Books)
O guia dos curiosos – Jogos Olímpicos (Panda Books)
O guia dos curiosos – Sexo (Panda Books)

Livros de referência
1.075 endereços curiosos de São Paulo (Panda Books)
Almanaque das bandeiras (Panda Books)
A origem de datas e festas (Panda Books)

Infantojuvenil
A arca dos bichos (Cia. das Letrinhas)
A mulher que falava para-choques (Panda Books)
Jogo sujo (Ática)
Meu outro eu (Ática)
O dia em que me tornei corintiano (Panda Books)
O guia dos curiosinhos – Super-heróis (Panda Books)
O ladrão de sorrisos (Ática)
O livro dos segundos socorros (Panda Books)
Ouviram do Ipiranga (Panda Books)
Tem lagartixa no computador (Ática)
Um livro fechado para reforma (Panda Books)

PARA ENTRAR EM CONTATO COM O AUTOR:
Rua Henrique Schaumann, 286, cj 41 – Cerqueira César
Cep 05413-010 – São Paulo, SP
Tel. / Fax: 11 2628 1323
e.mail: mduarte@pandabooks.com.br

Visite o site da Panda Books: www.pandabooks.com.br

Confira novas curiosidades todos os dias no site
www.guiadoscuriosos.com.br

Edições Loyola

impressão acabamento

rua 1822 n° 341
04216-000 são paulo sp
T 55 11 3385 8500
F 55 11 2063 4275
www.loyola.com.br